中央民族大学中国语言文学
校级重点培育学科建设经费资助

知行录

——中央民族大学文学与新闻传播学院
教学研究及学生学术训练成果选编【第四辑】

■ 本书编辑组/编

中央民族大学出版社
China Minzu University Press

图书在版编目（CIP）数据

知行录. 第四辑/本书编辑组编. —北京：中央民族大学出版社，2013.11
ISBN 978 - 7 - 5660 - 0543 - 4

I.①知… II.①本… III.①高等学校—教学研究—文集 IV.①G642.0 - 53

中国版本图书馆 CIP 数据核字（2013）第 262655 号

知行录（第四辑）

编　　者	本书编辑组
责任编辑	杨爱新
封面设计	布拉格
出 版 者	中央民族大学出版社
	北京市海淀区中关村南大街27号　邮编：100081
	电话：68472815（发行部）　传真：68932751（发行部）
	68932218（总编室）　　68932447（办公室）
发 行 者	全国各地新华书店
印 刷 厂	北京宏伟双华印刷有限公司
开　　本	787×1092（毫米）　1/16　印张：23.875
字　　数	390千字
版　　次	2013年11月第1版　2013年11月第1次印刷
书　　号	ISBN 978 - 7 - 5660 - 0543 - 4
定　　价	58.00元

版权所有　翻印必究

目 录

教学研究

关于指导大学生开展科研与创新实践的几点思考 …………… 卢小群（3）
小议本科学术论文之选题 ……………………………… 王秀林（10）
高校专业必修课测试理论分析及考试系统设计 …… 赵　强　廖方平（20）
广告学创新型人才实践教学体系的探索与研究 ……………… 郭梅雨（28）
文论课教学模式初探
　　——从"树图"到"问题" …………………………… 陈　莉（35）
《古代汉语》课程考试模式改革探讨 ………………………… 韩　琳（41）
《普通话训练》实践性教学的探索与思考 …………………… 翟　燕（51）
《公文写作》课程建设的实践与思考 ………………………… 魏　彬（58）
《创意思维训练》：从专选到通识 …………………………… 沈　虹（66）
"业界管理者"广告人才培养模式设想
　　——兼议《广告经营与管理》课程的探索 ……………… 杨　超（75）
双语课程教材的选择与使用
　　——以《传播学理论经典导读》为例 …………………… 汪　露（85）
双语教学的困惑与尝试
　　——以《传播学理论经典导读》双语课为例 …………… 陈俊妮（92）
教师的职责 ……………………（英）伯特兰·罗素撰　蓝　旭译（100）

立雪论坛·研究生优秀论文选

二苏策论比较 ………………………………………………… 张　璐（109）
鲁迅的古代小说研究方法刍议
　　——以《中国小说史略》为中心 ………………………… 薛　蕾（122）
从小说《三里湾》到电影《花好月圆》
　　——社会主义新人形象的不同诉求 ……………………… 程　琳（133）
肖像·游移·风湿病
　　——西渡论 ………………………………………………… 张光昕（148）

先秦"诗言志"与希腊"模仿说"传统诗学观念之比较 …… 吕昭苏（165）
从《字诂》看黄生的文字学成就 …………………… 张　燕（177）
民间歌场的变迁研究
　　——基于建始县三里乡土家族民歌的调查 ………… 张远满（188）
对外传播与少数民族形象建构
　　——以中国日报 2002—2011 为例 ………………… 刘　畅（201）

2012 届语言文学类优秀本科毕业论文选

论陶渊明赠答诗的艺术特色 ……………………………… 凌　云（213）
杜甫对饮酒诗传统的继承与发展 ………………………… 蔡君庆（234）
论元杂剧《窦娥冤》的剧场性 …………………………… 丁剑冰（252）
张爱玲小说中的异国形象研究 …………………………… 邓银华（271）
现代乡土革命叙事的建立
　　以叶紫《丰收》及其续篇《火》为中心 …………… 王东芳（292）
在历史中想象香港
　　——后殖民视野下的李碧华长篇小说 ……………… 许　霖（308）
《马氏文通》"之"字研究 ……………………………… 李文成（328）
现代汉语双宾兼语句研究 ………………………………… 蓝淑华（350）

编后记 ……………………………………………………………（374）

教 学 研 究

关于指导大学生开展科研与创新实践的几点思考[①]

卢小群

新世纪以来，我国的教育改革与发展根据基本国情，提出了开展创新教育和建立国家创新体系的教育改革发展大计。创新教育已经成为教育的最高目标之一。众多高校已经越来越重视向这一目标发展，中央民族大学也提出争办世界一流的民族大学、向研究型大学发展的办学理念。作为一位教员在教育改革大潮中，有责任为教育的发展做出力所能及的贡献。本文就指导大学生开展科研与创新实践问题谈几点思考。

一、大学生科研创新实践活动的重要性

科研实践是指大学生自主或在教师的指导下从事科研活动的过程，包括论文写作或毕业设计、课题研究、社会实践调查、学术讨论等。大学生自觉参加科研实践，培养独立的科学探索精神，充分发挥其创造力，是体现创新教育的一个重要领域，对全面培养大学生的综合素质具有特殊的意义和价值，具体体现在以下几个方面。

（一）培养严谨的学风和积极实践的精神

科学研究需要严谨的学风，要有谦逊好学、严谨求真的精神，也应有甘于寂寞、锲而不舍的态度；科学研究还应遵守学术规范，大学生参加科研实践，有助于其认识并遵守学术规范，养成好的治学习惯以及自主学习、不怕困难、勇于进取的积极态度。这种学风和态度是进行科研创新活动的一个基

---

① 本文是2011年度中央民族大学校级教学改革项目"中央民族大学对外汉语专业本科'知—行—研'人才培养模式探索"的阶段性成果。

本保障。在此基础上，激励学生积极开展实践性活动，实践出真知，实践也是创新的源泉，科研实践能极大地激发学生们探索与求知的好奇心；与此同时，通过各种实践活动的锻炼，可提高他们运用所学知识分析问题、解决问题的综合能力，潜移默化地不断塑造其自主创新的学术个性。创新的学术个性不仅包括学习上的独立思考，还包括研究中的别出心裁，以及团结合作无私奉献的团队精神。只有将专业教育与品德教育有机结合起来，才能使创新人才得到全面发展。

（二）塑造创造型的人格

在科研实践活动中，大学生会萌发科研兴趣，能更好地发挥创造潜能。这种潜能是多种精神和品格的统一体，包括怀疑精神、求实精神、自信心、好奇心以及坚韧不拔的品格、勇气和胆识，等等。这些精神品格有助于学生在实践活动中探求未知，敢于质疑，勇于创新，提出新见解，寻找新方法，探索新领域，成为创造活动中的内驱力。美国哈佛大学校长尼尔·陆登庭在北京大学校庆 100 周年讲坛上曾指出：在迈向新世纪的过程中，最好的教育就是培养人们具有创造性，使人们变得更善于思考，更有追求的理想和洞察力，成为更完善、更成功的人。[1] 科研实践活动在塑造大学生的心理和精神品格上有着巨大的推动力。

（三）在共同活动中学习参与和合作精神

1996 年"国际 21 世纪教育委员会"向联合国教科文组织提交的著名报告《教育——财富蕴藏其中》倡议教育必须围绕四种基本的学习能力来重新设计、重新组织：1. 学知（learning to know），即掌握认识世界的工具；2. 学做（learning to do），即学会在一定的环境中工作；3. 学会共同生存（learning to live together），培养在人类活动中的参与和合作精神；4. 学会发展（learning to be），以适应和改造自己的环境。[2] 报告中的第三条"学会共同生存"是当今教育中的一个重要的新概念，同时也是科学研究中的一种必要的能力。科研实践活动包含着极为细致和复杂的劳动过程，需要参与者同心同德，协

---

[1] 北京大学外事处译：《哈佛校长坦言挑战》，《中国教育报》1998 年 5 月 4 日第四版。
[2] 联合国教科文组织总部中文科：《教育——财富蕴藏其中》，第 3 页，教育科学出版社，1996。

调合作，才能顺利地完成。在目前社会改革的转型时期，各种人生观和价值观都在影响着大学生们的道德选择和人生价值判断，集体主义精神的缺失，人际关系淡漠，以及极端个人主义思想也在影响着大学校园。鼓励大学生开展科学实践，对于目前大学生人际关系的改善，增强学生之间的情感联结，让学生走出自我的小圈子，对其今后走入社会，学会处理各种复杂的人际关系，掌握与人共处的交际能力等都是一个很好的训练方式。

（四）积累丰富的知识和治学经验

大学生进行科研实践活动既是创新的过程，也是学术积累的过程。正如《荀子·劝学篇》中所说："积土成山，风雨兴焉；积水成渊，蛟龙生焉。"[①]大学生通过科研活动，在付出艰辛的劳动做完一个课题，或写完一篇毕业论文之后，往往会感觉到大学几年来的知识积累得到一次质的提升，不仅对平时课堂所学知识进行了一次大的检阅，还能及时弥补自己知识结构的欠缺之处，而且对如何开展科研活动有了更感性的认识，扩大了学术视野，增强了动手能力，对于其今后的人生发展有着诸多的裨益。

二、教师在大学生科研创新实践活动中的作用

教师在大学生科研实践中起着关键性的作用。作为导师，其言行、敬业精神以及在科研实践中的严谨态度会对学生有很大的影响力。教师既要成为其专业的指导老师，而且也应成为其人生的导师，这种多角色的转换，自然对教师提出了更高的要求。笔者近两年指导了3届共21名文学与新闻传播学院本科生开展大学生科研训练以及暑期社会实践活动，以下就指导工作谈一些思考与体会。

（一）应善于启发

大学生是课外科研实践活动的主角，教师是引路人和把关者，在整个实践过程中应运用启发式的方法，循循善诱，一步步引导学生开展相关课题研究。比如学生的选题立项就是一个很重要的环节：学生常常犯选题过大的错

[①] 【先秦】荀况《劝学》，钱伯城主编：《新编古文观止》，第127页，上海古籍出版社，1999。

误，超出其研究的能力和范围，教师必须及时给予合理调整；同时运用价值原则和创新原则向学生指明选题的价值和意义所在，扬其长避其短，保证其今后的研究或实践工作既符合实际需要，又可得到确切可靠的研究结论，使之真正具有一定的参考价值。由于把关较严，笔者所指导的四项"中央民族大学本科生研究训练计划"（Undergraduate Research and Training Program，简称URTP）项目，一项获国家级立项，三项获校级立项，到目前为止申请立项率达100%。

（二）需运筹规划

在选择和确立了科研实践的课题后，教师应负责起全程的运筹规划工作。应大致注意几个步骤：第一，教师要讲解研究的目标、课题的大致背景以及具体采取的研究方法。要求学生查找相关的国内外文献资料，训练学生查找文献资料的能力和翻译能力，同时，指定必要的阅读书籍和文献资料让学生自学，让学生掌握所做课题的基础知识，并训练其自学的能力。例如，2010级汉语言文学2班李剑章同学主持的URTP项目——"贵州省三穗县侗族居住区青少年语言生活状况研究"，在写立项报告时，由于掌握的材料不够扎实，报告写得较为空洞，经过教师的点拨后，该组同学积极查找汉藏语相关研究的大量资料，不断充实研究的背景知识，最终写出了一份质量较高的立项报告。通过这些实际锻炼，提高了学生的文献检索能力，使他们认识并初步掌握了科学研究的基本规范和步骤。第二，开预备会议。在学生开展社会实践调查之前，召开预备会议，确定调查的范围、调查的时间、调查的对象，所要达到的目标和预期应完成的任务。第三，做详细方案。在上述基础上，指导并帮助学生制定出完整的研究计划，这是保证研究课题顺利完成的有效措施。比如2009级汉语言文学1班的徐扬同学所主持的URTP项目——"普通话影响下南昌方言新老派词汇的竞争及发展趋势研究"，是2012年国家级的立项课题，该组同学在2012年开展暑期调研之前，笔者召集其进行了详细的部署，该组同学加班加点，参考了多种文献和数据资料，制定出一份包含2693个词汇的较大型调查表格，暑假期间，根据既定方案，该组同学共调查了120多位不同年龄层次、会南昌方言的本地人士，收到100余份完整填写的有效调查表，课题小组中期检查报告详细说明了其开展调研的具体方式："一方面，我们通过调查合作人的配合，记录了朗读文本的语料和日常交谈的语料;另一方面,项目组还深入各种社会场景,进行南昌方言及南昌方言口音普通话的收集,例如:打电话、公交车、家庭生活、宴饮聚餐、学校课堂等。"① 经过一个暑假艰苦的田野调查,完成了课题研究所需要的主要数据的收集工作,写出了扎实的中期检查报告,为确保课题完成打下了良好的基础。

(三) 做协调工作

做好科研实践的协调工作,也是一个重要的环节。应注意:1. 定期咨询,答疑解难。在大学生实践活动中难免遇到各种困难,这时教师应该及时给予帮助,并适时化解矛盾。2011年暑期对外汉语专业申君玮同学带领的 URTP 项目——"语言碰撞下新老湘方言的演变和发展趋势研究"课题小组,在进行新老湘语的接触性对比研究时,由于开始制定的调研计划受到诸多条件限制,遇到了较大的困难,团队中有些同学打起了退堂鼓,影响到该组研究计划的完成。笔者及时组织全组同学召开会议,及时调整其研究计划和方案,在教师的指导下,该组同学重新制定了一套较为切实可行的调查表格,并排除困难,运用多种方式完成了先期的调查任务,使后期的研究工作得到有效的保障,最终该组同学顺利完成了结项报告并通过了结项答辩。2. 激发斗志,不断鼓励。在教师指导过程中,运用激励机制是一个重要的策略,应适时鼓励学生勇于进取,不断向更高的目标和要求迈进,它有助于提高学生的自信心,增强其参与精神和团队合作精神,保证科研实践活动在一个良好的氛围中顺利地进行和完成。例如笔者所指导的2011级汉语言文学2班马晗好、豆雪蕾、王倩惟等六位同学,在进行2012年暑期社会实践活动时,由于该组同学是大学一年级本科生,对如何开展社会实践工作感到十分陌生,需要教师的具体引导,笔者结合自己的科研项目,给学生制定了一个简易的调查表格,并详细告知其开展调查研究的方法,同时要求其完成一个较高质量的调查报告。在这一目标要求下,该组同学冒着酷暑,深入北京六个城区,进行了持续半个多月的调查,该小组根据所采集的第一手数据材料,写出了调查报告《老北京土话现存状况研究——以北京六大城区五十岁以上老北京居民为调研对象》,该调查报告取得中央民族大学暑期社会实践调查成果评比第三名的好

---

① 徐扬等撰写:"中央民族大学2012年国家级创新创业训练计划"《〈普通话影响下南昌方言新老派词汇的竞争及发展趋势研究〉中期检查报告书》。

成绩,并获得北京市大学生暑期社会实践成果评选的参评资格。在这次暑期社会实践活动中,该组同学互相鼓励,互相协作,齐心协力,在争优创先的激励下,得到了一次很好的锻炼,这种锻炼也使他们尝到了参与社会实践的甜头,并激起其向更大的目标冲刺的欲望。

(四)促师生互动

古人云:"闻道有先后,术业有专攻。"① 指导大学生开展科研创新活动,教师要有"甘为人梯"的风尚,鼓励学生在超越自我的同时,还要有不惧权威、敢于挑战的精神。这不仅能促进学生在科学研究中多种素质的全面发展,而且对教师自身也是一个不断推动和提高的过程。在各种具体实践的指导中会遇到不同的领域和新问题,教师必须具备充足的知识、能量,才能较好地完成各种课题和社会实践活动的指导工作。因此,做一名合格的导师,应该具备以下的条件:1. 博学。教师应不断进行知识的"充电",有广阔的学术视野和系统的知识结构,这种正能量越大,学生的受益度就会越高,科研创新实践才会有较大的价值。2. 厚德。在做好专业指导的同时,还应该做学生的良师益友,在学生遇到各种困难时给予精神上的鼓励和支持,并且适时地嘘寒问暖,让其感受到一种人文关爱,师生的良好关系无形中也会促进科研实践活动的顺利发展。3. 智慧。如何运用自己的学术智慧带动学生进行创新实践也是一位教师需要思考的问题。科学研究过程就是一个不断创新的过程,在这个过程中,如何给予学生思路上的启发,学术上的教诲,方法上的引导以及精神上的支持,都是对教师的考验,都需要教师付出自己的智慧与辛勤的劳动。

结　语

指导大学生开展科研创新实践活动,不仅能促进教师自身不断地提高学术修养和指导水平,更为重要的是:通过科研实践活动的系统训练可以培养大学生多方面的素质和能力,包括思维能力、判断能力以及综合分析能力、

---

① 【唐】韩愈《师说》,【清】吴楚材、吴调侯编选,李梦生、史良昭译注:《古文观止译注》,第594页,上海古籍出版社,2001。

终身学习能力和自主创新能力，等等。在实践活动中也提高了他们承受挫折的能力，培养其百折不挠的进取精神；并且使他们懂得尊重他人，理解相互协作的含义，收获了宝贵的友谊。科研实践活动中的种种经历将使他们终身受益。

小议本科学术论文之选题

王秀林

每学期一结束,都有一些本科生为专业选修课课程小论文的写作而发愁,为什么呢?因为不知如何选题。而且,本科生到了三年级面临着学年论文之选题。到了四年级,又面临着毕业论文之选题。此外,本科生参加学术训练、申报 URTP 项目,同样也面临着学术论文之选题。一句话,高校教育之学术训练中,一个重要的任务就是学术论文之写作,而学术论文写作成功与否,在很大程度上又取决于能否选好题、选对题。可以说,选题大小与否、合理与否、是否有创意都是一篇学术论文成功的关键。爱因斯坦曾经说过:"提出一个问题往往比解决一个问题更重要。因为解决问题也许仅仅是一个数学上或实验上的技能而已。而提出新的问题、新的可能性、从新的角度去看旧的问题,却需要有创造性的想象力,而且标志着科学的真正进步。"那么究竟如何选题、选好题、选准题呢?本人从事高校教育和学术研究多年,当然谈不上精通和熟稔学术论文之选题,然而面临学生们的多次发问,也有一些不成熟的见解,兹以《中国古代文学》学术论文(本文所指学术论文,主要是指研究性的学术论文,不包括调查报告或其他综述之类论文)之选题为例,谈谈自己的看法,权作抛砖引玉之用。

一、学术考证

对于本科生来说,进行学术训练,一个较好的办法就是引导他们搜集资料、查找文献、组织材料、比勘校对,从而写作一些诸如作家交游考、作家生平事迹、作家年谱、作品系年、字词句的诠释等方面的考证文章,这样不仅可以训练学生查找文献的能力,也能强化学生的书面表达能力,同时还能培养扎实的学术风气。例如,在讲授《苏轼研究》这门课程的过程中,我有意识地布置学生写作考证文章,如《苏轼与王巩交游年表》、《苏轼与秦观交游年表》、《苏轼与赵挺之交游年表》、《范祖禹年谱》、《范纯仁年谱》、《苏轼谪黄期间交游考》、《苏轼惠州期间交游考》、《苏轼儋州期间交游考》、《苏轼谪黄期间书信集锦》，等等。结果学生们热情高涨，思路一下子就打开了，纷纷主动自觉地寻找类似的学术论文选题。

又如温庭筠《菩萨蛮》词中"小山"之解释：

　　小山重叠金明灭，鬓云欲度香腮雪。懒起画蛾眉，弄妆梳洗迟。
　　照花前后镜，花面交相映。新帖绣罗襦，双双金鹧鸪。

在讲授《唐宋词史》的过程中，我询问一些已经上过《中国古代文学史》的大三、大四学生：词中"小山"如何解释？其中一个学生不假思索地说"小山"是指山枕，即形状如山的枕头。另一个学生却用非常肯定的口气说"小山"是指女子发髻的形状，即女子的发髻如山之形。那么，"山枕"之释义正确与否？学生们陷入了思考。于是，趁热打铁，我启发引导学生们深入思考，搜罗文献，查找证据，并激励学生们写作"小山"一词释义的考证文章。学生们在查找了大量文献后，认为"小山"有三种解释：其一指山眉，即女子眉毛的形状像一个山的形状，例证是韦庄《荷叶杯》中有"一双愁黛远山眉"；其二是指山枕，例证是顾敻的两首《甘州子》中有"山枕上，几点泪痕新"和"山枕上，私语口脂香"；其三是指山屏，即折叠的屏风，例证是温庭筠《菩萨蛮》中有"无言匀睡脸，枕上屏山掩"。经过比较后，发现"山眉"、"山枕"和如山形之发髻等释义皆不准确，只有"山屏"较为允当。经过这次作业，同学们大胆尝试此类学术考证文章的写作，而且读书更认真了，查找资料也更积极了，学术论文的写作也得到了很好的训练。

二、小题大做

所谓"小题大做"，原是科举考试的用语。当时以"四书"文句命题的称"小题"，以"五经"文句命题的称"大题"。若以做"五经"文的方法去做"四书"文，就称小题大做。后指拿小题目做大文章。比喻过分渲染小事，或把小事当作大事来处理。本文所指的"小题大做"，当然不是此意，而是指在看似资料缺乏的情况下，拟定小题目，写出大文章。

例如苏轼的三姐八娘，文献资料记载极为缺乏。《苏洵墓志铭》谓其有三子三女。司马光为苏轼母亲程氏所作的《武阳县君程氏墓志铭》中说程氏

"凡生六子,长男景先及三女皆早夭。幼女有夫人之风,能属文,年十九既嫁而卒"。苏洵的《自尤》诗谓幼女八娘长苏轼一岁。八娘16岁嫁给舅表兄程之才,后受其舅舅程濬、舅妈宋氏、丈夫程之才之虐待,于壬辰年(1052)病卒,当时八娘年仅18岁。在资料较为缺乏且简略的情况下,要想进行学术论文写作,其难度可想而知。这时就要"小题大做"了,我们仍然可以拟题如《苏轼三姊八娘的婚姻悲剧探析》而作文。文章首先要深入研读仅有的文献资料,勾勒出八娘的生平简介;其次探寻八娘婚姻悲剧的外部原因——夫家显达、娘家贫寒、舅舅程濬内行不谨以及古代封建家庭特有的婆媳紧张不合关系;再次探究八娘婚姻悲剧的内部原因——八娘知书达理、耿介直言的个性。果不其然,有一学生迎难而上,选此题作文,并且深入探究,写出了一篇相当不错的学术论文。看来,这样的"小题大做",不仅切实可行,而且还提高了学生们的学术探究能力。

又如苏轼的堂妹小二娘,文献所录也极少。苏辙《伯父墓表》仅载:"女四人:长适进士杨荐,次适进士王东美,次适遂州节度推官任更,季适宣德郎柳子文。"另外,苏轼写有一篇祭文《祭亡妹德化县君文》,文中提及小二娘。除此之外,有关小二娘的资料寥寥无几。在一般人看来,小二娘资料如此之少,无法选题,更无法作文。然而"苏小妹三难新郎"的故事广为流传,考察苏轼姐妹,只有小二娘乃其妹妹,而且小二娘也颇有才华,苏小妹身上当有小二娘之影子。以此,我们以小二娘为切入点,选题为《苏轼之堂妹——小二娘》而作文。文章首先勾勒出小二娘之生平,介绍其才华。其次介绍小二娘与苏轼之感情,并驳斥学术界有关小二娘乃苏轼之初恋的说法。最后论述苏小妹的原型即小二娘。看来,在疑似"山穷水尽"的地方选题,仍能"柳暗花明",小题仍可做成大文章。

三、大题小做

所谓"大题小做",就是把大题目细化为小题目而作文。每学期结束,一些专业选修课的老师都会给学生们划定一个范围,让同学们在此范围内选题作文。一些同学遂做出诸如《苏轼研究》、《王安石研究》、《陶渊明研究》、《西游记研究》等之类的大题目。不是说这样的题目不能作文,而是这样的题目太大,难度也较大,尤其是对本科生来说,难以驾驭,当然也难以做好。

在这种情况下,就要"大题小做"了。比如,选择《苏轼研究》为题,就可以将其细化为《苏轼密州词研究》、《苏轼儋州诗创作》、《苏轼谪黄之心态》、《苏轼咏物词研究》、《苏轼与黄庭坚行谊考》、《苏轼与沈括》、《苏轼与程颐》、《苏轼惠州期间交游考》、《东坡词风与释道思想》等之类的小题目。

又比如,我在讲授《佛教与中国文学》这门课程的过程中,有一章内容是佛门传记文学研究,其中一节是阅读《大慈恩寺三藏法师传》(共十卷)。该书是高僧玄奘之传记。布置的课后任务是围绕此书写一篇读后感或小论文之类的文章。同学们阅读完此书后,普遍有这样的感觉:该书前五卷主要记载玄奘幼年事迹及"西天取经"的主要经过,故事精彩,同学们阅读兴趣很浓;可是自第六卷至卷十,多为玄奘返回长安及晚年事迹,其中多为玄奘与皇室往来书信,以及玄奘译经始末,同学们普遍感觉此部分比较枯燥。针对该书前五卷,我引导学生们寻求学术论文之选题,如《玄奘的性格》、《〈西游记〉中的强盗——兼论〈大慈恩寺三藏法师传〉中的强盗》等。针对该书后五卷,我引导学生们认真研读,发散思维,如关于学生们普遍反映的枯燥事件——玄奘与皇室的交往:玄奘回国之后,与帝室往来极其频繁。例如玄奘初次回国,唐太宗在洛阳接见了他。太宗在相见礼毕之后的第一句话就是:"师去何不相报?"意思是师父您当年离开长安去印度取经为什么不向我报告呢?看来,玄奘当年请求去印度的奏折可能唐太宗未看到,也可能唐太宗看到了却不允许,或者如今假装忘记的可能性都有,个中详情不可深究了。但玄奘的回答却非常高明:"玄奘当去之时,以再三表奏,但诚愿微浅,不蒙允许,无任慕道之至,乃辄私行,专擅之罪,唯深惭惧。"意思是玄奘我当年离开大唐的时候,曾经再三上表陈奏。但是玄奘并不说把表奏文书交给谁了,也没有说那时国家不允许人出关,而是说自己"诚愿微浅",是我自己诚心还不够大,所以不被允许。但是玄奘我"无任慕道之至,乃辄私行",因为我实在是渴望去学习最新的佛法,所以我才私自出关,偷渡出境。这完全是我自己个人的违法行为("专擅之罪"),我感到非常地惭愧,也感到非常地恐惧("唯深惭惧")。当着唐太宗的面,玄奘把自己当初不被允许西行归结为自己的"诚愿微浅",不责怪任何人,而是责怪自己的诚心不够。到了这一刻,像唐太宗这么英明的帝王,难道还会去责备玄奘、追究他偷渡出关的罪过吗?所以唐太宗说:"师出家,与俗殊隔。然能委命求法,惠利苍生,朕甚嘉焉,亦不烦为愧。"接着太宗又对玄奘的万里求法充满好奇:"但念彼山川阻远,方俗异心，怪师能达也！"换了一般人，大概会赶快对皇帝述说自己如何咬紧牙关排除万险、如何克服万难，可是玄奘毕竟是玄奘，他的回答完全出人意料："既赖天威，故得往还无难。"我是凭借皇上您的天威，所以去和回来都谈不上有什么阻碍。玄奘绝口不提自己遭遇的苦难，其实他遭遇的艰险比《西游记》中的九九八十一难只会多不会少，但在唐太宗面前，玄奘却把一切归结为唐太宗的功德和威望。大概玄奘的这种回答也出乎唐太宗的意料，所以太宗说："此自是师长者之言，朕何敢当也！"而且太宗对玄奘的"记忆无遗，随问酬对，皆有条理"非常满意，"帝大悦"，故对侍臣说："昔苻坚称释道安为神器，举朝尊之。朕今观法师词论典雅，风节贞峻，非唯不愧古人，亦乃出之更远！"① 足见太宗对玄奘的欣赏之情！文中类似这样的往还问答还有很多，而且玄奘的每次问答都能令太宗大悦。不仅该书后六卷，即便是前五卷，玄奘与戒日王、鸠摩罗王等人的问答也是令人拍手称快的。以此，我引导学生们选题如《玄奘的口才》、《玄奘的政治才能》等作文。于是学生眼前一亮，兴趣大增。

书中玄奘与皇室往来的书信，不仅数量众多，而且内容冗长，同学们对此兴趣寥寥，针对于此，我积极引导同学们注意书信中的用事、用典及其修辞手法等等，进而引导学生们选题《玄奘的文学才华》或《玄奘书信研究》等。以此，学生们兴致大增，认真研读这些书信，并积极作文。

四、学术质疑

所谓"学术质疑"，就是针对前人或今人的一些属于定论性的见解或观点提出疑问，或是发现别人理论上的不准确，甚至是谬误，从而提出自己的见解和观点。学术探讨，永无止境，有一些看似是正确的观点，如果进行深入思索，就会发现前后矛盾，甚至是漏洞百出。有鉴于此，就需要我们认真探究，深入挖掘，大胆质疑，不要人云亦云，随声附和，甚至不加选择地全盘接受。学术界常有一些商榷性的文章即属于此类。南宋理学家朱熹对弟子说："读书有疑，有所见，自不容不立论。其不立论，只是读书未到疑处耳！""有

---

① 【唐】慧立撰，彦悰增补：《大慈恩寺三藏法师传》卷六，《大正藏》第50册，第253a页，台北，新文丰出版公司，1983。

疑"即有所疑问;"有所见",就是确立自己的见解或观点;"立论"就是发表自己的见解或观点。要想"有所见",进而"立论",前提就是"有疑"。从某种意义上说,"有疑"即"有异",所谓"有异",既可能是观点完全对立,也可能是部分对立,当然也可能是不对立的不同见解和观点。

比如千古传诵的恋情词——陆游的《钗头凤》:

红酥手,黄縢酒,满城春色宫墙柳。东风恶,欢情薄。一怀愁绪,几年离索。错,错,错!

春如旧,人空瘦,泪痕红浥鲛绡透。桃花落,闲池阁。山盟虽在,锦书难托。莫,莫,莫!

这首词历来都被认为是陆游为被迫离异的妻子唐婉而作。如朱东润主编的《中国历代文学作品选》中之陆游词选就引用大量资料证明此种观点。[①] 其中在"解题"中引用周密的《齐东野语》卷一云:"陆务观初娶唐氏,闳之女也,于其母夫人为姑侄。伉俪相得,而弗获于其姑。既出,而未忍出之,则为别馆,时时往矣。姑知而掩之。虽先知挈去,然事不得隐,竟绝之。亦人伦之变也。唐后改适同郡宗子士程。尝以春日出游,相遇于(绍兴)禹迹寺南之沈氏园。唐以语赵,遣致酒肴。翁怅然久之,为赋《钗头凤》一词,题园壁间。实绍兴乙亥岁(1155)也……未久,唐氏死。"该书又在"注释"中解释:"红酥手"、"宫墙柳"、"东风"、"锦书"等皆陆游为唐婉而作。其他词作选或文学作品选亦皆持此种观点。然而细读此词,有诸多可疑之处,尤其是全词词意及词中时地同唐婉身份不合。《钗头凤》词作沉痛哀感,但也有相当不庄重的地方。第一句"红酥手"是写女子的手如何细腻白嫩;意在以手写人。这种艳笔,不可能指望封建时代的陆游用于一向爱慕敬重的妻子身上。古人写夫妻伉俪之情,未见用此笔墨者。而且,笃于伉俪之情、懂得尊重和怜惜人的陆游也不可能用这种笔墨。其次,下阕"山盟虽在,锦书难托"这些话,若安在唐婉身上,也成问题。"山盟"、"锦书"之类在宋词之中已成俗滥,不见得有多少感情的重量。尤其是唐婉这时已经改嫁,再说她"心怀姑夫,欲密情通意",岂不太无顾忌了吗?这通常只能埋于心底,难以形之言辞,现在不唯书之于词,而且还题之于壁,揄扬传播,将置唐婉于何

---

① 朱东润主编:《中国历代文学作品选》中编第二册,第69—70页,上海古籍出版社,1993。

等难堪的境地？爱护唐婉且礼教观念甚深的陆游，是不会不顾及他生活的环境的。另外，《钗头凤》词调流行于蜀中，词调本名《撷芳词》，《钗头凤》是陆游取原词"可怜孤如钗头凤"一语而另立新名的。"可怜孤如钗头凤"就是说它是一只孤凤，词意强调的也是孤不成双的意思。这同当时"适南班士名某"的唐婉的身份又是不合的。总而言之，陆游和唐婉的爱情悲剧，是封建礼教的迫害造成的。这件事的真实性，并没有可疑之处。但要说《钗头凤》词是为唐婉而作，则有诸多抵牾之处。正是带着这些疑问，吴熊和先生写出《陆游〈钗头凤〉词本事质疑》[①]一文，廓清学术迷雾，让人耳目为之一新。

五、学术比较

所谓"学术比较"，就是将相互关联的两个问题进行纵向或横向上的比较，以发现其相同点或相异点。任何事物之间都是相互联系的，单独或孤立地论述一个问题往往不易发现其特征，也会进入死胡同，这时倘若将此一问题与其他相类似的问题进行联结，在对照、比较中寻找它们之间的联系和区别，则不仅可以拓宽研究视野，也可以获得一些意外的收获。那么，如何在学术比较层面进行论文选题呢？首先，可以在同一问题内部的两个或多个层面的比较中选题，例如《苏轼两首悼亡词的比较阅读》；其次，可以将某一问题进行横向比较，从而寻求学术论文选题，如《韦庄、温庭筠词比较》；再次，可以在纵向比较的层面寻求学术论文选题，如《论李煜、李清照词共同的审美特征》、《清真和白石词的比较》；另外，还可以将不同民族、不同国家的同类作品进行比较，如《朝鲜许筠与向秀〈思旧赋〉之比较》、《〈牡丹亭〉与〈罗密欧与朱丽叶〉语言特点之比较研究》、《〈人间喜剧〉与〈茶馆〉的结构艺术比较研究》，等等。

又比如，在讲授玄奘的传记《大慈恩寺三藏法师传》时，同学们大都兴致勃勃，欲有所言，尤其是对传记中玄奘的恒心和毅力感叹不已。如玄奘面对众人的劝阻，坚定地说："贫道为求大法，发趣西方，若不至婆罗门国，终

[①] 吴熊和：《唐宋词通论》，第438—446页，浙江古籍出版社，2008。

不东归。纵死中途,非所悔也!"① 面对同伴的离去,玄奘报之以理解的态度,自己仍然孤身一人、只影前行,而且"自是孑然孤游沙漠矣,唯望骨聚马粪等渐进"②。即便行走在方圆八百余里的大沙漠中,即便四五天滴水未进,且自己的生命达到了极限,但玄奘仍旧勇往直前,绝不回头:

> 莫贺延碛,长八百余里,古曰沙河,上无飞鸟,下无走兽,复无水草。是时顾影唯一……时行百余里,失道,觅野马泉不得,下水欲饮,袋重,失手覆之,千里行资,一朝斯罄。又失路,盘回不知所趣,乃欲东归还第四烽。行十余里,自念:"我先发愿,若不至天竺,终不东归一步,今何故来?宁可就西而死,岂归东而生!"……于是旋辔,专念观音,西北而进。是时四顾茫然,人鸟俱绝。夜则妖魑举火,烂若繁星;昼则惊风拥沙,散如时雨。虽遇如是,心无所惧。但苦水尽,渴不能前。是时四夜五日,无一滴沾喉,口腹干燋,几将殒绝,不复能进,遂卧沙中,默念观音,虽困不舍。③

而且,玄奘的胆识也令人钦佩。传记中多次提及玄奘路遇强盗,其镇定、机智以及处变不惊的应付才能着实让人叹为观止:

> 行数里,有五贼人拔刃而至。法师即去帽,现其法服。贼云:"师欲何去?"答:"欲礼拜佛影。"贼云:"师不闻此有贼耶?"答云:"贼者,人也。今为礼佛,虽猛兽盈衢,奘犹不惧,况檀越之辈是人乎?"贼遂发心,随往礼拜。④

此外,玄奘的能言善辩、滴水不漏的口才更令人佩服。在印度,玄奘参加了全国性的辩论赛,而且在赛上以性命担保:"若有难破一条者,我则斩首相谢。"结果"经数日无人出应"。以此,玄奘获得巨大声誉,乃至"大乘众

---

① 【唐】慧立撰,彦悰增补:《大慈恩寺三藏法师传》卷一,《大正藏》第50册,第223a页,台北,新文丰出版公司,1983。
② 【唐】慧立撰,彦悰增补:《大慈恩寺三藏法师传》卷一,《大正藏》第50册,第223b页,台北,新文丰出版公司,1983。
③ 【唐】慧立撰,彦悰增补:《大慈恩寺三藏法师传》卷一,《大正藏》第50册,第224a页,台北,新文丰出版公司,1983。
④ 【唐】慧立撰,彦悰增补:《大慈恩寺三藏法师传》卷二,《大正藏》第50册,第229c页,台北,新文丰出版公司,1983。

号曰摩诃耶那提婆，此云大乘天。小乘众号曰木叉提婆，此云解脱天"①。综而言之，《大慈恩寺三藏法师传》中的玄奘形象与《西游记》中的唐僧形象有相当大的出入。针对学生们的兴趣，我及时引导大家将玄奘形象与《西游记》中的唐僧形象进行比较、对照，并做出学术论文选题如《〈西游记〉中唐僧形象与其原型玄奘之比较》。

六、接受传播

所谓"接受传播"，即从接受传播学的视角来考察作家及其作品在历代的接受和传播情况，从而正确地评价作家及其作品在文学史上的地位和影响。一个作家创作出了一部（一首或几首）文学作品，如果束之高阁，就不会产生社会影响，也谈不上艺术生命。要想使自己的作品成为真正的创造物，获得不朽的生命力，他就必须把作品推向社会，面对读者，去接受时间的检验和历史的评判。因此，一个真正的作家，总是要通过各种方式去谋求使自己的作品得到"发表"和传播的机会。因为，"发表作品，也就是通过将作品交给他人以达到完善作品的目的。为了使一部作品真正成为独立自主的现象，成为创造物，就必须使它同自己的创造者脱离，在众人中独立走自己的路"②。而一部作品一旦走向社会，流入消费市场，它的命运也就不再是作家本人所能掌握的了，而是交给了读者和批评家去主宰。从某种程度而言，一个作家影响的大小、地位的高低，就是在传播与消费的历史进程中得到显现与定位的。有鉴于此，我们可以拟定一系列学术论文之选题，如《从传播看李清照的词史地位》、《元好问对辛弃疾其人其词的接受和学习》、《论清代三大词派对辛词的接受与评价》、《辛词八百年接受史实与分析》、《九百年来社会变迁与王安石历史地位的沉浮》、《建安文学在宋代的接受与传播》、《唐诗名篇名句之明代接受与传播》、《简论姜夔词在南宋的初步接受与传播》，等等。

又如唐代诗人张继的《枫桥夜泊》："月落乌啼霜满天，江枫渔火对愁眠。姑苏城外寒山寺，夜半钟声到客船。"该诗几乎家喻户晓，即便到今天仍然魅力不减，现代词曲作家甚至将它改编为优美动听的歌曲《涛声依旧》。那么为

---

① 【唐】慧立撰，彦悰增补：《大慈恩寺三藏法师传》卷五，《大正藏》第50册，第248a页，台北，新文丰出版公司，1983。
② 【法国】罗贝尔·埃斯卡皮：《文学社会学》，第37页，浙江人民出版社，1987。

什么一首小诗会变成经典名作呢？除了该诗本身特有的无法抗拒的魅力外，其在历代的接受与传播也起了重要作用。因此可以拟题《张继〈枫桥夜泊〉的接受与传播》，从而进行深入探讨。研究发现，该诗之所以成为经典，是有一个动态的、变化的接受传播过程的。首先，该诗中"夜半钟声"有无的激烈争论引人关注；其次是历代诗人的不断题咏，让该诗声名鹊起；再次是历代唐诗选本的不断选录，事实上也扩大了《枫桥夜泊》的名声。此外，近代以来不断有著名画家通过画笔重现《枫桥夜泊》诗的意境，作《枫桥夜泊图》，这些作品对现代传播、扩大《枫桥夜泊》诗的声名起到了不可替代的重要作用。

又如《维摩诘经》，除了在印度佛教中占据重要地位外，它也是少数真正能融入中国文化本位的一部佛典。它不仅对中国哲学、宗教，而且对中国文学、艺术都有莫大的影响。不论是僧是俗，不分学派教派，《维摩诘经》都为人诵读，而且这部经还有大量的注疏，源自多方面的不同流派，今日我们所见的，只是其中一小部分。很早以前，这部纯粹外国的作品，无论形式和内容都已经成功地捉住中国人的感受，并成为流传最广也是最受欢迎的佛典。然而，它在中国的接受传播过程究竟是怎样的呢？以此，我们可拟题《〈维摩诘经〉在中国的接受与传播》进行深入探究。

总而言之，上述几点仅是本科生学术论文选题的一些视角和方法。关于学术论文之选题，还有许多方法和角度，但无论怎样，首先，必须了解相关专题的当前学术研究动态，把握该专题的最新研究成果，切忌重复选题。其次，选题应该注重科学性、可行性、创新性、适用性，同时也要处理好选题的大小、新旧和难易，切忌盲目选题。再次，选一个好题目，应该具备扎实的专业知识、渊博的学识和精深的理论素养。只有具备扎实的专业知识和宽广的学术视野，才有敏锐的学术眼光和较多的学术感悟，才能选准题，而且选好题。

高校专业必修课测试理论分析及考试系统设计

赵 强　廖方平

一、评价性考试与选拔性考试

按照布卢姆教育目标分类学的观点，教育目标在认知领域中可分为六个层级：1.00，知识；2.00，领会；3.00，运用；4.00，分析；5.00，综合；6.00，评价[1]。在这个基础上，测试应该最大限度地帮助学生达成这些目标。

从20世纪50年代到90年代，美国的测验和评价体系经过很多次调整，逐步建立了标准化测试的思路，试图通过标准化测试来涵盖不同层次的认知水平，但也遇到了很多问题。其中考试成为指挥棒从而妨碍学生全面发展的隐患使得教育者们非常担忧[2]。本文不讨论全国性的评级考试（如职业资格考试）或选拔考试（如高考），而是专注于解决高校专业必修课的测试问题，虽然各类考试都有共通的地方。

我们把考试分为评价性和选拔性两类。所谓评价性考试，是测试被评价者是否具备该方向上的基本能力；而所谓选拔性考试，则是从被评价者中选拔出一定比例的人获得奖励或其他机会。两类考试目的不同，本应该完全分开，但目前高校必修课的课程考试恰好要肩负起两个方面的职责。一方面要测试学生是否掌握该学科基本知识并具备该学科基本能力并以此决定是否给予学分，一方面课程考试的成绩又是奖学金或"保研"等奖励项目的依据。对考试设计者来说，这不仅增加了不必要的麻烦，而且往往顾此失彼，鱼和熊掌不可得兼。这个困扰每个教师都遇到过，毋庸赘言。

---

[1] 安德森等主编：《布卢姆教育目标分类学——40年的回顾》，第18页，华东师范大学出版社，1998。

[2] 安德森等主编：《布卢姆教育目标分类学——40年的回顾》，第103—123页。

考试是课程设计中非常重要的环节，随着信息技术的发展，出现两种基于机考的测试理论，我们从统计学和概率论上证明，如果把两种考试模型结合起来，不仅可以吻合教育目标分类学的观点，而且可以有效地解决评价性考试和选拔性考试无法区分的问题。并且，我们曾经在语义网络的基础上进行过一些项目实验，通过我们的考试系统的设计，可以把学习和考试有机结合起来，在保证大多数学生课程学习效果的同时，为有天赋的学生提供更广阔的课程平台。

二、经典测验理论和项目反应理论的数学证明[①]

目前的测量理论主要有经典测验理论（Classical Test Theory，简称CTT）和项目反应理论（Item Response Theory，简称IRT）。

经典测验理论也称真分数理论，是以真分数理论（True Score Theory）为核心理论假设的测量理论及其方法体系。所谓真分数（True Score）是指被测者在所测特质（如能力、知识、个性等）上的真实值。可通过一定测量工具（如测验量表和测量仪器）进行测量，在测量工具上直接获得的值（读数），叫观测值或观察分数。测量会存在误差，观察值并不等于所测特质的真实值，换句话说，观察分数中包含有真分数和误差分数。要获得真实分数的值，就必须将测量的误差从观察分数中分离出来。为了解决这一问题，真分数理论提出了三个假设：其一，真分数具有不变性。这一假设其实质是指真分数所指代的被测者的某种特质，必须具有某种程度的稳定性，至少在所讨论的问题范围内，或者说在一个特定的时间内，个体具有的特质为一个常数，保持恒定。其二，误差是完全随机的。这一假设有两个方面的含义。一是测量误差（记为 E）是期望为零的正态随机变量，即 $E(E)=0$。在多次测量中，误差有正有负。如果测量误差为正值，观测分数就会高于其实际的分数（真分数）；如果测量误差为负值，则观测分数就会低于其实际的分数，即观察分数会出现上下波动的现象。但是，只要重复测量次数足够多，这种正负偏差会两相抵消，测量误差的平均数恰好为零。二是测量误差分数与所测的特质

[①] 该部分综述了CTT和IRT两种测试理论，并提供了难度融合的数学证明。综述部分主要参考余民宁：《试题反应理论介绍》，资料来源于台湾考试中心，http://www.irt.org.tw/index.php?mod=irt。2012年10月26日访问。

即真分数之间相互独立，测量误差与所测特质外其他变量间也相互独立的。其三，观测分数（记为 X）是真分数（记为 T）与误差分数之和。即 $X = T + \varepsilon$。在此基础上，真分数理论做出了如下两个重要推论：第一，真分数等于实得分数的期望（$T = E(X)$）；第二，在一组测量分数中，实得分数的标准方差等于真分数的标准方差与误差分数的标准方差之和，即 $S_X = S_T + S_E$。经典测量理论主要包括难度、区分度、猜测度、信度、效度、项目分析、常模、标准化等基本概念。

难度是试题的难易程度，可利用公式 $P_i = 1 - \dfrac{\overline{S_i}}{F_i}$ 计算，其中 P_i、$\overline{S_i}$、F_i 分别表示一套试卷中第 i 题的难度、考生在第 i 题的平均分和第 i 题的预设分数。在实际应用中，若有 n 个考生，则 $P_i = 1 - \dfrac{\sum_{j=1}^{n} X_{ij}}{n F_i}$，其中 X_{ij} 表示第 j 个考生在第 i 题的得分。若采用 0、1 记分法，答对 1 分，答错或未答 0 分，则 $P_j = 1 - \dfrac{\sum_{i=1}^{n} X_{ij}}{n}$。可见 $P_j \in [0,1]$，P_i 值越小难度越大。

区分度是指测验项目对被测试者的区分程度，可比较得分高低两端的受测试者通过该题的比率而获得。假设 P_H 和 P_L 分表表示高分组和低分组通过该题的比率，则该题的区分度为 $D = P_H - P_L$，易知 $D \in [-1,1]$，D 值越大区分度越好。

项目反应理论的概念项目反应理论（Item Response Theory, IRT）是一系列心理统计学模型的总称，是针对经典测验理论的局限性提出来的。目标是确定的潜在心理特征（latent trait）是否可以通过测试题被反映出来，以及测试题和被测试者之间的互动关系。

项目反应理论建立在两个基本概念上：（1）考生在某一测试题上的表现是其潜在特质或能力的体现；（2）考生的表现与潜在特质或能力之间的关系可通过试题特征曲线来解释。

项目反应理论的基本假设是：（1）单向度，就是测验中的各个试题都能测量到同一种共同的能力或潜在特质；（2）局部独立性，指考生在任何两道试题上的反应在统计学上是独立的，即 $P(U_1, U_2, \ldots, U_n \mid \theta) = P(U_1 \mid$

$\theta)P(U_2|\theta)\cdots P(U_n|\theta) = \prod_{i=1}^{n} P(U_i|\theta)$，其中 θ 表示能力，U_i 表示考生在第 i 题上的反应，$P(U_i|\theta)$ 表示能力为 θ 的考生在第 i 题上的反应概率；(3) 非速度测验，指测验的实施不是在速度限制情况下完成，亦即考生成绩不理想是由能力不足引起而不是时间不够所致；(4) 知道——正确假设，即考生知道试题答案就必然答对，若没有答对考生必然不知道答案。

项目反映理论试题的基本反应模式有三种：

(1) 单参数模式，$P_i(\theta) = \dfrac{e^{(\theta-b_i)}}{1+e^{(\theta-b_i)}}$，$i=1, 2, \cdots, n$

其中 $P_i(\theta)$ 表示能力为 θ 的考生答对试题 i 或在试题 i 上正确反应的概率，b_i 表示试题难度，n 表示测验的试题总数，理论上难度 $b \in (-\infty, +\infty)$，b 值越大试题难度越大，但实际应用中让 $b \in [-2, 2]$；

(2) 两个参数模式，$P_i(\theta) = \dfrac{e^{a_i(\theta-b_i)}}{1+e^{a_i(\theta-b_i)}}$　$i=1, 2, \cdots, n$

其中 a_i 为试题区分度，a 值越大，试题的区分度越高，实际应用中 $a \in (0, 2)$；

(3) 三个参数模式，$P_i(\theta) = c_i + (1-c_i)\dfrac{e^{a_i(\theta-b_i)}}{1+e^{a_i(\theta-b_i)}}$　$i=1, 2, \cdots, n$

其中 c_i 表示试题 i 的猜测度。

以上，我们简单综述了两种测试理论的数学模型，在此基础上，我们可以进行如下证明。[①] 由于 CTT 和 IRT 的能力分布都假设遵从标准正态分布，即 $p(\theta) = \dfrac{1}{\sqrt{2\pi}}e^{-\frac{\theta^2}{2}}$，就可以探讨两者的难度、区分度和猜测度之间的关系，而猜测度一般只对选择题才存在，并且猜测度依赖于选择题选项数目的多少以及选项与题干关系的密切程度，因而下面主要讨论 CTT 中难度与 IRT 中难度之间的关系。

设参与一道试题测试的人数为 M，通过该题的人数为 m，则 CTT 下难度 $D = \dfrac{m}{M}$，利用 IRT 双参数模型，有 $m = \displaystyle\int_{-\infty}^{+\infty} \dfrac{1}{\sqrt{2\pi}} e^{-\frac{\theta^2}{2}} \cdot \dfrac{e^{a(\theta-b)}}{1+e^{a(\theta-b)}} d\theta =$

[①] 概率证明的思路和公式可参考汪仁官：《概率论引论》，北京大学出版社，1994。

$\frac{1}{\sqrt{2\pi}}\int_{-\infty}^{+\infty}e^{-\frac{\theta^2}{2}} \cdot \frac{e^{a(\theta-b)}}{1+e^{a(\theta-b)}}d\theta$,当 a 固定时,m 与 b 之间形成逆相关关系,即当 b 越大,m 越小。

我们发现,在计算机考试系统的大用户量测试中,CTT 难度会逼近试题本身的实际难度。这一点,恰好可以有机地融合两种测试理论,获取基于真实测试者参与的试题难度,并建立可靠的自适应测试网络系统。

令参与测试者在具体试题上的反应为 a_i,$i=1, 2, \cdots, n$,i 为受测试者,由于 $D_n = \frac{a_1+a_2+\cdots+a_n}{n}$,那么 $D = \lim_{n\to+\infty}D_n$,当参与测试者数量越来越多时,$D_n$ 越来越逼近试题本身的难度 D。

基于上述关系,在制作计算机测试系统时,可以通过 CTT 的模式来解决常模求解试题难度的问题,利用极限理论下 $D_{IRT} = -(D_{CTT}-0.5)\times 4$,解决好试题难度后,可以方便建设基于 IRT 理论的自适应测试网络系统。这套系统的作用在于,无须大规模题库,即可有效测试受测者在课程学习方面的实际能力。结合前述 6 个层级的认知水平,至少可以有效覆盖 80% 以上的学习目标。

三、基于语义网络项目的题库建设[①]

项目最初的设想如下:以知识点分析项目(第一期)为例。第一期可以知识点搜集和定义为主,采用自底向上的分析法。

预计 10 个同学参与分析一套教材的知识点,可考虑如下分配任务:

1. 集体讨论体例,进行培训,现成体例可采用维基百科的语义系连方式。磨合成功后应发掘出更好的分析模式与分析体例。

2. 每个人处理速度为 1—5 条/日,按音序或按章节分配处理内容。也可以考虑走流程化的管理模式,把任务描述、管理分配、质量控制等流程都变成实习的内容,完成一个阶段性的团队合作任务。

[①] 该部分依据 2009 年 6 月 29 日—2009 年 7 月 30 日文学与新闻传播学院 2006 级汉语言文学专业图雅、江婷婷、白雪萌、杨俐、钟伟伟、马莹、李莹娟、张慧鑫、兰永辉、李倩、李思倩、周佳隆、雷天虹、李雪花等 14 位同学在赵强老师指导下进行的毕业实习项目"教材知识点的语义网络化"。项目形成了可行性较高的操作规范,并编写了数万字的资料汇集。

3. 摘录术语,并按照体例的属性要求对术语进行充分描写,进行基础资料积累。

这是个可以不断推倒重来的过程,直到这些资料经过反复推敲,其中的语义关联能有效地揭示教材本身的知识体系,再由新一届学生根据知识点来完善周边相关问题,到最后形成一个从体验角度讲非常吻合学生学习习惯的辅助学习系统。在这个逐步积累的过程中,也就完成了实习的任务。

在实际操作过程中,项目小组以叶蜚声、徐通锵先生的《语言学纲要》为分析对象,并以各种版本的《语言学概论》教材课后习题以及各高校的语言学考研真题为习题来源,在翻译了普林斯顿大学 WordNet 项目的五篇论文了解语义网络的基本思路之后,按照我们所整理的操作规范进行了《语言学纲要》中的概念标注,并将所搜集到的 1000 多道习题对应到相应的知识点网络①,达到的效果远远超出预期。

以下是项目总结中的部分内容:

"首先,我们对语言学概论的所有知识点进行了一次完整的梳理和定义,为学习者提供了一个全面明晰的知识点汇编。其次,我们将相关的知识点组织成了一个语义网络,如:上下位关系、整体—部分关系、集合—元素关系、平行关系等。另外,我们建立了一个语言学概论的题库。最后,我们绘制了知识点结构图,在知识点和习题之间建立了映射。知识点网络的建立对于整个知识体系的建立有非常大的帮助,另外通过对知识点之间的通路的梳理,我们对语言学纲要的种种出题可能性进行了初步的挖掘,为大家提供了一种行之有效的解题思路。总之,本次实习工作不仅让参与实习的 14 位同学得到了一次语言学知识的专业训练,同时也为"语言学概论"课程的教学与学习工作提供了一份条理分明、丰富全面的参考资料和一种新颖有效的教育和学习思路。"

由此可见,这种方式对学生的能力培养有不错的效果,并且有效地建设附加了各种语义属性的题库,在课程题目和知识点之间建立起对应关系。

因为有过这样的尝试,加上我们整合两套测试理论后所设计的自适应考试系统,我们发现,高校的必修课程一般都有经典的教材和丰富的练习题和

---

① 论文包括:《WordNet 介绍:一个在线的词典参照系统》、《WordNet 中的名词:一个词汇继承系统》、《WordNet 中的形容词》、《WordNet 词汇数据库及搜索软件的设计与执行》、《英语动词的语义网络》。参见 http://wordnet.princeton.edu。

考研真题，在课程设计中引入类似的项目建设作为平时的训练，可以让教师成为真正的教学组织者，所沉淀的资料经过自适应考试系统的筛选，在很短的周期内便形成可用的具有难度等级的精品题库，成为日常测试的常规手段。

四、所解决的问题与应用前景

按照评测系统的设计，每门必修课建设以 1000 道左右尽可能覆盖教材所有知识点的客观题为基础的评测性题库（这个工作按照前述项目的经验，不到一个月时间即可完成），题库平时可开放给学生进行反复练习，由于测试题目包含在练习题中，学生的练习动力能被有效激发出来，练习的错误情况也将由系统汇集用于自动计算题目难度；而在自适应考试系统中，学生必须在规定的反应时间内完成题目的应答，根据我们前边的论证，在很短的时间内便能有效测试出学生是否掌握了课程基础知识并具备该课程所必需的基本分析能力，同时可以给予学生一个准确的水平评估。一旦能够引入上述的信息技术作为教学辅助，我们所设想的教学流程便有了一个重大的革新。这将带来如下好处：

1. 学生深度参与课程建设

通过教材知识点整理和习题分析，学生可深度参与到课程建设之中，即便一个学生只专注于某个章节的处理，也属于综合性的学术训练而非简单的信息获取。通过对于教材概念网络的节点构造，学生可以真正提出问题并动手解决问题。在建立练习题与知识点概念的映射过程中，学生可以揣摩到各种典型的出题思路，对于参加选拔性考试的学生来说，可以有效养成第 6 层次的评判能力。

2. 凸显教师授课的个性化

一门基础必修课往往涉及学科的各个方面，究竟是面面俱到地讲解，还是个性鲜明地引导，一直是课程教学中的难点。通过常规性题库的训练，解决了基础知识的教育问题，教师在课堂上便能有两个方面的发挥，一是更有针对性地讲解重点和难点，二是充分展现自己在该学科中的特长，对学生进行学术熏陶。

3. 建立免修必修课的量化标准

很多民国时期的名人轶事中都提及在高校免修某门课程，基本都是教授通过一定的面试，觉得该生完全掌握了课程要求的基本知识，直接给予学分。这些事情一向被传为大学教育的美谈，但毕竟没有标准可以依托，只能作为个例，不能成为制度。而有了一定数据积累之后，考试系统本身可以给出一个明确的量化标准。如果学生能够通过考试系统的测试，便可直接获得该门必修课的学分。

4. 减轻繁琐的日常工作

学生练习、必修课学分相关的评价性考试以及出题改卷评分等繁琐的日常工作将大为简化，甚至可以完全实现无纸化考核。由于自适应考试系统都是短时间反应的随机题目，可以从技术上杜绝作弊现象。在资源允许的情况下，我们甚至可以在一个学期中给予学生3次参加自适应考试的机会，只要有一次通过考试便可以得到该门课程的学分，以鼓励学生不断学习进步。

5. 数据挖掘价值

随着评测系统的深入应用，所积累的数据将具有很高的分析价值，学科概念体系中的知识点和接受者之间的关联度会得到详尽的数据支撑，分析结果随时都可以应用到教学中。同时，题库也可以随着项目的进展不断扩充调整优化，试题的难度系数随着参与测试的人数增加会越来越吻合其实际的难度。最重要的是，我们将能从数据分析中真正找到前述教育目标分类学中各级能力所对应的细节，而非完全凭借教学经验瞎子摸象。

以上解决了必修课中的评价性考试成分，让学习和考试成为一个相互促进的整体过程，并能给予已通过自学掌握该学科基础知识的学生一个可量化的免修评估标准。关于选拔性考试部分，则交由任课教师选择方法并掌握尺度，系统本身可独立提供一个精选的选拔性题库，或辅助提供一个主观题判卷功能，以便与评价性考试数据进行整合，本文不再详述。

总之，区分评价性考试和选拔性考试，并利用信息技术保障评测的公平和效率，是考试改革环节中值得提倡的一种思路，相信能有力推动课程建设的进程，在科学化和人性化两个方向上都更进一步。

广告学创新型人才实践
教学体系的探索与研究

郭梅雨

我国高校的广告教育自1983年发轫于厦门大学，经过近三十年的快速发展，目前开设广告学相关专业的院校已近四百所，每年为广告行业输送了大批的人才。尽管我国的广告教育取得了长足的进步和发展，但是广告业界对高校广告教育、人才培养的质疑之声一直不断，现代广告杂志社2007年进行的中国广告高等教育现状调查，认为高校的广告教育存在着"自娱自乐"、"产、学、研严重脱节"等五大矛盾，已经严重影响了整个广告行业的发展，调查报告指出，"处于初级发展阶段的中国高等广告教育看起来人丁兴旺，其实并不能满足行业发展的需要"。广告业界对于高校广告教育的质疑与不满，集中表现在学生的能力不能满足行业的实际需要，即大学课堂里培养出的毕业生往往空有理论知识，而所学的理论又相对落后于快速变化的行业发展，尤其突出的是学生缺乏实际动手操作能力，对于广告营销运作一知半解，毕业后不能马上进入职业角色，广告公司往往还需要对新进毕业生进行专业再培训。特别是当前广告行业处在国际化的竞争中，对高级广告人才的需求更是迫切和急需，具有创新能力的广告人才更是优秀公司所极力推崇的。

面对这样的现实，作为高校广告教育从业者的我们不得不反思自己的广告教学，反思我们的培养目标和课程设置以及教学过程中存在的问题，迫切需要找到适应行业发展需要的广告教学培养方式，以此来解决教育与行业脱节的现象。我们通过强化实践教学环节的建设，解决广告教育中的"知、行失衡"问题，培养具有创新能力的广告实践人才。

一、创新型人才实践教学理念与内涵

首先在观念上要明确什么是创新型的广告人才，如何建立创新型广告人才的实践教学体系，最后如何确保实践教学体系的科学有效的实施。这样我们才能将创新型实践教学理念融入培养模式、课程建设、教学改革的系统工程。

实践教学环节的设置首先取决于我们对创新型广告实践人才的定位,大学课堂培养出来的人才不能是只通晓广告理论而毫无操作经验的人,而应该是既具备扎实的理论功底,又有良好的执行能力和动手操作能力的人才,特别是应具备创新精神及较强自我学习能力的高素质人才。因此,我们将创新型广告人才要素界定于"3个能力+1个精神",即具有实践能力、研究学习能力、创新能力和团队合作精神的高素质广告人才。

我们围绕"3个能力+1个精神"人才培养目标来建设实践教学体系,同时将已有教学改革所积累的优秀经验,如"广告实战训练法"、"联动课堂"教改模式等成熟的教改经验,推广到其他广告课程当中,重点抓核心课程的实践教学环节的建设,以培养创新型实践人才为目标,将教学中对学生创新能力和实践能力的培养作为核心和重点,注重学生素质、强化实践能力训练,以强化实战训练为手段,推进广告学专业整体教学改革,形成专业优势,为社会培养高素质、创新能力的人才,努力探索创新符合人才培养目标的实践教学体系。

二、创新型人才实践教学体系的整体设计与实践

1. 构建创新型人才培养方案,实施"学科平台+专业模块"的人才培养模式

在新版广告学培养方案中,在学时学分的分配、课程设置和实践教学环节等设置上重点突出培养"3个能力+1个精神"的复合型创新人才的核心思想,实施"学科平台+专业模块"的人才培养模式。

"学科平台"属于基础性课程,为学生进入专业学习打下坚实基础,分为三个部分,"学科理论基础课"(包括社会学、经济学、逻辑学等基础课程)、"学科专业基础课"(包括广告学概论、市场营销学、中外广告史等课程)和"学科专业技能课"(平面设计基础、电脑设计基础、广告摄影等课程),这些课程设置给学生提供充分的多学科思维基础和视野,建立多维的知识结构体系,使广告专业的学生的知识不再单纯地局限在广告营销传播的单维学科层面。

"专业模块"以课程群为模块,分为"营销课程群"、"品牌传播课程群"、"广告创意传播课程群"及"专业延伸课程群"等模块,这些课程群模块的设置注重突出"知识、素质、能力"的培养与训练,强化课程体系的内在逻辑性和衔接性,全方位培养学生实践动手能力、分析问题和解决问题的能力。

2. 优化整合应用性课程,以五门核心课为突破口,探索实践教学模式

在广告学专业课程体系中,应用性课程占有很重要的比重,也是解决广告教学中"知、行失衡"问题的关键环节。我们尝试从专业必修课程中重点选择能基本覆盖广告行业工作流程几个重要环节的"市场营销"、"平面设计基础"、"广告文案写作"、"广告创意与表现"和"广告策划"作为实践教学的突破口,将课程中的理论讲授和实践训练比例调整为1∶1,即压缩理论性的讲授时间,相应增加实践训练的课时,为实践教学提供充分的课时保障。

更重要的是,这五门课程贯穿大一到大三的整个专业学习阶段,课程间的实践教学科学有效地衔接就显得十分突出和重要。在实践教学环节设置上,在凸显各自课程定位和培养目标的特色外,重点加强五门课程的实践训练目标和内容的内在联系及有效衔接,即每一门课的实践环节都为后一门课先期解决或提升广告专业的某一实践能力,最后阶段的"广告策划"课程则综合了前面几门课程的实践训练内容,让学生的实践能力得到全面的训练和提升,从而形成强调课程实践特色、突出"3个能力+1个精神"的人才培养目标的递进发展的实践教学模式。

3. 重点建设全方位、多层次的创新型人才实践教学体系

(1)以课程实践教学为主导,以"实战训练"为手段,培养学生的实践能力

创新型人才实践教学体系的重点建设内容是课堂的实践教学环节。五门核心课程的实践教学均以"实战训练"为手段,摆脱以往模拟命题的训练模式,采取真实的广告实战作业形式,给学生提供最真实的广告作业实战环境,以提高学生的实际操作能力和动手能力。实战作业有两种来源,一是参加全国性广告大赛,二是以企业命题为实践教学的训练内容,最大可能地贴近广告的实际操作情境,给学生以真实的广告实战训练机会。学生在这样的教学训练中热情高涨、积极主动,和老师充分地互动,教学效果显著。学生作业在金犊奖、中国大学生广告艺术节学院奖、全国大学生广告艺术设计大赛以

及民族团结公益广告大赛中多次获奖。

（2）拓展实践教学空间，搭建创新实践教学平台，培养学生的实践创新能力

广告实践教学不能只依赖课程内的实战训练，课堂的空间毕竟有限。我们把实践教学延伸到课程之外，极大地丰富了实践教学的内容和方式。同时，学生实践及创新能力的培养与发挥是在解决实际问题和困难的过程中激发出来的。从这个角度说，搭建创新实践教学平台，为学生尝试创新提供了一个舞台，可更好地实现创新型人才的培养目标。

搭建创新实践教学平台。每年一届的《中央民族大学创意最大广告大赛》活动，不仅仅给学生提供了创意、策划比赛的机会，更是让学生在组织活动的过程当中了解并熟知赛事活动流程。每届均有十几名学生负责赛事活动组织工作，从活动策划、选题命题、组办启动仪式到颁奖晚会，到设计印刷宣传海报，以及联系赞助活动、合作媒体，参与的学生深入地了解了活动组织举办的全过程，同时也锻炼了学生的组织能力、团队合作能力和协调沟通能力。该赛事已经成功地吸引了北京及部分全国广告院校的学生参与，影响力越来越大，已成为中央民族大学创意实践教育活动项目。

此外，专业公司实习实训，将广告实践教学延伸到行业专业领域，让学生真正学习和掌握行业工作流程，为将来毕业进入专业领域打好坚实的基础。在学院主导下，在数家媒体和地方机构建立了实习基地，并联合指导了近几届的毕业实习，取得了良好的实习效果，学生受到实习单位的表扬和肯定，学生在实习中专业能力和社会交往沟通能力也得到了极大的提高。

（3）借助课程内的特置环节及大学生创新实验项目，培养学生自主研究学习的能力

现代教育方式让我们知道，知识并不能简单地由教师传授给学生，而只能由每个学生依据自身已有的知识和经验主动地加以建构，才能转化为自身的能力。在广告实践教学中，注重对学生学习能力、研究能力的培养，以达到我们的人才培养目标。

各课程根据自己的教学内容和训练方法，在课程阶段内特别设置研究学习项目或环节，改学生被动学习为主动研究式学习，同时提高学生分析问题、解决问题的能力。如设置个人或二人组研究学习项目，学生根据各自所选的研究学习项目在课后进行资料查找并分析归纳，最后按照要求在课堂上发表。

这样可以改变以往的单纯由教师在课堂上进行"一言堂"、"满堂灌"式的理论讲解，使学生的学习由被动式的接受变为主动的自主学习。

对于学生的研究能力、学习能力的培养与训练，有一个重要的平台就是国家大学生创新性实验计划（NMOE）和中央民族大学本科生研究训练计划（URTP）。学生可根据自己的研究兴趣选择研究题目，制定研究计划，到实地调查研究，撰写调查报告，最后参加结项答辩，整个过程可以很好地锻炼学生的研究能力和实践能力。

（4）通过团队实践作业，培养学生的团队合作精神

不论是课程的实践教学环节还是学生参加广告赛事，或是参加研究训练项目，我们都要求学生以团队为主，在作业训练和研究训练中，加强团队合作精神的培养，强化合作意识，学会在团队合作中与他人的交流与沟通，为将来进入职场打好坚实的基础。

三、创新型人才实践教学体系的创新与特色

1. 形成各具特色的实践教学训练法

广告专业五门核心专业必修课程，在原来的教学改革基础上深化实践教学，各门课程根据自身特点，有针对性地实施实践教学方法。

"市场营销"主要采用"案例研习＋情景短剧模拟＋沙盘模拟"的综合方式实战演练市场分析、市场细分、市场定位等营销技术。学生可在实战演练中调动起各种感官功能，对所学内容形成深度记忆，练习掌握在多变环境下完成各种营销目标的能力，同时还可培养学生的团队意识和战略思维。

"平面设计基础"采取"自我研学＋实战训练"的教学方法，从两个方面重点培养和训练学生的自主学习的能力和实际动手操作的能力，该教学法已经总结形成一套较为完整科学的评价系统。

"广告文案写作"采用"先策略后技巧"的教学方式，同时将4—6次的实践作业环节穿插在理论知识讲述之中，由浅入深、由易入难地训练学生的广告创意和文案写作能力。

"广告创意与表现"的"实战导向"实践教学法，在具体广告创意项目的实施过程中，培养和训练学生将理论与实践结合的能力。

"广告策划"采用"循环的反馈—团队整合"的训练机制，随着课堂教

学内容的推进，与广告策划流程中各个工作环节相匹配的教学实践训练同步进行。随着实践训练的推进，采取个人→团队→个人的训练模式来逐步促进学生的独立思考能力与团队协作能力的均衡发展。

2. "联动课堂"教学尝试，课堂教学效果显著

"平面设计基础（二）"和"广告文案写作"课程在联合实践教学上进行了尝试，两门课程同时将正在进行中的两项全国性学生广告大赛"第十九届台湾时报金犊奖"和"第八届全国大学生广告节学院奖"作为作业进行联合指导，设计老师重点指导学生创意表现，文案老师重点指导学生的文案，设计的老师出现在文案的课上，文案的老师来设计的课上共同指导，同时解答学生在创意设计过程中的问题。这种尝试，学生也感到新鲜，有两位老师同时来上课，创作热情有所提高，作业态度也积极主动，多人次的课堂作业获得金犊奖及学院奖奖项。

3. 实践教学中注重对学生研究能力、创新思维能力的培养

实践教学环节不仅重视对学生实践能力的培养和训练，同时还主抓对学生研究能力和创新思维能力的培养，五门核心课程的实践教学环节均对此有专门的设置。如"市场营销"课程，在教学中综合运用讨论式教学、互动式教学、案例式教学等方式对企业典型案例进行分析，要求学生通过在日常生活中的观察，从互联网、杂志、报纸和广告等渠道中收集素材，或者通过对某个企业进行一手的访谈和了解，结合课程内容具体对一个公司的案例进行分析，并给出解决方案。整个环节设置，将理论和实践结合在一起，同时也为学生提供了互相学习和培养团队合作技巧的绝好机会。

4. 强化民族文化学习，提高民族文化素养，突出院校特色

作为民族院校，强调民族文化在广告实践教学中的培养和训练，以突出我们的专业特色，更好地为民族地区输送民族文化人才。在近几年的实践教学和创新训练中，我们有意识地增加关于民族文化和素养方面的主题和内容，在课内作业题目的设计上有意识地增加这方面的选题。同时，在国家大学生创新性实验计划（NMOE）和中央民族大学本科生研究训练计划（URTP）的选题上更多倾向民族文化方面的选题，让学生们在创新实践教育活动中，不仅专业的训练得到了加强，同时也能让学生深入到少数民族文化地区，更好、更深入地了解和学习优秀的民族文化。

四、建立全新的考核评价机制,确保实践教学体系的科学有效实施

1. 编制实践教学指导手册

为确保实践教学科学有效地开展和执行,五门核心课程均编制了实践教学指导手册,明确课程的培养目标、实践教学的环节设置、实践教学的执行方案、实践教学的考核评价方式等内容,成为规范实践教学体系的重要一环。

2. 注重学习过程质量的考核模式

在实践教学中对于学生的理论知识和实践能力的考核不能只依赖期末考试一个环节,而应以整个学期的学习过程为考核内容,强调对学习过程的质量的考核。因而,在考核环节中,改变以往的不注重平时和期中成绩的考核,加大平时成绩、期中成绩的考核比例,相应减少期末成绩的比例,即平时成绩占30%,期中成绩占40%,期末成绩占40%。这样的比例构成,也让学生清楚地认识到整个学期学习过程的重要性,而不能仅凭期末前的临阵磨枪。

考核模式改变的另一个重要方面是各课程基本取消闭卷考试方式,代以广告全案操作的团队作业方式,最终呈现的是广告作品或广告策划书,考核方式不仅看作品质量,还要考查各团队的广告提案能力。

3. 教师+业界导师的双轨模式

在企业命题的实战训练课程中,对学生的学习能力和作业水准的评价和考核,不再只是由课程老师单独承担,而是增加业界导师的评价考核环节。学生团队在期末的项目提案当天,由课程老师和受邀的广告业界导师共同担当评委,这样的氛围让学生们更能体会到广告行业的真实情景,业界导师的评价也是对学生专业性的最好肯定。

通过创新型实践教学体系的建立,我们的广告教学效果非常显著,学生作业多次获得全国性赛事的奖项,学生对教师的课堂教学评价很高,并且在2011年成为国家民委优秀教改项目。

文论课教学模式初探

——从"树图"到"问题"

陈 莉

在一个人们愿意跟着感觉走的时代，以抽象和理性为主要特征的文学理论课教学面临着重重困难，也面临着重重挑战。文学理论教研室同仁一起摸索着走过多个教学循环过程。近年来的文论教学中，我们将构建树图作为教学的一个侧重点。构建树图的具体方法是，以童庆炳《文学理论教程》为基本教材，在教师的引导下，让学生将这本教材中的主要内容做成树状图。我姑且称之为"树图式教学模式"。

树图式教学模式的好处是显而易见的：第一，它便于同学们对整部教材有全面的、整体性的认识，给同学们提供了一个切入文学基本理论的"地图"，学生不会迷路；第二，在构建树图的过程中，培养了学生的总结和提炼能力；第三，有利于学生吃透教材。如果深究即可认识到，树图式教学模式中包含着如下理念：其一，树图式教学模式建立在对某一本教材权威性高度认可的基础之上，因而将这部教材作为学生学习和阅读的典范；其二，树图式教学模式以构建文学理论体系为侧重点，其隐含的思维模式为"建构"。但目前文论课教学所处的时代环境是，整个社会正处在一个解构多于建构的时代，尤其是对宏大理论框架的解构几乎成为人们的普遍共识，此外，几乎所有的教材的权威性已经被文论界普遍否定，没有一本教材能够为各院校普遍接受。因而，我们有必要反思一下树图式教学模式的合理性和必要性问题，以便更好地进行下一步的教学。

首先，在教学实践中，我们发现树图式教学模式的确存在以下问题：第一，学生将《文学理论教程》当成了精读文献，死抠教材，最后导致学生文论视野狭窄，不能领会文论课程的灵活性和当代性；第二，学生将文学理论课当成了一门知识型的课程，因而，将注意力更多地集中到对教材中一些话语的僵化理解上。学生越是死抠字眼，越是读不懂教材，越容易失去阅读的兴趣；第三，因为过于重视教材，文论课培养学生理论思维能力的教学目标不能得到很好的体现。

既然树图式教学模式利弊兼有，那么，在进一步的教学改革中如何取利去弊呢？关于这一问题，我的思考如下：继续沿用树图式教学模式，但减少树图在教学活动中的分量、降低其在同学心中的位置。我的处理方案是，在文论课第一次概论课时，结合文学四要素的问题告诉学生，一般来讲有关文学的研究有四个切入点：世界、作家、作品、读者，从这四个切入点切入会发现文学活动中存在很多值得探讨的问题，这是我们把握文学活动的四个基本点。然后再结合目录，告诉学生这四个要素与教材编排之间的内在联系。总体来看教材第二编主要涉及的是文学的本质问题，主要是从文学作为属人的审美活动这一角度来理解文学的；第三编涉及的主要是文学创作的问题，主要是将文学作为一种精神生产来探讨文学创作中存在的问题；第四编主要从叙述学的角度探讨了文学作品的存在样态问题；第五编主要从读者的角度探讨了文学接受的问题。教师可以简略地将这一树图在黑板上与学生共同画出来。这样，学生自然会明白整本教材的编排思路和整个学期的教学思路。但是需要向学生强调的是，这四个切入点并不具有绝对性，并不是所有的理论家、所有的理论著作都必然从这四个方面切入，只是相对而言，更多的教材都认可有关文学的研究从这四个角度切入更加便捷而已。此外，有关文学问题的理论思考，并不是要全部涉及这四个方面，很多理论都是就其中某一个方面，甚至某一方面的某一个小的问题而展开的。这样"树图"的概念就基本在学生头脑中建构起来了，整本教材的思路也向学生做了说明和引导，但不再将构建树图作为学生学习过程中的一项重要作业。

可以看到，弱化了树图在学生心目中的位置，一定程度上是不再让他们将教材当成经典去读，这就要求在文论课最初的教学过程中，科学合理地向学生介绍教材，告诉他们半个世纪来，文论教材编写走过的三个阶段，即政治中心论阶段、审美中心论阶段以及多元化阶段，这三个阶段分别对应着中国文化和文学发展的三个阶段，即文学作为政治的附庸的阶段、文学作为审美对象的阶段、文学观念多元化的阶段。因为中国文化处于大众多元文化阶段，所以自我中心的倾向很严重，没有人能够认可其他人的权威地位，没有人会跟着别人的观点走，因而，所有的教材都只是一个参照系而已。只要所选用的教材涉及了文学理论的基本问题，就都是可以用的教材，因为教材都只是一个教学的契机和话头而已，所有的文论问题，只有引导学生去思考了，才能变成学生"思考过的理论"。因而我认为没有必要太与教材较真。其实较真的同时，就意味着内心深处将这部教材已经当成权威和经典看待了。既然没有权威，就要以平和的眼光来看待。

如果不将树图的构建作为教学的侧重点，又指出了文论教材的多元化特点，那么，文论课的教学侧重点又该是什么呢？关于这个问题的回答，与对文论课教学目标的理解有着密切联系。我以为文论课的教学目标不是让学生掌握一些文学理论的基本知识——虽然对知识的理解和记忆在这门课的教学中一定是存在着的，但是文论课的教学目标应是让学生学会自己去发现问题、思考问题。基于此，我认为在文学理论课的教学中应该做的事情是：提出问题，让学生思考，因而"问题"和"思考"才是文学理论课教学的关键词。

既然文论课作为一门理论课，它的核心任务就是要培养学生的问题意识和思考能力，那么，应当从哪些角度提出问题呢？我以为在教学中可以从以下几点做起：第一，就文学理论中的传统问题来讲，最好不要直接向学生灌输现成的理论，而是列举出文学现象，让学生自己总结，自己得出结论。比如，关于文学是社会生活的反映这一问题，就可以从对文学现象的讨论入手，让学生自己看到无论是浪漫型的作品，还是现实型的作品都有着生活的影子，都是对生活的反映；第二，结合当前的文学发展现状，将理论的教学与问题的处理结合起来，引发他们的思考，让学生自己对当前文学现象有自己的思考。比如有关"文学是属人的审美活动"这一命题，可以在讲解传统文学理论对这一问题的认识的同时，将艺术活动中一些极端的例子加进来，引发学生的思考。比如，如果是一只小猫在一块洁白的布上跑了一圈，白布上留下了小猫梅花样的爪印，看起来也很漂亮，这是不是艺术？第三，针对某一具体问题，适当介绍其他理论家的观点，让学生自己去判断，并提出自己的看法。比如关于文艺起源的问题，较为客观地介绍巫术发生说、宗教发生说、游戏发生说、劳动发生说等几种观点，但不过多地加进自己的评判，然后让学生自己思考哪种学说更加合理，为什么更合理。将问题提出来，同时引导学生去思考，更为重要的是促进学生进一步发现问题，这样才能激发学生的思考热情。

下面我们试举几例说明"问题式"教学模式的具体操作方法。比如关于"文学是什么"的问题，首先不是直接地给出学生教材上有关文学的定义，而是在课堂上给学生一分钟的时间，让他们根据自己的阅读经验思索自己认为什么叫文学，并让他们将自己的思考简要记录下来。学生的思考多来自他们十多年来阅读文学的经验，他们的思考可能不全面，但是最为真切，最切近实际。将文学是什么作为问题提给学生后，就激发了他们对课程的参与热情，并激活了他们已有的文学经验。反过来讲，如果不给出时间让他们思考，他们将被动地接受老师和教材所给出的有关"文学"的概念，失去自我思考的机会。在进一步的教学中，教师要一边引导学生对教材上的文学定义进行辨析，一边表达自己对这一定义的看法，同时，引导学生将其与自己的定义进行比较。学生所思考的文学定义一定与教材上的定义有出入，这也许正是需要进一步思考的问题，作为教师要鼓励学生积极分析，也帮助他们分析问题所在，从而培养学生发现问题、分析问题、思考问题的能力。

比如说在有关"艺术生产论"这个小问题的教学中，首先给学生提一个问题：阅读教材上的文字，思考马克思对"艺术生产"这一概念是持肯定态度，还是否定态度？如果是否定态度，为什么整部教材要将"艺术生产"作为一个重要概念？引导学生这样思考下去，学生会发现教材中的矛盾之处，学生将学会怎样一边以教材为主要参照系，同时又能以此为基点，去深入思考问题。就这样，在不知不觉中学生的思考能力和问题意识就得到了提高。

再比如关于"文学与非文学的界限"一小节内容的教学，可以先给出两类文学作品，其中第一类作品具有空灵的意境，优美的语言，情感含蓄，文风淡雅；第二类作品情感外露，语言粗俗。然后向学生提问：哪类作品更具有艺术性？为什么？如在这一次的教学过程中，关于这一问题，我们给出的材料有杨万里的《小池》，还有网上的梨花体诗歌《我坚决不能容忍》："我坚决不能容忍 /那些/在公共场所/的卫生间/大便后/不冲刷/便池/的人。"《小池》意境的淡雅与《我坚决不能容忍》的粗俗放在一起，能够给学生留下很深的印象，使他们明白优秀的艺术品都具有哪些属性。同时，对文学与非文学的界限问题会有自己的思考。

问题的提出需要教师不断地学习进步，而学生对问题的回答和如何引导是更为关键的问题。如果一个问题提出来了，学生以这一问题为基点，提出了更加有意义的问题，教师要能够对这一问题有很好的引导。

关于问题式教学模式，还有以下问题需要澄清。第一，我们认为，问题式教学模式是文论课教学中可以广泛运用的重要教学模式，但不是全部。因为对于刚刚接触文学理论的大学生而言，他们还没有较为充足的知识积累，也没有阅读更多的理论著作，因而在教学中有很多内容是需要教师去解释和陈述的。所以，我们觉得应当积极推进问题式教学模式，但也清醒地认识到问题式教学模式不是文论教学的全部；第二，问题式教学模式需要与考试方式结合起来。这就需要在文论教学改革中，进一步压缩"知识型"、"记忆型"考题的比例，并且要构想一些非常灵活的考题，而不是沿用多年以来文论课考试的"传统题目"。

问题式教学模式目前还处在一个摸索阶段，需要做的工作是，首先，在教学中细心体会、思考，及时总结完善。其次还需要构建一个问题库，将文学理论中的一些基本问题按照性质进行归类、整理。但是需要进一步说明的是，构建问题库，并不等于"问题库"构建成形后，就可以坐享其成了。因为，文学理论课有一些基本问题，但文学理论课的灵活性和生动性却表现为，它可以随时发现问题，随时思考问题。而且随着文学实践的发展，会不断有新的问题出现。因而问题库的构建，只有起点没有终点，而且问题库绝不可以僵化对待，似乎有了问题库，这一教学模式就可以得到很好地推进了，这一想法与文论课的精神是相违背的。

问题式教学模式的运用还需要考虑的一个问题是，对于考研的学生而言，在该教学模式下培养出的学生能否与其他学校的考试和学习顺利接轨。针对这一问题，我们的解决方案是，第一，在选用教材时，尽量不要选那些使用面过窄的教材，基于此，我们目前还基本上以童庆炳《文学理论教程》为基本教材；第二，课堂上所讨论的问题，要灵活、随机，同时也要注意引导学生讨论文学理论学科普遍达成共识的基本问题，同时，将同学们课堂上所遇到的一些有继续探讨价值、但不具有普遍性的问题，作为个别同学的研究任务布置下去。此外，我们之所以不过分担心文论课的教学与其他院校乃至与整个文学理论界脱节，是因为真正懂得文学理论教学的院校都不会认为学生死记硬背了，按照某种教材答得全面了，就是一个优秀的学生，而是认为那些富有自己见地、同时又能将自己的思想很好地表达出来的学生才是优秀的学生。

我们之所以提出"问题"和面对问题的"思考"才是文论课教学的关键，首先是因为文学理论本身就是对文学现象的反思，其次是因为，在学术越来越模式化、"学术化"的今天，很多论文的写作，几乎都没有问题，是为了"写"而硬写出来的东西，论文写作按照现成的模式，一步步写来，其中有"知识",有"资料",引文注释都符合学术规范,但是满篇都是可说可不说的话。存在这种现象的一个重要原因是,学生还没有发现问题,也没有学术的敏感。文学理论课的教学从思考文学基本问题出发,但却以培养学生发现问题、思考问题为旨归,希望这样的方式有助于学生找到自己,找到属于自己的问题。

综合以上论述,我们认为,就文传学院的文论课教学改革而言,我们已经充分认识到了树图式教学模式的利与弊,并将充分发挥其整体把握、宏观建构理论思维模式的好处,但同时也考虑到文学理论教学的灵活性和机动性,并更多考虑文论课教学要打破学生学习知识的习惯性思维,而力求告诉学生文论课的教学和学习都要围绕着思考能力的培养而展开。所以在文论课具体的教学过程中要以问题来推进教学,以问题来促进学生思考,以问题来激活学生的已有知识,从而完成对学生理论思维能力的培养。问题式教学模式正处在摸索和探讨的阶段,需要不断地完善,到底应在多大程度上用问题推进教学等具体问题还需要进一步思考。

《古代汉语》课程考试模式改革探讨

韩 琳

按照 2010 版培养方案，为文学与新闻传播学院汉语言文学专业和对外汉语专业开设的《古代汉语》是一门基础课、必修课，共计 108 课时。《古代汉语》一直以来使用的考核方式是：每学期期中、期末各考试一次，均采用闭卷方式。这两种考试方式相同，题型设置大体相同，只是与课程进度相联系，考试范围有差异。期中考试为阶段性考试，期末考试是学期总结性考试。考试内容主要测试两大块内容，一是基础知识的掌握情况，包括文选涉及的文献知识、常用词、特殊语法现象以及相关的重要概念和术语等，主要题型是填空（10%），选择（15%），解释划线词（15%），名词解释或简答题（10%—15%），词类或句式专项辨析（10%—15%），与重点概念及原理相关的材料辨析（10%）等；二是古文理解等综合能力，主要题型是古文标点和翻译，主要考察知识的综合运用能力及文字表述能力。

以上考试模式题型多样，测试点较细致，知识涵盖面较广，在多年执行的过程中确实起到检查和督促学生的双重作用，形成了严谨规范但又略带机械刻板的《古代汉语》考试风格。与这种模式相结合，《古代汉语》期末考试成绩一直以来都比较低，平均分值长期在 70—80 分之间徘徊。注意到这一情况，教研室老师曾尝试减少题目，压缩题型，相应降低难度，情况稍有好转，间或均分能超过 80。这种状况除了与课程本身的性质、教师的教学方式、学生的接受能力有关之外，考试模式不能很好地起到检验、督促以及能力训练的作用也是很重要的一个原因。

2010 版培养方案《古代汉语》课大量压缩，很多内容有后续课程作补充，《古代汉语》课程整体目标以及教学内容都作了相应调整，但考试目标、内容、题型等仍然维持在以前的思路，这样就和较低的课容量、教师的教学重点及学生的训练要求产生距离，急需要适应新情况作出调整。

考试是检验教师教学成果和学生学习状况的有效手段。作为一门理论和实践结合紧密同时又具有广大运用空间的基础性、工具性课程，《古代汉语》

课程定位和考试导向直接影响着这门课程的学习和运用效率。面对2010版教学方案基础课课程压缩、课时减少、选修课全方位拓展的状况，《古代汉语》课程应该审时度势，在准确定位的基础上，认真审视课程各环节，及时调整以往思路，努力使教学和考试发挥最大效应。

一、探索与尝试

在统一认识的基础上，配合《古代汉语》优秀课程建设工作，教研室老师在客观分析考察以往考试相关问题的基础上，本着审慎的态度，选择影响面限定于授课班级的期中考试进行新模式的探索和尝试。下面以2012级对外汉语专业第一学期《古代汉语》期中考试为例进行分析说明。

本次测试采用随堂开卷方式。学生可以带课本、笔记、相关工具书等。但必须个人独立完成。题型有五种，可分为三大类。

第一类：查阅资料分析问题，共两个大题。

（一）查阅附录一《简化字与繁体字对照表》，举例说明繁简字对应情况，并分析其原因（15分）。具体得分情况：

最高分/人次	最低分/人次	0—5分	6—10分	11—15分
13/1	5/2	2	23	4

相关课堂讲课内容：1. 什么叫繁简字。2. 简化字的来源。3. 简化字对汉字体系的影响：（1）表意弱化；（2）功能合并；（3）对应复杂。

本题目涉及3（2）（3），又和2中的"同音替代"密切相连。

学生答题情况：1. 审题错误，理解为简化字来源者占大多数。2. 有一小部分同学能查检繁简字对照表简要说明对应情况，但能准确分析原因者很少。

（二）查阅附录二《汉字部首举例》，指出下列形声字的义符与声符，并说明义符和部首的关系（20分）。具体得分情况：

最高分/人次	最低分/人次	0—10分	11—15分	16—20分
20/2	10/1	1	8	20

相关讲授内容：1. 形声字的定义；2. 义符和声符的判定（变形和省简）；

3. 义符和声符的功能；4. 偏旁和部首，文字学原则的部首和检字学原则的部首。

本题目涉及 2、3、4 教学内容。

学生答题情况：对于题目所提供的 10 个汉字，大多数同学能准确指出义符和声符，但对义符和部首的关系较茫然，很多同学不知从哪里入手。知晓老师讲课的内容，但不能与所提供的材料联系起来进行分析。

这类题目要求通过查检相关材料对所提供的语料进行分析，并据此作进一步的概括和说明。从学生的情况看，查检资料定向分析基本能完成，但和语料相联系的概括分析相对较差。分析原因，主要有两点：1. 课程按照教学计划有序推进，但规定内容讲授完，学生并未真正理解，究其原因，与教学中缺少使学生进一步理解、融会贯通的训练环节密切相关。2. 学生学习偏重于机械记忆，但主动查阅资料动脑筋分析解决问题的意识和习惯还没有完全建立起来，课本后面附录的相关语言文字规范和材料得不到有效利用，相应能力特别是查检和综合提炼分析语言材料的能力需要进一步加强。

第二类：分析语料，辨析概念。共有两个大题：

（一）分析下列异体字的形体关系，谈谈你对异体字的理解（10 分）。

最高分/人次	最低分/人次	0—5 分	6—10 分
10/2	5/2	2	27

相关授课内容：1. 异体字概念；2. 异体字的形体关系。

本题目以上两个问题都有涉及，但重在将材料分析和概念理解相结合。

学生答题状况：字形关系分析全对，但对异体字的理解仅停留在记忆层次，并没有抓住关键环节进行解析，也很少能联系语言材料深入分析。

（二）指出下列划线词的今字，并据此说明你对"古今字"和"分化字"的理解（15 分）。

最高分/人次	最低分/人次	1—10 分	10—15 分
15/21	12/2	0	29

相关讲授内容：1. 古今字和分化字的命名角度。2. 古今字的类型（或来源）。

本题目从具体语句中古今字辨析入手，深入到相关概念的比较与分析。

未进入到类型及来源的辨析层次，因为古今字来源涉及本义、引申、假借更多领域更深层次，对学生在这方面的训练较少，担心状况太多，难以把握。

学生答题情况：写出今字都对，绝大部分能准确把握古今字和分化字的联系和区别，对二者同质但不同的命名角度认识都比较明确。

这类题目将语料辨析和概念理解结合起来，目的是改变机械记忆中定点被动接受而欠缺深入理解的状况。从学生答题情况看，分析相关语料成功率较高，与语料相结合的概念理解表现出两种倾向。一是独立概念的解析（如异体字）较差，虽然关于异体字概念教师在课堂上曾分别就三个关键词举相应的实例进行了深入说明，但学生回答仅仅是背诵定义，不会解析，更不用说联系实例分析说明了。二是相对应的概念比较辨析较明确。说明利用较同识异方法可以有效引导学生的思路达到深入理解的目的。这两个题目学生共同的问题是将概念和语料割裂开来，概念理解脱离语言材料，尤其是不能充分利用题目中已经提供的字例、句例分析问题。要充分理解和阐述语言问题，适当的语料分析是关键和必要的。这种学习观念和技巧学生还没有完全掌握。

第三类：阅读理解和翻译。这类仅有一个大题，但占40分。分三个小题。

最高分/人次	最低分/人次	1—20分	21—30分	31—40分
37/1	23.5/1	0	9	20

这道题分别选取三段文选，将复音词、词类活用和句式问题置于相应的语段中。题目设置有三级目标：一是通过解析重点语言点，以充分解析句义；二是通过语言理解带动逻辑判断；三是通过文字表述将语言理解和逻辑判断有机结合以准确理解文意。这类题目题型和分值比例都承以往闭卷考试方式，但在两方面有变化。一是以精读篇目为主、以泛读篇目为辅的考试内容格局。2010版教学大纲中，《古代汉语》较2006版减少了36个课时，这就要求对课程内容做出取舍和调整。《古代汉语》课程一直采用文选和通论相结合的教学思路。文选帮助消化，通论重在清理知识点，使之系统化。因此教学内容取舍原则是以通论为主体，以文选为辅助，所以减少了课堂精讲的文选篇目。要求学生随教师系统学习的同时，自己扩大阅读量，以课本非精讲内容作为阅读理解的依据，进一步消化已有的知识，基本做到通过注释能读懂、通过通论能举一反三。因此考试中阅读理解翻译三段文选中，有一段非精讲文选。

二是将系统的字、词、句理论知识与语段理解和翻译相结合。这样的题型，教师出题和阅卷的难度加大了，但其综合能力训练的作用不容小视。从上面分数统计表格可以看出，学生 75% 以上得分超过 30 分，一方面知识点的深入解析促进了语言的消化和理解，所以翻译理解得分较高；另一方面，语言点的分析帮助逻辑关系判断和语言表达，两方面结合基本能达到最初题目设置时的目的和要求。但由于在期中，一些通论知识还完全停留在具体文选解析层次，因此答题过程中学生对于没有系统讲授的理论知识理解较零散，不成系统。

二、原则和定位

通过考试模式选择、尝试及相应的效果分析，我们看到了以往《古代汉语》课程教学、考试环节中存在的一些问题。

首先，教学以知识传授为核心，有忽视和淡化能力培养的倾向。"授人以鱼，不如授人以渔"的道理，人人都懂，但这一思路真正贯彻到教学中却要受到方方面面的限制。教学大纲、计划、进度，保证了教学的循序渐进，但却又像绑在教师身上的绳索似的，在规定的时间内，教学内容在逐步推进，学生的知识点在逐步增加和累积，但由于受课容量、课时的限制，很多训练环节不能充分展开，教和学的过程就像货物的中转一样。很多情况下教师是在赶进度，无暇顾及学生是否真正吃透，学到的知识是否会运用。如上举期中考试中"形声字的结构"部分，谈到"形声字"学生都知道指什么，但真正分析起来，却总会逡巡不前，茫然不敢断言。究其原因，一是见的少，教师讲课中的用例是典型而有限的，课后练习范围虽然有所扩大，但仍然限定在教师讲课的思路范围中。形声字的形体省变情况非常突出，但体系性非常强，点滴个例难以让学生接触到其全貌和系统，意符和声符的体系性得不到真正认识把握，自然与之相联系的意符和部首的关系问题不会得到充分的理解。课本后的附录很多都是从全局观念出发汇集的语料，如"汉字部首举例"将部首和意符的关系体系化，具体化；"繁简字对照表"汇集了汉字规范成果，并配有相关说明。这些材料可以弥补学生知识面上的不足。老师有要求，但学生贯彻起来缺乏动力和压力，也没有充足的时间和精力，所以对这些内容的研习很多情况下停留在口头，很少能真正落实到行动上。二是练得少。

为了督促学生消化课堂内容，《古代汉语》每个单元都会有练习，但内容仅限定在文选中的字、词、句重点，通论中的核心概念和原理。学生运用这些知识自主去分析处理相关问题的几率非常小。经见不足，自然底气不足。所以面对具体问题无从下手，不敢下结论。

其次，考试以检验和督促为目的，程式化的模式有限制学生思维的可能。一个学期内，分期中、期末两次闭卷考试，虽然有考核面宽窄的不同，但相同的模式、题型，一贯的考核定位和思路，会给学生留下一个严格、刻板而程式化十足的印象。这就给学生学习一种导向，要取得好分数就要以课本和教师所讲授的内容为中心。规约化的思维定式使学生远离广泛丰富的语言材料和语言事实，只是应制式适应考试的指挥棒。因此学生只会回答问题而缺乏深入分析和解决问题的应对能力。如在上举2012级对外汉语专业《古代汉语》期中考试中有关"异体字"的题目，分析异体字形体关系的前提是已经圈定了异体字的范围，学生不用去辨析，所以只要按相关教学条目思路走，这道题就能得高分。但对"异体字"的理解，绝大部分学生都是一字不落写出异体字定义了事，不会分析，更不会联系已有的字组说明问题，有的虽然有分析，但和定义是两回事，根本统一不起来。因此，一旦脱离了课本和课堂，遇到实际问题仍然是不敢、不会、不对。这一状况实际上把《古代汉语》限定在一个狭隘的轨道中，这与其基础性、工具性课程的定位是不相谐的。

教、考、练是教学过程中不可或缺的环节。"练"这一环节的缺失直接影响到知识的转化和能力的培养。课容量、课时挤压了"练"的环节，需要我们寻找其他渠道作适当补充。

在不改变教学计划的前提下，教与练贯穿、考和练结合是一种有效的途径。

贯穿教与练是指在完成教学任务的同时，选择合适的方式和适当题目给学生运用知识的机会和空间。如提供一些段落供学生标点和翻译，将所学的知识点和学生的逻辑判断能力、语言表述能力有机结合起来；围绕重点概念设计一些题目供学生分析，以理解性记忆替代机械式记忆；提出一些有拓展空间的学术问题启发学生思考等等。教与练的结合应该是教学环节的延伸和必要的补充，绝不会转移教学的重心。在目前学生课务多、时间精力有限的情况下，教师不能急流勇退，对学生不做进一步的要求，而应该尽可能占领阵地，通过灵活多变的教学引导手段吸引学生的注意力，以求教学效力扩大化。

考练结合，是用考试的方式集中引导和训练。一方面考试的形式应该灵活，期中可以针对所学内容采取综合的、涵盖面广而又灵活多样的形式，如关于本义、引申义问题，可以和汉字的结构分析特别是部首和意符的辨析结合起来，充分利用课本附录等已有的语料，让学生在查检资料的过程中培养分析解决问题的习惯和能力。如关于通论中句式和词类相关知识点，可以伴随进度要求学生扩大阅读量，尤其是课本泛读篇目的阅读，设计一些题目促进学生对知识点以及整个文意的解析和理解等等。考练结合不是机械重复课本与课堂内容，简单检验既定知识的消化吸收情况，而是追求一种知识面的扩展、学习方法的导引和思维能力的训练，应该成为教师主导作用的一个有效的补充和延伸。

三、模式选择与内涵建设

关于考试方式，历来有闭卷和开卷的区分。闭卷考试的特点是"闭"，阻断题目相关的材料来源与渠道，带有强制性、防范性，虽然说一定程度上可以督促学生学习，但也存在一些弊端。弊端主要表现在三方面：一是答案的规定性，限制学生的思维空间；二是时空限制，更像在比赛答题速度和应试技巧。三是环境压力，使学生处于高度紧张状态，不利于身心健康、情志及探究精神的培养。至于那些为得高分铤而走险夹带作弊的行为更是在压制土壤中生出的恶果。和闭卷相对的是开卷，所谓"开卷有益"最初是指打开书本阅读，就会有所得益。宋代王辟之《渑水燕谈录·文儒》曾记载："（宋）太宗日阅《御览》三卷，因事有阙，暇日追补之，尝曰：'开卷有益，朕不以为劳也。'"[①] 同时代张邦基《墨庄漫录》卷四也有言曰："杜甫有云'星落黄姑渚，秋辞白帝城'之句……予因此始知黄姑乃河鼓，为牵牛之别名。昔人云开卷有益，信然。"[②] 从这两则用例可知，所谓"开卷有益"，一在于倡导读书，从读书中获得收益、体会乐趣，所以张邦基才会懂"黄姑"所指，宋太宗才会"不以为劳"；二在于培养孜孜以求的探索精神，宋太宗"因事有

---

① 【宋】王辟之：《渑水燕谈录》，第50页，《丛书集成初编》，上海商务印书馆，1935。
② 【宋】张邦基：《墨庄漫录》，第38页，《丛书集成初编》，上海商务印书馆，1939。

阙，暇日追补之"正说明未知领域有一种强大的吸引力，可以刺激人进一步探索的欲望。探索的过程就是向真理迈进的过程。"开卷"运用于考试，有闭卷所没有的优势：相对开放的阅读材料和思维空间，轻松自由的时空及心理探索环境等等。虽然仍在时间、空间上有限定，但题目也圈定、缩小了范围，减少了走弯路、浪费时间的几率。《古代汉语》考试模式中，应给开卷考试腾出一席之地。这种形式一方面有题目做导引，可以避免漫无目的、抓不住重点；另一方面，给学生提供自己查阅资料、分析和解决问题的时间和空间，更利于学生能力的培养。如果突破时间和空间的限制，还可以采取更灵活开放的方式，就是提出问题让学生自己在课下去解决。这种方式某种程度上有利于学生主观能动性的发挥，也便于互相之间进行讨论交流，但也有教师控制不住的一面，那就是走捷径抄袭应付现象。因此相比之下，开卷考试更适合《古代汉语》课程。

探索《古代汉语》考试模式改革，并非完全否定过去的模式，应本着培养学生动手能力的宗旨，教、考、练相结合的思路和稳妥、循序渐进的态度，客观总结以往考试模式执行过程中的经验和教训，尽量避免大张旗鼓影响正常教学秩序和日常教学思路。

（一）考试格局和方式

以往《古代汉语》考试呈三分格局：平时（10%）、期中（30%）、期末（60%）。平时成绩主要反映平时练习情况，期中成绩集中于前半学期内容，期末成绩重点在期中后半学期内容。这一格局中，期末考试成绩比重太大，冲淡了学生对平时学习的关注度，也是造成学期考试分数偏低的原因之一。可以考虑调整为2:4:4格局。总体思路是全过程监控、专题训练与综合培养相结合，分期、定向。平时成绩在学期成绩中占二十分，考核点主要包括单元练习完成情况和基本概念记忆情况。主要采用定期抽查和课堂提问方式。目的是步步为营，各个突破，稳扎稳打，强化基础。期中考试在学期成绩中占四十分，主要采用开卷形式，充分利用课本资源展开训练，根据教学进度选择专项训练内容，强化学生考察专题语言材料的能力和基础概念的理解和辨析能力。如第一学期期中考试与课本附录一《汉字部首举例》、附录二《繁简字对照表》的考察相结合，以汉字分析为主要考核点，重点在繁简字辨识和书写、汉字结构分析和本义辨析、具体文献中的异体字和古今字辨析方面训练学生。第二学期期中考试和附录三《上古韵部和常用字归类表》、附录四《上古声母和常用字归类表》的考察相结合，以汉字声韵规律考察以及虚词辨析为核心内容。目的是将语言材料和语言理论知识充分结合起来，促进学生带着问题去读书，在语言材料查检过程中理解古代语言形、音、义规律，掌握分析和解决相关问题的途径。期末考试在学期成绩中占四十分，以闭卷方式进行，期中考试以后的教学内容占八十分，期中之前的内容占二十分。目的是将理论知识和语言材料解读结合起来，综合考察学生古典文献阅读和古注分析能力。

(二) 考试内容与题型

1. 在内容选择上，精读与泛读相结合。

《古代汉语》教学注重理论与实践相结合，希望通过练习与训练，让学生学会分析一般的语言现象，掌握翻译一般古文的技巧，逐步提高阅读古书的能力。与这一目标相衔接，《古代汉语》教学大纲中设置以下实践环节：首先是文选的课外阅读：在课堂讲授篇目的基础上，每单元指定几篇古文要求学生课外阅读。其次是语言知识训练，配合通论的各单元，用练习题和思考题的方式进行，每单元一次。三是古文翻译训练，主要在第一学期，通过课外作业或随堂测验的方式进行。但由于课时限制，课容量缩小，这些实践环节并不能充分展开。如文选课外阅读本来是为促进学生拓展其阅读量、强化其语感而设，但长期以来只能停留在文本层次，教师有要求，学生没有压力和动力，这个环节等同虚设。虽然语言知识和翻译训练随课程的进度逐步展开，但限定于消化教师授课内容，并不能充分起到训练学生自主阅读能力的作用。因此，立足于精读和泛读结合、拓宽范围、强化学生自主阅读能力的训练思路，《古代汉语》考试应拓宽文献选择范围，从教师精讲篇目扩展到单元泛读篇目，让学生将已经学习过的理论知识和古代汉语语感及思维贯彻到具体文献分析过程中，在拓展课程容量的同时，促进授课内容的消化。这样古汉语理论知识体系充分融入文献材料，避免因强调学期内容而重心偏移现象。

2. 在题型设置上，文选与通论相结合、分析理解性与记忆性题型相结合。

本着感性认识和理性认识相结合的教学思路，《古代汉语》教学以文选为纲，以感性认识为基础，穿插讲授相关的语言理论知识，能使二者有机地结合起来，循序渐进。与教学思路相对应，《古代汉语》考试也分文选和通论两大块。但在以往考试中文选和通论两大块通常各自为政，相互脱节。文选通常有解释划线词和古文翻译两种题型，通论通常以名词解释、简答题、概念辨析题出现。这样导致学生学文选不求细节而不能充分理解文意，学通论仅限于机械记忆条例而不能与具体语境相结合，不能举一反三、触类旁通。因此，在题型设置上，贯穿两个思路：一是将通论与文选相结合，以文言理论知识的解析促进语篇的理解。二是将记忆性题型和综合分析理解题型相结合。期中完全是贯彻分析性和操作性相结合的思路。期末考试闭卷，将名词解释和简答类机械记忆性题型和材料分析题型有机结合起来，将概念和问题在语言环境中展现出来，考核和训练学生辨识语言现象和分析语言材料的能力。

总之，在把握考试检验、督促杠杆机制的同时，发挥其在能力培养方面的最大效力，这是《古代汉语》任课教师共同努力的方向。我们将继续探索，力求进一步突破和提高。

《普通话训练》实践性教学的
探索与思考

翟　燕

　　《普通话训练》是文学与新闻传播学院为对外汉语专业本科生开设的一门专业必修课，同时也是面向全校开设的公共选修课。相对于该专业的其他课程，《普通话训练》教学中理论和实践结合的问题显得尤为突出。知识来源于实践，应用于实践，教师在课堂上的知识讲授固然重要，加强学生的实践能力，真正提高其普通话水平才是教学的根本目的。为了增强教学效果，提高教育质量，我们针对该课程的实践性教学进行了一些探索和思考，具体如下。

一、《普通话训练》开展实践性教学改革的必要性

（一）推广普通话的时代背景需要坚持学以致用

　　新中国成立以来，国家对语言文字的规范化工作一直非常重视，推广普通话是其中的一项重要工作。为了更好地贯彻国家的这一大政方针，全国各高校，尤其是师范院校，纷纷开设了与普通话相关的课程进行教学工作，鼓励学生加强普通话的学习，并参加国家普通话水平测试，取得相应的等级证书，以为今后的工作、学习和生活打下良好的基础。很难想象，在当今社会，无论是哪个地方、哪个民族的学生，不会普通话或说不好普通话会是什么样子？我们可以肯定的一点是，一定会给自己带来诸多不便，甚至会严重影响到日常的生活。

（二）民族院校的特殊情况需要大力加强普通话教学

　　我校是民族院校，学生来自全国各地和各民族，来源比较复杂，各方言区的学生在一起生活和学习，各种方言习惯相互影响，给普通话的学习和推广造成许多实际的困难。尤其是少数民族学生较多，他们受母语的影响比较

深，在学习普通话时面临着更大的困难和挑战。为了推动学生更好地说好普通话，增强自信心，更为顺利地与他人进行交流，融入现代生活中，文学与新闻传播学院很早就开始了普通话的教学与训练工作，最初作为《现代汉语》课程的一部分来开展教学，2010版培养方案中增设了《普通话训练》这门专业必修课，突显了学院对普通话教学的重视和加强。

（三）《普通话训练》课程性质需要全面强化实践性教学

《普通话训练》是理论与实践联系较为紧密的一门课程，着重训练和提高学生的普通话口语表达能力。通过本课程教学，教育学生热爱祖国语言，积极主动地宣传贯彻国家语言文字工作的方针政策；使学生掌握普通话语音基本知识和普通话声、韵、调、音变等的发音要领；具备较强的方音辨正能力和自我训练能力；能用标准或比较标准的普通话进行朗读、说话、演讲及其他口语交际。同时，针对国家普通话水平测试进行有针对性的训练，使学生把握应试要领，能够顺利通过测试并达到理想的等级标准。由此可见，对实践环节的强调和重视是本课程的显著特点，这就要求在课程教学过程中，一定不要停留在理论学习层面，而要着眼于学生普通话运用能力的真正提升。

二、《普通话训练》开展实践性教学改革的可行性

（一）现有教学内容设计一直偏向于实践训练

目前，《普通话训练》的教学内容根据教学目的及普通话测试的需要设计为三个层面：一是基础篇，主要讲授普通话的基本知识，声、韵和调的发音原理并进行训练，提高学生的辨音正音能力；在此基础上，对变调、轻声和儿化等做重点训练，特别是训练学生在无文字凭借状态下运用普通话进行口头表达的能力。二是提高篇，主要介绍日常应用及普通话水平测试中字词读音的基本知识和常见问题，朗读和说话的注意事项和应试技巧等。三是应试篇，主要介绍国家和北京市关于普通话水平测试的要求和方法，帮助学生了解普通话水平测试的名称、性质、测试形式和评价体系；了解普通话水平测试的测试要点及应试对策，并通过模拟测试，体验普通话水平测试的流程和实测程序。从以上三个层面的教学内容分布来看，约有2/3的学习内容均与

日常应用和普通话水平测试有关，实践训练显然是本课程教学的重点和难点。

（二）教学过程中进一步明确了实践训练的基本目标

《普通话训练》的各项教学活动，无不以强化学生的实践意识、提高语言表达能力为目的。因此在《普通话训练》的日常教学过程中，一是使学生深入体会普通话语音抑扬顿挫、节奏分明、旋律感强、表意丰富等特点，进而加深对国家共同语的热爱，增强语言规范意识。二是帮助学生掌握普通话声、调、韵的规范发音，具备一定的方言辨正能力。三是通过系统训练使学生能用标准或比较标准的普通话进行口语交际，并能达到国家规定的普通话等级标准。四是提高学生的语音分辨能力，使其能正确听音、辨音，能观察出规律性的语音偏误，掌握正音技巧，为今后的相关教学及研究工作打下坚实的基础。

（三）相关课程的良性互动为实践性教学需要提供了有利条件

《普通话训练》作为对外汉语专业的必修课，与《现代汉语》的语音部分、《汉语语音学》这两门课程的学习密切相关，这两门课程所讲的理论知识可以很好地指导《普通话训练》的实践活动，使学生可以在理论指导下通过系统的语音训练，掌握普通话声、韵、调、音变等的具体发音要领，全面提高发音、辨音、纠音能力，进而提高运用普通话进行交际的能力。同时《普通话训练》这门课程的学习还可以为学生进行《对外汉语教学法》、《社交礼仪》等课程的学习提供必要的辅助。

三、《普通话训练》实践性教学改革的主要思路

（一）突出实践性训练的教学设计

本课程的教学设计主要包括知识讲授、语音示范及语音训练三个环节：

1. 知识讲授

（1）教学方式

采用以教师讲授为主的方式，主要介绍两个层面的知识，一是普通话语音的基础知识，声、韵、调的发音方法，变调、轻声、儿化及词语轻重音的

基本规律等；二是介绍普通话水平测试的性质、方式、内容、程序及评分标准等，从而为学生在语音训练中把理论知识转化为实践能力提供必要的条件。

（2）教学方法

《普通话训练》仅有36个课时，因此必须充分利用课堂时间调动学生的学习积极性，切实提高他们的普通话水平。在教学中我们主要采取如下方法促进教学的实效性。

A、为学生建立语音档案

在该课程的第一节课上，要求学生填写提前准备好的表格，为他们建立个人语音档案，弄清每一位学生的语音面貌、存在的问题、需要的帮助等，方便在未来的教学活动中有针对性地进行指导。

B、对全班同学进行分组

分组可针对不同的教学活动而进行，基本原则是使同学们做到互帮互助、优势互补，以提高学生学习普通话的积极性为起点，以切实提高普通话的水平为目标。

C、课上学习与课外训练相合

《普通话训练》以实践为主，但也必须进行必要的理论知识学习。因此，在课堂上注重介绍相关理论知识，指导学生进行相应的语音练习。在此基础上，引导学生有意识地观察实际中语音现象，以理论为指导，进行大量的课外训练，对在课堂上所学到的知识加以检验。

2. 语音示范

语音示范在普通话学习中起着不可低估的重要作用。因为通过语音示范，学生可以模仿正确的发音方式，进而有效提高其普通话的水平。在教学过程中，我们主要采取以下形式的语音示范：

（1）教师示范

教师按照教学计划就普通话语音中的声母、韵母、声调进行发音示范，包括变调、轻声、儿化及词语轻重音的发音示范。

（2）多媒体示范

借助生动的多媒体教学手段，集图像、声音、视频、动画于一体，运用各种图示展示不同的发音部位，播放规范的语音示范纠正学生的发音问题，提高学生的模仿与自我纠正的能力。

（3）学生示范

由学生在课堂上轮流进行发音示范，给予学生自我展示的机会，提高他们辨音、纠音、正音的敏感性与积极性。

3. 语音训练

（1）师生互动式语音训练

师生就所提供的训练材料，进行认读、跟读、听音、辨音、正音等语音训练，可为教师对整体学生、教师对学生小组或教师对单个学生等多种形式，使学生能够得到教师的正确指导。

（2）生生互动式语音训练

由于学生人数较多，为保证每个学生都有充分的练习机会，每堂课都会将学生分为若干小组，或四五名为一组，或两人一组，进行练习。练习方式包括认读听音、听读辨音、朗读纠错、相互正音、模拟测试等，增加练习时间和反馈机会，并可在练习中运用理论知识，指导学生的语音练习和正音训练。

（3）学生自我语音训练

学生就所给材料自行练习，既可在课堂上进行，亦可在课后进行。

（二）突出实践性训练的考核方式

根据以上分析，《普通话训练》教学过程中，要大力倡导"教考相形"，变单一的书面试卷式考核为全方位、多层次的考核，以实际应用能力为核心，以丰富的考核形式为依托，切实考察学生的普通话学习和应用能力，使实践性考核贯穿教和学的全过程，全面提高学生的综合素质。

同时，在考核方式上，根据相关专业培养方案和学校、学院的实际情况，拟要求全体学生选修本课程的学期参加国家普通话水平测试，并以所取得的测试成绩和等级作为期末成绩的重要参考指标。

1. 考核分数的比例分配

由于《普通话训练》是一门实践性非常强的课程，学生通过平时的学习和锻炼，日积月累，在潜移默化中提高普通话水平，比通过一两场考试获得一个卷面成绩更为重要。因此，在考核分数比例设置上，将原先平时成绩10%、期中成绩30%、期末成绩60%的格局，变为平时成绩40%、期中成绩20%、期末成绩40%的比例分配，通过削减期中、期末成绩比重，促使学生改变一贯的临阵磨枪、不快也光的"泡面式学习法",重视知识的积累以及问题式学习能力的提高,重视在课堂教学中积极参与和课堂下努力训练提高自己的语言表达能力。

《普通话训练》考核方式比例分配							
平时测评40%						期中考试20%	期末考试40%
出勤情况	课堂表现	课堂练习	课堂笔记	小论文		以小组形式进行普通话风采展示	分别参加国家普通话水平测试
20%	30%	20%	20%	10%				

2. 考核内容的组成

平时成绩、期中成绩、期末成绩的考察重点及考核内容分别为:

(1) 平时考核

主要包括出勤情况;以课堂表现、课堂练习、课堂笔记、小论文等形式进行考察。在考核过程中,建立《普通话训练》课程学习档案,任课教师根据每名学生的特点,进行有针对性的指导,全程监测、考核学生的学习进阶情况,通过每一个教学阶段的学习和训练,使学生逐步改正自己的语音缺陷,稳步提高普通话运用能力。

(2) 期中考核

普通话教学的特点决定了学生不仅要学各种语音知识,而且要敢说、会说标准的普通话。因此,在期中考核环节,以考察学生的"普通话面貌"为核心,学生按照抽签的方式分组,每组同学合作展示一个节目,考试时教师、学生共同参与打分,取平均值为各小组成员的期中考试得分。考前公布考核的标准及评分的细则,一方面可以让学生有的放矢进行准备,一方面可以让学生熟悉评分标准,以在正式考试时可以准确有效地对同学的语音面貌进行评判。这种团队参与的方式能够有效促进各小组同学以强带弱、共同提高,充分将课堂上所学的辨音、纠音方法运用到实践中去,以考促学、以帮带学、以学促进,从根本上提高全班同学的普通话知识掌握及应用水平,同时还增强了学生相互协作的团队意识,使学生更加自信和自如地说话和表达。

在考核时间上,为防止学生参加完国家普通话水平测试后学习态度变得懒散和懈怠,打破原有的期中、期末界限,将期中考试置于期末,并制定严格的期中考试评分标准,督促学生认真对待该课程的所有考核方式,以饱满的学习热情及严谨的学习态度对待该课程所有知识的学习及训练。

(3) 期末考核

由于本课程以实际应用为根本目的，主要着眼于提高学生的普通话水平，因此，期末考试放弃原有的书面考试形式，组织学生统一参加国家普通话水平测试，以在测试中取得的成绩作为该课程期末考试成绩的重要参考。考试成绩出来后，每个同学必须提交准考证、普通话等级证书的复印件，方可取得该课程的期末成绩。

以国家普通话水平测试成绩作为学生期末考试成绩，其目的一是可以增强教学效果，提高学生参与课堂教学的积极性，使其更加专注于各个知识点的学习；二是可以充分激发学生学习普通话的主动性，尤其是利用课余时间主动学习，进而有效提高普通话水平；三是可以进一步明确教与学的针对性，督促学生有效利用所学知识参加考试，以取得较为理想的成绩；四是可以实现学以致用，对学生未来的就业、应聘汉语志愿者、应考对外汉语资格证书、教师资格证书等方面产生积极的作用。

另外，实施这一考核方式也具备了较为完备的现实基础，一是在课程讲授过程中，专门开辟"测试"篇，详细讲解国家普通话水平测试的流程及要求，为学生参加正式的国家普通话水平测试及顺利过级打下了坚实基础；二是我校教务处已于2011年成立了国家普通话水平测试考试中心，为学生参加考试、进行成绩查询及领取证书提供了极大的便利；三是国家普通话水平测试每个月都有报名参加考试的机会，能够有效保证学生在该课程上课期间参加测试，同时，国家普通话水平测试的成绩查询、证书获得的周期一般在一个月之内，为该课程学期末及时登录学生的成绩提供了保障。

《公文写作》课程建设的实践与思考

魏 彬

教学内容的更新与教学方法的探索是课程建设的重点。笔者自获准立项校级教改项目"公文写作课程教学内容与方法的改革"以来，经过三年多的不懈努力，已顺利完成了相关任务，取得了良好的教学成果，自感收获颇丰，在此与同行探讨与交流。

一、明确课程定位，了解教学对象，精选教学内容，是课程建设的基础环节

在现行中央民族大学本科专业培养方案中，明确指出：汉语言文学专业的学生应具备"较强的专业能力"，"具备汉语言文学专业所必需的理论、知识、技能和实际工作能力，具有良好的人文修养，接受相关专业理论及方法的训练，具有相应的专业能力"，"能够胜任党政机关、教育机构、文化宣传部门、新闻出版单位及其他企事业单位的管理、教育、宣传、编辑出版、文秘等相关工作"。

专业培养目标、人才培养规格需通过具体课程设置、讲授内容、授课方法等逐一去落实与实现。当下社会上普遍认为，作为一名文科毕业生（其实，何止是文科毕业生），"口头"与"笔头"是应该过关的。这"两头"与"过关"的概括，反映出社会对高校毕业生的素养，特别是能力素质方面的基本要求。

应该看到，口头表达能力需要通过一个人受教育的全过程（幼儿园、小学、中学、大学阶段）循序渐进地加以培养与提高。与之相比，笔头，即书面表达能力，从前提条件、视野范围、内在要求等方面，均需要经过专门的学习与训练。大学学习阶段，对学生写作能力方面的要求较高，特别是与解决实际问题相关的应用写作（含公文写作）能力的培养与提高至关重要，以

致影响学生就业前景与职业竞争能力。

在我院 2006 年汉语言文学专业本科培养方案中,将《公文写作》设置为专业必修课程,这也是唯一的一门写作类课程。在课程教学的初始阶段,任课教师有必要从培养目标、课程体系、实用性、教学特色、提高人才竞争力等诸方面,实事求是地定位思考,正确处理本课程与培养方案中其他课程的关系,把握公文写作课程"基础性"、"实用性"与"操作性"三大特点,将学生公文写作能力的培养贯穿教学工作的始终,大胆革新教学内容,积极倡导自主学习模式,不断提高教学质量,这是课程建设的前提。否则,课程建设就失去了立足点,势必出现任课教师脱离培养目标的要求,放任自流想怎么教就怎么教的境况。

明确课程定位后,还需要深入了解教学对象,做到因材施教,这也是课程建设的基础环节。为此,笔者坚持在每次授课之始进行"课前学生学习情况调查"。调查结果显示:学生对课程的期待与重视程度普遍较高;受学习背景、思维与文字表达能力、对社会现实问题的关注与思考、自身境况等因素影响,在学习态度、能力、目标期待等方面差异较大。对此,必须在坚持一定标准的同时,兼顾各类不同情况,有针对性地组织教学。

目前,公文写作课程教学面临两大难题:授课学时少(专业必修课 54 学时,专业选修课仅 36 学时);无理想教材可选(现有教材普遍存在雷同、案例陈旧且不规范、作业练习少、缺课外拓展环节等不足)。实施教学,遇到最大的难题是如何确定教学内容,处理好"教什么"的问题。课时少,内容则必须精要;无理想教材可用,则需本着"新"且"实用"的原则,超越现有教材,择选真实的公文案例,以此为切入点,使枯燥的公文变得鲜活起来,这样做也有利于调动学生的学习兴趣,引导学生关注公文写作实践,为导入自主学习模式奠定基础。超越教材并不意味着教学内容可以随意安排,而是通过不断积累,摸索出相对合理、稳定的教学模块。根据多年的教学实践,笔者按照以下三个递进模块安排课程内容:学习"公文"(公文基础知识,占 20%)——学习"写公文"(公文写作基础理论,占 30%)——学习拟写公文(公文主要文种的写作训练,占 50%)。

二、探索多种教学方法，下工夫教会学生"学习"，是课程建设的重点

"如何教"是一门无底的学问。传统的灌输式教学法局限大，需转变观念，汲取先进的教学理念——"教是为了不教"。这就得舍得下工夫，将关注点放在学习方法的点拨与指导方面，不断摸索实践，逐步向自主学习模式靠拢。具体做法是：

（一）认真上好"学前准备课"，实现课程设计者与学习者的首次互动

良好的开端是成功的一半。作为课程的设计者，开课初始要针对课程的目标、内容框架、学习方法与要求、考核方式，乃至小组活动、课外互动、自我评价、后续自学计划等相关内容做出尽可能详尽的说明，目的是引导学习者在初始阶段即开始思考"学什么、怎样学、目标如何确立、投入多少精力、如何自我评价学习效果，自学的途径与方法"等问题。

（二）组织学习小组，开展生生、师生之间的互动学习

"自主学习"非"自己学习"，应强调"互动"与"合作"。从教学实践看，以小组为单位组织教学活动不失为行之有效的方法。具体做法是：

首先，按照"随机原则"分出若干学习小组（5—7人较为合适）。若采取"自由组合"，组员彼此熟悉，思路易受限，活动与交往缺乏新鲜感。同时规定组员轮流担任组长，目的是使所有组员均经历一次组织、主持小组活动的过程。

第二，将学习小组的活动分课内、课外两类。课内活动的主要方式是：先针对特定内容（由教师设计整理，多为实际案例）在组内讨论，而后推举发言人概括总结，再由发言人代表小组向全班发表意见并回答质疑；课外活动的方式有：通过调研、走访、网络等多种形式征集案例和范文、交流公文写作资料信息、征集对改进教学的建议等。

第三，通过表格记录、教师讲评等方式，对小组活动实施过程与效果进行控制。要求每次小组活动均有记录，教师参加各小组的活动，有针对性地

进行点评与指导。

(三) 以案例教学法贯穿教学全过程

案例教学是适合公文写作课程特点的最主要的教学方法。案例教学的重点是案例的选择与设计。随着各级政府政务活动的规范化与公开化，通过电子政务渠道收集最新公文案例变得便捷与顺畅，这等于为公文写作课堂（学习者）提供了不可或缺的学习平台，这在过去传统的学习背景下是无法实现的。

遴选案例的标准是：所选案例（公文内容）是否有意义，学习者是否感兴趣并能够驾驭，例如，学习者普遍关注的社会热点问题和民生问题可作为遴选的重点。作业练习中的案例，要注意与学生工作、实习、社会实践活动结合，例如，围绕校园学习方法、工作、生活等方面，发生在学生身边的公文写作案例。如此坚持下去，就能使得"枯燥的公文变活了，理解起来更实在，写起来很有意思"。

(四) 聘请校外从事公文写作的专家走进课堂

将长期从事公文写作工作，有丰富实践经验的校外专家请进课堂，与学生面对面开展交流，对开阔学生视野，提高学习兴趣，明确今后努力方向具有积极意义。为此，前后三次聘请国家民委理论研究室的张谋处长（此前曾担任我校团委书记，调入国家民委后多次参与中共中央、国务院有关民族问题重要文件的起草工作）以"公文写作的几点体会"为题，走进课堂，多角度阐释公文写作人员所应具备的基本素养，并与学生进行交流。因其长期从事公文写作实践，讲述过程中介绍了大量的实际工作案例，对学生触动与教育很大。

(五) 严格考试要求，采取灵活多样的考核方式

依据教学大纲，课程考核着重点是对公文写作基础理论的理解、把握与实际拟写公文的能力两个方面。根据这一要求，尝试以下考核方式：

期中考试，采取让学生独立出题并设计标准答案的开卷方式进行。具体做法是：明确出题覆盖面（列出知识点）；确定主观性试题与客观性试题的比例、题型及分值；制定标准答案及评分标准；不得重复已完成的作业题。

这样做的好处是：学生主动换位思考，历经整个出题过程后，达到对已学内容的复习、巩固与提高的效果。一位学生在课程总结中说："为了按照要求出一套试题，我必须把所学的内容进行梳理，找出重点、难点，有时为设计一道选择题，得将可能的选项都考虑到，这样花的时间虽然多了，感觉理解和掌握的情况比过去应对考试要好。"采用此种考核方式，可使学生变被动学习为主动学习，但能否达到预期效果，多取决于学生的认真态度和精力投入。

期末考试则根据教学要求，将考核重点放在根据实际案例，选择正确的文种，按照要求写出符合规范的公文上。考核方式采用当堂开卷的方式。

三、倡导自我管理，重视课程学习总结环节，做到有始有终

课堂管理是教学目标有效实施的保证。课堂管理应以学生的自我管理为主，辅以教师的有效督促。同时，自主学习也是一种持续性学习，总结环节是自主学习模式的重要环节，目的是引导学生认真回顾整个学习过程，找出差距，明确下一步的自学目标，在课程结束后将学习过程持续下去。为此，特要求每位学生在学习结束前的一周之内提交学习总结。

具体做法是：在课程结束前，要求学生提交一份书面学习总结。总结涉及的内容由教师提出，包括：出勤与参与小组活动情况（自我统计）、提交作业情况、学习收获与自我学习评价、今后学习计划、对课程的改进建议等五方面内容。

从实际效果看，绝大多数的学生都能持诚实、认真的态度，包括如实报告自己的出勤情况和参加小组活动的情况（尚未发现虚报现象）；谈及学习收获与自我评价也比较到位；对课程教学给予较高评价，并坦率提出自己的意见与建议；读来有血有肉，真实感人。由此看来，总结本身并不重要，重要的是学生在这一过程中所尝试的自我评价与控制的过程，以及在课程结束时再次实现师生之间的深入沟通与交流，教学过程能够做到有始有终，头尾呼应。

四、课程建设的体会、不足与建议

（一）项目建设的几点体会

1. 此次教改立项对公文写作课程起到了积极的推动作用

课程是学生知识、能力、素质培养的重要载体。课程建设是学科专业建设的落脚点，也是教改工作的重点和难点所在。实事求是地说，此次教改立项对公文写作课程起到了积极的推动作用。体现在以下方面：（1）立项针对性强，包括课程设置与定位、设计与实施、教学内容与教材建设、教学方法的探索改革、教学效果的评价等实际内容；（2）宝贵的经费支持，发挥了重要作用，如聘请专家走进课堂、资助学生走出校门、大量印制教学资料、购置教学用书等；（3）有利于调动承担较繁重基础课教学任务的教师，在不断改进和提高教学质量方面投入更大的精力。

2. 真正实现了教中学，学中教，教学相长

以培养学生能力素质为主的写作类课程，面临案例复杂多变、内容更新快等特点。要想出色地完成教学任务，绝非易事。任课教师需随时关注国家政务动态，搜集、整理出一定数量的最新公文案例，在深入分析、比较的基础上进行审慎择选，还必须亲自动笔拟写相关例文，这样就势必面临着"备不完的课，写不完的公文，批不完的作业"。但久而久之，在付出较大精力的同时，教师自身的专业能力素质也得到提高，真正实现了教中学，学中教，"教学相长"。实际上，凡担任此类课程的教师，自身就应当具备较高的能力素养，面对学生，"讲得再好，也不如亲自动笔来得好"。否则，很难教好此类课程。

3. "育人"寓于"教书"，"说教"回归"自然"，对教书育人有了新的领悟

教书育人乃教师的本分。如何教书，一直以来考虑得比较多，至于怎样育人，过去一直琢磨不透，近三十年与学生打交道的经历，自感"说教"模式已经失灵。立项以来的这段时期，因较过去注意收集学生的反馈信息，竟收获诸多"意外"，平日默默无闻、点点滴滴的工作，能促使学生从"浮躁"趋向"沉稳"，事先没有想到，对此，深感欣慰。看来，"教书"乃教师的立

足之本，除了努力教好学生，我不知道课程建设还有什么别的高招。以下均摘自学生的"学习总结"。

"在汉语言文学的专业课设置中，文学知识课程占绝大部分，专门教写作的课程仅仅只有这一门，其余一些专业选修课都是文学鉴赏和评论性质，应用型课程很少，而这门课兼有应用性与审美性，写出好的公文不仅可以解决很多问题，还有一种规范的美，对我们思维的培养也大有益处。"（学号：0817005）

"我最大的学习收获是性格和态度上的转变。公文写作、修改的过程让我的态度更加严谨，严谨地做事，严谨地做人并逐渐养成一种习惯。能力的提升也许可以受益一时，但拥有沉稳的性格，保持严谨的态度却可以受益一世。其实，大学的意义就在于此，她不可能教给你所有的知识和全部的技能，但可以培养性格，交给你做人和做事的态度，让你拥有生活的能力，凭借这些在生活的舞台上尽情地挥洒，而结果如何，全由自己的悟性决定。"（学号：1019058）

"公文写作能力对于我们中文系的学生来说非常重要，在我一个月以来经历的大小考试中，不论是公务员考试还是一些事业单位的笔式都有对公文写作能力不同侧重的考察。比如，在教育部一个直属事业单位的笔试中将教育部下发的一份通知中的一条措施去掉，让考生根据上下文推测其内容并撰写之。同去考试的考生由于很多都没有接触过公文写作知识，所以在做这道题时难免一头雾水。而我们学过公文写作的同学就能很好地完成，由此，比竞争对手多一些优势。"（学号：0610008）

"老师的课堂教学方法是我大学阶段见到的最丰富的。课堂写作练习、集中讨论修改例文、讲评作业、朗读范文等是我公文写作能进步的重要原因，可见他们是行之有效的教学方法。"（学号：0610063）

"学习最好的方法就是从生活中学，只有不断积累，不断应用，才能不断提高，因此我会留意身边的公文，坚持积累，不断学习，让自己的公文写作能力不断提高。"（学号：1019040）

（二）课程建设的不足与建议

该项目是在 2006 年本科培养方案的基础上确立的，其目标、设计及相关工作均围绕着该方案进行。学院现正实施 2010 年本科培养方案。在新方案中，对《公文写作》课程（2006 年培养方案：专业必修课，54 学时，第 7 学期开设）做出调整，改为《应用写作》课程（学院通开选修课，36 学时，同时面向四个专业和四个年级）。

"应用写作"较之"公文写作"，在课程涵盖面、重点难点、教学教法等方面均有差别。从专业培养目标、规格、知识与能力结构的角度看，所做出的调整是适当的。面对课程内容扩展、学时再减、学生学习差异较大等现实情况，如何上好这门新课就成为新的课题。

我院现并行两套培养方案，对于任课教师来说，就意味着承担着双重任务和压力，加之基础性、素质性课程教学的付出常常是无形的和无底的，在短时间内看不到成果，也没有付出的时限，这势必影响开课的积极性，以致至今尚未形成合理的教学梯队，长此以往，势必影响课程的后续建设，乃至付出多年心血的课程建设，依照"自然规律"无果而终。

有鉴于此，建议学院在制定 2014 年本科培养方案时，注重增加写作类课程的比重，如有可能保留《应用写作》课程，恢复到 54 学时，设为汉语言文学专业的必修课程，并吸引中青年教师参与到课程建设工作中来，鼓励有教学功底的教师开课。

立项之初，在设定项目成果时，对实际情况估计不足，部分内容没有如期进行，如：对已经走出校门的学生进行回访调查、对民族地区政府部门公文特点与现状的分析评估等，将后续择机进行。

《创意思维训练》：从专选到通识

沈 虹

　　《创意思维训练》课程从开设到现在经历了三个阶段：1. 广告学专业选修课；2. 面向汉语言文学与新闻学专业的选修课；3. 面向全校学生的通识教育课程。对于已经具备广告专业基础背景的同学和不同专业的同学来说，创意思维训练课的作用和效果是不同的。因此，从"专业选修课"到"通识基础课程"是一个较大的转变，也是一个在摸索尝试中不断改进的过程——从专选到通识，即从"专业"到"非专业"。专业选修，从专业出发，设置专业领域氛围和案例，引导学生了解专业流程并参与其中；通识教育是"非专业、非职业性的教育"，它追求知识的广泛性和基础性，重视学生综合素质的培养。从专业到"非专业"，这是《创意思维训练》在转化过程中的难点。

　　如何针对不同专业背景的学生进行课程设置，是非常值得深思和探索的教与学的问题。以下就从《创意思维训练》课程从专业到通识的过渡出发，具体阐释在这个过程中专业与通识课程教育思想的变通与交融，以及教学方式的探索之路。

一、针对广告专业的创意思维训练

　　《创意思维训练》这门课程很早就已经列入中央民族大学文学与新闻传播学院广告学专业的培养方案中，本人有意于此，遂着手开课。课程开设伊始，是作为广告学专业选修课来设置的。主要针对广告学专业的同学，同时也面向全校其他院系的同学，这一做法可以说是《创意思维训练》进行通识课改革的最初入口。

　　对于广告学专业的同学来讲，他们已经积淀了一定的广告运作和广告创意基本知识，因此在这个阶段，整个课程的基本设想，以及其中的基础思维训练、案例，都是基于他们的特点予以设置。具体表现在以下几个方面：

1. 立足广告营销传播，训练创意思维的养成

这是《创意思维训练》作为广告专业选修课最大的特色，目的就是训练广告专业的同学进行广告创意时灵活运用创意思维，使他们在接受创意思维训练的过程中形成对广告创意流程的直观感受以及加强对广告创意操作层面的理解，并期待他们将这种创意思维运用到实际的广告工作中去。其中，《创意思维训练》特别重视"训练"这个环节，重视操作性的训练，希望同学们通过这种"训练性"的课程，能够真正运用创意的思维体系来解决实际工作和生活中遇到的问题。课程最终的目标是帮助学生塑造起个人独有的思维模式，一种开放的、灵活的，不断寻找不同解决方案的创造性思维模式。

2. 全面介绍创意思维的各种理论与实践

除了侧重于实际思维训练，《创意思维训练》还将创意思维方面的经典心理学理论以及目前世界上具有影响力的创意思维理论、人物、理论、背景比较全面地介绍给学生，讨论其理论的实践意义和运用价值。比如沃拉斯的"四阶段模型"、韦索默的"结构说"、吉尔福特的"发散性思维"、斯滕伯格的"智力观"、若宾的"最高级思维模型"、刘奎林的"潜意识推论"等等。此外，在教授思维理论知识的同时还重视向学生们介绍一些与广告营销传播相关的理论在实践中的应用，比如，詹姆斯·韦伯扬的创意过程理论会作为与学生们分享的重点，并结合具体案例进行讲授，从而加深学生对这些思维理论在广告操作应用方面的理解和感悟。

3. 不间断的课堂思维训练游戏与个人思维特征梳理

思维训练游戏是《创意思维训练》课程的重要设置，也是最能突出"训练"环节的主要手段，《只言片语》等训练创意思维的游戏被广泛引入到《创意思维训练》的课堂上。这一设置的目的是通过思维游戏来敲打学生们的思维，从而实现对自我思维模式的梳理。思维训练游戏不仅是整个《创意思维训练》课教学过程中的重点，也是这门课程的一个难点，因为每个人的思维是不一样的，都有着不同程度的思维定式，如何在思维训练游戏中摆脱这样的一个思维定式是每个学生都要去不断面对的一个挑战。在教学过程中发现，游戏效果的实现程度与学生个人特征有十分紧密的关系，当一名学生主动调整自己的思维模式、以一种开放的心态去面对自己的思维状况、主动配合和参与思维游戏时，就更容易进入游戏中，获得更好的思维训练效果，反之，对于配合度低参与度低的学生，思维游戏对他们的训练目标是很难达

到的。

4. 从创意到创新的小组实践活动

这也是整个教学活动中比较重要的实践活动，以期中作业的形式要求学生以小组为单位合作完成。该实践将学生分成几个小组，每个小组都要设定一个从创意到创新的目标。通过让学生完成这样的学习任务，旨在让他们了解创意和创新的概念，以及两者的关系，并让他们体会作为一种思维理念的创意走向具体的创新成果的艰辛。让学生亲身参与将创意发展为创新成果的过程，可以更好地锻炼学生的实操能力，也正契合了我国目前创新型人才短缺以及文化创意产业飞速发展对创意人员大量需求的现状。

教学实践证明，这一课程作业设置的效果良好，学生们通过完成课堂实践任务将思维层面的想法付诸于具体的实践，从中发现想法在执行过程中的困难和问题、评估想法的可行性，并具体探索如何将想法变成"real job"的方法，从而提高学生分析问题、解决问题的能力，这对他们未来的职业生涯有很大帮助。鉴于其良好的效果，从创意到创新的小组实践活动将不断地进行改进和深化。

5. 创意人格与创意思维的养成

希望学生能够从自我认知的角度，去评估自己的性格和个体特征对自我思维的影响，通过认识自己的个性来帮助形成自己独特的创意思维模式。人格对于思维的影响是近代心理学领域的问题之一，并且在实证心理学研究方面取得了成果。因此，课程中特别引入了一些基于心理学原理的人格测试题目，让学生在探索自我人格特征的过程中了解适合自己的职业方向。比如将"16种人格与职业"引入课堂中，借助创意思维与个体人格的关联性引导学生塑造自己的创意思维方式。

6. 将创意思维工具引入日常思维过程

这是本课程基于思维训练目标进行的设置，侧重于执行层面的训练。具体来说，就是挑选一些最常用的、经过实践证明非常有效的创意思维工具引入到教学当中，并期望能使学生们将这种思维工具应用到日常生活的思维过程中去。比如，思维导图（Mind Map）、借物联想、脑力激荡（Brain Storming）、逆向思维、六顶思考帽、水平思考法等等。广告学专业的同学可以具体运用这些创意思维工具辅助广告创作的进行。

二、针对文学与新闻专业的创意思维训练

第一个阶段的《创意思维训练》主要针对广告专业的同学开设，立足于广告营销传播中的创意思维训练，但是由于课程设置的原因，也有部分名额面向全校，有近三分之一的同学来自于其他院系和不同年级。通过对这部分同学的教学评估本人发现，他们认为《创意思维训练》大有收获，而且专业跨度越大的学生对这门课的兴趣越大、投入反而更高。因此，《创意思维训练》在开设的第二个学期（汉语言文学与新闻学专业选修课）更加注重将训练方向与其对应专业相联系。

值得注意的是，无论《创意思维训练》如何改进和完善，它整体的教学目标是不变的：训练学生运用创意思维解决问题、运用全方位的思维把握问题的能力。然而，针对不同的专业，课程对案例的引用和实际操作的应用必须有一定的调整，具体主要从以下五个方面来把握：

1. 淡化广告创意的专业操作训练

针对新闻和文学专业的同学，淡化广告专业的创意训练角度，侧重于从新闻和文学的专业角度进行思维训练。比如，在进行《只言片语》思维训练游戏时，针对广告专业的同学，课程会将每一张桌牌当作一幅广告作品，让学生思考牌上的画面适合什么样的品牌和产品，并要求学生结合画面给出广告语，进一步思索产品推广方法；对新闻专业的同学来说，会要求他们思考画面代表的新闻事件，并要求他们用简短的新闻标题将事件揭露出来；针对文学专业的同学，课程会要求他们思考卡片上的画面能够代表哪一类文学作品或者哪一部文学作品。如此一来就会使学生很自然地将思维训练游戏与自己的专业相关联，从而促使他们在自己熟悉的环境中进行思维的训练，从而促进创意思维和专业思考的双重发展。

2. 将文学与新闻的学科特征应用到教学中

比如，在日常课堂的讨论中鼓励学生自己给出一些与专业相关的创新事件、创新行为等实例。从而促使学生在自己的专业学习中形成关注创新、积极创意思考的好习惯。

3. 强化创意到创新的思维和执行飞跃

从创意到创新的小组实践训练在《创意思维训练》课的第二个阶段依然

是课程设置的重点。但是，这一实践也实现了一个突出的转变，即打破了学科的界限，不再要求创意想法必须与学生的学科专业相契合，而是突出强调从创意到创新、从思维到执行的飞跃。

在具体的操作中，要求学生进行两次提报，第一次是小组经过讨论甄选出不同的创意想法，并选择集中的时间集体提报这些想法，同时，老师和所有同学都可以为这些创意想法提出建议；第一次提报之后，每个小组有四到六周的时间进行创意想法的修改和执行，然后再第二次提报进行最终创新成果的汇报展示。教学实践中的一些现象也引起了本人的关注，不少小组会立足于自己熟悉的生活环境和遇到的问题进行创意发想，小到帮助组员同学减肥，大到重新布置寝室、设计宿舍空间、向校园后勤部提出具体的宿舍改进意见。不少小组在完成作业的过程中已经将这些想法付诸实践、分享到互联网络中，比如，文学专业的一个DIY小组就对日常生活小物件进行改造，并对这些改造的手工制品进行品牌命名、网络推广；还有一个小组设计了一整套宿舍纪念册，并计划面向大一新生进行纪念册设计服务的业务推广；此外，还有"圆你一天公主梦"服务小组等等。

这些既有趣又有一定可行性的创意想法极大地超越了学科的界限，激发了学生的创意思维头脑，使他们将创意思维与日常生活紧密地结合在一起。另外，随着时代的发展，集体思维的重要性日益增强，"Team Work"成为更多企业进行事务决断的重要方式。从创意到创新成果实现的实践训练使得学生们的群体配合能力得到了极大的提升。在《创意思维训练》课程中，也更为重视群体配合能力的训练。

4. 开发学生自己组织集体思维训练的能力

除了让学生在小组作业中进行集体思维训练以外，集体游戏也是进行集体思维训练的一个重要的途径。在针对新闻与文学专业同学的课堂上，《创意思维训练》更加重视由学生自己来主导集体游戏。首先，会要求所有同学举荐一些适合在课堂上开展的思维训练游戏，并由一到两名同学在课堂上以10分钟—20分钟的时间来主导和组织游戏，这改变了课程设置初期主要由老师主导游戏的做法。这种安排不仅解除了由老师主导游戏时学生可能产生的紧张感，也在一定程度上增强了学生对游戏的兴趣和参与度，另外，学生之间的互动性也使他们的组织能力和配合能力得到了一定程度的训练。因此，由学生主导的思维游戏成为训练集体思维的很好平台。

5. 培养个人自觉的创意思维系统

随着课程的进展，《创意思维训练》培养学生个人自觉的创意思维系统的教学主旨越来越明显：培养学生形成自觉的、有特点、有效率的、开放的思维系统，用多角度、有创意的思维方法去解决问题。其中，开放的思维特点已不仅仅停留在思维层面，而是要求学生随时准备接纳别人的意见、主动参与别人的观点，上升到学生走向社会以后如何与不同的人进行配合的层面。

因此，到此阶段为止，《创意思维训练》作为通识课程的特征越来越明显，这门课程面向全校不同专业学生开设的可能性也越来越大。

三、走向通识教育的创意思维训练

通识教育没有专业的硬性划分，提供的选择是多样化的。而学生们通过多样化的选择，得到了自由的、顺其自然的成长，可以说，通识教育是一种人文教育，它超越功利性与实用性。教育不应该是车间里的生产流水线，制造出来的都是同一个模式、同样的思维，而应开发、挖掘出不同个体身上的潜质与精神气质。让每一个学生拥有独立的人格与独立思考的可贵品质，正是通识教育的终极追求。

创意思维不仅是广告营销传播专业学生的必备技能，对各个专业都有不同的启示。本课程本着从认知和态度方面提高学生的基本素质，申请成为全校通识教育课程。

《创意思维训练》在迈向通识教育课程的过程中着重从学生个人特征出发，重视发掘学生的个人潜质，协助他们形成个人化的创意思维模式。通识教育重在"育"而非"教"，《创意思维训练》重在"训练"，也正是以"育"为重点的通识教育的体现。

《创意思维训练》从专业课到通识课的转变还是有一定难度的。拥有相同专业背景、彼此相熟的同学之间的配合相对容易，而对于多学科、彼此并不熟悉的同学，他们之间的配合难度也会相应加大。另外，从专选课到面向全校的通识课的转变，意味着课堂学生数量的增加（由30人左右增加到50人左右），这给学生集体训练的控制也增加了难度。

针对这些转变过程中的难题，《创意思维训练》主要进行了以下五个方面的改进：

1. 多学科集体学习的特殊性处理

面对多学科同学的集体学习，最关键的是相处和课堂配合，一旦把握失当、处理不好，很容易变成单纯由老师灌输的枯燥的教学模式，学生参与课堂活动的积极性也会受到打击。因此，如何在开学前几节课让同学们相处好、找到学生的背景共同点对于未来课程目标的实现是非常重要的。首先，让学生自我介绍，了解彼此，其次，向学生们传达课堂协作配合与集体精神的重要性，并通过轻松而紧张的思维训练游戏，让大家消除陌生感。

2. 激发学生创意思维主动性

由于通识课程的学生具有不同的学科背景，不少同学都很难主动参与到课程中来，也很难使用具体专业的例子将所有的同学引导到他们熟悉的环境中去。因此，要选择一些更为通用的例子来激发大多数同学的参与热情，这也是《创意思维训练》向通识课转变过程中遇到的一个很大的难点。

笔者在实践中发现，尽管学生们有着不同的学科背景，他们之间的共性也是很明显的。而这些共性恰恰就是激发兴趣、提高参与度的突破口。比如，几乎所有的学生都是"90后"，他们对一些社会热点话题普遍比较敏感，因此，可以通过举一些新的、学生们了解和关注的热点事例来引入课堂内容。比如，近年来就有不少"90后"学生将中秋和"十一"双节戏称为"2节"，这可以算作"90后"大学生关注的一个小热点，当我在课堂上用"同学们，2节快乐！"来跟学生打招呼时，课堂气氛一下子就被调动起来，也拉近了师生之间的距离。

当学生的创意思维的主动性被激发出来以后，不论他们提出的观点是否具有学科特征，都能使讨论变得十分热烈，他们的知识背景也会被自然而然地运用到创意思维的环境中来。比如说，在一次传递纸条猜话语的小游戏中，一名理科专业的同学就借用镜子反射的原理，在不说话的情况下，将纸条中的话语传递给了队伍中的最后一个同学。像这种运用学科知识来解决问题的思维火花在同专业同学的课堂中就很难迸发出来，因此不同专业的同学在思维的碰撞中更能够互相激发出新的观点、带来不同的启发。

3. 思维游戏走向常规化和训练性

经过三学期的教学实践，笔者发现思维训练游戏对于通识课程的教学帮助很大，因此，在《创意思维训练》进入通识课程阶段，我将思维训练游戏变成这门课一项常规性和训练化的课程内容，思维游戏在《创意思维训练》

中的地位不断提升。另外，学生主导思维游戏训练的教学思想也得到加强。向同学们征集创意思维训练游戏，并形成游戏库，并由老师甄选适合在课堂上开展的与思维训练相关的游戏，在课堂上由同学自愿申请组织游戏，并负责准备相应道具。由学生主导的常规化的思维训练游戏，一方面更适合学生们自身的特点和兴趣，使他们更容易投入到游戏中去，另一方面由学生主导组织也使得他们之间的配合能力得到了很好的锻炼。

4. 创意到创新思路的拓宽与尝试

进一步强化从创意到创新思路的训练。面对通识课中不同学科背景的同学，从创意到创新实践小组训练的难度更大。这种难度首先体现在小组内部甄选创意想法方面。因为在通识课中，小组内部的学生也有着不同的专业背景，他们的思路和想法也各不相同，"idea"生成的过程也就是组员之间相互促进、相互协同、相互博弈的过程。比如，有一位学舞蹈的同学，想让自己的小组成员去完成一个舞蹈计划，但是他的想法也容易遭到其他不同专业同学的反对。因此，如何使自己的想法在与他人博弈的过程中被接受、如何学会与组员达成共识、增强协调性也是值得学生学习锻炼的要点。

思索创意的过程可能是一个独立思考的过程，但是从创意到创新的实现过程就不仅仅是一个"mind game"了，它是一个群体协作和配合的过程。因此，集体配合能力是在从创意到创新的过程中实现的，其重要性也在不断增强。

5. 认识自己，结合各自的个性和学科特征，养成创意思维习惯

《创意思维训练》成为通识课程之后，它的主要学生来源由原先的大三学生为主变为以大一大二学生为主。而对于低年级的学生，通识课这种重视素质教育的课程类型对他们的意义可能更大。《创意思维训练》也就自然担当起帮助低年级学生更好地认识自己的责任，并希望结合他们的个性和学科特征去养成自己独特的创意思维习惯，从而帮助他们在学习、生活、社交等方面能够运用开放性的创造性的思维方式去解决问题。

正是通过上述五点，《创意思维训练》从针对广告专业的专选课走向了针对更广泛学生群体的通识教育课程。

尽管《创意思维训练》是一个刚刚起步的课程，但笔者认为这门课程从专选课到通识课的转变是教学的一个必然。应试教育使得我国高校大学生普遍抱怨思维定式给自己的未来发展带来局限，而创意思维正是与定式思维相

73

对的一种思维方式，通过创意思维训练，更多的学生可以反思自身思维的局限性，从而实现思维突破。虽然《创意思维训练》并不能完全扭转应试教育带来的大学生思维僵化的局面，然而，作为任课老师，只要这门课程能够为梳理学生们的思维提供一点帮助、令学生们的生活产生一点变化、为他们带来一点有益的启发、能够使他们在未来人生中善于运用创意思维去解决问题，这门课程的价值也就实现了。

"业界管理者"广告人才培养模式设想

——兼议《广告经营与管理》课程的探索

杨 超

近些年来,我国广告学专业教育事业发展迅速,但也出现了不少问题,其中一个令教育界感到棘手的问题就是业界总批评高校教学内容与业界实践严重脱节。另外,广告产业和媒介融合新的发展趋势也对构成产业主体的专业人才提出了新的要求,从而对当前我国高等院校广告教育提出新的要求。本文从"业界管理者"角度,结合《广告经营与管理》课程教学实践,借鉴人力资源和组织行为领域的研究成果,从胜任特征分析出发,提出有关高校广告人才培养模式的看法。

一、广告学教育现状与培养模式

根据国家工商总局组织编制的《广告产业发展"十二五"规划》,改革开放以来,我国广告业逐步发展壮大,从1979年到2010年,全国广告经营额年均递增30%左右,成为国内增长最快的行业之一。"十一五"期间,我国广告经营额年均递增10.6%,2010年达到2341亿元,广告经营单位达到24.3万户,广告从业人员达到148万人[①]。

而"十二五"时期,我国广告业又将面临新的重大发展机遇。国家一系列重大经济社会发展战略的实施,为广告业加快发展提供了强有力的政策支持与制度保障。党的十七届六中全会通过的《中共中央关于深化文化体制改革推动社会主义文化大发展大繁荣若干重大问题的决定》指出,壮大广告等传统文化产业;国家"十二五"规划纲要提出"促进广告业健康发展";国家《产业结构调整指导目录(2011)》已把"广告创意、广告策划、广告设

---

① 国家工商总局:《关于印发〈广告产业发展"十二五"规划〉的通知》,2012年5月29日发布。

计、广告制作"列为鼓励类。以数字传播为代表的新一代信息技术发展、以互联网为代表的新媒体的普及、"三网"融合步伐的加快,都使得我国广告业发展与发达国家处在新一轮同一起跑线上。

综上所述,我国广告业的发展现状与经济、社会和文化发展的要求,与推动经济发展方式转变的需要还有较大空间。未来业界将有能力容纳更多的从业人员,广告学专业就业前景广阔。

与中国广告业蓬勃发展的大背景相对应的,我国广告教育在20多年的时间里也迅速成长,截至目前,全国开设有广告学专业的高等院校已达300多所,每年毕业学生超过4.5万人[①]。广告学科也从无到有,从一门新兴的边缘学科很快发展成为一门独立而很有发展前景的系统学科。

作为一门年轻的学科,我国广告教育在高速发展的同时也产生了不少亟待解决的问题:除了"速度与质量不匹配"、"广告教育资源整合不足"(陈培爱,2004)之外,最为突出的就是业界需求和高校广告教育之间脱节严重。在批评者看来,目前大学培养出来的很多广告学专业毕业生对市场不敏感,商业意识薄弱,对行业或企业没有承诺感,缺乏基本商业道德的训练;传统的应试评价体系助长了个人在知识记忆层面的竞争意识,过于强调个人表现,不重视团队工作;沟通能力差,缺乏沟通技巧等"软性"技巧的训练……

中国广告协会与中国传媒大学就曾联合进行过一项针对中国广告教育的专项调查,广告界反应,国内广告教育办学中存在的主要问题有:学生水平一般,无专业经验;教学严重落后于实践……[②]到底是为什么业界普遍认为广告学专业的学生素质不高,不能很快融入实战环境,甚至宁愿吸纳非专业类学生加入。

目前,我国广告学专业主要分布在新闻与传播类院系、经济管理院系、文法与艺术类院系等三类院系之中。由于依托的学科背景不同,培养学生方向不同,因此而逐渐形成了新闻传播型、商业经贸型和美术设计型三种办学模式。

其中,新闻传播型模式虽大多分布于综合类院校,占据了学校资源优势,但由于眼下用人单位的功利化,相比更加讲求实际操作和动手能力训练的美

[①] 国家工商总局:《关于印发〈广告产业发展"十二五"规划〉的通知》,2012年5月29日发布。

[②] 祝兴平:《全球化背景下中国广告教育面临的若干问题》,《新闻界》,2006(5)。

术设计与商业经贸专业方向，却没有体现专业竞争优势，受到的质疑最多。我国广告教育尤其是新闻传播型院系教育，到了反思培养模式的时候了。

而从历史的发展过程来看，中国广告业已经走过了从20世纪80年代初开始以传播、文化为主导的萌芽开创期，到90年代中期以创意、策划为主导的转折期，再到以品牌、营销为主导的迅速成长期等三个时期。在以品牌、营销为主导的迅速成长时期，对于广告行业的从业人员而言，更应该以大营销的观念去计划、实施广告传播活动，广告人才的培养也应该向策划型、策略型、整合传播型靠拢，向更接近商业实质的"业界管理者"方向靠近。

本文即为综合类院校广告学专业培养方向提出新的发展设想，即：以培养"业界管理者"为基础坐标系，在现有学科归属下合理适当调整课程模块，调整人才知识结构安排，使综合院校广告专业毕业生能够在未来占据产业人力资源的高端位置。

二、关于"业界管理者"培养模式的探讨

1. 新闻传播型广告专业培养模式浅析

尽管广告教育界在培养方案中多数都强调了我国高等教育强调通识人才培养的理念，强调"宽口径、厚基础"复合型人才培养，但在学科建设和现实教育过程中，新闻传播型广告学专业培养模式仍然存在着不少的缺陷。

（1）学科定位导致学生能力倾向与业界发展存在脱节

我国的广告教育开办之初是以美国广告教育为蓝本的，从办学模式到培养目标都与之大体相近。

美国的广告学专业有两个源头，一个是工商源头，一是新闻源头。广告学作为美国大学的一个专业，出现在20世纪初。1913年密苏里大学建立新闻学院，同时设立了广告专业，而后，纽约大学、马奎特大学和西北大学分别于1915年、1916年和1919年建立了广告专业。当时，广告专业教育基本沿承新闻教育的路子，主要讲授文案写作、广告草图和版面销售之类广告技巧。美国高校于19世纪末出现了商学院，到了20世纪20年代，许多商学院开设了市场营销类课程，广告学只是作为市场营销教育的一部分。随着广告业发展和广告专业人才需求不断扩大，商学院也建立了广告专业。

而到了20世纪50年代，美国高校的商学院渐渐撤销了广告专业，广告

类课程只是作为营销学教学内容的一部分，广告学专业由新闻、大众传播学院主办。在20世纪50年代末以前，美国广告专业设在新闻传播学院和设在商学院的，几乎是一半对一半；而20世纪60年代以后，这种格局发生了大的变化，广告专业设在新闻传播学院和（或）大众传播学院的占90%，占据了学位授予的绝对优势。

我国广告学科起步较晚，当时的国家教委在对文科专业目录进行修订时，是在新闻传播学大类下增加了广告学专业，这使得广告学专业从一开始就具有很强的学科依附性。参照美国模式本身无可厚非，但由于经济发展阶段、教育基础及文化传统的不同，中国广告教育本应呈现不同于美国的面貌和特色，其中人才培养目标和方式也应存在较大的差异。而事实是这种学科归属成为中国广告学科理解偏差的主要根源。根据我国教育部所颁布的学科体系，广告学属于新闻传播学（一级学科）下的传播学（二级学科）下的子学科，或称作"三级学科"。"三级学科"定位所带来的最大障碍在于，在新闻传播学院所属的综合类院校中，相当一部广告学专业教师团队多年来仍在沿用新闻和传播的原理来解释广告最为基本的商业工具属性。

而从人才培养的结果看，最突出的表现就是，很多学生在这种学科环境下丧失了对商业和市场的敏感性，丧失了广告行业与其他行业相区别的独特能力——策划力、执行力、资源整合力。学生在进行全案策划和执行时，不经过认真环境分析、市场分析、竞争分析就直接切入广告创意和设计环节的"策划全案"比比皆是，更有甚者，策划方案中满是华丽辞藻与大众传播理论，对商业和市场问题的存在及解决却置若罔闻。

（2）培养目标应适应毕业生就业去向多元化现状

根据一般认识，新闻传播型广告学专业的定位以培养"策划与创意"核心能力为主，这的确可以和商业经贸型、美术设计型形成较为明显的办学理念区隔，而且比较充分地利用了综合性院校的学术平台。此类院系广告学专业的专业课程设置也紧紧围绕"策划与创意"，偏重于提供新闻与传播学内容，同时按照广告公司广告经营的环节设置广告策划、广告文案、广告创意、广告媒介等主干课程。

笔者在2012年暑假期间做过一个关于中央民族大学广告学毕业生就业去向的调查，发现只有30%的毕业生供职于专业广告公司或者从事狭义广告的相关工作。上海大学广告学专业2005—2008年共有毕业生669人，其中广告公司就业 196 人，占 29%；媒体公司 50 人，占 7%；商业公司 202 人，占 30%[①]。胡晓芸教授对浙江大学的调查结果也与此类似："发现 10 多年来培养出来的学生只有 1/3 的学生进入广告公司这个系列里面，大量的 2/3 的学生到了甲方或媒介去了，如到咨询公司、传媒、媒介购买公司、媒介企划公司等等。"[②]

学生就业去向多元化的现实说明我们目前的培养目标和课程设置并不能完全和学生的就业方向相符，并没有完全满足学生的教育要求。社会需要我们切实利用好综合类院校"兼容并包"的教育、研究资源，为学生构建完整的知识结构，真正按照厚基础、宽口径的方式培养综合性人才，体现出综合类院校的培养优势。

（3）"封闭办学"现象普遍，"请进来，走出去"效果不佳

黄升民教授曾指出：学科的生命之源，是与学科息息相关的产业状态。没有产业的需求，产业的依托和产业的互动，学科就是无源之水，无本之木。因而，离开专业谈学科，容易导致学科无内涵，无出口；离开产业谈学科，也必然导致学科无依托，无基础[③]。但实际上，现在各高校广告学专业"封闭办学"现象仍很严重，大家各自为政，与外界缺乏联系。一方面是与实务界缺乏联系，教师、课程、教材等一定程度上与实际脱钩；另一方面则是同行之间缺少联系，各院校之间缺乏协调和优势互补。

即使是有部分高校采取了"请进来，走出去"的方法，加强与业界互动。但离真正的良性互动和相互交融还相差甚远。最突出的表现是，"走出的"学生进入广告公司实习，会失望地发现公司从业人员的行业经验尤其是在各个产业领域的经验和他们所学到的广告知识相距甚远，加上目前广告从业者对高校广告专业多持盲目否定态度，不仅没起到学以致用的作用，而且产生了动摇专业信念的负面影响；"请进来"的业界优秀人士，虽然注重传授自身经验，但上升到理论层面时又缺乏知识的系统性，这让广告专业的学生对专业知识的"含金量"产生了质疑。

这种恶性循环的"封闭性"加剧了抹杀广告自身所具有的市场性、经济和管理特征等重要属性的趋势，导致了广告教育的课程设置完全偏重于传播

[①] 许正林：《广告学毕业生就业走向与培养模式转型分析》，第八届广告教育年会论文。
[②] 胡晓芸、刘瑞武：《中国广告教育和从业人员的发展》，《广告大观》（综合版），2004（12）。
[③] 郑欢：《〈2008 中国广告教育论坛〉观点综述》，《中国广告》，2008（8）。

和沟通，学生的思维方式也基本局限在传播领域。

2. 关于"业界管理者"培养模式的构思

"业界管理者"培养模式的假设思路围绕"胜任特征"概念。1973年，美国心理学家麦克兰德发表《测量胜任特征而非智力》一文，该文核心观点为传统的智力测验结果与所预测的工作成就之间相关性很低，他主张用胜任特征评估来代替传统的学业成绩和能力倾向测试。而所谓胜任特征（Competency）就是能将某一工作（或组织、文化）中具有卓越成就者与表现平平者区分开来的个人的潜在特征，它可以是动机、特质、自我形象、态度或价值观、某领域知识、认知或行为技能。人力资源领域对广告创意、策划、制作、客户服务等各类人才胜任特征的研究成果，将作为高校广告人才培养模式以及课程设置、教学的重要依据。这样，高校所培养出来的广告人才就能够与广告业界所要求的人才素质接轨。

现国家工商总局广告监管司副司长贾玉斌2003年在中国广告人才高层论坛上的观点代表了目前业界的共识：我国广告业急需5类人才，即（1）需要了解国际市场、具有国际广告运作经验和较强沟通能力的人才；（2）需要有敏锐洞察力和市场驾驭能力的高层管理人才；（3）需要具有整合营销、传播、策划能力的复合型人才；（4）需要能够自己创作、设计的人才；（5）需要高层次的各类广告制作，特别是擅长影视广告制作的技能性人才[①]。结合当下媒体发展的形势，应该再加上一类，那就是熟悉新媒体规律和技巧的人才。

与这些人才需求所对应的胜任特征如营销导向、服务意识、创意智力、沟通能力、个性坚韧等对于主要培养广告创意人才的高校来说具有很好的借鉴意义，高校在课程设计和教学方式的设置都可紧紧围绕这些胜任特征展开。

不难看出，后面的三类是当下需求旺盛的专业技能方向，而前三类人才却是以市场和经营管理为导向的。对中国广告教育的价值走向，张金海教授曾在2008年中国广告教育论坛上指出，大学教育中的专业建设，永远是一个动态的过程，像广告学这样的应用型专业的建设动态性更强。其动态建设发展的不变指向，便是顺应知识更新的趋向，应对产业的动态变化。未来的广告业将呈现两种发展趋向：一是整合媒介传播，二是整合营销传播。他提出两种可能的预见：一是广告被并入总体的营销传播流程，广告消亡；二是总

---

① 李旭红：《我国广告行业急需五类人才》，《市场报》2002年7月18日第5版。

教学研究

体的营销传播流程被广告替代，广告在重新定义的基础上持续发展。因此广告学专业建设也有两种现实的选择，一种选择是顺应广告业的整合营销传播趋向，模糊广告学的专业边界，从广告学走向整合营销传播；另一种选择是在坚守广告学专业核心内涵的基础上，扩大广告学的专业外延，重构广告学的知识框架。不管是哪一种选择，都指向整合性、复合型和高层次定位，都涉及整合和重新配置知识结构的问题，具备综合性特点的经营与管理问题也随即浮出水面。

笔者给出的思路是，以"业界管理者"为人才培养目标，面对企业、广告公司和媒体（不再单纯面向广告公司），充分利用综合类院校的资源优势和学术优势，在现有学科分类没有什么变动的情况下，适当调整部分课程设置，以传播学、管理学、经济学、社会学、市场学、市场心理学、定量调查和研究方法为主要基础模块。

这种思路可以从日本、美国和台湾地区获得借鉴。

以日本电通为例，在 2005 年，日本电通总部一共招收 175 名大学生，其中只有 10 人是 ART 职位，165 人是综合职位。招聘条件有四点，即沟通力、企划力、创造力、组织力[1]，其中有三项直接为管理学的重要组成。而员工在升任部长之前，还必须经过三个研修项目，全面了解电通广告的业务流程、成功经验和营销战略等，还要根据自己的需要，进行基础知识（一般是对人、物、钱等）的管理以及革新知识、市场营销、经营事业战略、组织人事和财会知识等的培训[2]。电通还有专门的能力开发室负责全公司的职业培训。在该室的主要职责中，就有开发经营知识和技术能力、促进理解经营课题、经营改革和意识改革、培养经营人才和经营辅助人才、促进国际化的成功、加强关联公司的经营等内容[3]。

美国佛罗里达大学设在新闻/传播学院的广告专业的教育目标是"培养学生成为战略性传播领域里的领导角色"；对于偏重新闻学的密苏里大学来说，他们的教育目标与佛罗里达大学相同，"我们培养未来具有战略沟通能力的业

---

[1] 王仕军：《电通的新人职员培训制度及对中国高校广告教育的启示》，《中国广告》，2008（12）。

[2] 周华清：《从日本广告教育看中国广告人才培养》，《高等函授学报》（哲学社会科学版），2008（10）。

[3] 王润泽：《日本的广告教育》，《国际新闻界》，2002（4）。

界领导者",其具体目标是:学生将成为美国"未来的艺术主管、公关专家、平面造型艺术家、市场主管、创意开发者、广告文案者、财务经理、研究者等等"①。而雪域大学(Syracuse University)更是以广告管理为教学重点并采用了最新的"专业化"方式,把广告课程分成两轨,一轨是制作,一轨是管理②。为此,在不改变原有学科归属的前提下,这些知名院校增加了财务控制、投资、预算编制、关系管理等目前国内综合院校广告专业还未列入的课程。如果这些教育目标能够实现,就会培养出陈先红教授所言的"通才中的专才":具备商业头脑、行业见识、创造才能、传播知识、策划本领和调查知识等,较偏于通才,可是多少也有所专长。其知识结构是"致广大而尽精微",高明如天,宽厚如地,(成为)问题解决专家③。

对照台湾地区知名院校的课程设计,也能看出注重市场与数理推导、注重广告的营销本质、注重"大广告"及随附的营销管理倾向。如文化大学的地方创意产业营销,政治大学的说服理论、国际营销传播、跨文化消费行为研究,辅仁大学基础学科当中营销管理学科的十一门课程和专业学科中公关企划十门课程,其中尤以辅仁大学的课程设置与美国一些知名院校的课程设置相近④。正如台湾广告人吴智良所言,台湾广告科系重在培养广告行业的主导人才而不是执行人才。设计则需另外的专业去培养⑤。

因此,尽管"业界管理者"的培养模式的实施难度与复杂程度会大大超过现有的模式,但对于新闻传播型广告学专业目前的人才培养模式是一种重要的修正,尤其对于综合性院校的广告学专业,意味着一种占领人才培养高地的战略性调整。

三、《广告经营与管理》课程的探索

笔者所讲授的《广告经营与管理》是广告学专业的进阶课程,课程目标在于使学生了解广告公司在现代商业社会中的角色与运作,使学生了解广告

---

① 查灿长:《美国的广告教育理念》,《新闻界》,2008(8)。
② 杨倩:《美国大学广告教育现状综述》,《东南大学学报》(增刊),2005(12)。
③ 陈先红:《论中国广告教育的 TRC 模式》,《广告大观》(理论版),2006(3)。
④ 阳翼、万木春:《港澳台广告——行业解读与案例赏析》,第 95—101 页,暨南大学出版社,2007。
⑤ 吴智良:《海峡两岸广告教育面面观》,《中国广告》,2000(4)。

公司的各种活动形态，进而更好地把握如何依托各种媒体实施广告创作活动。本课程将广告公司视为经营实体，从营销角度、广告市场环境、广告公司在广告产业链中的位置入手，讲解广告公司的定位策略、营销组合策略、品牌策略和竞争发展战略；阐述广告公司的经营模式和经营方法、组织架构、人力资源管理、财务运作机制，以及媒介运作策略；论述广告行政管理、广告行业自律及广告社会监督；并结合业界发展趋势与学界研究成果，为广告公司的经营与管理提供多种可供借鉴的理念。

1. 遵循商业思维

在授课过程中，尽量引导学生融会管理学、市场营销学、微观经济学、产业经济学、规制经济学、法学、社会学、媒介经营管理学等交叉性内容，将其完全置于商业领域的动态考察之中。

2. 以产业链为主线

以"企业主——广告公司——媒体"广告产业链为主线，注重从产业经济的角度分析和解决问题；在广告公司经营方面，以定位、方法、理念为关注点，着重传讲客户开发工作；在广告公司管理方面，要求学生对组织机构、业务部门职责、岗位设置、流程管理、财务运作形成基本认知。

在讲授广告市场与广告产业时（含代理制度），可从产业经济学的角度出发，以产业组织理论、新产业组织理论、信息经济学和博弈论为分析框架，关注集中度与利润率之关系，要求学生以定量分析法提交作业并课堂讨论。

3. 教学、研究、创造（生产）三位一体

德国包豪斯（Bauhaus）创立的教学、研究、创造（生产）三位一体的现代教育模式，对我们今天仍然有启发性，这一教育模式也是符合广告科学规则的，是一种典型的既发挥教师主导作用，又能充分体现学生认知主体作用的"双主模式"。[①]

本课程采用了全程考核的方式，以开放式、实战式"创业商业计划"作为考核内容。要求学生结合市场实际情况，进行实地调研，获得一手资料，并进行分析，设计解决问题方案。创业商业计划书包括可行性分析、市场细分与目标客户选择、组织结构的建立、竞争优势建立、监督约束机制建立等完整内容，涵盖从公司定位到人员配备和管理，从公司内部关系处理到客户

---

① 乌美娜：《教学设计》，第16—22页，高等教育出版社，2002。

关系处理，从事务管理到财务管理，从业务计划制定到公司运作流程等大部分公司经营与管理策略和实务。

这是一种"双主"模式，优势在于按职业操作规则要求学生，使学生直接体验公司的运作模式。由5—6名学生组成创业专案组，分别代表公司的营销、销售、运营、人力资源、财务等部门。按照公司创业流程，每人分别侧重负责并依次完成相关部门对应的工作。所有项目成员都必须参与，推举其中一人为小组负责人代表公司总经理。指导老师在指导过程中，则代表投资者。模拟投资项目提案会，并邀请业界专家参与指导。

双语课程教材的选择与使用

——以《传播学理论经典导读》为例

汪 露

随着中国加入 WTO，社会生活各领域正日益国际化，教育也不可避免地要走向开放和与国际接轨。在这一背景下，教育部 2001 年 9 月初颁发的《关于高等学校本科教学、提高教学质量的若干意见》中提出，"各高校要积极推动使用英语等外语进行公共课和专业课的教学"，其后又在 2003 年新的教学计划中明确规定，"在高校各专业课程中要有一定比例采用双语教学"。与这一要求相匹配，在 2010 版培养方案中，我们也为新闻专业学生设置了一门双语传授的专业选修课《传播学理论经典导读》。本文拟以这门课程为例，谈谈新闻传播学双语课程的教材选择问题。

一

教材选用的第一要件是要与课程的培养目标和教学安排相匹配。因此，在论及教材之前，我们首先要对这门课程本身及其在培养方案中所处的位置进行定位。

在进行 2010 版培养方案修订时，学生毕业后的去向是考虑修改的一个重要因素。除了报纸电视台等媒体机构、各级企事业单位之外，进入国内外院校继续深造日渐成为学生本科毕业后的又一选择。在此情况下，在课程中加入较为深入的研究类课程就成为必然。《传播学理论经典导读》就是这类课程之一。

《传播学理论经典导读》开设在第六学期。此时，学生已完成了三年半系统的专业学习，修完了《新闻学概论》、《社会学基础》、《传播学理论》、《舆论学》等选修课程。应该说，到了本门课程开设之时，学生已经具备了对传播学基本内容的充分了解。因此，这门课程虽是用双语讲授，但从专业内容上看，它不应是对基础性内容的多语重复，而应是在已有知识基础上的深入和强化。这就对教材选择提出了新的要求。

二

《传播学理论经典导读》虽在 2010 版培养方案中首次开设,但绝非我们首创,在国内其他兄弟院校的新闻传播专业,早已有同样或类似的双语课程开设,并存在相应的教学总结。从既有的教学论文文献来看,除了学生英语程度参差不齐、课堂教学效果难以保证之外,教材选择难也是较为一致的反映。

开设双语课,应选用外文原版教材,这是大部分授课教师的共识。首先,原版教材是原汁原味的英文,给学生营造了一个全面接触英语的环境;其次,原版教材有理论上的前瞻性。玉林师范学院的冯广圣老师认为,一般国外教材知识较新,反映了学科前沿,内容层次分明,概念叙述详细,更注重实际应用和综合素质[1]。太原师范大学的李慧娟也认为,原版教材可以让学生学到前沿理论知识和最新实践发展动态[2]。

但经过几轮具体的教学周期,一些一线的双语课教师发现,教材的选择成为制约双语课发展的一个重要因素。一旦教材选择不当,可能会使教学效果大打折扣。华南理工大学新闻与传播学院严俊老师对该院 236 名学生进行了调查,34.7% 的同学认为阅读资料是当前双语教学中比较薄弱的环节[3]。浙江传媒学院教师赵莉对该院 254 名学生进行问卷调查后也发现,教材是阻碍学生对双语课程产生兴趣的重要原因。在回答"对原版教材的满意度"这个问题上,29% 的学生认为"合适",35% 学生认为"基本合适",36% 认为"不合适"[4]。

那么,原版教材在使用中可能存在什么问题呢?从体例和结构来说,部分教师认为:国外教材内容编写思路和形式与中文教材在体系结构上差别也

---

[1] 冯广圣:《关于新闻传播学科双语教学的几点思考》,《玉林师范学院学报》,2009 (4)。
[2] 李慧娟:《新闻传播学双语课程教学改革实践谈》,《太原师范学院学报》(社会科学版),2008 (7)。
[3] 严俊:《新闻传播学科双语教育的现状、问题与对策》,《教育理论与实践》,2007 年专刊。
[4] 赵莉:《传媒类专业双语教学创新改革探究》,《新闻界》,2010 (5)。

较大①；脱离国情、缺乏针对性②；不太符合大部分学生的学习模式③。从具体内容来看，有双语课教师认为原版教材的知识点分类过于琐碎④；有的原版教材内容讲得过于详细甚至累赘，有的内容与国内同类教材相比要少而且简单⑤。

对此，浙江传媒学院的赵莉老师建议引进和使用更具代表性和先进性的原版教材，而太原师范学院的李慧娟老师则认为教师应该尝试自己编写教材，尤其是要编写篇幅和结构合理、适合教学课时的需要，教学内容体现中西文化融合，既反映国情，又能了解西方前沿，还要保证是地道英文的教材。洛阳理工学院的李馨老师也认为应该自编教材，但不是教师个人编写，而是要集结各高校力量，共同编订一本符合我国国情、融合国内国外新闻传播实践，结构清晰，论述翔实，反映学科前沿且英语地道的统一教材⑥。

三

在上述所有双语课的教学论文中，对国外原版教材最为一致的意见是：贵。一本外文原版教材动辄数百，无论对教师还是学生来说，都构成了较大的经济负担。因此，当我们考虑教材选用时，不妨先从国内出版社引进的影印版原版教材说起。

从20世纪八九十年代以来，传播学科就开始注重国外学术引介。华夏出版社、北京大学出版社、中国人民大学出版社都有汉译的西方传播学专著。此阶段中，若干国外学术作品被引入，有汉译，但原版则难以寻觅。进入21世纪以来，随着整体学术界语言水准的提升，在汉译引介有一定基础的情况下，传播学原版教材的引入也逐渐开始兴盛。

目前，就笔者所见，国内市面上新闻传播学原版教材共有32种，其中北

---

① 冯广圣：《关于新闻传播学科双语教学的几点思考》，《玉林师范学院学报》，2009 (4)。
② 李慧娟：《新闻传播学双语课程教学改革实践谈》，《太原师范学院学报》（社会科学版），2008 (7)。
③ 李馨：《新闻传播专业双语教学的意义及问题研究》，《时代教育》，2010 (10)。
④ 李慧娟：《新闻传播学双语课程教学改革实践谈》，《太原师范学院学报》（社会科学版），2008 (7)。
⑤ 冯广圣：《关于新闻传播学科双语教学的几点思考》，《玉林师范学院学报》，2009 (4)。
⑥ 李馨：《新闻传播专业双语教学的意义及问题研究》，《时代教育》，2010 (10)。

京大学出版社出版 14 种，清华大学出版社出版 13 种，中国人民大学出版社出版 5 种。这些原版教材涉及的方面较为广泛，传播理论、传播法、新闻伦理、广告、公关等都涵盖在内，其中传播理论方面的教材主要有北京大学出版社的《媒介研究：文本、机构与受众》、《组织传播：理论学派与传播过程（第 3 版）》、《媒介效果研究概论》；清华大学出版社的《大众媒介研究导论》、《麦奎尔大众传播理论》、《大众传播理论：基础、争鸣与未来（第 3 版）》、《人类传播理论》；中国人民大学出版社的《大众传播动力学：数字时代的媒介》这八种。

哪怕仅从名称来判断，也不难看出这些教材都是为概论性的课程而准备的。其中对传播理论的介绍都是经教材编撰者消化整理后重新写出，有体例统一、语言风格统一之利，易读性强。加之国外教材一般具有的多图表、多事实材料、直观浅易的特点，这些教材往往非常适合初学者的需要。以清华大学出版社出版的《大众传播理论：基础、争鸣与未来（第3 版）》为例，全书十二个章节共分为四个部分：大众传播理论介绍；大众社会与大众文化时期；有限效果论的兴盛和衰退；当代大众传播理论——寻求共识、面对挑战。全书是以时间发展为线索，对各传播理论进行组合分期。然后在不同分期中，对多个传播理论进行简单介绍和评价。通过这种组织方式，初学者可以清晰地建立起传播学学科发展的框架和脉络。但对于本门课程而言，通过先修的各门课程，学生早已完成了对基础理论的掌握，如选取这些教材，则无异将已掌握的内容简单英译。学过之后，也许学生在英语水平上会有提升，但在专业学习的深入上却不会有太大进展。

综上，这类国内引进的影印本原版教材，多是基础性的入门书。对于《传播学理论经典导读》这门提升性课程而言，并不适用。

四

除了专著和教材之外，在国外学术出版界，还有另一类传播学书籍，我们不妨将之称为读本（reader）类。对于《传播学理论经典导读》这门课来说，我以为这类"读本"会是很好的教材。

这类"读本"在国外学术出版界是非常普遍的现象。在学术研究充分发展的基础上，很多大的出版社都有针对具体研究领域的读本。具体到传播研究而言，就连最为晚近的互联网研究领域，也都有麻省理工大学出版社出版的《新媒体研究读本（new media reader）》。这类"读本"广泛收录某研究范围内具阶段性或具代表性的原始文献，以供深入学习及研究之用。其结构往往是：首为编撰者总结编写的该领域之研究综述，作为全书的线索或脉络；次为各期代表性文献，是全书之最重；最后为书目，列举出文献的出处及进行深入研究更为全面的文献列表。以曹晋、赵月枝教授主编、复旦大学出版社出版的《传播政治经济学英文读本》为例，其中收录了彼得·戈尔丁（Peter Golding）、格雷厄姆·默多克（Graham Murdock）、丹·席勒（Dan Schiller）、托德·吉特林（Todd Gitlin）、斯图亚特·霍尔（Stuart Hall）等传播政治经济研究大家的 23 篇文章，分别从该学派的历史起源与理论基础、方法思索与跨学科对话、广告的权力与受众商品的塑造、产权与盎格鲁—美国语境下的控制、资本主义整合的全球、民族与本土动力、转型的场域、能动性与进程等六个方面建构了传播政治经济学派批判性的阐释路径[①]。

选用这类"读本"作为导读课程的教材是大有好处的。其利之一在于可以以一本书的篇幅，较为全面、深入地接触到原始文献，省时省力；其利之二在于其附录的书目往往详尽全面、一览无余，是该研究领域的大比例全图，实为学习研究必备之利器；其利之三在于，文献多为节选，若干篇目的篇幅都不算太长，且长度相差不大。一次课学习、讲授其中一篇，非常适合课堂教学之用。但也有不足之处，就是各原始文献的作者不一，各篇的体例、文字风格各异。对学生的阅读而言，会增加一定的难度。

当然，就这门课程而言，选择"读本"作为教材某种程度上也有取巧之嫌。《传播学理论经典导读》，取这样一个课程名称不难，但仔细地推敲其内涵是一件非常困难的事情。首先要确定的就是：究竟哪些算是传播学的经典。每每虑及此处，都十分头疼。传播学学科始于 20 世纪四五十年代，至今不过六七十年时间，虽不乏佳作，但它们能否算是"经典"，哪些能列入"经典"，哪些不能列入"经典"，这恐怕谁都不敢断言。于是，"读本"便可以提供便利，经权威出版社、权威学者编纂之后，虽不是定论，但好歹有了出处，也不至于师出无名了。

这类"读本"国外出得很多，但国内出版社几乎没有进行译介或是影印。

---

① 曹晋、赵月枝编：《传播政治经济学英文读本》（上、下），复旦大学出版社，2007。

国内市面上能找到的英文传播学读本,就我所见,也只是上述复旦大学出版社出版的《传播政治经济学英文读本》。这本书只涵盖传播学中的一个学派,作为参考书可以,作为教材则可能与本门课程的构想不太吻合。那么,我们就只能将视线转移到国外原版的传播学"读本"上。美国赛奇出版社(Sage)出版的《麦奎尔版传播理论读本(McQuail's Reader in Mass Communication Theory)》就非常合适。编者丹尼斯·麦奎尔(Denis McQuail)是荷兰阿姆斯特丹大学传播学终身教授,"欧洲传媒研究小组"成员,《欧洲传播学杂志》三位创始人之一。作为世界著名的传播学者,他著有《麦奎尔大众传播理论》(McQuail's Mass Communicaiton Theory)一书,而这本读本就是与《麦奎尔大众传播理论》配套的读本。《麦奎尔版传播理论读本》分为十个部分:传播学的起源和发展、不同的研究取向、大众传播与社会、从旧媒介到新媒介、规范理论、全球化的大众传播、媒介组织与媒介产品、媒介内容、媒介受众、大众传播媒介效果。全书共收录传播学研究中的原始文献38篇,既有美国传统经验学派的研究,也涵盖了欧陆文化研究的篇目,视野开阔,组织精当,可以说是《传播学理论经典导读》双语课程较为理想的教材。此外,英国路特雷奇出版社(Routledge)出版的《传播理论读本》(The Communication Theory Reader)也是不错的选择。

五

关于教材使用,最后我想谈谈两个彼此相关的问题。一是教材在课堂上的使用,一是双语课教材是否需要中英对照。

"教材在课堂上的使用"问题,实际上涉及另一个更为关键的问题——在《传播学理论经典导读》的课堂上,究竟教学是如何组织的?是在课堂上领着学生读书,还是把"读"放在课前,课上只进行概括、总结、评论等"导"的工作?当然,从教学安排上来说,后一种方式是更为理想的,一来学生先读,可以提高其自学能力;二来学生读后带着问题来上课,针对性更强;第三,课上以"导"为主,也有利于发挥教师的作用,使课堂的信息量更大。但在实际操作中,更多的一线双语教师都选择了前者。例如浙江传媒学院的赵莉老师在给本科生授课时,北京邮电大学新闻传播专业的徐靖宏老师在给研究生讲授类似课程时,选择的都是前者。论及原因,都是说学生无法完成课前大阅读量。而缺了学生课前阅读环节，教师课上"导"的教学效果就打了很大的折扣。对此，笔者也有同感。在另一门三年级的专业选修课上，当问及有谁读了要求阅读的论文材料时，31个人的课堂上只有两个人举手。当然，学生的学习积极性总是个相对的问题，这门双语课笔者主讲的部分还没有开始。在目前的计划中，希望通过严格控制选课人数，严格对课前阅读的考核与监控，师生间多就此交流，建立起教与学之间的默契能部分地解决学生学习积极性的问题，从而有效贯彻先"读"后"导"的教学安排。

"双语课程教材是否需要中英对照"应该说也是实践中存在争议的问题。举例来说，目前出版原版教材比较多的有几个大学出版社。其中，北京大学出版社只是出版原版教材，并不配套出版中译本；而清华大学出版社则强调原版教材要中英对照，每出版一本原版教材都会配套出版一本中译本，作为教学辅助之用。对此，我的意见是双语课的教材还是不宜中英对照。中英对照固然可以提供阅读时的便利，但容易养成学生对中文译本的依赖。总的来说，传播学的学术译介虽然越来越多，但相对国外学术界的总体研究成果而言，比例仍然不是很高。作为有志于进一步深造的传播学学生，尽早接触和学习原文文献是十分必要的。而事实上，目前学术译本的质量也良莠不齐。一旦翻译中存在某些问题，还可能误导学生。

双语教学的困惑与尝试

——以《传播学理论经典导读》双语课为例[①]

陈俊妮

今年承担《传播学理论经典导读》的双语课程教学,虽然还只有几次的教学互动经历,却有不小的困惑,同时参阅了一些关于双语教学研究的文章,在困惑的同时也有一些个人思考所得,以及有意义的尝试。

一、双语教学的终极目的:提高英文水平 V. s. 提升专业素质

在学期第一节课时,本人并没有直接开始授课过程,而是进行了一个小测验,内容主要涉及三方面:一方面是关于传播学理论方面的基础知识,第二方面是测试学生的英文阅读和表达水平,第三方面是了解他们选择该门课程的动机与目的。

在第三方面,学生几乎一边倒地表达了"提高英语水平"的愿望,包括"我想出国留学,想提前适应英文教学"、"我的英语听力和口语不够好,想通过这门课得到提高"、"我希望得到更多的锻炼英语口语的机会"等。

双语课的目的到底是什么?学生们一边倒的提高英语水平的愿望是否违背了双语教学的初衷?

美国是推行双语教学比较早的国家之一,早在19世纪中期就开始了,当时双语教学的目的是为了帮助那些只会母语的移民学生尽快掌握英语,适应新的环境。而新加坡在1965年推行双语教学,"提出'英语第一,母语第二',目的是为政治服务,为建立统一的新加坡国家意识"[②]。加拿大和卢森堡的双语教学实践者还证明,双语教学能省时省力地培养学生的语言能力,

---

[①] 本文是刘瑾鸿主持、笔者参与的中央民族大学校级双语精品课程项目(《传播学理论经典导读》)的阶段性成果之一。
[②] 黄明:《我国高校双语教学与新加坡教育之比较思考》,《重庆工学院学报》,2006(3)。

尤其是第二语言的能力①。

我国在开始推行双语教学之初甚至很长一段时间里，不少双语教学的研究者也认为，提高英语水平是双语教学的最重要目的。"我国高校的外语教学主要集中在大学本科的一、二年级，学生大多过了大学英语四、六级考试关，但由于三、四年级的学习中不再开设英语课，学生学习英语完全靠自己的兴趣，为了延续外语学习，提倡双语教学是一种最佳的途径。"② 甚至有研究文章关于双语教学的定义是："双语教学指的是用两种语言作为教学媒介语，通过学习科目知识（例如，地理课、数学课、历史课等）来达到掌握该语言的目的。"③ 到 2009 年，还有研究者依然认为："在中国，尤其是在改革开放的前沿城市，随着国际交流的深入和拓展，对外语人才的需求量越来越大，要求也越来越高，这对学校教育中的外语教学也提出了挑战。显然，光靠学校外语课是远远不够的，必须将外语教学无限制地扩散和延伸，这样双语教学就应运而生了。"④

这样的理解与美、加等国关于双语教学的理解相似，将双语课看做是语言课的辅助或补充手段，但双语教学的内涵随着时代的发展而在不断变化，同时也会因国家、地区的不同而存在差异。我国教育部在 2001 年颁发《关于加强高等学校本科教学提高教学质量的若干意见》中，要求"本科教育要创造条件使用英语等外语进行公共课和专业课教学，对高新技术领域的生物技术、信息技术等专业，以及为适应我国加入 WTO 的形势需要，金融、法律等专业，更要先行一步，力争 3 年内，外语教学课程达到所开课程的 5%—10%。"⑤ 显然，教育部是在 WTO 的背景之下提倡外语教学，目的是培养适应我国加入 WTO 的形势需要的人才。虽然文件并没有对目的进一步具体化，但显而易见，流利使用英文本身并不是人才的主要素质，而能流利使用英文施展专业才能的人才，才是所谓"具有国际人的素质"⑥ 的人才，否则没必要强化生物技术、信息技术等高新技术领域专业和金融、法律等与对外合作、

---

① 黄明：《我国高校双语教学与新加坡教育之比较思考》，《重庆工学院学报》，2006 (3)。
② 肖丹：《高校双语教学框架建构与实施》，《西南农业大学学报》（社会科学版），2007 (2)。
③ 杨四耕、戴云：《我国双语教学研究新进展》，《上海教育科研》，2005 (8)。
④ 刘洪泉、徐蓉：《分析国内外双语教学的差异 探索本土化双语教学的道路》，《长江大学学报》（社会科学版），2009 (6)。
⑤ 姜瑾：《双语教学面面观》，《天津外国语学院学报》，2003 (2)。
⑥ 黄明：《我国高校双语教学与新加坡教育之比较思考》，《重庆工学院学报》，2006 (3)。

谈判密切相关的专业。

今天，双语教学的对象已经远远超出了高新技术领域和金融法律等专业，甚至在某些高校连古代汉语也开始了双语教学的尝试，无论教学内容的设置是否具有必要性，可以肯定的一点是，双语教学不可能倒退到以提升英文水平为终极目标的辅助课程身份，固守这种辅助课程身份的认识显然是偏颇地理解了双语的形式与内容，将高校双语教学的层次降低到中小学甚至幼儿园范围开展的双语教学层次上。

那么，双语教学的目的究竟是什么？如何平衡愿望与课程设置的目的？

本人认为，"国内的双语教学是以培养具有专业知识同时具备良好的英语能力的复合型人才为目的的，所以国内的双语教学其实就是专业课方面的英语教学"[①] 的理解更积极主动，"通过双语教学，为学生提供一个英语环境，使学生使用第二语言进行学习、思考和接收信息"[②]。像本人承担的《传播学理论经典导读》课程采用双语教学模式，是希望学生通过对原版教材的接触，将自己对于传播学理论的理解建筑在对第一手资料的掌握基础之上。学生在选修这门课程之前已经先修了传播学理论课程，但该门课程使用的教材不仅是中文版，而且仅仅是对理论进行了浓缩提炼，并未完整地呈现该理论提出者的论证过程和语言表述。即使是对经典理论的原著进行的翻译，经历过翻译的程序之后，作者的原意或多或少会损耗或扭曲，甚至会出现翻译完全错误的情况。比如对于李普曼的"Public Opinion"（《公共舆论》）一书中关于"cast stone"（原著第一章第三部分）的理解，译本中将它翻译成"受到责难"，这显然并非李普曼的本义，因为这个词源自圣经故事中耶稣面对一群呼吁要将通奸的女子用石头砸死的法赛利人说的一句话（Let he who is without sin cast the first stone），潜台词是没有人例外，这与"受到责难"的理解大相径庭。还有学生反映说，看英文还懂，看中文反而不懂。所以通过双语课程，让学生接触原版教材，是让学生直接与作者进行对话，在自我思考的基础上获得属于自己的理解。

当然，基于双语教学的手段，在双语学习的过程中的确能产生提高英文水平的实际效果。看的是英文原版教材，必然接触到大量单词和语句，对于

[①] 罗珊珊、李文魁、多树旺：《高校双语教学的分歧、误区及对策》，《高教论坛》，2009（4）。
[②] 孙素芳、樊国福、郑艳菊：《提升双语教学质量的思考》，《教学与管理》，2007（21）。

英文表达和英文理解必然有潜移默化的作用，同时课堂上也要使用一定的英文，无论是听还是说，都会得到大量的锻炼和提高。因此，学生期望通过双语课程来提高英语水平的愿望具有相应的可行性，但同时必须理解的是，双语教学是以提升专业学习为目的，提升英语水平是其附生品，而非目的。如果将提升英语水平作为最终目的，则可能本末倒置，拘泥于单词的查询与记忆，语句的背诵、语法的理解，而忽略了对作者思想的梳理与理解，忽略了对其理论的批判性和衍生性思考。在课堂上本人常常见学生的教材上密密麻麻标注着单词的中文翻译，他们更发愁的是"生词太多"而不是自己怎么看待作者的见解。所以，"专业课程的双语教学可以在一定程度上提高学生英语运用能力，但是基本能力的培养主要还是大学英语课程的任务，这个问题不能有效解决，双语教学的效果就不可能有很大提高"。[①] 就像本人班上一名学生理解的："咱这课又不是英语课，英文只是辅助教学，使课堂有更好的效果。"

二、双语的比例困惑：如何实现 50%

我国高教司在 2002 年的《普通高等学校本科教学工作水平评估指标体系》中明确了双语教学的指标体系："用双语授课课程采用外文教材，并且外语授课课时达到该课程的 50% 以上。"

我国目前所使用的双语模式被归纳为三种，一种是术语引导型，教师以中文讲解为主，课堂上穿插使用英语术语；另一种是交叉渗透型，教师用原版教材，根据教学内容的难易程度，交替使用中英文；还有一种是完全渗透型，教师用英文授课，要求学生用英语完成作业及考试[②]。这三种模式被认为是从汉语为主教学到平均教学到以外语为主教学三种层次。

从理论上来说，教育部规定的 50% 比例的双语教学，该是最贴近"双语"的比例了，但是这个比例在现实操作中其实很难把握，因为很难量化。本人曾在第一次授课时尝试基本采用英文，辅之以一定的中文翻译和解释，但是这种边讲边翻译的做法其实有悖双语教学的初衷，它不仅降低了专业课

[①] 罗珊珊、李文魁、多树旺：《高校双语教学的分歧、误区及对策》，《高教论坛》，2009（4）。
[②] 黄明：《我国高校双语教学与新加坡教育之比较思考》，《重庆工学院学报》，2006（3）。

程的水平,而且拖延了课程进度。用这样的方式来授课,听力不够好的学生会将注意力集中到中文上,等着翻译部分,而不会主动尝试去理解英文内容。而对于听力够好的同学来说,有一半的课堂时间是浪费掉了。但是全部采用英文也不是理想的方式,课后有一名同学发短信来提建议:"能不能适当地多说一些中文,有时一个单词一个句子没反应过来,又接着说下面的内容,然后就错过一个又一个了,其实效率反倒不高,同学们只能大概了解个意思。"这个建议代表了部分同学的想法。本人由此联想到在本人参加的2010年学校英语师资培训的结业考试上,几乎所有参与考核的老师都是采用全英文讲述,大家认为这是合乎要求的双语教学,结果当时的点评老师、外语学院何克勇教授却说,没有一句中文的教学不是双语教学,所谓双语教学,需要综合运用两种语言,来实现掌握知识、培养人才的目的。

哪些内容应该用中文、哪些内容应该用英文的问题其实比比例更关乎双语教学的质量。本人曾请教之前承担过双语教学的几位老师,有老师表示第一节课基本全用英文,第二节课基本用中文。另有老师的做法是但凡眼睛能看到的东西都是英文,包括PPT、课本等,而在讨论部分则使用中文。还有老师表示会在问候等部分使用英文,但进入课堂内容后则以中文解释为主。还有老师认为这个分配没有清楚的界限,中英文可以混杂在一起使用。

这中间涉及几方面因素。第一个因素是课程性质与内容。有老师表示,其教授的课程即使用中文授课,学生理解都会有一定困难,如果再在核心内容和概念上全用英文,学生更无法理解。——有人认为,"对于理论难度较高、母语讲解都困难的课程,应避免采用双语教学模式"[①]。但是如果采用英文原版教材,授课过程必然是要使用双语。这显然是矛盾之处。《传播学理论经典导读》课程幸而不存在这个矛盾。

第二个因素是学生与教师双方的专业知识水平与英文整体水平。双语教学更需要因材施教,因为它是在更高层面上的学习,没有一定的英文听说水平就难以支撑起双语,尤其是专业知识的英文听说能力,更是双语教学的基础。

从学生角度来说,从本人在第一节课进行的小测验来看,学生对传播学基础知识的掌握能够基本达到进一步学习经典原文的基础要求,而在专业知

---

① 罗珊珊、李文魁、多树旺:《高校双语教学的分歧、误区及对策》,《高教论坛》,2009 (4)。

识的英文理解与表述上，他们在英文选择题上得分率较高，证明他们有一定的阅读能力，但是在开放性的英文简答题上，有四分之一的答卷难以用英文进行完整的表达，更不用说诸如"沉默的螺旋"、"议程设置"之类的传播学经典理论术语的英文准确运用。这是本人承担课程遇到的关键性问题。第一节课中，因为整个授课以英文为主，所以学生在回答问题时尝试用英文，但是很难完整表达，所以自然就转向中文回答。于是沿袭下来学生即使听的是英文问题，也更倾向于中文表述。基于英文是手段，理解和思考是目的的考虑，本人并不强制要求学生用英文作答，但在课后反思中，究竟是应该从一开始就培养学生用英文思考的习惯还是走循序渐进的道路，依然是一个难以回答的问题。

从教师的角度来说，能否引导学生用英文思考其实是考察教师专业水平和英文引导水平的要素之一，"从双语教学实践来看，能够进行双语教学、能否通过双语教学的开展达到双语教学的目的，师资是关键。双语教学的最高层次要求教师能做到在课堂上熟练地在双语之间进行切换，准确地表达专业知识。这就要求双语教师不仅专业知识精深，而且有英语驾驭能力，能用英语流利地组织课堂教学，能用英语表述专业知识、解析专业词汇，同时又具备良好的教育、教学组织能力"①。但大多数双语授课老师并没有英语专业学习背景，经过精心的准备后，在既定的内容上用英文表述并不是难事，但是课堂上的即兴发挥和内容延伸却是比较大的挑战。对此本人深有体会，临场发挥常常受到单词和句子组合的阻碍，即使有丰富的思想也苦于无法用既简单明了又精准的英文来表达。

越来越多的高校大力引进有留学背景的专业教师，或者鼓励现有专业教师到英语国家进修，包括我校选派教师出国进修，这是提高双语教学的有效办法。

三、双语教学的主体：教师还是学生

双语教学过程中，学生很可能成为被动的对象。本人在前几次授课时，几乎承担了所有的讲授内容。结果是，学生几乎是脑子一片空白地来上课。

---

① 郭红想、叶敦范：《浅谈影响双语教学质量的几个因素》，《中国地质教育》，2010（2）。

虽然本人提前将要讲的教材内容发给学生，他们也几乎毫无例外地打印了，但是大部分人并不进行预习。即使是进行预习的同学，也只是做了与课堂讲授部分相比极小一部分的预习。虽然本人提前告知将预习过程中的问题发到公邮，但第一次课前没有一个问题。是他们没有问题吗？课下询问得知，他们读不懂句子。他们预习过的部分密密麻麻标注了生单词的注解，但是他们理解了单词的意思却无法流畅地读懂句子的意思，更无法将各部分串联起来理解作者要表达的意图。所以主观上，他们没有在课后下足工夫，客观上，李普曼的'Public Opinion'（《公共舆论》）这本书的确有点难懂，这两方面原因造成了他们来上课时几乎毫无准备，课堂只能是以教师为主，整个教学变成了填鸭式的过程。这样的教学效果可想而知。

在这样的状态持续两周之后，本人做了第一次调整。本人从所要讲授的部分提炼出10个问题，在一上课时就将这10个问题分配给10个小组，给他们10—15分钟时间进行小组讨论，然后各组轮流进行回答。效果显而易见，在讨论过程的巡视中，不断有同学向本人提问，包括求证自己的答案或者阐释自己的理解。无论对与错，这样的表现充分证明他们已经在开始思考。讨论结束后，各组纷纷给出自己的答案，而且大部分都准确理解了问题。这样，本人再有针对性地解答他们思考不全面和有偏差的部分，从而加深他们对问题的理解以及对作者观点的认识。甚至在课后，还有同学前来请教他们不明白的地方。

这个尝试让本人相信，学生不是没有思考的能力，也不是没有思考的欲望，关键是找到引导他们思考的途径。不过这样的方式有其固有的问题，它能促使学生思考，但是学生的思考仅仅围绕自己小组的问题，同时学生是抱着寻找特定问题答案的心理，是在文本中搜寻答案，而不是静下心来阅读。

因此本人继续进行第二次尝试。这次是借鉴了本院教师的做法和建议，将各章节分配给各小组，由他们对相应章节进行课堂陈述，要求通过他们的讲述，使其他在座的同学能够充分理解该部分内容。这样，将课堂的大部分时间都交给学生，从而促使他们在课前进行部分章节的完整阅读和思考，使他们成为课堂上的主人翁。这种做法也是伦敦圣三一学院 Cert TESOL 培训项目的模式之一，该培训项目"反复强调'削减教师讲话时间'。长时间的教师讲话时间会使学生感到厌倦，难以集中精力，降低学习兴趣。另外，教师对课堂的统治地位使学生失去自主学习的能力"①。

当然，在这种模式中，"削减教师讲话时间不意味着简单地减少时间，而是要提高教师的讲话质量。在整个教学活动中双语教师起组织者、指导者、帮助者和促进者的作用，创设互动的教学环境，充分发挥学生的主动性、积极性和创造性"②。所以看起来似乎教师在课堂上付出的努力很少，但实际上教师要在课前进行大量的备课工作，因为这时候的备课不再是简单的教材内容的串讲，而是站在更高层面引领学生深入思考，是对教师提出了更高的要求，即"讲话质量"。实际上这种模式是对教学的两方面主体都提出了更高要求，从而促使这两方面主体共同推进双语教学的进步。

虽然这种模式还在摸索当中，同时也必然存在学生"只见树木，不见森林"（只看所属小组负责的章节而不通读全篇）的问题，但是从客观情况来看，《传播学经典导读》节选的都是著作部分，少则20—30页，多则60—70页，像现在正在进行的李普曼的'Public Opinion'选段就长达68页，要所有学生在通读全篇的基础上进行讲授并不现实，本人曾就这个难易程度请教了本校来自英语国家的外教，他们纷纷表示，即使是他们，要读完和消化专业书籍的60、70页也至少需要一两个星期的时间。因此，在没有更为可行的方法的前提下，能让学生"见到树木"，使他们的学习过程逐渐由被动变主动，由带着耳朵来听课到带着想法来讲课，这就是不小的进步。

---

① 谭会萍、蔡莉、张欣、朱瑞雪：《伦敦圣三一学院 Cert TESOL 项目教学模式对双语教学的启示》，《大连民族学院学报》，2010（4）。
② 周晓红：《市场营销学教学模式的探索和实践》，《中国大学教学》，2007（1）。

教师的职责①

（英）伯特兰·罗素 撰　蓝　旭 译

【译者按】 罗素这篇文章最早发表于 *1941 年 10 月《哈珀杂志》*（Harper's Magazine）。其时"二战"战火方殷，反思教育未能尽责之过，重建自由教育的理想，展望战后教育的发展前景，大致便是作者思考教育问题的基本线索。相关文字，已译成中文的有《论教育》、《论教育之目的》（均见戴玉庆译《罗素自选文集》，商务印书馆，2006 年）等。

兹篇论题更具体而集中，作者指出教师本分不在迎合偏见、为统一思想服务，而在养成青年超然于党派之争而公正探索的习惯，以阻止独断论专行于世，教师亦因此得为保卫文明的屏障。作者以为教育的主事者对养成青年自大独断性格不能辞其咎，为此开出"宽容"一方，则以知识理性和宽广视野为前提，并认为这也是教师迥别于宣传家的关键。篇中辨析教师与宣传家之别，强调教师不应以谎言鼓动学生服务于不义的特权，而当引导学生及早纵览世界，自由选择个人生活目标。这些论断，都针对妄自尊大的民族主义情绪盛行一时的现象。

不必讳言，作为罗素思考背景的民族主义，当今教师一样有阻止的义务。但其意义还不止于此，因为罗素的议论虽然针对特定对象而发，却多以教育传统为依据，所提出的解决方案因而也值得任何不肯自外于文明世界的教育者深思。教师受人之托，教人子弟，虽是公共服务，尽职尽责的前提却是独立不倚。今日从教者即使对此信之不疑，付诸实行仍需胆识气魄。译者初读本文，颇觉七十年前弊端今日有如亲历，七十年前理想如出吾人肺腑，而篇中历述良师风范，痛陈独断之弊，揆之今日，亦足引为借鉴。翻检所及，未见中译，因起意译述，不揣译笔陋劣。

---

① Bertrand Russell. "The Functions of a Teacher," *The Basic Writings of Bertrand Russell*. New York: Routledge, 2009.

100

教学研究

教书育人本来是个小行当，要有大本领，却只跟少数人相干。近百年来，这一行成了公共服务，规模庞大，举足轻重。转变之剧，较其他行业有过之而无不及。教育的传统，从文明之初延续至今，居功至伟，厥德甚荣。如今，身为教师而对前辈理想心向往之，很可能会受到严厉警告，说为人师表的职责所在，不是传授个人心得，而是取雇主以为有用之信念与偏见而灌输于学生。教师向来有饱学深思之誉，大家以为听其言，便能善其事。古时候，教师还没有组织，教什么也自行其是。虽说也常因见解不合时宜而获罪——苏格拉底杀身成仁，柏拉图身陷囹圄，就都是先例——其说仍畅行于世，未尝稍衰。果然有志于教，谁不向慕著书立说以自致于不朽，胜过计较祸福寿夭？履行教师职责，当以思想独立为要务，因为教师的本分，便是尽其所能，以知识理性之涓滴细流，汇为公众意见之巨川。古人从教，大率行此志业，不任羁绊，偶有人君命之，众怒犯之，也不过时松时紧，而且难奏其功。及至中世纪，教育为教会所垄断，遂令思想停滞，社会裹足不前。文艺复兴起，重道之风复炽，教师因而也更为自由。诚然，伽利略以受审而尽弃其说，布鲁诺不免于焚身之难，彼此在未遭惩创时却已各立己说。大学一类机构，既多为独断者操持，鸿篇巨制于是多出独立学人之手。此情此景，英伦为甚，迄于十九世纪晚叶，卓荦之士鲜有与大学发生瓜葛的，只有牛顿是个例外。虽然身无教职，社会制度却因而无从干预其活动，也不能阻止学以致用。

当今之世，组织完备，故亦面临新问题。所谓教育，已是人人有份，主持者通常是国家，教会也时而担当此任。教师则大多一变而为政府雇员，奉命施教而已。主事者对年轻学生既知之甚少，更无直接接触的经验，所尊奉的教育宗旨，除宣传以外别无长物。处此情境，教师何以发挥所长，恪尽职守，殊费思量。

国家办教育自然是必须的，却也多有危险，亟须警惕。其罪行至巨，令人惊愕，已见于纳粹德国，如今又见于俄国。教条专断，思想自由之士自难心悦诚服，然而如不俯首，便无从教资格——罪恶泛滥，一至于此。但还不止于委身教条，更须容忍邪恶，慎言时事。字母表或乘法口诀一类，既无异议，官方教条倒也未必指鹿为马。就算这类内容，在极权国家，教来也只能奉旨不疑，只管养成恐惧、臣服、盲从的习惯便是，不容教师擅用其法，哪怕自谓可以事半功倍。只要所教所学不限于纯粹知识，则凡有争议之处，均须与官方观点一致。结果，纳粹德国和俄国的年轻人，都变得感情狂热，见地偏执，对国外世界一无所知，对自由讨论少见多怪，更不懂得质疑其所持见解乃是无辜的。情形尽管很糟，却还不算最糟，一旦潜移默化的信条举世奉行，则大难至矣——中世纪的天主教便是如此。世界文化本是一体，现代独断论者却不予承认。德国、意大利、俄国、日本所推行的信条个个不同，而教导青年，无不以狂热的民族主义为至关紧要，于是乎，一国之民与他国之民毫无共识，一般文明的概念既付之阙如，好战与残暴便肆行无阻，竟无物可以羁而勒之。

自"一战"以来，文化国际主义日渐式微。1920年，我曾在列宁格勒会见一位数学教授，他对伦敦、巴黎和其他首府都很熟悉，又身兼多个国际大会成员。如今在俄罗斯，学人文士连短途旅行也难得获准，为的是担心他们有所比较，于本国不利。其他国家在学术上的民族主义还不致如此极端，但处处都比从前更有力。英国有个趋势，是取消法国人教法语、德国人教德语的惯例，我相信美国也是如此。任命委职之际，考虑任职者的国籍甚于考虑其能力，是对教育的损害，也违背文化学术为天下公器的理念。这理念本是罗马帝国和天主教会的遗产，如今正湮没于新的一轮蛮族入侵，不是从外向内，倒是自下而上。

在民主国家，这些恶行尚未四处蔓延。领域不同，殃及程度也有浅深之别。但要承认，教育正有同样的情形，面临巨大危险，只有信奉思想自由的人随时警惕，保证教师免受思想和知识的束缚，危险才能解除。首先可能要明确，可以指望教师为社会提供怎样的服务。各国政府都认为，传授确定无疑的知识在教师本职之列，这点我也赞同。因为这确是其他知识的根基，逢此技术昌明之世，自亦相当有用。现代社会须有数量充足的技术人员，才能保障机器设备运转无虞，我们感到生活舒适，端赖于此。再者，如果有一大部分人不能读书写字，那也真是麻烦。所以我们全都支持全民义务教育。不过，掌权者还察觉到世上有些事，大家意见不同，有的合适，有的棘手，因此主张政府不妨靠教育来灌输信念，培养思维习惯，以便统一意见。凡在文明国家，保家卫国一事，责在军人，也在教师，不容畸轻畸重。除非在极权国家，保卫家国也是可欲可求的事业，教育为此效力理所应当，仅凭这点是不该招致批评的。我们所要批评的，只是以蒙昧主义来保卫国家，并诉诸非理性的热情。设若某国值得保卫，这些办法就毫无必要。何况，越是对教书育人缺乏直接了解，越有可能采取这些办法。不少人相信，若要国家强大，便需统一意见，压制自由。此外又有一说强聒不休，说民主只会使国家在战争中吃亏。殊不知自 1700 年以来，每一场重要战争的获胜者，总是较为民主的一方。坚持以偏执义理统一思想的国家，比起自由讨论、容忍异见者，更常招致灭顶之灾。世上独断论者自谓真理在握，却总相信，大家如果获准兼听异议，便要误入歧途。此等见解向来只招致厄运：要么是一批独断家征服世界，禁止任何新思想；要么更糟，是敌对的独断家分疆割据，传播彼此相雠的教义。前者可见于中世纪，后者可见于宗教战争，如今又死灰复燃。前者不过令文明停滞，后者更有彻底摧毁文明之势。为抵制这两种情形，教师应该成为主要的屏障。

条理森严的政党大义，显然是当代社会最大危险之一，如果取民族主义形式，将导致国际战争；如果取其他形式，将导致内战。教师的天职，是超然于政党之争，努力养成青年公正探索的习惯，引导他们择善而从，免得受表面价值所惑而信从一偏之见。教师没有义务迎合偏见，无论这偏见出自乌合之众，还是公卿大夫。这一行的职业道德，是做好公正裁断的准备，引导论争进入冷静科学的调查研究。研究结果假如使某些人感到不快，教师应得到保护，免为仇恨所噬，除非证明他不过在散布谎言，从事虚假的宣传。

但教师的职责，岂止为眼前争论降温熄火。他更有积极任务在肩，这任务他要能自觉担当并为之鼓舞，否则不足为良师。较之社会各阶层，教师更应是文明的守护者。他们应该洞悉文明为何物，并渴望向学生传授文明的态度。既如此，便须回答这一问题：是什么造就了文明社会？

这问题会有很多人从物质的方面来回答，说一个国家，有很多机器，很多汽车，很多浴室，而且旅行便捷，就是文明国家。在我看来，现代人未免把这些东西看得太重了。究其实，文明之要义在心而不在身，文明并不指生活中的物质工具，而是一半关乎知识，一半关乎情感。就知识而言，人须领悟天高地广，亘古无穷，相形之下，自身与当下环境只是须臾一瞬，至为渺小。他要能懂得，本国不只是亲切的家园，也是世上众多国家之一，懂得万国平等，彼此的国民都有生活、思考、感觉的权利。他要能联系过去和将来，来了解自己的时代，懂得当前的争论在后人看来可能不可理喻，一如今人看古人那样。放宽眼界，还应该对地质纪元的幽渺难寻、天文尺度的浩瀚无垠有所会心。但他明白，这倒不是压垮个人精神的负担，而是引人遐想的全景，足以开阔胸襟。至于情感，人若想真正文明，也须有相似的心胸气魄，不为一己之私所藩篱。人生一世，时而幸运，时而不幸；一时慷慨大方，一时贪婪小气；有时刚健英勇，有时又卑躬屈膝。若能视生命之旅为浑然一体，就总会有些东西跃然而出，值得钦佩赞赏。有博爱之人，有大智之士，都帮助我们了解这世界，又有敏锐善感的心灵，开创美的天地。此辈所养正气，浩然凛然，价值远在源远流长的残忍、压迫、迷信之上，其才情所及，已使人类生活焕然改观，使野蛮和残暴不能世世相传。至于不能钦佩欣赏之事，文明人也总愿先去理解，而不是动辄问难；即使邪恶当前，他宁愿寻讨其中与个人无关的原因，连根拔除，而不愿仇视为此裹挟的个人。凡此种种，都是为人师表应有的胸怀，若有此等胸怀，托他照料的青年也会得到熏陶。

真正的良师对学生怀有热情，他择善固执，也渴望薪火相传。其态度与宣传家却大相径庭。宣传家只当学生是预备军人，所服务的目标在个人生活之外。诚然，世间慷慨大义总是超越一己之私的，但宣传家要满足的，只是不义的特权和暴君的权力。宣传家从不希望学生纵览世界，自由选择值得追求的目标。他只渴望像园艺家那样，培植、扭曲，以满足自己的目的。他阻挠自然的成长，摧毁盎然生机，代之以嫉妒、乖戾和残忍。人本无需乎残忍，但我处处看到幼年时期所受的阻挠足以养成残忍的性情，为害之烈，莫甚于扭曲善良天性。

热衷于压抑和迫害，向来都很常见，当今之世只是以充分证实而已，二者却不是人性中无法避免的。相反，我相信这只是某些不幸经历所致。所以教师还有一项职责，是要带领学生眺望远景，了解他们所从事的各项活动不仅有用，而且本身便是赏心乐事，借以释放活力，也免得因为丧失了快乐而养成一种欲望——要剥夺他人的快乐来填补。以幸福为生活目标，许多人不以为然——无论是自己的幸福，还是别人的幸福。大家很可以疑心这类想法只是出自醋意。为公共目标放弃个人幸福，是一回事；以为普遍幸福无关紧要，是迥然有别的另一事，却时常假英雄主义之名而行之。取这一立场的人，总有几分残忍，其根基也许是无意识的嫉妒，而嫉妒的源头通常可见于童年或青年时期。教育者要能培养出成熟的人，使之免于这类心理悲剧，而不致汲汲于剥夺别人的幸福，因为他们自己的幸福也没有被剥夺呢。

今天有许多教师不能尽其所长，这有多方面的原因，其中有些多少带偶然性，有些是根深蒂固的。现在先说前者。多数教师都在超负荷工作，不由自主地训练学生应付考试,而不是培育自由的心智。不懂教育的人——主持教育的当局几乎都在此列——不明白教育需要付出多少心力。牧师何尝奉命每天传教几个钟头,类似的要求,却对教师提出来了。结果,很多教师精疲力竭,紧张不堪,没有机会接触所教学科的最新成果。他们自己就不能汲取新知、获得治学的乐趣,又怎能鼓舞学生?

但这还不是最严重的问题。在多数国家,总有某些意见获准为正确,另一些被指为危险。教师如果有不正确的看法,就该三缄其口,否则便是"宣传",而宣传正确的观点,倒算是教得好。年轻人向来爱刨根问底,结果只好去课堂之外寻找当代最有活力的思想。美国有一门课程,叫"公民",差不多比所有课程都更希望教师误导学生。从这门课上,学生所得,是公共事务怎样运转的完美样板,至于实际上怎样运转,却小心翼翼避免让学生知道。等他们长大成人,了解真相,最常见的后果,是彻底的犬儒主义,丧失一切社会理想。其实只要在他们年幼时,谨慎地教他们明白真相,辅以恰当的评论,本可以期望他们诛伐邪恶,而不是像现在这样,只是耸肩默许。

教育方案制订者的又一罪孽,是以为谎言也有教化价值。有人因为真相"缺少教育意义",就在教学中隐瞒真相,我倒认为,只有痛下决心,决不这么干,才有望成为良师。保护无知以培养美德,是虚弱无力的,只要一碰真相,就会前功尽弃。世上有许多人值得敬佩,教导青年懂得他们的可敬之处,是好的。但要掩盖流氓的恶行,以教导青年敬佩流氓,可就不妙。据说一五一十道明真相,会导致犬儒主义,如果真相突如其来,引起震惊和恐惧,也会如此。照我看,如果真相来得循序渐进,又恰如其分地引导学生了解什么是善和恶,如果这一切出现在科学研究的过程中,并为追求真理的愿望所鼓舞,就不会有这种效果。无论如何,趁年轻人还不会鉴别真伪就对他们撒谎,在道义上是站不住的。

如果我们还想保存民主,就该承认,教师应努力在学生中培养的品格,莫过于宽容。只要还愿意理解那些与我们不同的人,就不能没有宽容。世上尽有风俗习惯与我们迥乎不同的人,对此而恐惧之,厌恶之,大概是人性中自然的冲动。蚂蚁和未开化的野蛮人,都会置生客于死地。从来不曾背包旅行也不曾神游四方的人,最难容忍异邦异代的奇风异俗,也最难容忍其他教派和政党的古怪信仰。不能宽容,起于无知,与文明背道而驰,也是我们这熙熙攘攘的世界所面临的最大危险。教育制度应该设法来矫正它,但迄今为止，在这方面做得太少了。在所有国家，民族主义情绪都受到鼓励，所有国家的学童都获得这样的教导，而且深信不疑——其他国家的人民，无论在道德上，还是智识上，都不如自己的国家。其实，孩子们只不过碰巧生于斯，长于斯而已。集体歇斯底里，是人类所有情感中最疯狂、也最残忍的，却受到鼓励，而不是抑制。年轻人受鼓励去相信他们耳熟能详的；多少有些理由可供信赖的，倒该闭耳塞听。应该对此承担责任的，不是教师，因为他们没有自由，不能按照自己的愿望来教书育人。是他们最能洞悉青年的需求，是他们在日常接触中最在意青年，但决定教什么、怎么教的人，不是他们。学校教育，应该比现在自由得多，应该免于官僚和偏执狂的干扰，获得更多自主的机会，争取更完整的独立。当今世界，没有人会赞同医生在照料病人时听命于外行的权势，除非背离治病救人的宗旨，自当别论。教师是另一种医生，旨在治疗幼稚病，但是休想凭借经验，自己决定什么方法最合于这宗旨。有些历史悠久的大学，凭借隆重声望获得了实质性的自主，然而绝大多数教育机构深受束缚和控制，而那些干扰教育的人，其实不懂教育。我们这世界既已组织完备，要想避免极权主义，唯一的办法，是为履行公共服务的团体争得相当的独立，在这些团体中，教师理应首当其冲。

　　教师只有受内在创造力驱策，自谓独立不倚，摆脱权势羁绊，才能尽其职守，此与哲人、文士、艺术家殊无二致。现代世界却难有个人容身之所。即使贵为极权政府总裁、工商企业富豪，也不过混碗饭吃，保持精神独立却越来越难。组织的力量无所不及，芸芸众生但凡要营生谋食，就不能不受挟持。这世界要是还想受益于高明的心智，就该找到些办法，为他们留下余地和自由——就算身在组织之中。要对掌权者尽量加以限制，要明了有人必须获得相当的自由。文艺复兴时，教皇对艺术家还能这样考虑，当世强人对尊重杰出天才却似乎更觉为难。这时代有种狂躁的气息，对文化的美好成果怀有敌意。一般人满怀恐惧，所以也不愿容忍自由，他们自己就不觉得需要自由。大概我们先要指望这时代稍稍心平气和，才谈得上文明的要求压倒政党大义的要求。同时，重要的是，最少总得有人认识到组织所能做的事是有限的。凡制度总该有些余地，有些例外，不然的话，终会悉数毁灭见识卓异之士。

立雪论坛·研究生优秀论文选

二苏策论比较

张 璐[①]

一

"策论"一词通常被用来指称奏于朝廷、发表政见的文体。但严格地说，古今论家学者并没有为这个概念作一个相对严谨的定义。[②] 相对而言，"策"与"论"的概念古已有之，明人徐师曾在《文体明辨序说》一文中，对"策"做了比较详细的表述：

> 夫策士之制，始于汉文，晁错所对，蔚为举首。自是而后，天子往往临轩策士，而有司亦以策举人，其制迄今用之。又学士大夫，有私自议政而上进者（如宋苏洵《几策》，苏轼《策略》、《策别》、《策断》，苏辙、秦观《进策》之类）。三者均谓之策，而体格不同，故今汇而辨之：一曰制策，天子称制以问而对者是也。二曰试策，有司以策试士而对者是也。三曰进策，著策而上进者是也。[③]

制策始于汉代，已经隐约表现出唐宋制科考试的影子。一道完整的"策"，应该包括两部分，一为"策问"，二为"策答"，也就是"对策"。徐师曾在这里将"策"分为三类，前两类均属科考时临场发挥的创作，而进策是私下写就。前者如欧阳修天圣七年国学试策三道，八年南省试策五道，后者如秦观元丰初年至元祐初年间进策三十道。

[①] 作者为中央民族大学2010级中国古代文学专业硕士研究生。
[②] 明清时期有苏氏策论文选刊行于世。明刻本《苏文忠公策论》只取十七道进策；清光绪年间有益堂刻本《三苏策论文选》分编策与论，但策编中又掺杂试论、进论等文。今人整理的中华书局版《苏轼文集》与《苏辙集》均按文体编目，不见作为整体概念的"策论"一类；曾枣庄《宋文通论》将策论视为策文。可见论家对于"策论"理解不一，或视为策文，或视为策文与论文两种文体的合称。
[③] 【明】徐师曾：《文体明辨序说》，《文体序说三种》，第85页，台湾大安出版社，1998。

而所谓"论",简单地说,就是议论、发论。刘勰在《文心雕龙·论说》中有言:"论也者,弥纶群言,而研精一理者也。" 也就是说,作者须在文章中有明确的立意,在对各家意见、论说贯通、概括的基础上,得出现象背后的道理。因此"论"需以一理统贯文章,所列举的各种事实、言论,都只是论证道理过程中的材料。与"策"相比,论点更为集中。对于"论"的划分,刘勰谓"四品八名",徐师曾将其分为八类,分法不统一。今人褚斌杰先生则按照"论"的内容,归为三大类,也就是政论、史论和学术论文。[①] 这在历代作品中屡见不鲜,更为以"理"著称的有宋一代所重,政论如辛弃疾《美芹十论》,史论如苏辙《历代君主论》,学术论文则如苏洵《六经论》等等。

史料明确记载,宋庆历以后,"策论"成为科举考试的科目之一:

> 三场:先策,次论,次诗赋……言初令不便者甚众,以为诗赋声病易考,而策论汗漫难知。[②]

> 石林叶氏曰:富公以茂材异等登科,后召试馆职,以不习诗赋求免。仁宗特命试以策论,后遂为故事。制科不试诗赋,自富公始。至苏子瞻又去策,止试论三篇。熙宁初罢制科,其事遂废。[③]

> 盖场屋之文,论、策则蹈袭套括,故汗漫难凭;诗、赋则拘以声病对偶,故工拙易见。其有奥学雄文,能以论、策自见者,十无一二,而纷纷鹄袍之士,固有头场号为精工,而论、策一无可采者。[④]

苏轼自己也说:"自文章言之,则策论为有用,诗赋为无益;自政事言之,则诗赋、论策均为无用。"[⑤] 可见,"策论"这个概念同科考密切相关,且包括策文与论文两种文体。具体而言,又包含临场所制的试策与试论,以及考试规定上交的进策与进论。

---

① 褚斌杰:《中国古代文体概论》,第336页,北京大学出版社,1990。
② 【元】脱脱:《宋史》,第3613页,中华书局,1985。
③ 【元】马端临:《文献通考》,第314页,中华书局,2006。
④ 【元】马端临:《文献通考》,第290页,中华书局,2006。
⑤ 【元】脱脱:《宋史》,第3617页,中华书局,2006。

这样，我们就可以为二苏的策论划出一个比较清晰的范围：苏轼有制策两道，分别为嘉祐二年三月试礼部进士时的对策，即《文集》卷九《拟进士对御试策》，以及嘉祐六年八月秘阁试时所答策问，即《文集》卷九《御试制科策一道》。而苏辙《栾城应召集》只收录了秘阁试时的对策，即卷十二《御试制策》，不知何故不见前一道。二苏的试策当为御试以下历次考试时所作策论，如苏轼于嘉祐二年应省试作杂策五道（见于《文集》卷七杂策），而苏辙试策不见于栾城各集。二苏进策正如徐师曾所举，于嘉祐六年御试时，苏轼进《策略》、《策别》、《策断》二十五道，苏辙进《君术》、《臣事》、《民政》二十五道。苏轼试论有应开封府解时的《儒者可与守成论》、《物不可以苟安论》，应省试所作《刑赏忠厚之至论》，试礼部进士时的《重巽以申命论》，程试秘阁论六首，以及治平二年第二次参加制科考试的《孔子从先进论》和《春秋定天下之邪正论》。进论为御试与进策一同提交的二十五首历史人物论。苏辙八首试论与二十五首进论均见于《栾城应召集》，除一首与苏轼同题的省试论以及六首程试秘阁论之外，还有一首《史官助赏罚论》。

二

北宋科举考试中的策论，虽也是应试文章，却不同于后世逐渐固定模式的八股文，仍然能够表现出应试者的个性。尤其在二苏手中，策论在一定程度上是表达政治思想、史学思想以及经学思想的载体，也是研究二苏散文不可忽视的一部分。通过对苏轼、苏辙策论的比较，可以发现二者在立论与论证上的不同特点。

策论作为议论文的一种形式，立论自然是重中之重。选取何种角度立论，体现着作者对于问题的把握及学识的积淀。从二苏策论来看，或多或少都有一些为立论而发新理的情况，这既体现在对待同一问题而态度不一，又体现在提出与己意完全相悖的论点，还有的发出一些不合于时的言论，不以儒家观念入论等等。相较于苏辙应试的谨慎态度，苏轼策论中更多"理不正"的新论。

苏轼所上二十五篇进论中，有《留侯论》、《贾谊论》两篇，皆立论新奇。《留侯论》从张良得圯上老人授书这一事件展开论述，认为子房过人之节在于能忍，并最终以此使刘邦称霸天下。《史记·留侯世家》载，张良成为刘邦谋士之前，曾从一老父手中得《太公兵法》。这本是一个类似于传说的故事，就连司马迁在该篇史赞中也写道："学者多言无鬼神，然言有物。至如留侯所见老父予书，亦可怪矣。"① 而苏轼之论不仅从一个没来由的传说入手，还将张良乃至刘邦的成功归结为"能忍"——"观夫高祖之所以胜，而项籍之所以败者，在能忍与不能忍之间而已"，实在有些牵强。难怪清人张伯行在点评此文时说："其大旨则本于老子柔胜刚、弱胜强意思，非圣贤正经道理。但古来英雄才略之士，多用此术以制人。学者若喜此等议论，其渐有流于顽钝无耻而不自知者。"② 与之相较，《贾谊论》所提出的观点更令人讶异。苏轼承认贾谊有王佐之才，却认为他"不能自用其才"。对于其不遇，苏轼给予了新的解释："若贾生者，非汉文之不用生，生之不能用汉文也。"原因在于，贾谊没有像孔孟一样表现出对君王的不舍不弃。简言之，苏轼是从另一个角度关照君臣关系，"不忍弃君"实际上是不放弃一丝一毫对君主的希望，将臣下完全视为君主的附属品，忽视了作为臣的人格独立性。而传统观点正如李商隐《贾谊》诗中表现的，是贾生怀才不遇："宣室求贤访逐臣，贾生才调更无伦。可怜夜半虚前席，不问苍生问鬼神。"可见苏轼之论实在为君王的不治朝政、不得贤才找了个借口，就立论来说，十分新奇。

此外，二苏策论中都存在一些与本意相左的观点，这突显在不同策论中对待同一问题时表现出的矛盾。嘉祐六年的六首秘阁试论是命题作文，给出一个特定题目，应试者需以此立论。但秘阁试又是决定应试者能否参加殿试的关键，就绝非命题作文那样简单。《宋会要辑稿》载："阁试一场，论六首，每篇限五百字以上成，差楷书祗应。题目于九经、十七史、七书、《国语》、《荀子》、《扬子》、《管子》、《文仲子》正文及注疏内出。内一篇暗数，一篇明数。"③ 所谓"暗数"，指题目不直引书中原文，而是颠倒先后、篡改首尾，只合其意；"明数"谓直引书中之句，或变换其中一二字者。应试者需要在论述中指出论题出处，并须引用上下文进行论述。可见秘阁试论不仅范围相当广泛，要求也相当严格。苏轼与苏辙试论中，有一篇《王者不治夷狄论》，出自《春秋公羊传·隐公二年》何休注。对于该篇中"公会戎盟于潜"一句，何休是这样解释的："凡书会者，恶其虚内务，恃外好也。古者诸侯非朝时不

---

① 【汉】司马迁：《史记》，第364页，中华书局，2009。
② 【清】张伯行：《唐宋八大家文钞》，第91页，中华书局，2010。
③ 【清】徐松辑：《宋会要辑稿》，第4436页，中华书局，2006。

得逾竟。所传闻之世,外离会不书,书内离会者,《春秋》王鲁,明当先自详正,躬自厚而薄责於人,故略外也。王者不治夷狄,录戎者,来者勿拒,去者勿追。"① 何注解释此句书"会戎",是因为"会"字包含了王者严己宽人的心态,并指出这是王者对外族采取来者不拒、去者不追的原因。二苏六篇试论,只有这一篇观点相差甚远。苏轼在开篇就指出"夷狄不可以中国之治治也",认为对夷狄不能采取同中原一样的治理政策,肯定何休之注,极赞《春秋》治书至严至详。苏辙则与苏轼意见完全相左,这首先就体现在对待《公羊传》的态度上。苏辙谓:"《公羊》之书,好为异说而无统,多作新意以变惑天下之耳目。"对这部春秋传著本身就不以为然,而何休之注更是强为注说,并不可信。由此,苏辙提出"王者岂有不治夷狄者乎"的反问。苏辙的这篇论文一方面是他疑经态度的体现,另一方面,是从实际出发,具有现实意义的。基于宋朝内忧外患的政治形势,苏辙在这里指出"王者不治夷狄,是欲苟安于无事者之说",显然具有针砭时弊的意味。这一篇同那道御试制科策一样,"极言得失"。与之相较,苏轼虽未对何注提出质疑,却在论述上有些勉强。概言之,他的这篇试论是在解释何休之注,并提出对待夷狄应以不治为深治的观点。如果说论文中易出现为论而论的情况,那么策文多就时弊而发,反而更能表达应试者的真实意图。比如苏轼在这篇试论中表现出的对外族政策的理解,就不见于进策,后者更多表现为积极的政治态度。如《策略一》就提到了圣人治天下有术,对待"四夷交侵,边鄙不宁"的状况,采取的是"攘而已也"的策略。三道《策别·训兵旅》以及三道《策断》都涉及了军制改革的相关内容,其中就包括对外作战的方面,提出:"蛮夷者以力攻,以力守,以力战,顾力不能则逃。中国则不然。其守以形,其攻以势,其战以气,故百战而力有余。"这显然不是"不治夷狄"的心态。

不仅苏轼,苏辙策论中也有与本意完全相逆的观点,最突出的就是他在《民政策三》中提出的"去佛老"主张:

> 臣愚以为,严赏罚,敕官吏,明好恶,慎取予,不赦有罪,使佛老之福不得苟且而惑其生;因天下之爵秩,建宗庙,严祭祀,立尸祝,有以塞人子之意,使佛老之报不得乘隙而制其死……故臣欲夺之而有以予之,正之而有以柔之,使天下无憾于见夺,而日安其

---

① 【清】阮元校刻:《十三经注疏·春秋公羊传注疏》,第4781页,中华书局,2009。

新。此圣人所以变天下之术欤！

观此文，苏辙去佛老之心不可谓不固，语气坚决，语势颇有力量。若只读该文，而不知苏辙生平背景，简直要以为他是个纯粹的儒家卫道士。但事实上，苏辙好佛老有目共睹，且不论晚年专事佛老，就是青年时，也颇重释道之说。如秘阁试六论之一的《既醉备五福论》，同样都是以《大雅·既醉》郑玄笺为主题，苏轼与苏辙立论的重点却不尽相同。苏轼更强调如何达到五福，认为《既醉》表达了统治者与民同乐的思想。苏辙虽然也有此意，却更关注如何平衡酒之得失。饮酒无过，则五福既至，饮酒无度，则百祸所由生。苏辙还举出种种酒害："今夫养生之人，深自覆护拥闭，无战斗危亡之患，然而常至于不寿者何耶？是酒夺之也。力田之人，仓廪富矣，俄而至于饥寒者何耶？是酒困之也。服食之人，乳药饵石，无风雨暴露之苦，而常至于不宁者何耶？是酒病之也。修身之人，带钩蹈矩，不敢妄行，而常至于失德者何耶？是酒乱之也。四者既备，则虽欲考终天命，而其道无由也。"值得注意的是，这当中提到的养生与服食，都属于道家、道教范畴，也从另一个角度反映出苏辙的兴趣趋向。可见前文力主"去佛老"是"但取议论好而心未必然"[①]，实属应试之论。

二苏策论在立论上的另一个特点，就是大苏文很少在开篇明确点题，每每给人一种顾左右而言他的感觉，而苏辙多在开篇立论、点明题旨，显得更为中规中矩。

二苏同有《刘恺丁鸿孰贤论》，观点一致，都以为丁鸿贤于刘恺，而苏轼开篇并不涉及此事：

> 君子之为善，非特以适己自便而已。其取于人也，必度其人之可以与我也。其予人也，必度其人之可以受于我也。我可以取之，而其人不可以与我，君子不取。我可以予之，而其人不可受，君子不予。既为己虑之，又为人谋之，取之必可予，予之必可受。若己为君子，而使人为小人，是亦去小人无几耳。

丁鸿、刘恺事迹见《后汉书》本传，二人都以让爵之事闻名。苏轼在这篇策论中指出，二人的让位行为事实上都不符合儒家中道，但由于丁鸿让位

---

① 【清】张伯行：《唐宋八大家文钞》，第121页，中华书局，2010。

与弟是"主于忠爱",且最后终于醒悟,还家就封,是"从义"的表现。而刘恺让位是为自己获得声誉,得到皇帝的欣赏,虽然时人也敬仰他的风尚品行,却被苏轼讥为"反道矫情,以盗一时之名"。同样是让爵,因心态、目的相异而分出伯仲。这篇策论的开篇,苏轼没有写到丁鸿、刘恺,也没有提及让位之事,反而从一个更高的角度对此事作出擎纲挈领的判断。他认为君子为善并非适己自便就好,而是应该考虑到"取"和"予"这种关系给当事人双方造成的影响。如果给予的行为置他人于不义的境地,那么施事者也不可称为君子。这段话实则解释丁、刘让位为何不合于义,但是将具体行为上升为抽象道理。

相较而言,苏辙于策论开篇点题更符合科考策论的格式:

> 天下之让三:有不若之让,有相捄之让,有无故之让。让者,天下之大功大善也。然而至于无故之让,则圣人深疾而排之,以为此奸人之所以盗名于暗世者也。

开篇即紧扣"让位"的主题,指出"无故之让"实属欺世盗名,也就为全文立下一个清楚明白的论点。苏辙于开篇立论,节奏徐缓、不紧不慢,却句句掷地有声。如《形势不如德论》,将夏商周三代以德盛而长久安存,与秦虽具形势之固而二世亡比较,指出司马迁在《吴起列传》中所言权势法制、地形险阻实不足恃,"犹不如德也"。仅一百余字,提出中心论点,显得有理有据,不容置疑。

三

论证是议论文的主体部分。一篇文章能否说服读者,依靠的是作者逻辑严密、思路清晰的论证。二苏策论在议论说理上各有千秋,如苏轼有时看似强有力的论证,却经不起推敲,这当然同立论也不无关系。相比之下,苏辙的论证显得四平八稳,比较扎实。在引证方面,苏轼比较灵活,常有信手拈来之笔,而苏辙尤好引经据典,就理论理。

苏轼进论首篇《秦始皇帝论》,论证了始皇以诈得天下,不仅使民众丧失了生民之初以来的淳朴善性,也开启了后代以诈为智的狡猾恶性。且不论这篇文章立论如何,单就论证来说,就显得比较单薄。苏轼将设想的先民同秦一统天下以来的百姓进行了对比，认为先民虽没有法治的观念，但在人情之上自然生成的"礼"使民"自尊而不轻为奸"。始皇以诈力吞并六国，以智术统一天下，旋即破坏了这种礼。并且上行下效，为民树立起权诈之术的榜样。其结果就是"礼"不再是生活中的必需品，而变成了同"生"分离的可有可无的东西。就秦皇一统天下来说，这当中有各种各样的历史因素，并非纯以诈力、智巧能够达到。苏轼选取这样一个比较极端的角度关注历史人物，本身就有失公允。接下来，为突出秦皇以诈坏天下的严重后果，而以想象之辞勾勒出先民生之以礼的淳朴人性和和谐生活，几乎同老子小国寡民的理想蓝图别无二致，缺乏根据。再者，文章最后甚至批判了秦皇同文之举，谓"凡所以便利天下者，是开诈伪之端也"，明显包含反文明的意味。这同苏轼另外一些策论文章存在的问题是一致的，虽具有力不可挡的气势，论证上却存在漏洞。正如这篇文章中将"诈伪"、失"礼"归结于"便利"、"智巧"，将"便利"、"智巧"归结于秦统天下，将秦统天下又归结于始皇之奸诈，显然夸大了历史人物在历史事件当中的作用。这样的论证没有更多论据的支撑，就显得比较勉强，结论也不易使人信服。

此次制科所进史论，苏轼偏重人物论，苏辙偏重朝代论。不过历史人物离不开历史背景，二者也有重合的地方。就如上文中所举苏轼的《秦始皇帝论》，苏辙也有一篇《秦论》：

> 秦人居诸侯之地，而有万乘之志，侵辱六国，斩伐天下，不数十年之间，而得志于海内。至其后世，再传而遂亡。刘季起于匹夫，斩艾豪杰，蹙秦诛楚，以有天下。而其子孙，数十世而不绝……然刘、项奋臂于闾阎之中，率天下蜂起之兵西向以攻秦，无一成之聚，一夫之众，驱罢弊适戍之人，以求所非望，得之则生，失之则死。以匹夫而图天下，其势不得不疾战以趋利，是以冒万死求一生而不顾。今秦拥千里之地，而乘累世之业，虽闭关而守之，畜威养兵，拊循士民，而诸侯谁敢谋秦？观天下之衅，而后出兵以乘其弊，天下夫谁敢抗……夫刘、项之势，天下皆非吾有，起于草莽之中，因乱而争之，故虽驰天下之人，以争一旦之命，而民犹有待于戡定，以息肩于此。故以疾战定天下，天下既安，而下无背叛之志。若夫六国之际，诸侯各有分地，而秦乃欲以力征，强服四海，不爱先王之遗黎，第为子孙之谋，而竭其力以争邻国之利，六国虽灭，而秦

民之心已散矣。故秦之所以谋天下者，匹夫特起之势，而非所以承祖宗之业以求其不失者也。

论文指出，秦汉夺取天下的方式虽然相同，却因为自身不同的条件背景、目的心态，最终导致了秦至二世亡，而汉得以传数十世的不同结局。苏辙也运用了对比论证的手法，认为刘项起于草莽，非生则死，所以是"冒万死求一生而不顾"，竭尽全力争取生的机会；而秦皇在取天下之前并没有面临这样的形势，即使不去一统天下，也拥有累世之业得以保全自身，这是秦汉起兵前各自的局势。接下来，刘项起于乱世，即使驱使百姓去冒生命危险，百姓也期待天下易主后能够换来安居乐业；而秦与六国都有各自属地，秦灭六国统天下只是为子孙谋利，所以易失民心。苏辙从多角度关注事件，也就论证得更为全面，并且他注意从客观事实出发进行推论，即使不那么详尽，也显得非常扎实。

在引证方面，苏轼时有游离之笔，最为人知的一个例子就是省试《刑赏忠厚之至论》中所言："当尧之时，皋陶为士，将杀人，皋陶曰'杀之三'，尧曰'宥之三'，故天下畏皋陶执法之坚，而乐尧用刑之宽。"主考欧阳修饱读诗书，对此典也不明所以，苏轼却说出自《三国志·孔融传》注，取"今以度之，想当然耳"，意谓皋陶与尧的对话纯属臆想。再如《贾谊论》当中甚至有代其规划打算之意，"为贾生者，上得其君，下得其大臣，如绛、灌之属，优游浸渍而深交之，使天子不疑，大臣不忌，然后举天下而唯吾之所欲为，不过十年，可以得志"。用这些"想当然耳"的论据辅助论证，使得意脉顺畅、行文流畅，确乎符合苏轼浪漫自由的天性，而终不免落得随意散漫的口实。

苏辙将一个学者的严谨带进了策论，这在引证上就表现为多引经据典，说理有据。如其《既醉备五福论》，认为《既醉》篇虽以醉酒场景表现欢乐之情，但却是建立在有所节制基础上的欢乐。苏辙在论述这一观点的时候，并没有局限在《既醉》这首诗及对君民同乐的解读上，而是征引了《大雅·抑》与《书·酒诰》，以证酒失。仅就二苏六首制科论来看，苏辙在论述中就引用了《后汉书》、《孟子》、《易传》、《礼记》等书目，这种论证增强了文章的说服力，相对而言，是苏轼策论中少有的。

此外，二苏策论在行文风格上稍有不同，突出体现在苏轼于开篇就表现出的大开大合的气势，这是小苏文不具备的。苏轼兄弟于嘉祐六年御试尝作对策一道。在逐条对答之前，苏轼写道：

> 臣闻天下无事，则公卿之言轻于鸿毛；天下有事，则匹夫之言重于泰山。非智有所不能，而明有所不察，缓急之势异也。方其无事也，虽齐桓之深信其臣，管仲之深得其君，以握手丁宁之间，将死深悲之言，而不能去其区区之三竖。及其有事且急也，虽唐代宗之庸，程元振之用事，柳伉之贱且疏，而一言以入之，不终朝而去其腹心之疾。夫言之于无事之世者，足以有所改为，而常患于不信。言之于有事之世者，易以见信，而常患于不及改为。此忠臣志士之所以深悲，天下之所以乱亡相寻，而世主之所以不悟也。今陛下处积安之时，乘不拔之势，拱手垂裳，而天下向风；动容变色，而海内震恐。虽有一事之失常，一物之不获，固未足以忧陛下也。所谓亲策贤良之士者，以应故事而已。岂以臣言为真足以有感于陛下耶？虽然，君以中求之，臣以实应之。陛下为是名也，臣敢不为是实也。

这段话无非要交代这道御策是皇帝为听箴言而制，而臣下感动于圣上的器重，也不敢不以实相告，却洋洋洒洒写了三百余字。从天下安定与进言的关系到历史上君臣之间的信任，到当下虽处居安之世，圣上却有思危之心，最后才表明忠心。相比之下，小苏显得尤为谨小慎微：

> 臣不佞，陛下过听，策臣于庭，使得竭愚衷以奉大对。臣性狂愚，不识忌讳，伏读陛下制策，凡所以问臣之事数十条者，臣已详闻之矣。然臣内省愚诚，欲先以问，而后答陛下以所问。伏惟陛下承先帝之业，即位以来三十余年，四方义安。陛下守此太平之成基，平日无事，端居静虑，亦尝有忧于此乎，无忧于此乎？

不过几句话中，"臣不佞"、"竭愚衷"、"性狂愚，不识忌讳"、"内省愚诚"，这种谦逊之辞比比皆是，甚至于试论中那种雍容的气度都不见了。可见，苏辙在论证上虽缺乏苏轼那种强势，却更为谨慎，说服力也就更强。

118

四

　　苏辙曾言："辙幼从子瞻读书，未尝一日相舍。"① 故而从天庆观师从张易简、受教于母、以父为师，到两次进京，名震京师，苏轼与苏辙从未分离。苏轼尝谓"我年二十无朋俦，当时四海一子由"②，就充分说明了兄弟二人的亲密友爱。因此，在参加科考之前，二苏有着相同的环境、经历。因此性格迥异可谓导致策论风格不同的主因。

　　苏辙在一首诗中曾回忆：

> 昔余少年，从子瞻游，有山可登，有水可浮，子瞻未始不褰裳先之。有不得至，为之怅然移日，至其翩然独往，逍遥泉石之上，撷林卉，拾涧实，酌水而饮之，见者以为仙也。③

　　短短几十字，将苏轼浪漫率真、活泼好动的性格表露无遗。被后世称作"坡仙"的苏轼于少年时就表现出一种超越世俗之气。苏轼的确是个热爱自然、热爱生活的人，对万事万物都有如赤子般的好奇心。相对而言，苏辙沉静疏淡，对事物多不在意、不留意。比如对待书画，苏轼的表现是"家之所有，惟恐其失之，人之所有，惟恐其不吾予也"④，有一种强烈的占有欲。而据苏轼记载，"子由之达，盖自幼而然。方先君与吾笃好书画，每有所获，真以为乐。唯子由观之，默然不甚经意"⑤。时苏轼十五岁左右，而苏辙仅十一二岁。子由本性淡泊，合于老庄，这也就是苏辙比苏轼体道更深的原因。

　　有意思的是，二苏虽然都好道，但苏轼更喜《庄子》，苏辙更喜《老子》。论者常言大苏文具有庄子散文汪洋恣肆、浪漫奇特的特点，这实在与苏轼个性密切相关。他读《庄子》，"喟然叹息曰：'吾昔有见于中，口未能言，

---

① 【宋】苏辙著，陈宏天、高秀芳点校：《逍遥堂会宿二首》引，《苏辙集·栾城集》，第128页，中华书局，2004。
② 【宋】苏轼著，【清】王文诰辑注，孔凡礼点校：《送晁美叔发运右司年兄赴阙》，《苏轼诗集》，第1895页，中华书局，1999。
③ 【宋】苏辙著，陈宏天、高秀芳点校：《武昌九曲亭记》，《苏辙集·栾城集》，第406页，中华书局，2004。
④ 【宋】苏轼著，孔凡礼点校：《宝绘堂记》，《苏轼文集》，第356页，中华书局，2008。
⑤ 【宋】苏轼著，孔凡礼点校：《子由幼达》，《苏轼文集》，第2296页，中华书局，2008。

今见《庄子》,得吾心矣。'"① 可见这不仅仅是简单的喜欢,更有心灵上的契合。而苏辙用半生诠释《老子》,著有《道德真经注》,表达佛老同源的思想。

正如《宋史》本传对二苏的评价,大苏高明亢爽,小苏沉静简洁。苏洵在为二人取字时,就已经清楚看出二苏截然不同的个性:

> 轮、辐、盖、轸,皆有职乎车,而轼独若无所为者。虽然,去轼,则吾未见其为完车也。轼乎,吾惧汝之不外饰也。

> 天下之车莫不由辙,而言车之功者,辙不与焉。虽然,车仆马毙,而患亦不及辙,是辙者,善处乎祸福之间也。辙乎,吾知免矣。②

苏洵担心苏轼不会掩饰自己,过分显露以至于祸,而对善处祸福的苏辙比较放心,谓其能免于祸。传苏洵父子三人到京师谒见张方平时,张氏尝以制科文字试二苏,并谓苏洵:"皆天才。长者明敏尤可爱,然少者谨重,成就或过之。"③ 如此,可谓知子莫若父。

苏轼在为范仲淹文集作序时曾提到:"庆历三年,轼始总角入乡校,士有自京师来者,以鲁人石守道所作《庆历圣德诗》示乡先生。轼从旁窃观,则能诵习其词,问先生以所颂十一人者何人也?"④ 苏辙为其兄所作《墓志铭》中,记载苏轼幼年受教于母,当读到《范滂传》时,谓程夫人曰:"轼若为滂,夫人亦许之否乎?"程夫人当即表示:"汝能为滂,吾顾不能为滂母耶?"于是"公亦奋厉,有当世志"⑤。这两段史料通常被作为苏轼自幼钦慕人杰、有当世志来解读,现在则不妨换一个角度。年幼的苏轼在看到称誉当世英杰的诗文时,迫切地想要知道他们的具体事迹,于是向先生请教。这一方面反映出孩童具有慕贤意识,另一方面则也表现出苏轼在情绪上比较容易激动。正如第二段材料所述,程夫人为范滂义举所动,这也同样感染了苏轼,于是

---

① 【宋】苏辙著,陈宏天、高秀芳点校:《亡兄子瞻端明墓志铭》,《苏辙集·栾城后集》,第1126页,中华书局,2004。
② 【宋】苏洵著,曾枣庄、金成礼笺注:《嘉祐集笺注》,第414页,上海古籍出版社,2001。
③ 【明】陶宗仪纂:《说郛·瑞桂堂暇录》,第4A页,中国书店,1986。
④ 【宋】苏轼著,孔凡礼点校:《范文正公文集序》,《苏轼文集》,第311页,中华书局,2008。
⑤ 【宋】苏辙著,陈宏天、高秀芳点校:《亡兄子瞻端明墓志铭》,《苏辙集·栾城后集》,第1119页,中华书局,2004。

产生同为义举的想法。从心理学的角度分析，苏轼易产生情绪上的波动，是一个非常感性的人。而这一点也毫无疑问体现在了他的策论中。

正如曾枣庄先生在略述二苏应试文章时曾说："苏轼的性格豪放不拘，在应进士试的文章中敢公然杜撰典故，虽是政论，却能做到以情动人；苏辙当然不敢开这种玩笑，他的应试文章观点平稳，结构严谨，语言明晰，处处以理服人。"①"以情动人"、"以理服人"，本身就表明了在性格上大苏浪漫率真与小苏沉静踏实的差异。

此外，导致二苏策论不同风格还有另一个重要因素，就是策论的应试性质。策论虽是表达政见、议论的载体，但从本质上说，仍为朝廷选取人才设定的统一规模的考试，决定着应试者能否上榜、进阶。因此创作策论也就不可避免的同应试技巧相关。苏轼曾言："轼少年时，读书作文，专为应举而已。既及进士第，贪得不已，又举制策，其实何所有。而其科号为直言极谏，故每纷然诵说古今，考论是非，以应其名耳。"② 对迎合考试的心理直言不讳，这与他在《南行前集序》中提到的"未敢有作文之心"显然不同。二苏嘉祐二年三月即将参加御试时，曾担心黜落，老苏则教之以万全的应试之法，"我能使汝皆得之，一和题一骂题可也"③。所谓"和题"，就是所立之论顺应题中之意，论证过程支持、佐证题目；"破题"正与之相反，立论以反驳题义，二苏同题试论《王者不治夷狄》就是一个典型的例子，苏轼"和题"，苏辙"骂题"。

值得一提的是，在二苏之前，应试者所制策论常为纯粹的临场发挥，不作草稿，所呈之文也就多不工整。《师友谈记》载："东坡自蜀应进士举，到省时，郇公以翰林学士知举，得其论与策二卷稿本。论即《刑赏忠厚之至》也。凡三次起草，虽稿亦结涂注，其慎如此。"④ 苏辙为其兄所作《墓志铭》中也提到："秘阁试六论，旧不起草，以故文多不工，公始具草，文义粲然，时以为难。"⑤ 可见苏轼文风不羁的背后，是极为认真的应试心态，而那些所发新论也就不是"头脑一热"，实则"故意为之"。

---

① 曾枣庄：《宋文通论》，第 590 页，上海人民出版社，2008。
② 【宋】苏轼著，孔凡礼点校：《答李端叔书》，《苏轼文集》，第 1432 页，中华书局，2008。
③ 【宋】蔡绦撰，冯惠民、沈锡麟点校：《铁围山丛谈》，第 29 页，中华书局，2006。
④ 【宋】李廌撰，孔凡礼点校：《师友谈记》，第 24 页，中华书局，2002。
⑤ 【宋】苏辙著，陈宏天、高秀芳点校：《亡兄子瞻端明墓志铭》，《苏辙集·栾城后集》，第 1118 页，中华书局，2004。

鲁迅的古代小说研究方法刍议

——以《中国小说史略》为中心

薛 蕾[①]

运用符合中国古代文学发展态势及中国传统审美思维特点的研究方法，是决定中国古代文学研究科学性的关键因素之一。鲁迅在对中国古代小说进行研究的过程中，将中国传统的治学方法与西方文学研究方法相融合，从而确立了契合中国古代小说审美特点及小说史发展状貌的科学的研究方法。《中国小说史略》（以下简称《史略》）集中体现了鲁迅的治学精神与研究方法，奠定了中国小说史写作的基本格局，为古代小说史的研究提供了新的学术思路。当时的诸多学者深受"以西例律我国小说"理念的影响，过于倚重西方的文学研究方法。在这种学术氛围中，鲁迅的治学方法显得尤为可贵。在学界对其进行宏观研究的基础上，本文拟将视野聚焦于对《史略》的文本分析，探讨鲁迅进行小说史研究的治学理念。在研究方法日益多元化的当今文学研究领域，发掘学术经典中采用的研究方法，对于中国古代小说研究具有重要启示。

一、以社会历史批评发掘小说的社会历史底蕴

"批评是一般文化史的组成部分，因此，离不开一定的历史和社会环境"[②]，社会历史批评基于此种理念：文学与社会之间的关系至为重要，研究这些关系可以形成和加深对文艺作品的美感反映。艺术不单纯是个人的成果，而且是在特定时间空间里，作家作为一个重要成员对社会产生的反响。这正与中国传统文学观念中浓厚的史学情结与强烈的社会意识相契合。刘勰在《文心雕龙》中即以"文变染乎世情，兴废系乎时序"[③]来概括文学与时代背

[①] 作者为中央民族大学 2011 级中国古代文学专业博士研究生。
[②] 【美】韦勒克：《近代文学批评史》卷一，第 10 页，上海译文出版社，1987。
[③] 【梁】刘勰著，范文澜注：《文心雕龙注》卷九，第 675 页，人民文学出版社，1958。

景的密切关系。中国古代小说发展的历程也深深镌刻着历史的烙印。这也正是鲁迅自觉地将社会历史批评运用于古代小说史研究的原因所在。《史略》的理论建构以小说发展的历史时期为背景，以小说类型为中心，贯穿着以小说类型概括一个时期小说发展的基本格局和艺术风貌的史学意识。在分析作家作品、考察小说的艺术本质时，鲁迅格外重视每一时期的政治环境、社会风尚以及文人心态等社会文化因素，着力于穿透纷繁复杂的文化现象透视时代的精神。因而使小说史不仅成为对每一时期小说艺术的总结，也是对小说创作所代表的文化精神的揭示。鲁迅曾多次提到文学研究中对作品、作者的社会历史背景进行考察的重要性："我总以为倘要论文，最好是顾及全篇，并且顾及作者的全人，以及他所处的社会状态，这才较为确凿"[1]；"我们想研究某一时代的文学，至少要知道作者的环境、经历和著作"[2]。

首先，鲁迅注重阐释小说的题材类型与社会思潮之间的联系。《史略》中指出明代之所以出现神魔仙怪小说大盛的文学现象，其重要原因之一在于当时独特的社会文化观念："奉道流羽客之隆重，极于宋宣和时，元虽归佛，亦甚崇道，其幻惑故遍行于人间，明初稍衰，比中叶而复极显赫"，于是"妖妄之说自盛，而影响且及于文章"[3]。同时，鲁迅还揭示出社会思想于承袭中的变化："历来三教之争，都无解决，互相容受，乃曰'同源'，所谓义利邪正善恶是非真妄诸端，皆混而又析之，统于二元，虽无专名，谓之神魔，盖可赅括矣。"明代文化思想的显著特点之一即为儒释道融合，诸多文化思想已不分畛域，神鬼观念更是互相渗透，加之通俗小说的兴起使小说的艺术表现更加丰富，因而鲁迅将明代以神魔仙怪为题材的通俗小说命名为"神魔小说"。此认识也成为对小说题材的重要论断，影响一直延及当代对此类小说的研究。另外，鲁迅还从社会政治局势的角度分析清末谴责小说出现的原因，指出因嘉庆以来"屡挫于外敌"，"有识者则已翻然思改革"，而戊戌变法不成，"群乃知政府不足与图治，顿有掊击之意矣"。这种社会形势影响于小说，"则揭发伏藏，显其弊恶，而于时政，严加纠弹，或更扩充，并及风俗"，因而"谴

---

[1] 鲁迅：《且介亭杂文二集·"题未定"草》，《鲁迅全集》卷六，第444页，人民文学出版社，2005。

[2] 鲁迅：《而已集·魏晋风度及文章与药及酒之关系》，《鲁迅全集》卷三，第501页，人民文学出版社，2005。

[3] 鲁迅：《中国小说史略》，《鲁迅全集》卷九，人民文学出版社，2005。本文所引《中国小说史略》原文均据此版本。

责小说之出特盛"。

其次，在阐释小说作品的思想内涵时，《史略》中也注意对其社会历史底蕴的发掘。其中在论析塑造封建末世知识分子群像的《儒林外史》时，即指出作品实为社会历史的生动映象："时距明亡未百年，士流盖尚有明季遗风，制艺而外，百不经意，但为矫饰，云希圣贤。敬梓之所描写者即是此曹。"揭示出《儒林外史》中情态各异的文人士子，实乃作者对自己所见所闻、所思所感的艺术化的表现，因而使作品中的人物更具有历史的深度。鲁迅还以社会历史批评对明代世情小说代表性作品《金瓶梅》的淫欲情节加以客观的剖析，探寻小说出现此类情节的社会根源："风气既变，并及士林，故自方士进用以来，方药盛，妖心兴，而小说亦多神魔之谈，且每叙床笫之事也。"鲁迅不囿于对《金瓶梅》的传统偏见，清醒认识到作品中的艺术表现正是源于现实的人情世态、社会思潮。作品中人物的癫狂迷乱"不外描写世情，尽其情伪"，且"又缘衰世，万事不纲"，于是作者"爱发苦言，每极峻急"，也难免"时涉隐曲，猥黩者多"。这种认识是对《金瓶梅》创作意旨的深刻把握，小说作者正是以悲悯之心将酒色财气的刺激与罪恶淋漓尽致地加以描摹，从而以现实主义的笔法展现社会的污浊与世人的迷醉，乃是"作秽言以泄其愤也"①。因而《史略》中对《金瓶梅》在古代小说史中的地位给予准确的评价："作者之于世情，盖诚极洞达，凡所形容，或条畅，或曲折，或刻露而尽相，或幽伏而含讥，或一时并写两面，使之相形，变幻之情，随在显见，同时说部，无以上之。"从而使小说的思想与艺术价值得以彰显，并为此后《金瓶梅》研究蔚为大观奠定了学术基础。鲁迅之所以能深刻剖析作者的创作意旨，正是因为他将作家与作品置于其所处的历史背景中加以考察："盖世之评一时代历史者，褒贬所加，辄不一致，以当时人文所现，合之近今，得其差池，因生不满。若自设为古之一人，返其旧心，不思近世，平意求索，与之批评，则所论始云不妄，略有思理之士，无不然矣。"②

此外，鲁迅还深入分析小说艺术风貌与社会历史文化之间的联系。在论及六朝文人关于志怪小说的虚实观念时，《史略》中就探讨了社会宗教文化思想与小说艺术观念的联系：

---

① 【清】张竹坡：《竹坡闲话》，【明】兰陵笑笑生著，王汝梅校注：《皋鹤堂批评第一奇书金瓶梅》，第1页，吉林大学出版社，1994。
② 鲁迅：《坟·科学史教篇》，《鲁迅全集》卷一，第26页，人民文学出版社，2005。

> 文人之作，虽非如释道二家，意在自神其教，然亦非有意为小说，盖当时以为幽明虽殊途，而人鬼乃皆实有，故其叙述异事，与记载人间常事，自视固无诚妄之别矣。

此论深刻剖析出志怪小说创作观念所受宗教思想的影响：正因为魏晋文人深受原始宗教及佛教神鬼观念影响，以鬼神灵怪为真实的存在，故而其写作志怪之书的创作观念为"非有意为小说"。这就从创作心理层面揭示出六朝小说观念以"实录"为主的原因；也使得唐人小说观念与六朝相较的进步性得以彰显，"唐人乃作意好奇，假小说以寄笔端"①，从而勾勒出小说艺术虚构观念的发展演进；同时也发掘出六朝小说与唐代小说在艺术表现方面之所以有"粗陈梗概"与"叙述宛转，文辞华艳"之别，其文化心理与审美观念方面的深层原因。在谈到《世说新语》的艺术风格"记言则玄远冷峻，记行则高简瑰奇"时，鲁迅也从魏晋社会局势及文化思潮的维度剖析作品独特审美意蕴的形成原因。首先指出特定历史阶段的士人，有独特的精神风貌和文化肖像，不同于汉代文人的"俊伟坚卓"，魏晋士人则"吐属玄虚，举止疏放"。进而分析形成魏晋风度的思想渊源，即佛老"厌离于世间则一致"。而魏晋士人之所以有此思想倾向，进而形成清谈之风尚，又与社会时局息息相关："这种清谈，本从汉之清议而来。汉末政治黑暗，一般名士议论政事，其初在社会上很有势力，后来遭执政者之嫉视，渐渐被害，如孔融，祢衡等都被曹操设法害死，所以到了晋代底名士，就不敢再议论政事，而一变为专谈玄理；清议而不谈政事，这就成了所谓清谈了。"②

正因为鲁迅把小说作为社会意识形态重要的一部分，将其放置于各种社会存在的关系中加以考察，故其分析和结论更加精当深刻，且更接近历史的真实与小说发展的本真状态，从而使其小说研究真正具有"史"的价值。

二、以比较研究之法拓展小说审美维度

比较研究方法，是指对两个或两个以上的事物或对象加以对比，以找出

---

① 【明】胡应麟：《少室山房笔丛》卷二十，《景印文渊阁四库全书》"子部杂家类"，第387页，台湾商务印书馆，1986。
② 鲁迅：《中国小说的历史的变迁》，《鲁迅全集》卷九，第319页，人民文学出版社，2005。

它们之间的相似性与差异性的一种研究方法。其运用于文学研究，则可通过对同一文化体系内部文学与文学的比较，或文学与其他的艺术形式、意识形态的比较，或跨文化间相关层面的比较，对研究对象加以全面深入的考察。鲁迅于1907年写的《摩罗诗力说》中已体现出明确的比较研究的意识。他将这种方法也运用于古代小说的研究实践中。

其一，以跨文化视野发掘小说丰富的审美意蕴。

鲁迅将域外宗教文学艺术与中国古代小说加以比较，研究不同文化观念之间的联系，从而发掘出古代小说更加丰富的审美意蕴。他在论及六朝志怪小说发达的原因时，不仅指出中国传统方士思想对文人的影响，且进一步探讨印度思想与文学对中国小说的影响："还有一种助六朝人志怪思想发达的，便是印度思想之输入。因为晋、宋、齐、梁四朝，佛教大行，当时所译的佛经很多，而同时鬼神奇异之谈也杂出，所以当时合中，印两国底鬼怪到小说里，使它更加发达起来，如阳羡鹅笼的故事。"[1] 吴均《续齐谐记》中所叙阳羡书生之事，不同于中国传统神话思维，而是体现出多维空间的奇诡想象。鲁迅以此为例论析了印度佛教传入中国后，其宗教艺术想象对志怪艺术的发展产生的影响。佛教典籍中的传说故事为中国古代小说创作提供了素材，且以其恢宏、夸诞的风格刺激了小说作者的想象力，并以丰富深邃的思想影响作家的审美观念。这种影响一直贯穿于中国古代小说的发展中。明人袁于令评论小说的审美特点时也指出："传奇者贵幻：忽焉怒发，忽焉嘻笑，英雄本色，如阳羡书生，恍惚不可方物。"[2] 鲁迅的论析正与中国传统小说审美观念相契合。鲁迅将对中国古代小说研究的视野拓展至域外文化系统，从而不仅追溯小说本事的渊源，且通过发掘其宗教文化内涵，丰富了小说的审美维度。

值得注意的是，鲁迅在进行比较研究时，始终将立足点定位于中国古代小说，因而在探讨域外文学艺术对古代小说的影响时，其核心确定为探究中国古代小说如何通过吸收域外优秀的文化艺术，形成自己的审美意蕴。因此，他对阳羡鹅笼故事的考察并未止于发掘其在佛经中的记载，而是进一步分析其在志怪小说中的变化："魏晋以来，渐译释典，天竺故事亦流传世间，文人喜其颖异，于有意或无意中用之，遂蜕化为国有。"并结合此故事在小说发展

---

[1] 鲁迅：《中国小说的历史的变迁》，《鲁迅全集》卷九，第318页，人民文学出版社，2005。
[2] 【明】袁于令：《隋史遗文序》，丁锡根：《中国历代小说序跋集》，第956页，人民文学出版社，1996。

史上的演变证实其中国化的过程："晋人荀氏作《灵鬼志》，亦记道人入笼子中事，尚云来自外国，至吴均记，乃为中国之书生。"此论析揭示出印度佛教思想对中国志怪小说虽有深远影响，然而其中国化的过程不容忽视，因而中国小说的志怪传统最终发展成具有民族文化思维特点的"奇幻"审美观念，从而在此艺术积淀的基础上，于明清时期出现《西游记》、《聊斋志异》等集幻设艺术之大成的典范之作。

其二，以事实联系为据确立比较对象间的关系。

鲁迅在比较分析中注重从事实联系的角度对自己的观点加以论证。《史略》在上述跨文化比较中提出"阳羡鹅笼"源出印度佛教经典的观点后，进而加以具体论证。首先举出段成式《酉阳杂俎》中已载此故事出于"释氏《譬喻经》"中梵志吐壶的宗教故事，且段成式也认为，"吴均尝览此事，讶其说以为志怪也"。并对段成式所载又加以证实："所云释氏经者，即《旧杂譬喻经》，吴时康僧会译，今尚存。"进而挖掘此经所载之故事又是本于其他佛经，并引述《观佛三昧海经》中观佛苦行时白毫毛相的记载，对《续齐谐记》中"阳羡书生"的本事加以考证。《史略》中此段论析，体现出鲁迅以开阔的文化视野，结合翔实的文献材料、谨严的逻辑分析，对古代小说加以研究的治学方法与理念。

对"事实联系"的强调，是鲁迅在小说研究中始终坚持的理念。不仅对"阳羡鹅笼"源出印度的论断建立在充分的事实联系的基础上；且若无确凿的文献史料及文本依据，他对不同文化领域间的影响的评判，是极为谨慎的。鲁迅与胡适关于《西游记》中孙悟空形象来源问题的不同认识就体现出这一点。鲁迅提出孙悟空的形象源于唐人传奇《古岳渎经》中的无支祁，并指出自己所据的事实："《西游》中两提'无支祁'（一作巫枝祇），盖元时盛行此故事，作《西游》者或亦受此影响。其根本见《太平广记》卷四六七《李汤》条。"[1] 而胡适则提出，"我假定哈奴曼是猴行者的根本"[2]，其研究思路是在印度的古史诗《罗摩衍那》中寻到一个神猴哈奴曼，以之作为孙悟空的原型。鲁迅在反驳胡适的观点时，依然以是否有"事实联系"加以分析："1.作《西游记》的人，并未看过佛经；2.中国所译的印度经论中，没有和这相

---

[1] 鲁迅：《书信·致胡适》，《鲁迅全集》卷十一，第431页，人民文学出版社，2005年。
[2] 胡适：《西游记考证》，《胡适文存》二集卷四，第78页，上海书店，1989年。

类的话；3. 作者——吴承恩——熟于唐人小说，《西游记》中受唐人小说的影响的地方很不少。"① 鲁迅与胡适对此问题的不同论断与他们不同的研究理念有密切关系。

其三，以古代小说体系内部的比较来彰显作品的审美特质。

鲁迅在对小说类型的产生演进与变异合流加以梳理的过程中，通过对同一类型小说之间的比较，彰显出其中典范性作品的审美特质，从而确立相关小说类型的典型特征。

《史略》中将《聊斋志异》与同类作品加以比较，从而突出其审美艺术特点："用传奇法而以志怪"的叙述手法；"出于幻域，顿入人间"的虚构艺术；简洁晓畅的语言风格。且进一步强调，相较于明末其他志怪小说荒怪不经之弊，《聊斋志异》"使花妖狐魅，多具人情，和易可亲，忘为异类，而又偶见鹘突，知复非人"。此评析概括出中国古代神幻小说在塑造艺术形象时，将人性、物性、神性有机结合在一起的艺术特点，这与鲁迅对《西游记》"使神魔皆有人情，精魅亦通世故"的评价相呼应，从而提炼出中国古代小说的幻设艺术所达到的幻中生奇、幻中有真的艺术境界。继而在评析纪昀的《阅微草堂笔记》时，又将其与《聊斋志异》加以对比，指出"与《聊斋》之取法传奇者途径自殊"，这一判断与纪昀对《聊斋》"一书而兼二体"的微词相契合。且鲁迅在评价题材相类、手法各异的作品时并未厚此薄彼，而是在比较中发掘作品各自的审美意蕴，给予公允的小说史定位。故能体察《阅微草堂笔记》的艺术特点为"凡测鬼神之情状，发人间之幽微，托狐鬼以抒己见者，隽思妙语，时足解颐；间杂考辨，亦有灼见"，且赞其"雍容淡雅，天趣盎然，故后来无人能夺其席，固非仅借位高望重以传者矣"。

对《红楼梦》的评判也显示出鲁迅的真知灼见。以《红楼梦》为"诲淫"之作是评价此作时延续多年的论调。鲁迅通过分析作品对此前小说创作观念的突破，提出独具史识的评价："全书所写，虽不外悲喜之情，聚散之迹，而人物事故，则摆脱旧套，与在先之人情小说甚不同。"由鲁迅对明代人情小说的分析可知，自《金瓶梅》开创"描摹世态，见其炎凉"的人情小说之先河，学步者纷起。虽不乏佳作，但也有一众小说出现脱离生活实际、情节人物流于程序套路之弊。鲁迅指出，《红楼梦》突破故套之处正在于"叙述

---

① 鲁迅：《中国小说的历史的变迁》，《鲁迅全集》卷九，第327页，人民文学出版社，2005。

皆存本真，闻见悉所亲历，正因写实，转成新鲜"，进而肯定作品在小说发展史上的重要意义："总之自有《红楼梦》出来以后，传统的思想和写法都打破了。"① 并且以《红楼梦》文本中所传达的作者的创作意旨作为佐证："但我想历来野史，皆蹈一辙；莫如我不借此套，反到新鲜别致，不过只取其事体情理罢了"，"至若离合悲欢，兴衰际遇，则又追踪蹑迹，不敢稍加穿凿，徒为哄人之目，而反失其真传者。"《红楼梦》以空前的艺术高度，写下中国封建社会和封建世家的衰败史，写下封建阶级的一代叛逆者的哀痛欲绝的爱情悲剧，是我国古典现实主义小说的高峰。鲁迅能给予《红楼梦》艺术与思想价值准确的定位，正是因为他善于运用比较分析，将作品放在小说史发展的历程中加以考察评析。

三、以古典校雠学之法夯实小说文献基础

清代传统学术研究以求实切理为帜志，崇尚朴实无华的治学风格，注重资料的收集和实证的梳理，主张"无信不征"。因其从语言文字训诂入手，主要关注审订文献、辨别真伪、校勘谬误、注疏和诠释文字、典章制度以及考证地理沿革等领域，较少理论阐述及发挥，故被称作"朴学"或"考据学"，成为清代学术思想的主流学派。鲁迅将治经之法运用于小说史研究，不仅继承了清代朴学重考据的优良传统，且又有所发展，为小说研究奠定优良的学术传统。

其一，重视版本在研究中的重要作用。

版本问题是中国古代小说研究不同于西方小说研究的独具特色的研究领域，同时也是古代小说研究的重要学术基础。从中国古代小说演变史的展开状况来看，一部通俗小说问世以后，在流传过程中，由其著述、制作与流传背景所致，往往产生文字内部或外观形式方面的差异，形成各种不同的版本。"一书各本"的现象在古代通俗小说传播过程中颇为显著。鲁迅在论析通俗小说时，多先校勘辨析其版本，为研究小说作者、成书年代、本事渊源以及思想内涵等问题提供实证。在论及《水浒传》时，就以其版本系统作为分析的重点。鲁迅对于他所掌握的六种版本的《水浒传》逐一进行辨析，分别从文

---

① 鲁迅：《中国小说的历史的变迁》，《鲁迅全集》卷九，第348页，人民文学出版社，2005。

献记载、章回增减、情节异同、艺术特点等内证与外证对版本加以对比分析。在纷繁的版本中，把握关键性的因素，以情节为标准归纳出两种版本系统："其一简略，其二繁缛"。此论断为后代学者研究《水浒传》版本廓清了思路。此外，鲁迅还对在后世传播甚广的金圣叹七十回本《水浒传》进行考辨。不仅辨定周亮工《书影》中关于金圣叹伪作施耐庵之序的记载当为信实之言，且明确指出此本"为金人瑞圣叹所传"。确立金圣叹对七十回本《水浒传》的著作权，不仅对《水浒传》版本研究及文学研究至关重要，且对于金圣叹的文学创作、文艺理论及社会思想研究都具有重要意义。值得注意的是，鲁迅在版本考辨中，始终以作品的文学艺术表现为评析重点，将不同版本的作品置于文学发展系统中加以审视。他指出一百十五回本《忠义水浒传》"文词蹇拙，体制纵贯，中间诗歌，亦多鄙俗，甚似草创初就，未回润色者，虽非原本，盖近之矣"。相较而言，一百回本则"惟于文辞，乃大有增删，几乎改观，除去恶诗，增益骈语；描写亦愈入细微"。这不仅体现出鲁迅作为小说家对于文字表现力的敏锐洞察，也彰显出他作为小说史学者在考察小说时的宏观史学意识。纵观《史略》对明清通俗小说论述的思路，多以版本辨析或评介为基础展开对作品的分析，从而不仅建构了小说史书写的学术范式，也确立了以版本为基础的研究理念。

其二，丰富传统目录学的应用维度。

中国古代的目录学，从刘向校书"条其篇目，撮其旨意"开创体例，至纪晓岚《四库全书总目提要》集其大成，历代记载各种书籍的编辑纂著及存亡残疑的书目，成为我们"辨章学术，考镜源流"，探寻既往历史中各门学问的舆图。鲁迅从文献典籍的著录功能出发，聚合历代目录之书，对小说观念的流变加以历时性的研究，将文献著录的变化及相关的分类方法与文学观念的发展变革规律相结合，以书目来考辨小说观念的内涵与外延，为准确把握中国古代小说的文体特征奠定了基础。

《史略》第一篇的切入视角即为"史家对小说之著录及论述"。在考察汉代"小说"观念时，鲁迅以《汉书·艺文志》所著录的附于《诸子略》之末的"小说家"作品及班固之注为依据，提炼出《汉志》所体现的小说观念为"大抵或托古人，或记古事，托人者似子而浅薄，记事者近史而悠缪者也"，准确把握中国古代小说观念形成初期小说与子部、史部的密切关系。延及唐代小说观念，则据《隋书·经籍志》的著录状况指出"所论列则仍袭《汉书》《艺文志》",揭示出《隋志》所反映的小说观念多承袭汉代,视小说为"街谈巷语之说"。然鲁迅又发现《隋志》小说观念的进步性,指出小说归属的微妙变化:"小说故隶于子",将小说明确归入子部,与其他诸家并列,意味着小说地位的提高。这就有别于《汉志》认为"诸子十家,其可观者九家",仅将小说家附录于诸子之末的著录方式。鲁迅这一发现使唐代小说观念的进步性得以彰显。将小说作为子部中的一个重要类目的著录方式,直接影响后世公、私书目的分类体系,后人遂习称小说为子部小说。论析宋代小说观念的重大变化时,鲁迅以《新唐书·艺文志》著录志怪小说的类目归属变化为据指出:

> 自张华《列异传》戴祚《甄异传》至吴筠《续齐谐记》等志神怪者十五家一百十五卷,王延秀《感应传》至侯君素《旌异记》等明因果者九家七十卷,诸书前志本有,皆在史部杂传类,与著旧高隐孝子良吏列女等传同列,至是始退为小说,而史部遂无鬼神传。

鲁迅洞悉志怪类作品由史部杂传类改录入小说类,这实则意味着小说虚构性在宋代得到体认,反映出小说观念由"实录"向"虚构"的关键性转变。宋代洪迈在其所编的志怪小说集《夷坚志》的序言中明确提出"稗官小说家言不必信"①的观点,显示出宋代已有相当一部分文人对志怪小说的虚构性特征有清醒的认识。鲁迅的相关分析正与古代小说观念的发展状态相契合。

对于明清两代史家小说观念的变化,鲁迅则通过两个时代对小说的不同分类加以辨析。继胡应麟对小说进行系统的分类之后,至清代官修《四库全书》,对小说也进行了一次分类实践。鲁迅分析了二者对小说分类的不同处理,着重指出《四库全书总目提要》将胡应麟原归为小说的丛谈、辩订、箴规三类改隶于杂家,"小说范围,至是乃稍整洁矣"。同时指出胡应麟视为小说重要类型之一的传奇,在《提要》中未被著录。这是纪昀小说观相对滞后之处。最后,鲁迅对宋之平话、元明之演义等通俗小说的著录情况加以概述,指出"史家成见,自汉迄今盖略同:目录亦史之支流,固难有超其分际者矣"。由著录情况客观总结出其中所体现的史家对通俗小说的轻视态度,使史家小说观念得到全面的反映。

---

① 【宋】洪迈:《夷坚支丁序》,丁锡根:《中国历代小说序跋集》,第99页,人民文学出版社,1996。

由《史略》可以看出，鲁迅不仅将目录学运用于对具体小说作品的研究，且运用于对小说观念流变的梳理中，将横向剖析与纵向梳理相结合，丰富了传统目录学的研究维度。自鲁迅之后，郑振铎、孙楷第、赵景深、胡士莹、谭正璧等学者，在古典小说研究中发展了此研究方法，深刻揭示古典小说的发展脉络和规律，使古典小说研究实现可持续性的发展。

　　鲁迅运用科学的研究方法进行小说史研究，因此使《中国小说史略》"能做到史料考据与文学感悟相映，虚与实结合，史与论并长"①，为小说研究奠定优良的学术传统。鲁迅将西方文学批评方法与中国传统治学之法相融通，将理论分析与文献考据相结合，确立了以中国古代小说文本为依据，以小说的历史发展为核心，以中国社会文化背景为依托，博采古今治学之法，融通中西文学观念的小说治史之法，为中国小说史学研究树立了学术典范。对鲁迅学术研究方法的探讨是具有开放性与延展性的课题，这对于当下学界进行古代小说研究时，正确处理西方文学研究方法与中国古典小说文化特质之间的关系，具有重要的启示意义。

---

① 黄霖：《20世纪的"中国小说史"编纂》，《东岳论丛》，2004（3）。

从小说《三里湾》到电影《花好月圆》

——社会主义新人形象的不同诉求

程 琳[①]

一、小说文本

赵树理的长篇小说《三里湾》完成、发表于1955年,是新中国成立初期较早反映我国农村农业合作化运动的文学作品之一。

新中国成立之后,全国很快地进入到社会主义改造的阶段,号召农民放弃刚刚分到手中的土地,加入生产资料归公有的农业生产合作社,成为一时政策宣传的重点。作为重要宣传工具的文学,自然由政策引导着向这一主题靠拢过来,文艺界领导、作家和评论者们都对农业合作化题材的作品加以大力的呼吁和提倡。没有令大家失望,在解放区文学时期被确立为"方向"的作家赵树理,凭借着自己对农村题材一贯的熟悉,和几次深入太行山区实地调研体察获得的资料,[②] 很快就交出了一份答卷。

《三里湾》以华北地区一个村子三里湾为背景,写了这个村子里的各色人物围绕"扩社"与"开渠"两个事件而展开的一系列矛盾、斗争和故事,塑造了几个先进的青年形象,如王金生、王玉生、王玉梅、范灵芝、王满喜,几个落后的农民形象,如范登高、糊涂涂、常有理、惹不起、能不够,前者或是以社为家、胸怀集体,或是辛苦钻研、为群体谋福利,或是勤劳能干,或是热心正义;后者则沉迷于个人发家致富的美梦,只顾个体,不顾大局,为了保住单个家庭的利益而拒绝加入农业生产合作社,为了保住小范围的互助组而阻拦有利于全社集体利益的开渠事业。几个年轻人的爱情、婚姻也是故事的一个重要组成部分。随着情节的展开,矛盾一个个凸现、激化,最终

[①] 作者为中央民族大学2010级中国现当代文学专业硕士研究生。
[②] 赵树理:《〈三里湾〉写作前后》,《文艺报》,1955(19)。

都得到解决,小说以全体村民入社、政策顺利实施、三对青年终成眷属而结尾。

小说一经发表,就引起了评论界热情的关注,《人民文学》、《文艺报》、《文艺月报》、《大公报》、《人民日报》、《新华日报》等报刊都刊载了关于《三里湾》的评论文章,康濯、傅雷、鲁达等作家、评论家都对这一作品发表了自己的看法。[①] 小说在表现新现实、新题材方面受到普遍肯定,周扬的评论具有代表性:

近年来,我们的作家除了继续表现土地改革的题材外已经开始给我们描绘了不少关于农村中社会主义变革的新的图画。这些作品在一定程度上真实地反映了广大农民社会主义的热情,反映了农民各阶层的相互关系,冲突和矛盾,反映了农村中社会主义和资本主义两条道路的激烈斗争。赵树理的《三里湾》就是这个方面的一个优秀成果。在这篇小说中,作者以他特有的关于农村的丰富知识,热情和幽默,真实地描写了农村中社会主义先进力量和落后力量之间的斗争,农民在生产关系、家庭关系和恋爱关系上的种种矛盾冲突,显示了农村新生活的风光。作者成功地创造了"糊涂涂"、"常有理"等几个老中农的典型形象,同时描写了农民中的新人物。[②]

周扬从一名文艺界领导干部的立场出发,首先肯定了《三里湾》在"建设社会主义文学"方面的价值,它对新时期农村的生活、生产形势的及时反映,对社会主义时期主要社会矛盾、斗争的表现,提供了一幅"关于农村中社会主义变革的新的图画"。这在当时的文艺作品中,是有着开拓意义的。除了从政治角度给予的评价之外,周扬还凭着一名资深文艺工作者的敏锐触觉,发现并指出了小说作品故事情节的几个重要的构成成分,即作家赵树理以"他特有的关于农村的丰富知识"为基础而借以表现农村新生活风光的"生产关系"、"家庭关系"、"恋爱关系"。其中,生产关系是表现社会主义变革、两条道路斗争主题时,不可或缺的必要要素,是所有反映农业合作化题材作品都作为重点表现的对象,也是为主流意识形态提倡表现的内容;而家庭关系、恋爱关系在社会主义时期的文艺作品中所处的地位则是比较可疑的,它们因为具有民间性和私人性,而同政治至上的文艺界主流要求相疏离,但却

---

① 黄修己:《赵树理研究资料》,北岳文艺出版社,1982。
② 周扬:《建设社会主义文学的任务——在中国作家协会第二次理事会议(扩大)上的报告》(1956),转引自《中国当代文学研究资料》,第385页,复旦大学中文系编印。

是"民间文学家"赵树理所熟悉和热衷于描写的内容。《三里湾》正是在这些关系的交错纷杂中呈现出一种复杂的景观，表现出一个坚守民间立场的文学家的创作视点。

在人物形象的塑造上，周扬表扬了"糊涂涂"、"常有理"等老中农形象，即赵树理一向擅长塑造的落后农民的典型形象，延续了对他一贯的评价，同时，还重点提出了小说中描写的"农民中的新人物"，周扬看到了赵树理在这部小说中塑造"社会主义新人"的努力。

评论家竹可羽在《现实主义与浪漫主义结合》一文中曾经论述了"革命的浪漫主义"在现实主义作品中的意义。他借助苏联作家高尔基的言论来证明，在新社会，批判的现实主义已经不再是现实主义的主要创作方法，新的现实主义应该是"对新的社会现实的肯定和歌颂，出现的人物主要是在劳动中和斗争中创造新世界的正面人物"，"今天在我们面前，已经现实地存在着新的人民，新的生活。过去的理想，在今天已经成为现实，我们不仅要歌颂这些新的人民，写出他们'不仅像今天的样子，而且像他们应当如何的样子'（高尔基），这就是说，作者不仅要把握今天的革命形势，而且能够照明明天的革命发展"。①

由于受到苏联文艺理论和现实的强大影响，文学作品的写作重点被确立为"刻画人物性格"，而不是"描写故事情节"方面，因而，塑造当代社会主义"新人"的形象，成为新中国成立后文艺创作的重要目标之一。

"新人"的概念，起自俄国文学，由屠格涅夫《前夜》中的英沙洛夫拉开序幕，指代具有民主主义思想的平民知识分子形象，经过一系列的发展，到了车尔尼雪夫斯基的小说《怎么办》中，"新人"概念获得比较确定的形象意义，突出了人物的一种言行一致的实干精神，最典型的形象，就是《怎么办》中的职业革命家拉赫梅托夫，他的思想觉悟和活动范围都超越了"平常的正派人"，"这种典型已经跟共同的事业融为一体，共同的事业是贯穿在他们生活中必不可少的东西，它甚至代替了他们的个人生活"。② 车尔尼雪夫斯基这样表达他自己对于"新人"的想象：

他从幼小时候就熟悉真理，并不是抱着战栗的狂热，而是怀着欢乐的爱

---

① 竹可羽：《现实主义与浪漫主义结合》，《论文学与现实的关系》，第3—4页，作家出版社，1957。

② 魏玲：《〈怎么办〉译序》，1997。

来观察真理；我们盼望着这样的人以及他的敢说敢想，同时又是平静果决的言论，从这种言论中听到的不是对生活表示胆怯的理论，而是证明理想能够支配生活，一个人可以使自己的生活同他的信念取得统一。①

这样坚守和实践信念、不惜为了集体事业而牺牲个人利益的"新人"坐标，在我国当代文学的建设过程中起了很重要的指导作用。

1. 受到好评的"新人"形象

赵树理一直以擅长塑造农村中的封建落后势力而著称，他作品中的三仙姑、二诸葛、糊涂涂、小腿疼等落后农民，都是为读者耳熟能详的人物形象。以致有些评论家认为赵树理偏爱农民落后的情趣，欣赏农民落后的心理，对农村中新的先进的人物重视不够，表现不够。② 这样的说法是有待商榷的，因为赵树理在作品中一直都没有停止过塑造新人的努力，尤其是新中国成立之后，社会形势和政治宣传都把"社会主义新人"的塑造作为重要任务指派给文学创作领域，表现新生社会，塑造新人形象，成为作家们集体努力的方向。从成名作《小二黑结婚》起，赵树理就开始塑造"新人"，他笔下先后诞生了小二黑、小芹、老杨、小保、小顺、铁锁、金桂、艾艾、燕燕等一系列新人形象。这些新人的生活背景是民主主义革命时期，主要的性格特征在于反抗封建落后势力、争取个人自由独立的生活权利，是民主主义革命的战士，到了社会主义革命的时期，这样的新人自然不能再满足当时政治形势的要求，所以包括赵树理在内的作家们开始探索新时期"新人"的塑造之路。

《三里湾》中的王金生、王玉生、范灵芝、王玉梅、王满喜，是他塑造出来的社会主义改造中涌现的新人形象。王金生是作为合作化运动的领导者、共产党员来写的，表彰他们"能够把领导工作放在第一位、把个人的生产放在第二位，经常为了会议、为了计划、为了解决个别问题……而废寝忘食"；王玉生是作为擅长钻研改良生产技术、为集体生产做出重大贡献的翻身农民来写的，"他们都觉着参加了社如鱼得水，都以忘我的精神时时为这种新的生产组织增加新的生产效能——这种效能，在动力未变之前，对增加生产是有重要意义的"；王满喜是作为心地光明维护正义的翻身农民来写的，赞赏他们一种疾恶如仇的性格，对事不对人的做事原则，"他们对一般人没有什么私

---

① 《车尔尼雪夫斯基论文学》下卷（一），第407页，上海译文出版社，1982。
② 胡若定：《论赵树理小说中的农村新人形象》，《新文学论丛》，1984（1）。

仇，只是见到不平的事他们要说话。这种民主精神，大为农业生产合作社这样的集体生产组织所需要"；范灵芝是作为办社工作中的新生力量——青年学生来写的，他们"有不产生于农村的普通的科学、文化知识，有青年人特有的朝气，很少有、甚而没有一般农民传统的缺点"。①

对于赵树理作品中的新人形象，周扬、巴人等评论者都从其开创性意义上给予了肯定性评价。"在《三里湾》里，作者的人物塑造，却有了新的发展……作者是初步勾画出工人阶级化的农民性格和农民形象。农民的集体主义的精神，在改造了的社会主义的生产关系中萌芽、生长了；这又和小二黑、李有才和铁锁那些人物，一般还沉浸在农民阶级的思想感情里，是有所不同的，他们已从民主革命的思想感情进入于社会主义的思想感情了……这就是作者已经用社会主义的精神面貌来丰富他所创造的新的一代人物了"，"赵树理同志以他作家的敏锐的感觉，在《三里湾》中是创造了一个熟稔各项手艺的工人形象王宝全，一个以社为家、没有二心的王金生和一个专心于生产技术的钻研与革新的王玉生，即使那些人物的形象还不够完整，还不够丰满，但作家却为自己指出了一条人物创造的方向。这个方向，也就是在我国大跃进中业已涌现的和在将要到来的技术革命高潮中，会大量涌现的征服世界、征服自然，具有共产主义理想的英雄人物的创造"②。

在几个新人形象中，最受关注和好评的是玉生。这是一个在以往的形象序列中很少出现的角色类型，是农民中的发明家、技术人员，他虽然文化程度不高，但是在手艺上却拥有某种天赋，勤于钻研，善于发明创造，更难得的，是他把集体的事业当做自己义不容辞的责任，废寝忘食地研究，被丈母娘"能不够"讥为"家懒外头勤"，他在小说中的每次出场都和技术研究分不开，在他身上见不到农民阶级小生产者的自利性，正如巴人评论中所说的，这是一个"工人阶级化的农民性格和农民形象"。这个人物以踏实勤恳的实干精神契合了车尔尼雪夫斯基的"新人"特征，因而受到广泛的好评。

1955年11月26日的《大公报》就刊载了一篇丁洛的《〈三里湾〉中的王玉生》，赞颂了玉生的聪明智慧和看重集体利益而忽视个人利益的集体主义精神。王中青在《三里湾》的人物分析中，也十分肯定王玉生形象的价值，

---

① 赵树理：《〈三里湾〉写作前后》，《文艺报》，1955（19）。
② 巴人：《略谈赵树理同志的创作》，《文艺报》，1958（11）。

认为"他这种钻研学习的精神，一心一意地要通过自己的辛勤劳动与发明创造来建设社会主义新社会、新生活的精神，是值得赞扬和学习的。赵树理同志在那时候就能创造这样一位典型人物，说明他对于农业合作化与文化革命、技术革命的关系，是有相当理解的。他所塑造的玉生这个典型的人物形象……是有深远意义的"。①

除了王玉生，作品中还有几个年轻人也被赵树理塑造得十分鲜明生动。初中毕业生、团支书、合作社会计、村长范登高的女儿、年轻姑娘范灵芝，她真心拥护农业生产合作化，愿意用自己学到的科学文化知识来为集体生产作贡献，还积极地与存在个人发家致富思想的父亲作斗争，与马有翼订立"治病竞赛"，企图说服父亲走集体合作的道路。她在个人生活中也不乏年轻姑娘的活泼可爱，但是给人更深刻印象的，就是她在面对工作和集体事业时的严肃、认真，追求进步的鲜明立场。最明显的就在于她选择结婚对象时所运用的价值标准，从有文化、有一定感情基础，但是却被落后的家庭束缚、自己没有明确的独立精神和坚定的政治立场的同学、伙伴马有翼，最终转向了没有文化知识背景，但是有强烈的创造精神、鲜明的集体意识、进步的家庭成分的青年王玉生，在这个选择过程中，除去有翼个人个性上怯懦的缺点之外，基本上可以算作是政治标准对爱情标准的覆盖，无怪乎赵树理作品中的男女主人公会被评价为"高僧和圣女"②。于是，灵芝就以其严肃的、干练的面孔，成为政治性高于个性的新时期农村知识分子的代言人。

此外，充满正义感、热情善良、幽默风趣的青年王满喜，公而忘私、有强烈的责任意识、宽容大度、时刻把集体利益放在首位的党员领导干部、村支书王金生，都是小说中重要的出场人物。另外还有一个人物不得不提的，就是年轻姑娘王玉梅。

2. 富有民间趣味的"新人"形象

玉梅可以说是赵树理笔下最精明能干的女性形象之一。她的身份被设定为宝全老汉的女儿，金生、玉生的妹妹，这样的家庭情况就决定了她一定是进步阵营中的一员，在两位哥哥的影响之下，玉梅也真诚地相信并且支持农业合作化运动，作为合作社的社员，她有着很强的劳动能力，甚至比起有翼

---

① 王中青：《谈赵树理的〈三里湾〉》，上海文艺出版社，1962。
② 周培桐：《文艺月报》，1957（1），转引自《赵树理研究文集》下卷，第284页，中国文联出版公司。

这个只顾着念书而很少参加农业劳动的男劳力还要强。从这个角度看来，玉梅很有可能被塑造为一个任劳任怨的农村劳动妇女的形象。但是赵树理没有把玉梅的形象简单化，他在这个农村姑娘身上添加了一些东西，使她变得鲜活起来。这个添加物就是一种民间原生的智慧。

与出身城市的作家们凭借短暂的直观印象来图解农村不同，赵树理这个"农民作家"对农村生活有着更深入的体认和更深刻的感情。他从一种"重实轻文"的立场出发，与知识分子们多少有一些格格不入，以致在作品中很少正面表现知识分子形象，而《三里湾》中的灵芝，也是在放弃了知识分子式的择偶观，选择与普通农民结合之后，才得到了正面的肯定。[1] 相反的，他对于农村民间原生的智慧是十分欣赏的，在作品中常常让民间智慧成为解决问题的有效方法。《邪不压正》中，软英通过在小旦面前玩弄了一个小聪明而躲过难关，《锻炼锻炼》中，杨小四通过哄骗的方法来惩治落后群众，解决工作难题。《三里湾》中，玉梅也正是靠发挥个人智慧，先后解决了范科长下乡住所的问题、个人婚姻与有翼进步的问题、摆脱"糊涂涂"、"常有理"老两口家庭压迫的问题。在小说中，玉梅大胆泼辣、思维敏捷、口齿伶俐，是一个十分鲜活可爱的年轻女性形象。

赵树理自然是把玉梅当做社会主义农村中的进步势力来写的，也是一个鲜明的"新人"，王中青在《谈赵树理的〈三里湾〉》中，就赞赏了玉梅的人物形象，认为她"很善于处人处世，很识大体，顾大局"，"很聪明，有机智，爱憎分明"，"思想明快，说话直爽，言辞锋利，立论有理有据，头头是道，很能够说服人"[2]。但是在各篇评论文章中，玉梅都是作为农业合作化运动中的积极分子，捎带提及的，而不是作为重点提倡的"新人"典型出现的。究其原因，还是在于她身上带有的民间智慧性。

这种民间智慧性，其实是在一种以个体为单位的思维方式之下产生的智慧，运用机智开一些无伤大雅的玩笑，以最小的代价实现个人与他人利益的双赢。玉梅的个体智慧，就达到了这样的效果，利用"常有理"要告状的小心思，略施小计，解决了社里找房子的问题；以对有翼约法三章为结婚条件，既促进了有翼政治进步、人格独立，也为自己的婚姻创造好条件；坚持与

---

[1] 朱晓进：《"山药蛋派"与三晋文化》，第272—273页，湖南教育出版社，1995。
[2] 王中青：《谈赵树理的〈三里湾〉》，第47页，上海文艺出版社，1962。

"糊涂涂"、"常有理"分家，既使自己摆脱家长制的压迫，也不推卸赡养老人的责任。她的这些行动，结果都是好的，既维护了个人利益，也维护了集体利益，还朝向一个进步的方向，可以说是现实生活中十分值得肯定的办法和行动。可是在被当做宣传教育工具的当代文学来看，就出现了问题。

在当代文学的经典文本中，主角们受到肯定的最主要特征就是坚定的政治立场、英勇的斗争精神，智慧是不可能成为凌驾于政治立场与原则之上的价值评判标准的。智慧不能作为一种优秀品质单独出现，只能作为政治立场、斗争精神的附属品而存在，例如《沙家浜》中的阿庆嫂，机智是她的重要特征，但是她这里表现出的智慧必须是为政治立场和斗争服务的，才能被允许存在，并着重描写。一旦出现与政治斗争关系不紧密的智慧因素，就会被削弱和缩减，以免影响到政治主题的表现。

正如前文引用的巴人的评论中提到的，"农民的集体主义精神，在改造了的社会主义的生产关系中萌芽了、生长了，他们已经从民主革命的思想感情进入到社会主义革命的思想感情了"，如果说，在民主革命时期的文学作品中，个体利益、个体思想还是作为反封建的有力武器被允许存在的，那么到了社会主义革命时期，政策要引导人民大众跳过资本主义的发展阶段直接跃进社会主义社会，则只有集体利益才是唯一合法的存在了，个体利益、个体思想都是要被肃清的对象，因为个体的智慧在主流意识形态看来不仅是不需要的，更是危险的，它很可能使群众在个人利益与集体利益发生冲突的时候，产生对上级政策的质疑，甚至滋生出反叛的情绪。从这一点上说，凡是与利己主义挂钩的思想、现象，都难以彻底与"范登高"、"糊涂涂"这样的农村落后势力划清界限，因为它们有着如此相近的思想基础。所以，这一时期，文学作品表现的主题只能是正反两方面力量的对抗与斗争，正面人物是不能有政治思想上的模糊地带的，个体智慧作为一种危险的思想源头自然不适合出现在社会主义"新人"的典型形象的身上。

同时，典型"新人"金生和玉生在接受过大众和评论家的严格审视之后，也有一些问题被提了出来。有的评论者认为，"作者没有更深地挖掘金生这个人物的思想，没有让他站得比现在的样子更高一些……（他）作为三里湾党组织的领导者，对范登高这样的蜕化分子斗争得太软弱了……他应该是新社会新思想的代表人物，作者应该在他身上赋予更多的东西。他对落后群众（如马多寿）可以耐心争取、等待，但是对党内的蜕化分子是绝不能忍受一天的。作者所写的金生对范登高这种人竟没流露出应有的愤慨的心情,没有把范登高的问题当做一天也不能容忍的事情,作者更没有写他如何在党内向范登高进行激烈的斗争"①,"《三里湾》中的这位支部书记,在整党工作中、在开展两条道路的思想斗争中,却表现了比较明显的缺点,三里湾的两条道路的思想斗争开展得那样软弱无力,始终没有形成一场规模壮阔的、有声有色的群众性的斗争,三里湾支部在领导这一斗争中表现出来的原则性、斗争性不强,又是和他的缺点分不开的。王金生在对范登高的斗争中所表现出的政策界限不明确,原则性、斗争性不强等缺点更是比较明显的……王金生不仅在领导两条道路的思想批判斗争中,表现了政治思想不明确,对资本主义的自发倾向,一味强调说服、等待,甚至迁就,缺乏坚定的、原则性的斗争精神,就是在其他地方,在家庭问题上,也表现了同样的缺点,同样的缺乏原则精神……由于作品主题思想存在着不够明确之处,因而作品所塑造的这个主要人物,也就不那么典型,不那么合乎想象了。"② 同样的,对于玉生,也有一些不足的意见,"我觉得作者在塑造这位典型人物的时候,只着重描写这位'土专家'对于技术改革的积极性,而没有让他也置身到当前的主要的决定性的斗争——三里湾正在开展着的两条道路的斗争激流中去。同时,王玉生的性格,是过于冷静而不热烈,他更像个中年人,'老成'得不像个青年人了。他对于技术改革很积极、很热心、很主动,对于爱情则是消极的、被动的,这种写法对于生动而丰富地刻画这个人物说来,无疑是受到限制的"③。

赵树理《三里湾》中的"新人"形象,因其时效性、开创性而获得广泛关注和肯定,但是作为通往更"经典化"路上的试验文本,在思想性、原则性上还远远达不到主流意识形态的要求,并且由于作家个人的民间趣味和写作原则等主观因素的影响,使他的作品被发掘出越来越多可供激进分子指摘的"毒素"。

二、电影文本

郭维的电影剧本《花好月圆》最初发表于《中国电影》1957年6月号

---

① 俞林:《评〈三里湾〉的人物形象处理》,《人民文学》,1955(7)。
② 王中青:《谈赵树理的〈三里湾〉》,第35、第39—40页,上海文艺出版社,1962。
③ 王中青:《谈赵树理的〈三里湾〉》,第45—46页,上海文艺出版社,1962。

上，基本延续了小说《三里湾》的人物关系、情节主题。作为一门以画面作为基本语言元素的艺术形式，电影用直观的图像展示出了小说用文字表现的价值立场。在电影中可以明显看出先进和落后的两个阵营从视觉效果上给人带来的不同感受，从拍摄角度上看，在"糊涂涂"一家四个人围坐阴谋的时候，使用自上而下垂直俯拍的角度，使四个反面人物显得又猥琐又邪恶；范登高接受党组织的批评时，摄影机对他采用俯拍的角度，对党支部书记王金生则用仰拍来表现其思想立场上的高大先进。从光线的运用上看，拍摄正面人物、严肃场合时，都使用明亮的灯光，而每次拍摄"糊涂涂"家的时候，都使用昏暗的灯光，人物的面部光影交错，凸现房屋主人落后的政治立场作为光明的对立面而存在，和这个封建守旧家庭中的阴暗压抑的气氛。

而在"新人"的塑造方面，电影针对小说发表后受到批评，和编剧自己的理解和创造，对主要人物的性格和故事情节做了一定程度的改编和调整。

1. 斗争性加强

为了应对小说"对矛盾冲突的描写不够尖锐、有力，不能充分反映时代的壮阔波澜和充分激动读者的心灵"[①] 这个说法，电影用了几个比较激烈的冲突场面来强化文本的斗争气氛。赵树理擅长描写人物群像，很少把个别人塑造成英雄典型，在《三里湾》中，几个青年都作为主角来描写，没有特别突出哪一个的倾向。而电影作为一部时间有限的视觉艺术，要遵守一定的经济原则，在当代的文艺政策下，又要求主题明确突出，因而不得不把表现的重点集中到个别人物的身上。于是，"工人阶级化的农民形象"王玉生就当仁不让地成为电影中根正苗红、立场坚定斗志强的男一号。电影一开场，就用一个跟镜头表现玉生和范登高边争夺骡子的驾驭权，边沿着乡村路奔跑过来，接着又用几个远景表现村干部以及田地里干农活的农民们被这场冲突吸引过来，几个近景加特写，表现两个人争得面红耳赤的状况，这是玉生为了阻止进城做小买卖的范登高出村而引发的争执；后面的剧情里，又加入了玉生到范登高家中敦促他参加小组会议的情节，和扩社会议中玉生讥讽范登高的自利思想的情节，在这两节中，对玉生都用了仰拍的视角，以突出他思想和立场上的先进性。这几段斗争场面的加入，使小说原本平淡缓和的叙述变得有

[①] 周扬：《建设社会主义文学的任务——在中国作家协会第二次理事会议（扩大）上的报告》（1956），转引自《中国当代文学研究资料》，第385页，复旦大学中文系编印。

波澜了，人物的政治立场更明确了，戏剧性也更强了。

可以说，玉生形象的改造，弥补了原作中斗争性不足的缺点，承担了原本应该由金生负责的对党员中蜕化分子的坚决斗争，回应了对玉生过分老成性格的质疑，使他成为一个有热情、有朝气、坚守信仰的，更富于典型意义的"新"青年。

2. 去家庭化的叙事策略

赵树理的小说，喜欢表现他自己熟悉的生活，他对于表现农民的日常生活状态比图解政治思想更有把握。因此他在创作的时候，常常是从自己熟悉的题材入手，从农民的真实生活出发，从农民的思考角度来表现政治的主题。表现之一就是赵树理热衷于描写家庭内部成员之间的相互关系，如《孟祥英翻身》中的夫妻、婆媳关系，《登记》中的夫妻关系，《传家宝》中的婆媳关系，《三里湾》中菊英、"常有理"、"惹不起"之间的婆媳、妯娌关系，小俊与金生媳妇之间的妯娌关系、玉生和宝全老汉之间的父子关系，等等。很多时候，家庭内部伦理关系会代替阶级斗争事件，成为故事的主角。

比如在《三里湾》中，"常有理"、"惹不起"的形象之所以引起读者的愤怒和否定，更主要的原因不在于她们对合作社利益的破坏，而在于她们是家庭内部矛盾的逗凶者。这两个人物成功地被塑造成反面典型，是因为读者从自己熟悉的日常生活伦理角度来解读她们，她们不仅作为恶婆婆、恶嫂子的形象，压迫欺负温柔善良的儿媳妇，还作为凶悍的母亲，束缚儿子的前途、破坏儿子的幸福，这些都是为民间家庭伦理逻辑所否定的。这样，民间家庭伦理的逻辑就构成了小说的重要思想基础，而成为评判人物是非的重要价值标准。

巴人把《三里湾》的主题概括为："作品沿着秋收、扩社到计划开渠这个线索进行，着重地描写了两种家庭生活的矛盾和变化——即以集体主义为生活基础的党支部书记王金生的家庭和死守住个体经济堡垒的马多寿家庭的不同面貌和不同生活及其相互间的矛盾和变化。"[①] 从小说中的确可以看出家庭的重要意义。灵芝在选择结婚对象的时候，就把有翼和玉生的家庭情况作为重要的参考标准来比较，"玉生家里是能干的爹、慈祥的妈、共产党员的哥哥、任劳任怨的嫂嫂；有翼家里是'糊涂涂'爹、'常有理'妈、'铁算盘'

---

① 巴人：《略谈赵树理同志的创作》，《文艺报》，1958（11）。

哥哥、'惹不起'嫂嫂",①最后做出了选择玉生的决定。

小说中的老农民王宝全与"新人"王玉生，是以父子的关系出现的，父亲是一位专业技术高超的老农民，儿子是一个精于改良创造的发明家，两人显示着一种以家庭为单位的继承关系。作家对王老汉一家人居住的房屋也以玉梅的行动为线索进行了描述，在中国人的传统观念中，房屋是"家"的重要象征，有了固定的居所才能产生安全感，家庭中的各个成员生活在同一屋檐下，才会有割不断的血脉亲情。然而在电影《花好月圆》中，作为"家"的载体的王家房屋始终没有出现，画面上只出现过玉生单独的房间，他与金生、玉梅的同胞关系缺少明确的证明物，只在电影开始时，在玉梅"大哥"、"二哥"的称呼中可以辨认出他们的同胞关系，而这几个场景都没有给观众留下深刻的印象。最明显的是，电影删掉了宝全老汉这一人物形象，本来"父亲"的出现，会使一个家庭更完整、更有凝聚力，而电影中"父亲"的缺席，则使这个家庭被瓦解、松散化了。小说表现的"两个家庭之间的对比"，也被一个个独立的"新人"代替了。

人类自从进入文明社会以来，不论是奴隶制、封建制还是资本主义制度，"家庭"都是社会生产和生活中最基本的单位，中国的封建宗法制就是在这样的背景下发展起来并且成为中国社会长期以来最稳固的形态制度的。而社会主义或者说是共产主义的奋斗理想是实现天下大同，是生产资料和劳动成果归全社会人所共同享有的制度，以这种理想为目标，集体意识是必须培养起来的。家庭，作为一个以小集团的利益为中心的单位就成为集体意识形成的阻力，家庭伦理观念就成为一种需要被抑制、被消灭的观念。

斩断了与"家庭"之间牵绊的金生、玉生、玉梅等"新人"，也基本铲除了个人思想、私人利益的思想根源，他们成为无牵挂的合作社中的分散个体，以更纯洁的基础来接受社会主义价值观的植入，合作社这一集体才是大家共同的"家"，脱离了家庭观念的"新人"，才是社会主义意义上真正的"新人"。

年轻妇女菊英在小说中也是作为正面的"新人"形象来描绘的，同是生活在一个落后守旧的家庭中，相比有翼的怯懦无能，菊英有着更强的独立意识和斗争性。她的分家事件，是情节发展的一个重要转折点。但是这个人物

---

① 赵树理：《三里湾》，第165页，人民文学出版社，1980。

放到电影里会变得很难处理，因为在"去家庭化"的叙事原则的指导下，她与家庭，特别是一个落后家庭之间的牵连，会削弱她本身的进步性。因此，为了纯洁"新人"形象系列，也为了使电影的情节更加精练，剧本删掉了这个角色。

3. 爱情描写的完善

赵树理一向不擅长描写爱情，他笔下的年轻人的婚恋故事不少，但是都没有什么细腻的情感描写，这大概与他"注重实际"的个性和地缘环境相关。《三里湾》中三对青年的婚恋故事，被人评价为"缺乏爱情的爱情描写"①，很能说明他的这种写作风格。关于这部作品中的恋爱故事，赵树理自己表示，他确实曾经打算写得更合理一些，本来计划的第四章就是为几个青年发展感情而设计的，但是最后赵树理出于为农民读者节省购书成本的目的，而把情节内容压缩了，这就造成了几对青年突兀的感情戏和闪婚的结果。②

郭维创作剧本时，正值文艺界"百花齐放，百家争鸣"方针实行期间，于是他本着电影的消费原则和迎合大众审美趣味的原则，大胆把原作中的爱情描写发扬完善，使这部电影成为一部描写乡村青年爱情故事的轻喜剧，从剧名《花好月圆》就可以看出改编在描写重点和主题上的偏移。

电影在玉生与范登高冲突之后的第二个场景中，就交代了灵芝、有翼、玉梅之间的三角恋情，画面中远处是灵芝、有翼在热切交谈，有翼的言行中充满爱意，近景是玉梅躲在一棵树后面默默地凝视，她转过身来，伤心难过的表情展现在她的脸上，景深表现了三个人之间的微妙关系。后面关于有翼、玉梅的情节还加入了两场感情戏，一场是玉梅井边打水，有翼前来交谈写字，两人发生不快的戏，表现了玉梅对灵芝的妒意；还有一场有模仿《红楼梦》之嫌：劳动的休息间隙，有翼带着玉梅看书的戏，代表着两人感情的加深。电影中的玉梅，不同于小说中的聪明泼辣的形象，她对有翼的爱可以说是来自纯爱欲的，没有丝毫功利意图的，颠覆了小说中重实际、重立场的思维模式，符合的是"情感至上"的原则。灵芝与玉生之间的感情发展，也不像小说中描写得那么突兀而不近情理，在情感表白之前加入了几场两人独处交流的戏，灵芝帮玉生计算场磙尺寸时，用了几个特写镜头表现两人之间的眼神

---

① 鲁达：《缺乏爱情的爱情描写——谈〈三里湾〉中的三对青年的婚姻问题》，《文艺报》，1956（2）。

② 何坪：《赵树理同志谈〈花好月圆〉》，《中国电影》，1957（6）。

和情感交流；灵芝借给玉生画图工具的戏被重点加以描绘，表现两人感情的升温；后面两人表白谈情的场面从小说中封闭的室内挪到了景色怡人的户外，灵芝欲说还休的娇俏姿态，和蒙太奇拼贴过来的一对鲜花，都更鲜明地展示着两人的感情因素，而不是如小说中描写的单纯理性思考的结果。除了满喜和小俊的结合仍嫌突兀之外，另外两对年轻人在电影中都有了合理的感情发展轨道，编剧郭维的确做到了"使爱情一部分戏比较完整了"[1]。

但正是由于爱情描写过多，使电影中意识形态的表现相对被削弱了，适逢"反击右倾翻案风"等政治运动，所以《花好月圆》从上映之初就受到猛烈批判。有观众评论该电影"尽是恋爱，没有别的"，"编导者右派分子郭维用资产阶级的立场观点和感情趣味去处理（题材），本末倒置地削弱了两条道路的斗争，突出了爱情的描写，改换了小说的筋骨，格调变了样，人物也变了相"，认为玉梅被描绘成了小资产阶级女性，精神压抑颓废，醋意十足，是很不健康的形象，该电影不仅是想博取落后观念一笑，而且是贩卖资产阶级爱情观，会毒害广大青年，是一部有毒的影片。[2]

赵树理把恋爱关系作为小说《三里湾》的主要表现内容，也是一种民间立场的体现。婚恋题材在他的早期作品中频繁出现，是作为反封建的斗争精神来弘扬的。到了社会主义时期，年轻人能够享有自由恋爱、自由选择婚姻的权利，也是早期革命的一个胜利成果。因此，赵树理把农村青年的婚恋自由作为表现新社会新农村现实面貌的重要手段。虽然作品中的爱情描写存在着不够细腻、理性大于感性的问题，但是毕竟体现着个人的主体性、能动性，是有现实意义的。而这样一种理性、功利的择偶观也是比较符合农村青年婚姻恋爱的实际情况的。相比之下，《花好月圆》中的爱情描写更符合市民阶层的审美情趣，表现的是抛却物质利益、情感至上的理想主义的爱情观。这样的爱情表现在荧幕上，会给人带来一种缠绵的、感伤的情感体验，而不是激烈的、昂扬的斗争与胜利氛围，这正是批评者所谓的"资产阶级的感情趣味"。

尤其值得一提的，是理想主义的爱情描写对"社会主义新人形象"会产生负面影响。在当代主流意识形态的观照下，"爱情必须从属于政治，而游离

---

[1] 何坪：《赵树理同志谈〈花好月圆〉》，《中国电影》，1957（6）。
[2] 石系工：《〈花好月圆〉怎样歪曲了〈三里湾〉》，《中国青年报》，1959（2）。

于政治之外的爱情不但不具有合法性,更重要的是它指向反动的政治。超验的政治与凡俗的、个人性的爱情之间存在着不可调和的分裂与对抗"。[1] 在社会主义时期的中国,为了使人民全心全意地加入到社会主义的建设事业中来,主流意识形态要杜绝一切可能出现的阻碍,其中最重要的一条就是压制所有个人化的情感,亲情、爱情、私人化的友情都在限制之列,两个人结成婚姻关系不是为了爱情,而是为了共同的共产主义理想信仰而结成的奋斗伙伴。因为只有摒除了一切个人感情,集体主义精神、对国家、集体的爱才能成为第一位的,而这正是主流意识形态一直致力于引导的方向。

《花好月圆》的爱情描写能够为普通观众所喜爱,却与主流意识形态对"新人"的要求相背离。对于新时期的"新人"来说,国家集体的事业才是第一位的,过多的个人感情的牵绊只会削弱人物的集体意识、先进性,自然属于要限制和摒弃的对象。

以上通过分析两部文本及其批评,我们可以透过占据主导地位的意识形态,看到同样存在于文本中的其他因素,这些是作家凭借着个人深刻的生活体验和观察创作出来的,具有真实性、现实性,体现了作家个人对于新社会、新人形象的一种想象和诉求,丰富了以往印象中过于单一化的社会想象。

本尼迪克特·安德森的《想象的共同体》把文学作为一种民族国家想象的载体,它是作家对民族国家的想象和期待的表达,在创作时受到作家身份地位的影响,在客观效果上又会对国民的国家认同起到作用。因此,了解并十分重视文学这一社会功能的主流意识形态自然会把文学作为自己宣传立命的重要工具,通过一次次会议和批判活动对偏离轨道的作家们不断地进行引导和矫正。能够自觉融入这一轨道中来的作家会受到追捧和重用,不能放弃自身立场和想象方式的作家就不可避免地遭受无情的批判。

---

[1] 李杨:《50—70年代中国文学经典再解读》,第184页,济南,山东教育出版社,2006。

肖像·游移·风湿病
——西渡论

张光昕[1]

一

在诗人西渡每种相继面世的诗集或著作中，我几乎都会看到他的肖像。《雪景中的柏拉图》（他的诗歌处女集）的封底藏着一张贫困时代的年轻面孔，那想必是一幅学生时代的留影，诗人侧身望着书外的读者：平头，消瘦，眼神友善，眉毛浓黑；嘴角微微上扬，踌躇满志地准备发起一场与时间的爱抚和肉搏；嘴唇上方保留着青春期第一季羞涩的软须，象征着从南方带来的好天气；鼻梁上架着一副异常宽大的眼镜，接近方形，为了看清这个世界更多的风景，镜框的两端仿佛超出了脸颊的边缘，就像诗歌总是野心勃勃地朝向我们的现实发起冲锋：

> 一切还不曾开始
> 这是个前提，它使怀念的企图成为
> 对自身的一种嘲弄。正如威廉斯所说
> 开始可以肯定也就是结束，因此
> 困难的是我们要怎样献身给生活

（西渡《残冬里的自画像》）

爱抚与冲锋还不曾开始，诗人却开始了他的生活。散文集《守望与倾听》的封皮是西渡喜爱的绿色。同样是在封底，他的头像在一气棕色水彩的涂抹后呈现出来。这是一张典型的诗歌工作者的脸：白皙、清秀、肃穆、谦逊；当年上扬的嘴角，如今庄重地紧闭着；胡须剃得相当出色，没有一丝邋遢；

---

[1] 作者为中央民族大学 2010 级中国现当代文学专业博士研究生。

眼镜也变得考究一些，它被生活磨圆了，似乎也变小了一圈。这是一张进入职业状态的脸，被体制洗刷过的肖像，它正自言自语一般描述着诗人刚下飞机时的模样："一个半小时后，我推开家门/恢复了尘世的身份：一个心事重重/的丈夫和父亲，敬业的小公务员/面对一大堆商业和时事公文"（西渡《从天而降》）。从这幅肖像中我们看出，诗人早已献身给生活，唯一的例外是，西渡留起了长发。他的长发微卷，牢固地贴附着头颅，不过肩、不飘逸，更类似于平民式的，而非摇滚式的。

西渡第二部诗集名为《草之家》，它的外衣也十分应景——依然是绿色。作者像被移入飘口：长发依旧、圆眼镜依旧、紧闭的嘴唇依旧，面部多了些中年的丰满和光泽，基本与我后来见到他本人时的样子相吻合：噢，原来他就是西渡！他是一位诗人！如果没读过他的诗，我很可能相信，他只不过是周星驰电影里一个一闪而过的小角色。

在他最新出版的诗集《鸟语林》中，翻开橄榄色的封面（它归功于诗人蒋浩的天才设计），西渡的照片几乎被放大了三倍，也被处理成了充满怀旧气息的黑白色。这是一张耐人寻味的肖像：标志性的长发增添了些许诗意的凌乱，也暴露了更多生活的油渍；在诗人钟爱的圆形眼镜后面，一种力图穿越时间的目光终于泛出了几盎司中年的疲惫；茁壮、坚硬的胡须像一丛接一丛对生活的疑问，越认真对待它们就越顽强地冒出，总也无法一次性根除——索性就让它们逗留在脸上吧，懒得去修剪；永远紧闭的嘴唇暗示着他写作之外的缄默和讷言，与年轻时代上扬的嘴角不同，此刻我发现它竟是朝下的，包含了他谦卑、悯宥的人生观，比一个身挑重担的平民百姓的肩膀更低："让我们下降到尘埃中/匍匐在大地脚下，甚至更低/低于俯身的情人，低于地下室/的通风口，低于情人的低语"（西渡《雪》）。

值得注意的是，这张在时间上离我们最近的诗人肖像，与那张多年前留平头的处女秀，有着惊人相似的站位：两张都是向左侧身，偏过头来望着我们，流露出与这个世界格格不入的神情。不同的是，诗人已不再年轻。从《雪景中的柏拉图》到《鸟语林》，我们看到的是一个虔敬的诗歌斗士，一个钟表匠人或一个菜农，如何在他的对手、职业或成果面前有尊严地败下阵来，如何像蜘蛛那样，在一个生活的墙角编织一卷"衰老经"（西渡《蜘蛛》），这也许是西渡对待人生一如既往的姿态。而他的目光依然投向前方，投向世界的每一处褶皱，像煤矿工人对人类的定义那样：他是"一种深入的动物"

（西渡《露天煤矿——为宝卿而作》）。他失去了漂浮的年华，却赢得了交锋后的沧桑。两张置于时间两端的肖像，在我们惊奇的眼神中慢慢地融为一体，而它们身后背负的那些时代深处的飞扬和寂寞，那些卑微瞬间的伟大发现，那些因抛得太高而收不回来的诺言和理想，统统藏进他的诗句里，从此彻底地隐姓埋名：

> ——它们刚刚在你的诗中做完爱，带着
> 激情的剩余，分泌出除夕餐桌上的鲑鱼
> 而一年的尽头是一个恰到好处的制高点
> 使我看见我的灵魂滞留在低处，一群人围着它
> （西渡《向下看或关于路——致臧棣》）

时间在一个诗人的脸孔上呼啸而过，在他的作品中长眠。就像西渡线条分明的嘴唇，在词语里引吭长歌，在现实中沉默。时间应允了诗人在镜头前嘴角向下的权利，一直向下，直到抵达他安放在低处的灵魂。如果将西渡不同时期的肖像，按由远及近的顺序依次摆放在一个长廊里，我们也按照时间规定的方向从远处走来，依次观看这些肖像，当我们这些观众在眼下这一点站稳时，不禁惊叹道：与其说是诗人的作品在佐证、注释着他的一系列面孔，不如说是这些链接在一起的肖像更加有力地帮助我们咀嚼、品咂他的诗歌。时间是通过雕琢人类的肉体来触碰灵魂的。当我们注视诗人的肖像时，西渡创作的所有作品都雾时间获得了它们的肉体性，变得极端易感、多汗、躁动不息。让他的读者幡然悟出，在那些优美的文字之下，有血液在缓缓流淌，有毛孔在自由舒张；在那些完整、圆熟的诗歌形象内部，同样分布着自信和脆弱，忠诚和背叛。甚至可以说，我们将诗人这几幅面孔摆放在一起，这本身即构成了一首动态而游移的时间之诗、血肉之诗，它携带着体温，充满了呼吸和心跳，流荡着人类的梦想和欲望。以时间为引线，这组肖像成为西渡诗歌中的诗歌，包裹着他创作的灵魂，这灵魂渴望居住在人类沉重的肉体中，连同这副肉体、顺着诗人的嘴角，不是一路飞升，而是一直沉潜向下。当肉体与精神在某一个低处对视时，就好像：

> 我们的身体中强行插入了
> 一把钥匙，只听咔哒一声
> 我们的身体中，有一把生锈的锁

突然打开了，掉落在冰冷的草丛中
几乎与此同时，你轻轻挣脱了我的手

(西渡《连心锁》)

当我们这群人围拢在一起，找寻遗落在草丛里的那把锁，或观瞻诗人滞留在低处的灵魂时，西渡也许就站在我们身后，带着圆形眼镜，穿着宽大的T恤衫，蹬着拖鞋，神情自若地混进观众队伍里，谁都不会认出他，他想来接住他掉落下来的灵魂。布罗茨基（Joseph Brodsky）说过，一首诗的主要特征在于其最后一行。① 这个被祖国撵得满世界找灵魂的读诗高手或许在暗示我们，这最后一行，极有可能成为灵魂的滞留处。就像我们观看西渡最切近当下的照片（流露出内敛的惶恐与迷惘），就更容易读懂他过去的、更为年轻时的容颜（准备甩开膀子大干一场的挑战姿态），而前者在尚未问世以前充当了后者诸多未来可能情形的一种，这就是所谓的灵魂的未来吗？

诗歌是一种永远处于未完成状态的文学体裁，它诱惑我们不断地出走，又在出走后反复勾起我们的乡愁。在这种意义上，诗的最后一行（并非完结之处）有能力重新生成、定义它的第一行及其后的每一行，让这首诗在每一个时间的驻足点上都有一个崭新的、独立的意义。不论是童年、青年、中年，还是老年，这最后一行让肉体在走向衰朽的征途上的每一刻都值得赞扬，诗歌就是在语言中用不同方式把生存中唯一的虚空灌满："只有你不失时机地现身/给命运安上一双不安分的裸足/像一个微型的马达，使规定的/情节急转直下，成为没有的主语。"（西渡《没有》）诗歌性感的肉体性如马达般颤动，它托住了一直下降的灵魂，赐给后者一个低处的、湿润的居所，与它在此密谋另一个天堂。肉体重新孕育灵魂，每个句子在每一刻都焕然一新。也就如同西渡常说的那样，是儿子生下了父亲（克尔凯郭尔语），"我们发明的/重新发明我们"（西渡《屠龙术》）。

二

西渡承认，时间问题是他在诗歌中一直探索的重要问题之一。他在一次访谈中指出："时间是生命唯一的主题，人生就是时间在每一个替身上不断地

---

① 参阅【美】布罗茨基著，刘文飞等译：《文明的孩子》，第78页，中央编译出版社，2007。

开展自己。所以,它必然也是诗的主题。我怀恋过去,因为过去生成我;我关怀未来,因为未来也在生成我。生命所以不是铁板一块,不是石头,就因为它总是由过去和未来不断生成,而处在持续的生长中。"[①] 一个时间中的个体,正是在时间的这种双向生成的游移性中被塑造出来,并在每一个时刻都展现出独特的丰富性;同样,在时间中诞生的诗歌,它的意义也在第一行和最后一行之间来回游移,不断制造每一个词语转角处的惊喜和疑窦,就像西渡一本正经地钻进一位钟表匠人的回忆里,却碰上了从每一个人的生命中必然钻出的钉子:

> 我无法使人们感谢我慷慨的馈赠
> 在夏天爬上脚手架的顶端,在秋天
> 眺望:哪里是红色的童年,哪里又是
> 苍白的归宿?下午五点钟,在幼稚园
> 孩子们急速地奔向他们的父母,带着
> 童贞的快乐和全部的向往:从起点到终点
>
> (西渡《一个钟表匠人的记忆》)

我目前的住所刚好在北京海淀区的法华寺后院,这座古刹也因上演过"谭嗣同密会袁世凯"的国家主义八卦而远近闻名,被钉上了一块"海淀区重点文物保护单位"的牌子。法华寺被征用为我母校的附属幼儿园,红墙灰瓦之间,隐约能看到被洗刷过的、用特大号字体写下的毛主席语录。欢蹦乱跳的孩子们用歌声和游戏把这座沉寂而古朴的院子彻底吵醒了,果真让我分不清哪里是"红色的童年",哪里又是"苍白的归宿"。而时间真正的秘密,被每天下午五点钟的阳光固定在全中国的幼儿园门口,重复着钱钟书的格言:外面的大人和老人翘首苦盼,里面的小孩迫不及待地冲出铁门,我无数次地从这两群人之间低头穿过。我知道,当我刚好行至某一对亲子之间时,孩子,我,孩子的父/母,在那一刹那构成一个奇特的组合,我们三者"对称成三点,协调在某个突破之中"(张枣《祖母》)。我是从起点到终点的一个中间形态,但走的却不是从一端到另一端的单向街,童心和成人心态共存在我的体内,它们共同塑造了此时此刻的我。

[①] 曹梦琰:《诗是隐形的剑——西渡访谈》,《滇池》,2011(1)。

这倒非常类似于卡夫卡（Franz Kafka）讲过的一个寓言：一个人走在一条路上，前后各有两个对手。后面的向前推他，前面的却挡住他不让他通过。当后面的对手推他时，前面的对手却帮了他；而当前面的对手挡住他时，后面的对手却帮了他。他的梦想是，能够跳出这条战线，在旁观者的位置上，看两个对手互相搏斗。① 由此看来，我、西渡和身边的每一个人一样，都挣扎在这条时间战线上，这条连续体被分成了过去、现在和将来，就像寓言中的我和前后两个对手。不复存在的过去（比如童年）和尚未来到的将来（比如为人父母）一齐投射到路过幼儿园门口的我身上，构成了我的现在（另一个处于贫困时代的西渡？），它们引诱着我，挤压着我，逼迫我快步离开，寻找一个突破口。阿伦特（Hannah Arendt）把这种旁观和突破称为反省，反省的对象是那些不复存在的，或尚未来到的事物，都是些不在场的东西。卡夫卡的寓言正是反省的结果，是思维活动的产物，它是对抗时间本身的一种斗争。② 它让我们纵身跳出机械的时间连续体，跳出钟表匠人的时间，在旁观者的位置上看到了一种现象学时间的诞生：

> 而我开始像一个动词，迷恋
> 行动的成果，结果是，在宾语的
> 缺席中，重新把你错认，
> 徒然地，在梦中追忆与命运女神
>
> 辩论的细节，由此得出的结论：
> 我们永远不可能结束自身，即使
> 我们把死当成一个宾语，向命运
> 使劲推销，结束也永远是不可能的。

（西渡《没有》）

如同十年前的西渡认真地写下"开始仍然是不可能的"（西渡《残冬里的自画像》）一样，十年后的他又重申道："结束也永远是不可能的。"我们

---

① 转引自【美】汉娜·阿伦特著，姜志辉译：《精神生活·思维》，第225页，江苏教育出版社，2006。
② 参阅【美】汉娜·阿伦特著，姜志辉译：《精神生活·思维》，第229页，江苏教育出版社，2006。

的生命就是在出生和死亡之间的往复游移，人类在精神生活里永远不可能结束自身："人们说，死后一切都归尘土，/但不知道死能否消灭心之哀痛：/欢乐每时每刻都在飘逝，/悲哀却在我们心中不断堆积。"（西渡《人们说，死后一切……》）而在过去和将来的缝隙里钻出了一个肉体的小脑袋，也钻出了诗歌。作为一种在时间中断裂的形式，我们的肉身和诗歌混合着欢乐和悲哀，被普天下的凡人亲眼所见、亲耳所闻、亲手触摸。在西渡的诗歌里，幼儿园的孩子们开始长大，诗人建议他们不妨去尝试一下另一种对抗时间的方法。于是，在即将踏进的学校门口，他们听见一个熟悉的声音："去吧，孩子，松开妈妈的手，/去从歧视和不公中学会公正，/让苦难和灾祸教会你爱和同情，/从严酷的限制中拓展你的自由。//而我将一如既往地守候，即使/黑夜来临，满城升起灯火，/即使你永不归来，我从此失去你：/你就是我付出了一切的生活。"（西渡《学校门口的年轻母亲》）

三

尽管西渡的故乡在江南，然而按照中国当代的诗歌版图来划分，我们习惯于将这位一年只剪两次发的资深编辑视为一个北京诗人。这很大程度上与他的北大生涯有关，尤其是1985年前后北大自身孕育的诗歌传统对他的决定性影响（徐永、海子、臧棣等北大诗人都先后成为西渡模仿的对象，骆一禾、戈麦也是他极为推重的诗人）。[1] 优良的北大传统也为西渡的写作注入了一股学院精神，这是"一种对待诗歌的严肃态度，对形式和技艺的尊重，以及某种朝向经典的持续不断的有意识努力"[2]。这些津津乐道的渊源和他的诗学见地，已在西渡众多的文章中反复提及，并为业内的诗友所周知，因此不必进入本文论述的范围。我们可以把视线稍稍从传统上移开一点，更多、更细致地阅读一番西渡的作品，或许会有更加愉悦、震颤的阅读感受。在对西渡诗歌的细读方面，臧棣无疑是个关键性的人物。他对《一个钟表匠人的记忆》

---

[1] 参阅西渡：《面对生命的永恒困惑：一个书面访谈》，《草之家》，第283—284页，新世界出版社，2002。

[2] 西渡：《当代诗歌的实验主义与反学院情结》，《江汉大学学报》（人文科学版），2011（2）。

的卓越批评，已经取得了使诗与文相得益彰的完美效果①。"诗歌是一种慢"不仅有效地概括了西渡创作的核心理念，而且对当代的汉语新诗也贡献了一条睿智而优雅的认识论。

在西渡浸淫其中的北大传统之外，对于诗人个人而言，他的北方经验可以由一只蟑螂来作证："你几乎谙熟时间的秘密/生存的机会在于侧身缝隙/童年的伙伴中，只有你/追随我，从江南的绵绵细雨中/越江而北，抵达红色的首都/在难以容身之地找到/安身立命之所。"（西渡《蟑螂》）和所有从南方乡村来到北京定居的上进青年一样，西渡眼中的北京是一座梦幻的都市，是一个时刻需要凭借诸如高度、速度、温度、浓度、响度、知名度、面积、压强、功率、汇率、指数、榜单、票房、三围、表格、曲线、性价比、500强以及GDP等各类评价体系发号施令的大型杂货铺和实验场。城市就像欢乐谷里的太阳神车，载着它摇篮里的孩子们，漫不经心地从一边摆向另一边，让追求新奇的人们头晕目眩地回到地面，静静发呆。北京，在很多生存在这里却不属于这里的人们眼中，正在"看得见的城市"与"看不见的城市"之间来回迅速地切换，就像西渡的作品也喜爱在他的南方经验和北方经验之间不断地游移：

十八岁，我们爱上村里的姑娘，
十八岁，我们离开了村庄。
……我们离开了村庄，却把姑娘
忘在村上，却把村庄忘在山上
却把山忘在荒凉的风中……

（西渡《远事与近事·村庄》）

在诗人的印象中，作为一个地理概念，北方应该是一幅这样的情景："院子里，枯干的桃枝上/挑着几只鼓鼓的气球/点缀着仅有的节日气氛/只有风，仍在不知疲倦地吹"（西渡《北方》）。在干燥、荒芜的大地之上，北方成为贫瘠和极权的代名词，风成为北方四处投递的名片。而自己南方的家乡，则赢得了他高声的赞美："南方呵，火热的南方，/连阴影都是滚烫的！"（西渡《蛇》）带着纯粹的南方感受力，西渡走在狂风肆虐的北方的大街上，作为

---

① 参阅臧棣：《记忆的诗歌叙事学——细读西渡的〈一个钟表匠的记忆〉》，《诗探索》，2002（1）。

一个久居京城的客人，他不由自主地向北方掏出了南方的名片："我独自度过了最孤寂的十年/在这座很少下雨的北方城市/我常常把风沙击打屋顶的声音/听成绵绵细雨。梦中下着/这样的雨，我会睡得格外香甜"（西渡《玛丽亚之雨天书》）。确凿无疑的是，在西渡个人的诗歌词汇表里，雨是南方的特产，就像风是北方的忠臣一样。西渡的目光游移在南方和北方两种经验之间，把北方的风沙误读为南方的雨，把南方的特产带到他长期生活和写作的地方。在西渡描写雪的篇章中，我们看到了南方和北方，梦幻中的国度与现实中的城市，一齐交叠在中国的雪景中：

> 在图书馆阴暗的天井里，这古代严峻的大师
> 眺望着逝者的星空，预见到两千年后
> 美洲的一场雪、一次火灾，以及我们
> 微不足道的爱情，预见到理想国的大厦在革命
> 　　中倾覆
> 但现在时光已教会他沉默，柏拉图和他的雪
> 在书卷里继续生存，充满了智慧和善意
> 这时是否该我抚摸着理想国灰暗的封皮
> 当我深夜从地铁车站步行回家，遇见柏拉图的雪
> 　　　　　　　　　　　（西渡《雪景中的柏拉图》）

在深夜的地铁车站，在干燥的北京，从南方来的"我"瞥见了"雨的精魂"（鲁迅语）。作为从那部巨大的、漫游的神车上走下来的弱小一员，西渡的这种如大雪般迷离、纷繁、矛盾的城市经验，成为他北方经验中最具魅力、最蕴含增殖力的一部分。在这种意义上，西渡的诗歌在海子、戈麦作品的基础上，开拓出了全新的格局和气魄。借助诗人贴身口袋里贮藏的多种经验，本文可以试着对西渡的作品体系来做一个不恰当的观察，为他的诗歌勾勒出一张简洁的侧面素描，以便与诗人的肖像两相参照。

尽管西渡投身写作之时已身在北方（西渡最初发表诗作的时间为1986年），作为一位新晋的校园诗人，他狂热地沉迷于北大的诗歌传统里，海子等人对他的吸引力是巨大的，因而让他早期诗歌氛围里升起一团浓重的、难以清除的玄学迷雾，这团迷雾与他得天独厚的南方感受力迅速地结合在一起，使他1997年之前的大部分作品，像南方的庄稼一样，享受着雨水的恩泽和疯

长的快乐。在审美效果上，它们都基本呈现出强烈而纯粹的抒情性和形而上学追求。诗集《雪景中的柏拉图》可以作为西渡在这一时期的诗歌作业本。还记得封底出现的那个带着大眼镜的小平头吗？看他自信的嘴角，忧郁的神情，仿佛要同这个世界大战三百回合。可以认为，《雪景中的柏拉图》是地道的南方大厨烹饪出的江南菜系，适合西渡以及绝大多数20世纪80年代的诗人们的舌头和肠胃，他们不仅可以充满激情地吞噬，而且能够心满意足地消化和吸收，并从中获得柏拉图式的快感。不论那个时代其他诗人的来路和背景如何，西渡的南方经验已内化为他写作的童子功，成为他抒情的血液。它能够帮助狂飙突进时期的诗人建立一个天鹅绒般圣洁、柔美和高贵的"理想国"：

  她用梦想爱抚远方的事物
  她所抵达的境界过于幽深
  她的双帆迷失于如胶似漆的风暴
  她的颈项顶着南方鹳鸟的黑巢

（西渡《天鹅》）

  这样的幻境正是诗人希望在《雪景中的柏拉图》中构筑的。在那里，我们可以跟随西渡仰望天空中流云一样的天鹅，让我们残损的目光重新抵达那个失去的天堂："当一朵云在天空中经过，我身上的某些部分／就会隐隐作痛，像是有一个秘密的器官／被偷偷摘去：我似乎能听到一声召唤来自天上／并感到一阵永恒的渴意。"（西渡《云》）作为天鹅的相似物，云引起的饥渴感是诗人在干燥、少雨的北方对南方经验的秘密吁请，他迫切盼望着那块南方的云朵快点飘向北方，带来一场接一场江南的好雨。对雨的重新描述，是西渡将南方经验汇入北方经验的第一要务。在这种饥渴感引发的描述行为中，在天鹅般的云朵带来南方的雨水之际，一种伴随而来的疼痛感在诗人身体里驻扎下来，成为诗人的南方经验在肉身上收获的副产品："这是一天的下午，／时光在衰弱，迎着黄昏。／事情，一些在结束，／另一些还在开始。／而我被疾病抬离了地面，／降低了灰暗的呼吸，／既不开始，也不结束。"（西渡《秋天的家》）阴郁、多愁的南方经验传染给西渡一种诗歌风湿病。作为一种顽症，它保存在了诗人其后的写作习惯中，进入他的写作行为本身。诗歌风湿病在消极的意义上回应了身处北方的西渡对南方经验的召唤，让诗人在他后来的

写作中始终保持了肉体的在场,并且让它始终与美学上的南方和雨水形影相随,既不开始,也不结束:

> ……事实上,湿也是
> 万物共同的皮肤。湿重新把
> 我们生下,作为与万物的连体
> 儿;最阴险的手术刀也不能
> 把我们从新世界的身上分离
> 这样的奇迹我们曾经多么熟悉
> 今天我们重新和雨攀上亲戚
>
> (西渡《日常奇迹》)

在对雨的重新描述中,西渡重新发明了"湿"的含义,也重新诠释了肉体与诗歌的关系。浸在护理液里的隐形眼镜是湿的,冬天插在热水盆里的双脚是湿的,与湛蓝的波纹一同起伏的水上芭蕾舞演员是湿的;劳动中的前额、悲伤时的双眼、性爱中的下体、怀孕时的子宫……都各自分泌出一种湿,一种灵魂的润滑剂,万物共同的皮肤。不论是在乡村还是城市,雨让每一个室外的人淋湿,也让他们在这共同的皮肤之下成为兄弟:"……雨水浇灌/蜗牛的菜园,驱散了事物/古老的敌意,让我们和昔日情敌/握手言欢,在此与彼,今生与来世/之间,从来不像我们设想的那样/界限分明。在雨中学会宽恕吧,那伤害/我们的,也同样伤害了我们的敌人"(西渡《玛丽亚之雨天书》)。在这种意义上,人是湿的产物,诗也应当在湿中获得再生:"'生活不同于词语的地方,在于它/始终是湿润的……';他用他的独眼/观察生活,并得出了独具慧眼的结论"(西渡《存在主义者》)。诗人借萨特(Jean—Paul Sartre)之口道出了生活的湿润本性,在某种程度上,这种湿也是生活的肉体性,正是患有诗歌风湿病的西渡,在他自己的体内将这种来自诗歌内部的湿分泌出来,涂抹在自己的笔尖和纸张上面:

> 一个时代结束的消息在菜园中
> 散播开来,像一场春雨淋湿园中
> 韭菜,那想象的花园中的诗行
> 充满了生长的巨大愿望
>
> (西渡《公共时代的菜园》)

四

1997 年以后，西渡在写作中找到了全新的增长点，让他其后的作品"充满了生长的巨大愿望"。《草之家》恰如其名地成为一份对这种生长愿望的丰富记录（比如其中收录有他对诗歌叙事性的尝试之作，有他对戈麦诗学理念的回应及对后者的悼念作品，有即兴的抒情诗和追忆青春自我悼念之作等）。除了 20 世纪 90 年代以来中国诗歌写作呈现出的写实转向和叙事转向对西渡的影响之外，从他个人对诗歌的想象出发，《草之家》开始尝试用他的诗歌风湿病实现写作的肉体性的在场，用诗歌来描绘"一个时代结束"之后，一个崭新的时代究竟以怎样的方式到来？身临其境的西渡，以外科医生般的精确，详细刻画了这个新时代如何通过改变我们的肉身情境来改变我们的精神状况。在这个全新的起点处，开始或许是可能的，因为这个时代的口号是：一切皆有可能。身处这个如同中国的动车或高铁一样疾驰的世界中，面临着复杂多变的生活时局，西渡对自己的写作也做出了同步的调适，"在快和慢之间楔入一枚理解的钉子"（西渡《一个钟表匠人的记忆》），自觉地将身边真实的生活细节移植进他的诗歌中，力图用词语来模仿、再造生活的湿润性，最后用他所描摹的生活，用他罹患的诗歌风湿病，刺激词语从内部分泌出一种湿，从而实现更新、完善现代汉语的诗学夙愿。诗人这一时期的写作开始有意识地走出当年的、陈旧的玄学迷雾，开始重新发明新式的雾："雾，就像阅读分泌出的一种湿"（西渡《树阴下》）。

这种新式的雾不再来自外部的弥漫，而是来自事物的内部的分泌："……如果我们接受邀请／走到他们称为外面而事实却是／里面的地方，这些想法就会／成为我们和它们之间的一个／秘密……"（西渡《日常奇迹》）也就是说，玄学迷雾所贡献的理念的湿，开始很大程度上被诗人鼻尖上渗出的细小汗水所接管，后者成为被诗人歌颂的一种现实的湿，尽管那实在是一种反讽意义上的歌颂：

> 暴躁的城市将得到更多／的光明。速度将更快／披覆的阴凉将更少／在电锯的轰鸣声中，白颐路上／堆下十里高大的白杨／／道路将更宽，速度将提高／不止一档，戴安全帽的城建工人／像奔忙的蚂蚁费劲地／拖曳着春天巨大的尸体／载重卡车轰鸣、粗重地呼吸／／速度将

更快！夏利车内的重庆姑娘/驶向命运的里程将缩短一半/她甜美的乳房将暴露得更多！/戴黄帽的小学女生在暖房中/被时代催化，我将更快地//远离北京图书馆阴暗的走廊/阳光。阳光将更多地照耀/白颐路将更多地敞开它的胸膛/蜥蜴闪过像一个阴谋暴露得/彻底、无法取得春天的原谅//阳光将更多地照耀！电子公司的/摩天大楼为市政注入阳刚之气/巨型天线模仿着上帝的尖顶/更多地触摸到商业的体温/"当代"的繁华持续到黎明//春天，我两次经过白颐路工地/被建设的高温熔炼，被阻挡/夏天的翅膀全无阴影。光辉中的/光辉，心脏中的心脏/我经过那里赶在夏天之前（西渡《为白颐路上的建设者而写的一支颂歌》）

本诗是西渡书写城市经验的代表作。之所以要将全诗完整抄录于此，是因为诗中提到的白颐路（如今已改名为中关村大街），即北京海淀区从白石桥到颐和园的一段笔直的马路，乃是我在北京最熟悉的一段街景。我的母校和与它毗邻的国家图书馆（即北京图书馆）就坐落在白颐路上，而很少远行的我已在母校生活了近十年。据一些上了年龄的人讲，白颐路在没有改建之前拥有绝佳的景色：宽大的马路上栽了六排高大的白杨，绵延十里，两两一组，分布在路的两侧和中间，让行人获得最大限度的阴凉，在那里散步一定美不胜收。我无缘走在风姿绰约的旧白颐路上，西渡比我幸运，在北大读书时恰好赶上了它最好的年华。不知他是否在夏日的傍晚约过哪个漂亮女生在这里徜徉忘返，还是在深秋的午后一个人骑着自行车在它宽阔的路面上撒丫子狂奔。这种想象是幸福的，而几年后的现实却是残酷的，正像诗人目睹的那样：白颐路迎来了它的大规模整容手术，参天的白杨被整齐地阉割。新的白颐路将拥有双向多条车道，供北京市更多的小轿车寻找爱情或纵情飞驰（实际上我每次在校门口都看到极端拥堵的场面），马路中间设置隔离栏，上方架起了过街天桥（校门口的那座天桥是我去首体的天成市场和书乡人书店的必经之路）。没错，正像西渡歌颂的那样，白颐路会像它所面临的这个全新时代一样，在时间中变得更多、更快、更宽，连同这个城市的光明、摩天大楼、电锯和焊枪、带着噪音和尾气的汽车、重庆姑娘的乳房，以及它所暴露给城市的胸膛。这大概就是现代人城市经验的应有之义。

这些在建设中的白颐路上曝光率越来越高的城市形象，在西渡的描述中渗出了它们的湿迹。这种湿是渴望生长的巨大愿望，还是辛勤工作的美德液体?是对乘风消逝之物的哀伤挽歌,还是对尚未得到之物的阴沉欲望?这是一种发生在我们身边的湿,是大地的湿,是肉体的湿。就题材而言,对白颐路上的建设者的歌颂行为是诗人北方经验(城市经验)的一个案例,而西渡在歌颂方式上采用了它钟情的南方品质,即对湿的方法论实践。作为万物的共同皮肤和介质,这种湿让词与物之间的触摸更加的润滑、畅快、宾主尽欢。现代汉语经过这种润滑之后,能够最大限度上拒绝干涩、粗粝和枯竭的表达方式,能够更加顺利地锻造自身的精确、细腻和复杂。西渡的诗歌风湿病在这里显示出了它积极的功能:和他早期作品中擅长表现的对崇高献出的唯美的忧愁和痛苦不同,就像风湿病人可以准确地通过肉体预报未来天气这种喜剧效应一样,诗歌风湿病可以作为对日常生活的一架诗意探测器。在它敏锐的嗅觉通过的地方,我们身边林林总总、褒贬不一、哭笑不得的事物、事件都将进入他的诗歌,仿佛白颐路所炫耀的那样,诗歌中的形象将更多、词语表达将见效得更快、当代诗歌承载现实生活的气度将更宽。然而,这架诗意探测器早已将人类最终的诗意成分确凿无疑地测定完毕,那就是人在时间面前彻底的失败:

> 我能数沙,我能测海,
> 我懂得沉默并了解聋人的意思。
> 我回答一切而彻底无知,
> 我救治一切而不能自救,
> 我侍奉一切而为万物的首领。
> 但是未来者,请问我是谁?
>
> (西渡《菩萨之歌》)

五

在 2010 年底出版的第三部个人诗集《鸟语林》中,西渡继续延续着这种败局已定的诗意探测,继续寻找生活中的湿,继续践行着他在命运之中更深入的游移。他在诗集后记中,把自己的诗歌写作自嘲为在沙漠中种菜,[①] 表达了他对生命更多的焦灼、无助和荒诞。这种复杂的感情完全配得上那幅被放

---

① 参阅西渡:《鸟语林·后记》,第 133 页,海南出版社,2010。

大了三倍的作者肖像：眼神更加迷惘，嘴角更加向下。一直向下，西渡顺着灵魂坠落的方向仔细地搜寻、探测，在承认了人生注定的失败之后，他不得不审慎地、有选择地寻找自己可以注视、交谈的对象。逃离了白颐路的他，在初春的玉渊潭公园找到了几只灰褐色的野鸭：

> 它们为什么留恋
> 这一小片寒冷的水面？
> 它们小心移动的样子
> 仿佛随身携带着什么易碎的器皿
> 忍耐而胆怯，生僻如信仰
> 仿佛刚刚孵化出来，
> 等着我们去领养。
>
> （西渡《玉渊潭公园的野鸭》之一）

西渡的遣词造句也像野鸭游水的仪态那样小心翼翼，生怕惊走了这些相见恨晚的穷朋友。"……有几只爬上了湖堤/看它们慢吞吞、笨拙的步伐/你会怀疑它们是否仍属于/飞行的族类……"（西渡《玉渊潭公园的野鸭》之二）这些天堂的掉队者、天鹅的外省远亲、鹰隼的孱弱崇拜者，仅仅安静地享受着一小片寒冷的水面。它们的前世果真那样风华绝代吗？怎奈何内向的今生这般忍耐和胆怯？它们的来生果真那样孤独寂寥吗？怎奈何热闹的今生这般崇尚集体主义公社化？"而我也确实感到某种犹疑/是把它们装进我的口袋/领回家去，用它们教育/我即将出生的孩子，还是/听任预报中的寒潮/摧折它们娇弱的翅膀？"（西渡《玉渊潭公园的野鸭》之一）对于一个长期的诗歌风湿病患者来说，教育孩子远离寒冷，或者预报即将来到的寒潮，似乎都不是什么困难的事。而困难的是，这一回，诗人真切地置身于犹疑之中（犹疑成为诗集《鸟语林》的总体语气和格调，与诗人的肖像相互佐证）。这种犹疑在西渡的近作中随处可见："对我来说，难以面对的反而不是/曾经养育我的山水和亲人的问候/而是蜜蜂的质询。那是你留下的难题。/即使我能从自身召唤出一位/敏于思辨的神，也难以回答/这样的针对自身的疑问"（西渡《旧地重游》）；"事物倾向于自己的本性/树木也开始沉湎于自我思考/树枝间的果实像发亮的问号/延伸着自我的疑问……"（西渡《日常奇迹》）

诗人在内心犹疑，野鸭在水面游移，它们成为镜面两侧的事物，被西渡的诗歌所捕捉、固定，镶嵌在我们生活的右上角，像一张别致的邮票，赋予我们寄出自己的权利：寄往梦境，寄往现实，寄往过去，寄往未来，寄往天堂，寄往地狱……我又犹疑了，是否真的要寄出自己呢？保持现状可以吗？"噢，但愿我一觉醒来，火车已经停靠／一个上世纪的火车站，站台上上世纪的人物／人来人往：四周围着一圈穿白大褂的医生／正研究我的嗜睡症；而你仍没有停止奔跑"（西渡《晨跑者之歌》）。人人内心都存在犹疑，作为游移的镜像，它也同样是湿的结果，它和湿润本身都保留在人类的本性之中，等待着在左顾右盼中渴望定格的诗意。

我们在犹疑中究竟要定格什么呢？西渡在玉渊潭公园观看野鸭后的第八年，在另一个清爽的夏日正午，在东北某个小城的桥堤边，我也曾与一个女孩坐在岸边的石阶上，静静地望着对岸一处水渚，几户小小的村舍，一群灰色的野鸭。我们被野鸭游弋中的安谧吸引住了，长久地坐着不说话。这里是我父母每天傍晚散步的必经之地。夕阳下，两个灰色的、平凡的身影如野鸭般缓缓地款步向前，走在他们封闭、平稳的日子里面。而在这个无声的正午，在我与她驻足的地方，却听不到他们的足音，也许那熟悉的声音还没有经过这里。只有蓝天、白云、村舍、野鸭，和它们在水面上划出的悠长波纹。与普天下所有的抒情者一样，我愿意用锤子把自己钉在此时此地，那愿望从未如此的强烈：为自己和自己爱过的人拍一张今生唯一的照片，冲洗它，框住它，撕掉它。我宁可不走向将来，比如我娶了她；也不倒回过去，比如重历青春的诱惑和热恋的落寞。我只要现在，像歌德（Goethe）那样，喊出一句：停一停吧！于是一切静止，只有三两只野鸭闲庭自若，带着那令我艳羡不已的高傲，游进自己的世界。这唯一的画面，这逝去的画面："此刻，我同意把速度加大到无限"（西渡《一个钟表匠人的记忆》）。我的爱，我的罪；我的纸，我的火；"我金发的马格丽特，你灰发的舒拉密兹"（保罗·策兰《死亡赋格》）……这画面刺痛了我，它让我重返孤独。

这画面刺痛了我，它让我重返孤独。我成为犹疑的对象，也成为犹疑的主人，我只定格到了一张今生再也难以见到的画面，记忆中的画面。我成了这画面的风湿病患者，分泌出我自己的湿。而诗人西渡也在他自己的犹疑中，在他为生活分泌出的更多的湿中，在时间如水的流逝中，在他写出的第一行和最后一行中，也仿佛停靠在了某个地方，定格在了某个时刻。那里是吞噬一切的沙漠吗？那一刻是诗人的正午吗？那个人是当初那位留着平头的诗歌斗士，转业后的钟表匠人，如今这个孤独的沙漠菜农吗？你会见到小王子吗？你见到绿洲了吗？而你说，我希望下一个十年可以写得更多一点。① 好吧。等下一个十年，在下一个词语的转角处，也许是白颐路，也许是玉渊潭，也许是沙漠，也许是绿洲，不管怎样，我们相约老地方再见：

> 把写过的诗再写一遍，
> 直到把一首好诗写坏。
> 把对别人说过的话，
> 临睡前对自己再说一遍。
> 把牙蛀掉，消耗我们
> 一度美好的容颜。
> 把玩具一件件拆散
> 又重新组装。
> 重温儿时的功课
> 把同一道难题反复演算。
> 以加倍的耐心润滑时光的齿轮，
> 把一生慢慢过完。

（西渡《一生》）

---

① 参阅西渡：《鸟语林·后记》，第134页，海南出版社，2010。

先秦"诗言志"与希腊"模仿说"传统诗学观念之比较

吕昭苏[①]

在中国古典文献中,概称为"中国诗论开山纲领"[②]的"诗言志",最早见于《尚书·尧典》。其文如下:

帝曰:"夔!命汝典乐,教胄子。直而温,宽而栗,刚而无虐,简而无傲。诗言志,歌永言,声依永,律和声。八音克谐,无相夺伦,神人以和。"夔曰:"于!予击石拊石,百兽率舞。"[③]

汉郑玄在《诗谱序》中认为,《虞书》此言乃"诗之道"。唐孔颖达视之为中国历史上最早的诗论:"《尧典》命乐,已道歌诗。经典言诗,无先此者。"清顾炎武曰:"'诗言志',此诗之本也。"现代学者王文生在《"诗言志"文学思想纲领产生的时代考》一文中,通过大量的历史文献比对分析后将"诗言志"产生的时间范围划定在公元前9世纪中叶。在经历了二百余年的赋诗、引诗、用诗的实践之后,终于在春秋末叶,形成了"诗以言志"[④]、"诗以道志"[⑤]的较为系统的普遍适用的理论认识。此后,在近三千年的漫长岁月里,"诗言志"这个纲领一直被奉为圭臬并不断被完善。

公元前6世纪,古希腊的文艺思想开始萌芽。据考证,"摹仿"一词出现在荷马时代以后[⑥]。毕达哥拉斯学派关于"天体音乐的摹仿"可视作古希腊最早的"模仿说"。唯物主义哲学家德莫克利特说人类"从蜘蛛学会纺织和缝

[①] 作者为中央民族大学2011级文艺学专业硕士研究生。
[②] 朱自清:《诗言志辨》,第3页,凤凰出版社,2008。
[③] 《尚书·虞书·尧典》文字材料参阅孔安国传,孔颖达正义:《尚书正义》,上海古籍出版社,2007。
[④] 《左传·襄公二十七年》有关晋、郑间君臣交会的一次记载:晋大夫赵孟请求与会的郑国诸臣赋诗言志,郑臣伯有与郑君有宿怨,故意赋《鹑之贲贲》一首。会后赵孟私下对人说:"伯有将为戮矣。诗以言志,志诬其上而公怨之,以为宾荣,其能久乎?"
[⑤] 详见《庄子·天下篇》。
[⑥] 章安祺等著:《西方文艺理论史——从柏拉图到尼采》,第5页,中国人民大学出版社,2007。

纫，从燕子学会造房子，从天鹅和夜莺等鸣鸟学会唱歌"①。柏拉图从他的洞穴隐喻和镜式思维出发认为文艺的本质在模仿。而最终对模仿论做系统理论阐释的集大成者是亚里士多德。他在《诗学》中指出："史诗和悲剧、喜剧和酒神颂实际都是模仿，只是所用的媒介、所取的对象、所采用的方式各不相同已。"② 摹仿不仅能客观真实地反映事物的样貌，还能揭示事物的本质规律。亚里士多德的《诗学》被俄国作家车尔尼雪夫斯基称为西方"第一篇最重要的美学论文，也是迄至前世纪末叶一切美学概念的根据"③，对西方文学和美学的发展产生了深刻而持久的影响。

从时间上看，东西方文艺思想萌芽虽有先后，但其传统诗学理论体系发展乃至基本定型的历史时段却大体相近。换言之，"言志"和"模仿"作为中西传统诗学中遥相对应的两个主导性命题，分别源起于中西诗学发轫期的先秦与古希腊。也就是雅斯贝尔斯在《历史的起源与目标》一书中提出的"轴心时代"，即公元前六百至前三百年。此间三大古典文化中心（古希腊、以色列、中国和印度）发生了"终极关怀的觉醒"，人们开始用理智的方法、道德的方式来面对这个世界，这个觉醒同时带来了诗学意识的发生。那么，这种觉醒是偶然还是必然？二者有何异同？这将是本文论述的重点。

一、诗之质

艺术起源于什么？艺术的本质特征是什么？这是任何思想家对诗论做理论思考时必须事先回答的问题。关于文学之所以为文学的形而上的质的规定应该说在东西诗学的源头都可以找到答案，然而其理论依据却绝非纯文学或美学的，而多从其哲学思辨和社会伦理层面不断演进。因此，关于诗本质的概括虽然明晰，但在中西古典时期其内涵和外延则要宽泛得多。

先秦时代对文艺本质的一个基本认识，就是"诗言志"。"诗言志"命题的核心是"志"，"志"乃"诗"之生命本根，中国诗学精神之原核。如果说"言"为诗的载体或表现形式，那么，"志"之何为则是理解文艺本质的关

---

① 马新国：《西方文论史》，第14页，高等教育出版社，2006。
② 亚里士多德：《诗学》，第27页，商务印书馆，1996。
③【俄国】车尔尼雪夫斯基著，辛未艾译：《车尔尼雪夫斯基论文学》中卷，第177页，上海译文出版社，1979。

键。许慎《说文解字》将"志"释作"从心,之声"。朱熹在为《论语·为政》作注时认为:"心之所之谓之志"。说明"志"是心借助于语言体现的,是从属于人的主体性精神活动。当内心情意蕴积,主体心灵向外投射,与外在现实世界产生对象性关系,发而为有指向的情意活动时,则需要动力因素的激发和理性规范的制约。汉人《毛诗序》明确称:"诗者,志之所之也。在心为志,发言为诗;情动于中,而形于言。"孔颖达认为:"在己为情,情动为志,情、志一也。"由此可见,"志"为"情"所动。作为动力因素的"情"的内涵和外延直接规定了"志"的意向。我们需要从中国上古的文艺实践中寻找答案。

在先秦时期,诗乐舞三位一体的状况决定了先秦论乐的内容实际上也是论诗的内容,而诗和诗的观念应该是同时发生的。上古歌谣(包括乐舞)同原始巫术与宗教活动相联系,其歌辞往往就是巫术咒语或宗教仪式中的祷辞。《吕氏春秋·古乐》所记述"葛天氏之乐"的八阕之歌表达了那个时期人们敬天崇德的普遍情志,具有明确的群体功利性指向。从自陈作意的《诗经》篇章来看,基本不出"讽"与"颂"二途,都与政教相关。当然,"诗三百"里表达男女思恋、游子怀乡、行役愤懑、弃妇幽怨等"各言其情"的篇章有很多。但经礼乐文明、史官文化传统的范铸、改造、转型,原属个人抒情的内容,无一例外地转化成了与古代社会的政教、人伦紧密相关联的特定的情意指向——政教怀抱[①]。先秦时期包括孔子在内人们普遍将诗歌作为广义的文化现象,士大夫阶层"赋诗言志"成为其言说之本。可以说脱胎于原始巫祭,涵养于乐教传统,为礼乐所规定的"志"所抒发的是群体情志。而这种群体性的情意指向直接受外在社会意识形态集体心理的制约,即礼乐文化及道德伦理的规范。因而,"志"乃"心之所之",同时又是"心之所止"。《毛诗序》用"发乎情,止乎礼义"来概括诗"志"所具有的感性特质与理性规范间的关系,应该说是切合实际的。既使承袭于殷周遗风、宋楚文化的骚人诗赋以"穷通出处为主"[②],不同于《诗经》的直切讽、颂,属"一己"抒怀,却仍难出时政怀抱窠臼。由早期诗人的"明乎得失之迹",发展、演变为后世

---

① 闻一多先生《歌与诗》一文认为:"志有三个意义:一记忆,二记录,三怀抱。"朱自清《诗言志辨》认为:"到了'诗言志'和'诗以言志'这两句话,志已经指'怀抱'了。"且"诗言怀抱"与"礼"不可分割,专指同古代社会的政教、人伦紧密相关联的特定的情意指向。
② 朱自清:《朱自清古典文学论文集》,第 220 页,上海古籍出版社,1981。

重在抒写"一己穷通出处"和"情寄八方之表"①,"诗言志"所标示的情意指向,依然同带有普遍性的人生理念、社会政教息息相关。因此,"诗言志"之"志"是以理性为导向的情感心理,既属于个体的情意体验,是主体感性情感的流露;更不离群体的伦理规范,具有社会理性的维度;以理摄情,同纯属私人化的情意表现有明显分界。不过楚骚精神的发展、道家文化的超越、人思想感情的复杂化和个体表情达意的需求使得"诗言志"的命题变得更富于弹性,为后世"情"对"理"的超越提供了可能。

这与古希腊流行的"艺术模仿自然的"观点显然有着本质的区别。尽管"摹仿"在西方也经历了一系列的嬗变,但始终是以艺术与现实的关系为核心关照艺术的起源与目的。在希腊人的观念里,世界是一元的,神存在于一切现实事物中。艺术和美的本质"仅仅在于他们同普通感官知觉对象具有模仿关系"②,"人们普遍印象觉得这个美的世界是模仿性的再现,而不是解释性的独创"③。应该说,在再现事物形象这一点上,希腊人将全部艺术都归于"摹仿"。柏拉图用"明确的形而上学的方式"④将遵循自然意义上的摹仿提升到摹仿原型的层面。认为艺术"摹仿"如同"拿一面镜子四面八方地旋转"。虽然在表面能制造一切事物,但是它"只是近似真实体的东西"⑤。只有"理式"是现实世界的本源,具有绝对真实性。现实世界是"理式"的摹本,因而不具有真实性。文艺是现实世界的摹本,"摹本的摹本"、"影子的影子",所以艺术家摹仿现实世界,"只知道外形,不知道实体"。这种否定性的描述是建立在柏拉图的理念世界上,其实际隐含的话语逻辑仍然是:摹仿将现实如镜子映射般客观再现。

亚里士多德认为艺术根源在现实中,在人们的生活中,而并非存在于先验的理式之中。他认为艺术模仿不是照相式的模仿而是创造性的模仿。摹仿的本质就在于通过个别表现普遍,通过特殊表现一般。艺术模仿现实,不仅再现自然世界的表象,而且还揭示了社会生活的本质规律,即现实世界的必然性和普遍性。"诗比历史更真实","更富有哲学性和严肃意味"。⑥ 诗描述

---

① 钟嵘《诗品》评阮籍语:"言在耳目之内,情寄八荒之表。"
② 【英国】鲍桑葵著,张今译:《美学史》,第23页,中国人民大学出版社,2010。
③ 【英国】鲍桑葵著,张今译:《美学史》,第18页,中国人民大学出版社,2010。
④ 【英国】鲍桑葵著,张今译:《美学史》,第37页,中国人民大学出版社,2010。
⑤ 柏拉图著,朱光潜译:《文艺对话集》,第69页,人民文学出版社,1963。
⑥ 亚里士多德:《诗学》章九,第81页,商务印书馆,1996。

"可能与必然发生的事",其本质就是自然现实的反映和对真理的认识。虽然柏拉图和亚里士多德有着迥然相异的表述方式,或者说是亚里士多德由柏拉图的抄录自然迈向自然基础上的自由创造。其艺术观仍然是哲学的,是在理性原则支配下的发现认识本质世界的过程,重视对于客观对象的分析、区分、解释、推理,无论是自然世界还是理念世界。这种认识方式也就决定了艺术的本质在于同感官知觉对象的模仿关系。因此,我们可以清楚地看到,"摹仿"作为西方古典美学的重要概念,始终聚焦于客体对象——自然现实世界。目的是制造一个相似物,结果是被模仿者的整体呈现,摹仿的主体性特征始终缺席。这与中国先秦"言志"的群体政教怀抱指向有本质的差别。

二、诗之美

艾布拉姆斯在《镜与灯》中认为,西方的"模仿说"侧重分析作品与世界(自然)的关系,而中国的"诗言志"则更注重作品与作者的关系。当二者由广义的文化层面进入具体的文学实践,中西两大诗学观念的本质差异就表现为不同的审美意趣。

古代中国以礼乐文化为中心,本质上来说是以血缘伦理为基础的。先秦时期,思想家关怀的中心是人之存在及社会价值问题,少有以文学为独立对象进行专门化思考。因此,审美活动无法脱离伦理道德而存在,审美愉悦常常被理解成为某种伦理观念被确认后的愉悦[①]。《论语·述而》记载:"子在齐闻韶,三月不知肉味。"孔子对于乐音"不图为乐之至于斯也"的陶醉在审美经验层面应该是一种纯粹的、无功利的审美感受。然而,孔子高度评价《韶》乐:"尽美矣,又尽善也",却认为《武》乐"尽美矣,未尽善也"。说明孔子对乐的感受,既是一种审美愉悦,也是一种道德愉悦。在孔子看来,舜以禅让得天下,又以禅让传天下,充分体现了治国以礼、为政以德的政治理想,故歌颂大舜文德的《韶》乐,荡气回肠,令人陶醉,尽善尽美。文王武王尽管以有道伐无道,但非以仁德取天下,故歌颂其武功的《武》乐,虽有威武雄壮之美,却未尽善。因此,"美者,善之华","善者,美之实也"。美的形式和道德的意蕴构成了审美关照的两个方面。只有形式之美与内容之

[①] 朱良志:《中国艺术的生命精神》,第331—332页,安徽教育出版社,2006。

善结合起来才称得上是真正美的艺术。作为包含理性维度和政教怀抱的"志",借助语言形式进行文学创造时,必然以内在的"尽善"审美意识规范"言"之"尽美"。"诗言志"所蕴含的尽善尽美的审美取向,深刻影响了中国文学的发展。

先秦时代,以《诗经》为代表的风雅传统,将诗的抒情言志功能进一步深化,在长期的创作实践中逐渐总结出了中国诗的表现方法——赋、比、兴。而陈物写情的"赋"、比物寓情的"比"、触物起情的"兴",都是以抒情为根本原则,以情与外在事物的关系为核心,以表现情境为目的。因此,在以"比兴"表现见长的传统抒情文学中,有一个"比德"①的隐喻传统。对于古代文人而言,自然界的山水草木,原本无谓善恶美丑,只有当其与人的主观情志,特别是某种善德联系在一起时,才具有美感,值得吟诵。"言志"的过程也就是作者自身道德观念和主观情感寻找外在表现的过程。"情以物兴"、"物以情观",大自然之景与作家情志交互生发,创造出情景交融、虚实相生、活跃着生命律动的韵味无穷的诗意空间,形成了中国文学特有的审美情景结构——意境,把文学艺术抒情言志的功能发展到了极致。以楚辞屈原为代表的庄骚传统,"以一己的穷通出处为主",如屈子《离骚》反复致意自身遭谗被逐的忧愤情怀;宋玉作《九辩》通篇不涉时政,着力摹绘秋意衰飒的景象与本人困顿失意的处境。但就古代社会的士大夫而言,这种"忧愤之思"、"士志不平"虽属"一己",仍不出政教礼法。香草美人、浪漫想象同比兴一样,都是士"志"的言说方式,是对现实的审美表现,由现实而发最终指向时政。老庄道家哲学为儒家的济世之"志"注入超世情趣。虽可以暂时超脱社会的礼教伦常,不以时政萦怀,但却没有朝纯粹审美演进,而在实践上转向一种人生姿态,人生修养。更多地以"独善"自适,作为与"兼济"互补的立身形式。这其实就是自我生命、人伦秩序与天地精神的合一,是道德愉悦和审美愉悦的合一。这种执著于伦理精神的关照方式,给审美愉悦注入了独特的精神,使审美愉悦由悦耳悦目的外在感官快乐,逐步倚重悦心悦意的内在愉悦,是内在美善的情志怀抱的审美表现。由此可见,"诗言志"传统中的政教与审美合一的二重性奠定了整个中国诗学的基本审美取向。

---

① 刘向《说苑·君道》篇载孔子论水"夫水者,君子比德焉",以德、仁、义、智、勇、察、贞、善、化、正、度、意等喻水。"是以君子见大水观焉尔也"。

从上文的有关论述我们可以明确，西方诗学概念的提出最初是作为哲人对文学艺术的思考，是哲人把审美感性的文学艺术现象带入哲学的思辨空间来解读的，其立足点都是其对宇宙图式的抽象反映。那么，寻求对世界的各种"摹仿"关系的可能性，首先是以认识为目的的。柏拉图认同"一切文艺都是摹仿"的观点，却毫不留情地将诗人驱逐出理想国，原因就是他以理念和认识真理为最高价值尺度，认为文艺对真理的认识毫无贡献。在文艺与现实的关系上，亚里士多德认为理性原则存在于感性事物之中，他以摹仿与学习作为诗起源的两个要素，并进一步阐明摹仿与学习使人得到的愉快是认知的愉快，从而肯定摹仿现实的文艺的认识价值。因此，与中国文艺重视情志作用迥然不同，西方文艺思想在它的最初阶段就是以认识真理为标志的。文学艺术中作为感性存在的情感在理性主义哲学传统中处于隐匿状态，与理性形而上学所设定的最终原理存在差异。

以形而上学的认识方式去关照艺术的审美活动，无疑会凸显审美价值中"真"的维度，强调艺术对现实生活的客观真实的反映和认识。尤其是在亚里士多德之后，"模仿说"更注重强调诗人应该按照现实生活中事物的本质和发展规律来描写事物。诗所模仿的是现实世界本质规律的必然性和普遍性，而非偶然的现象；诗不能离开具体事物来叙述一般，而要通过特殊的个别的人物事迹来显露出其中隐藏着的必然性与普遍性。所以，从希腊神话和希腊悲剧开始，西方的文学作品就侧重于真实地展示人与大自然斗争的历程，描摹社会人生的悲喜剧，以揭示这种必然性与普遍性。《俄狄浦斯王》对命运必然性的揭示，《伊利亚特》长达十年的特洛伊之战，《奥德赛》英雄十年返乡归途的种种人间世相等，都是艺术求真的审美体现。这也是造成西方叙事文学发达的内在原因。亚里士多德提出的文艺模仿四原则：文艺摹仿要创造形象，文艺摹仿要反映人生，文艺摹仿要叙述一般，文艺摹仿允许虚构，则奠定了西方文学现实主义理论的基础，对西方文艺发展影响深远。

文艺"摹仿"在意的是客体对象，客体的比例和谐带给人感官愉悦。换言之，客体之美给人以审美愉悦。然而，希腊雕塑绘画等艺术的高度发达同时启发了哲人对于美本质的思索。苏格拉底、柏拉图、亚里士多德将美视作先天而自在的"美的相"，使美由经验直观进入理性辨证，具有本体论意义。西方古典时代的"美"总是在形而上学和感性经验两个对立的向度内被考察。而作为审美活动动力因素的情感也被区分、控制和净化，与现实感性经验相分离。因此，对"文艺摹仿"之美的讨论似乎很难在纯粹的审美层面展开。"对希腊人的艺术来讲，同对他们的伦理学来讲是一样的，关键是美和善的融合；所以这是很自然的，在讨论他们的艺术时，要坚持艺术的伦理价值，在讨论他们的道德理想时，要坚持它的审美意义。"说明在西方"美善统一"的观念也是自古有之。美可以给人快感，原因在于美是一种善。这与"诗言志"二重性特征（政教与审美、感性与理性）所蕴含的尽善尽美的审美理想似有异曲同工之妙。不过与中国略有不同，这里的美善合一具有形而上学的性质。质言之，西方美学强调美与真的统一，导向外在知识；中国美学强调美与善的统一，导向内在意志，一种与外间世界（社会、自然）相统一的人格。

由此可见，"言志"与"摹仿"二者本质虽殊，但也绝非楚河汉界般泾渭分明，其审美意识所蕴含的"善"的价值维度为二者提供了对话的可能。

三、诗之用

"万里江河，始于滥觞"。我们回过头来再看舜帝命夔典乐，这里实际隐含了一个重要的命题，就是"诗言志，歌永言，声依永，律和声"的对象乃是"胄子"。乐教的目的是培养贵族青年"直而温，宽而栗，刚而无虐，简而无傲"的理想品格，合于《尚书·皋陶谟》"行有九德"之说①。虽然最终的"神人以和"隐含了原始人类"交感巫术"的信仰，却已经明确地暗示我们"诗言志"命题下的诗学功用。孔子评价"诗三百，一言以蔽之，曰：思无邪。"②。朱熹注释："凡《诗》之言，善者可以感发人之善心，恶者可以惩创人之逸志，其用归于使人得其情性之正而已。"③ 由此可见，涵泳于乐教意识形态品格中的文学是作为一种工具被讨论的。为了更好地理解"诗言志"的功用观，我们不妨将之放在先秦社会大的历史文化背景之下进行考察。

在原始的巫术礼仪活动中，诗、乐、舞合体共生。上古时期，"诗言志"还不是独立的文学观念，而是原始乐教的一个关目，沟通人神的一条途径、一个环节、一项仪程。所以，原始"诗言志"的"志"属于巫术文化范畴，

---

① 《尚书·皋陶谟》载"行有九德"乃"宽而栗、柔而立、愿而恭、乱而敬、扰而毅、直而温、简而廉、刚而塞、强而义"。参阅孔安国传，孔颖达正义：《尚书正义》，上海古籍出版社，2007。
② 杨伯峻：《论语译注》，中华书局，2009。
③ 朱熹：《四书章句集注》，中华书局，1983。

具有直接的功利目的性。商亡周兴之后，周公"制礼作乐"，诗逐渐被纳入礼乐教化体系，献诗、陈诗、采诗在西周变为一种制度化的存在。从《大雅》、《颂》的部分篇章可以看出西周初期诗乐作为一种贯彻某种仪式和规范的手段渗透到宗庙祭祀、朝会宴饮等日常生活之中。因此"诗言志"在西周礼教的文化系统中，必然自觉承担社会上层建筑、意识形态乃至政治教化和情感交流的多重任务。诗所陈之"志"受制于乐而服务于礼，"托物言志"之"志"乃政治情怀。春秋时期诸侯专征伐，陪臣执国命，以强凌弱，以众暴寡。王纲解纽，礼崩乐坏。遵守某种共同的社会规范和意识形态已不大可能。而《诗经》诸篇所承载的共同情感和集体意识提供了某种话语逻辑。外交场合以诗喻，应对诸侯；师生朋友之间，各言其志以示道德修养。这样"赋诗言志"在春秋时期成为一种风尚，更是一种必须，"如有不能知或不能答赋者则引为大怪"。[①] 春秋对礼乐制度的破坏客观上凸显诗的内在意义价值。诗在摆脱乐的束缚的情况下独立地执行言志功能，成为社会政治活动、个人道德修养乃至安身立命的重要工具。孔子以"兴观群怨"[②]概括"诗言志"的文艺功用可谓全面、深刻而又精辟。从原始乐教到"献诗陈志、采诗观风"的西周礼教，再到"赋诗言志、观诗观志"的春秋诗教，乃至诸子百家引诗证志等活动，勾勒出中国诗学观念发展的历史。也就是在这个意义上，"诗言志"作为中国诗论的滥觞，从其赖以生存的历史文化土壤来看，从来就不是纯粹审美意义上的情志，而承载了较浓重的社会功利之用。

在与中国先秦遥相呼应的古希腊时代，文艺功用论也是由来已久。对于希腊人而言，"艺术就是教育。艺术的目的不仅是快感，同时也是教诲"[③]。其实，以哲学角度去思考文艺本质问题，视"摹仿"为反映现实生活和认识真理的思维方式，本身就是一种极具认识目的的功用论断。而美善统一的形而上观念，也使得西方的文学艺术在社会层面具有了伦理指向。

柏拉图在他的《理想国》和《法律篇》里曾三下禁令，反对文艺。其理

[①] 朱东润："春秋朝享盟会，列国君臣必赋《诗》以明志，其有不能知或不能答赋者则引为大怪……由是以观，春秋列国之君臣，不得不知《诗》也。"

[②] 《论语·阳货》："小子！何莫学夫《诗》？《诗》，可以兴，可以观，可以群，可以怨。迩之事父，远之事君。"

[③] 狄金森《希腊人的生活观》："美的观念和善的观念融合，是希腊人的艺术理论的核心观点，正是这种观点有助于我们理解，为什么他们认为艺术就是教育。根据他们的观点，艺术的目的不仅是快感，尽管快感对于艺术来说是根本的，但同时也是教诲。"

由有二：一是文艺摧残理性而培养情感；二是文艺对人产生伤风败俗的影响。第一个理由是哲学的，第二个理由是道德的。道德属于理性的范畴，也属于哲学的范畴。一般我们评价柏拉图"驱逐诗人"的行为是以他的理式哲学观为基础的。如果从社会伦理角度来看，诗人并非斥责文艺本身，而是担心文艺的社会效果，怕文艺摹仿人性中"低劣的部分"。因此，柏拉图为理想国保留了敬神的颂诗和歌颂名人的诗篇。如果诗人们哪一天可以改邪归正，只要"对国家和人类生活有益"，那么理想国将欢迎他们的回归。"给人以教育，使人得益"是柏拉图坚持的文艺标准，最终是为其政治理想服务的。这与东方诗教观殊途同归。

亚里士多德时代的社会状况同孔子所处的春秋乱世极其相似。亚里士多德生活于希腊奴隶主民主制的危机时期。希腊城邦在经历了伯利克时代的大繁荣之后，奴隶制城邦所固有的矛盾在亚历山大的改革下日益激化，城邦面临瓦解的局面。作为中等奴隶主贵族的代表，努力寻求缓和奴隶主和奴隶间的矛盾，消除社会的动荡与混乱，稳定奴隶制国家成为其政治目标。然而以何种方式践行，亚里士多德选择了不同于马其顿式的军事专制或柏拉图斯巴达式的理想国的温和民主制。因此，同孔子试图建立以"仁义"为核心的道德观"修身治国齐家安天下"一样，亚里士多德面对现实提出一套社会成员所必须遵循的"中庸之道"的道德理论。亚里士多德是一个艺术的功利主义者，常常用自己的伦理观去阐释艺术的目的。

《理想国》第十卷中，柏拉图特别提到了两种"不冷静"的情感：感伤癖和哀怜癖，它们阻碍了人的理性，有碍于城邦的治理。在《诗学》中，亚里士多德并没有直接为这两种情感辩护。"我们不应要求悲剧给我们各种快感，只应要求它给我们一种它特别能给的快感，这种快感就是由悲剧引发的怜悯与恐惧之情，而非别的什么情感。"[①] 最好的怜悯和恐惧应该符合"恰当"的标准。亚里士多德曾在《尼各马可伦理学》中反复论证"适度的情感即美德"的思想。他认为每一个人的本性是由有共同的善构成的。每一种科学和艺术的研究，每一种行动和目标都是旨在求得某种善。"德性作为对于我们的中庸之道，受到理性的规定。"因此，必须从道德上判断悲剧作品中所写的一切是否适当，以求"取得更高的善或避免更坏的恶"。人所具有的怜悯和

---

① 亚里士多德：《诗学》，第 105 页，商务印书馆，1996。

恐惧情感既不能过分，也不能不足，而应保持适度，才合乎中庸之道的美德。既然悲剧所引起的怜悯与恐惧之情应该受到理性限制，那么如何去除多余的不合适的怜悯和恐惧，保持理性，防止其成为"癖"呢？亚里士多德认为这需要靠对悲剧的摹仿"来使这种情感得到陶冶"，使情绪得到净化。换言之，就是文艺模仿的"卡塔西斯"效用。

悲剧卡塔西斯的实质，就是悲剧引起的怜悯与恐惧的快感，使观众理解悲剧人物遭受厄运的根源，认识到本剧人物的"过失"所必然要带来的严重后果，帮助观众养成中允平和的适度的激情和行动。人们宣泄这些情感不健康的因素，最终是为了把理性重新置回人们的心灵，以利于希腊奴隶制国家的"乱中求治"。亚里士多德赋予"卡塔西斯"以诗的哲学立场，说明了诗歌不仅可以愉悦人的心情，而且无碍于有秩序的管理和人们的生活。所以，诗人和诗歌也就理所当然地可以回到理想国了。

"诗言志"的目的是为了教化人心，诗"摹仿"的目的则是净化人心。由此可见，"言志"和"摹仿"虽然属于不同性质的诗学概念，然其所奠定的诗学传统在文艺与现实关系层面，找到了文学和社会沟通的重要方法。不论是中国先秦还是古希腊，文学艺术的社会作用应该都是传统诗学的落脚点。那么，这种具有明确社会功用的诗学观念重新回落到艺术审美层面该如何实现？

其实，《尚书·尧典》中舜的指令、夔的回答实际上已经给出了答案："八音克谐，无相夺伦，神人以和。"即诗乐的美学效用在于"和"，其目的是要通过内容形式和谐的诗乐引起读者、听众的应和，以促进内心的和谐，进而实现人群、社会的和谐，所谓"乐与天地同和"，"和，故百物皆化"。①当"志"的思想落实在美学层面以及由此所造就的人格风范上，便又回到了脱胎于乐教传统的"中和"之美。因此，无论是"尽善尽美"、"文质彬彬"的审美道德理想，还是"温柔敦厚"的诗教原则，都是以"和"之精神气质贯注的。人所推崇的"孔颜乐处"，就是自我生命、人伦秩序和天地精神的和一，是人自身、他人乃至宇宙的整体和谐。甚至儒家所建立的伦理秩序往往也从这种人与天地和谐的关系中寻找天经地义的力量："致中和，天地位，万物育"。（《中庸》）值得注意的是，古希腊的哲学家在谈到文艺摹仿的美感

---

① 《礼记·乐记》，参阅王文锦：《礼记译解》，中华书局，2001。

时，同样是以"和"为最终效果的。毕达哥拉斯学派的"数的和谐"，赫拉克利特的"对立和谐"，柏拉图的"和谐的统一"，亚里士多德的"整体的和谐"，无一不从诗的哲学立场出发，探寻文艺对现实美感效果的和谐实现。而当这种美学上的和谐投射到社会层面去实现，就突出表现为社会的和谐状态。在中国，《礼记·礼运》用精炼的语言，描绘了一个"天下为公，选贤与能，讲信修睦，老有所终，壮有所用，幼有所长"的理想和谐的"大同社会"。在西方，有柏拉图"哲学王、军人和生产者各安其位、各任其事，协调一致，公平正义，国家和谐"的"理想国"，有亚里士多德"优良生活、优良政体、优良品德"三位一体的"优良城邦"。其实不论东西方对和谐社会的表述如何多样，都是为了追求实现人、自然、社会的整体和谐，从一定意义上来说，都是"和"的审美理想的社会表述。由此可见，东西文明在实现诗学美感效果上又找到了共通点——和谐。

综上所述，"诗言志"和"模仿说"作为中西传统诗学中遥相对应的两个主导性命题，不仅是不同文类经验的总结，而且分别含有各自文学思想体系的雏形，建构并深刻影响了各自的文学发展走向，对中西方诗学及文学的发展都有不可忽视的作用。尽管二者在文学本质、创作实践及美学思想层面有诸多的不同，然作为"轴心时代"几乎同时萌发的诗学意识在更广阔的社会文化和美学层面却也殊途同归，它们的发生不是历史的巧合，而是文明发展的必然。

从《字诂》看黄生的文字学成就

张 燕①

有清一代继承了汉学的朴实学风,重视声音训诂,名物考证,这一时期文字学、训诂学研究达到了前所未有的高度。作为"实发汉学第一人"②,"徽之朴学魁儒"③,"有清一代朴学之先登者"④,黄生对于清代小学的开启与兴盛,有着重要意义。黄生的代表作有《字诂》和《义府》,《字诂》一书,取经史群书语词,考辨音义,订正讹误,侧重于文字形音义的辨识。《义府》上卷论经,下卷论诸史、子、集及宋代赵明诚《金石录》、洪迈《录释》、北魏郦道元《水经注》所载古碑的语词,侧重于名物典制的考证。就古音以求古义,是两书共具的突出特点,也是黄生对清代训诂学产生极大影响的一个重要方面。历来对黄生的研究多立足于《义府》方面,侧重于训诂学、语源学,而对语言的载体——文字方面的研究多淹没在训诂、词源探讨中。本文拟换一个角度,立足于《字诂》,从文字学入手,以期从小到大、由浅入深,达到对黄生语言文字成果更全面系统解读。

关于《字诂》的命名,《四库全书提要》有如此解释:"是编取晋张揖以名其书,于六书多所发明,每字皆有新义,而根据博奥,与穿凿者有殊。"⑤清代刘文淇在"字诂、义府跋"中也做了相近的评价:"是书博大精深,所解释皆实事求是,不为凿空之谈。夫声音训诂之学,于今日称极盛,而先生实先发之。"以上论述,概括了黄生在文字学研究上的主要特点:其一,能突破前人成说,对文字的结构做出新的阐释;其二,实事求是考证,证据确凿不虚妄;其三,作为清代声音训诂之学的先声,用声音贯穿文字训诂。这些特

---

① 作者为中央民族大学 2011 级汉语言文字学专业硕士研究生。
② 【清】永瑢、纪昀:《四库·经部总叙》,第 56 页,商务印书馆,2005。
③ 《安徽丛书》,第 15 页,安徽丛书编印处,1932 年刊本。
④ 《歙县志》,第 23 页,徽学杂志编辑部,1982。
⑤ 黄生:《字诂义府合按》,第 277 页,中华书局,1984。

点在《字诂》中有集中体现。

一、文字形义篇

一个字具有形、音、义三项基本属性，黄生能够认识到形、音、义三者的内在联系，在分析字时，能够将形、音、义三要素结合起来进行考察，特别重视本字、本义的考求，这样每个字从本字本义出发，联系变音和引申义，就形成一个独立的小系统。这为清代学者提供了一个好的范例，为清儒提出"形、音、义互求"的研究方法奠定了基础。我们分别从形体分析和因形求义方法来进行说明。

（一）形体立新说

黄生往往以"六书"理论提出自己独到的见解，有的继承补充《说文》，有的补正《说文》，敢于打破传统，提出与许慎不同的见解，不乏创见与新意。如：

（1）《字诂》"祘"条："筭字古作祘，《六书正譌》以為从二示，会意，非也。此象布筭纵横之形，偶同二示，其实不然。《说文》云'筭长六寸'，盖古人筭子如今之筹码。右军《笔阵图》云：'平直相似，状如筭子，便不是书'。《五代史》王章云：'措大辈把筭子，不知倒顺'，其制可见。今就祘字字形思之，想古人筭法每位只用五筭。遇六数则一当五，余四筭下尽，则又以一当十，另从上位起数矣。二示，象左右二位。二纵三横，象当五与畸零也。按：汉徐岱《数术记遗》，筭法自积筭至计筭凡十四种，有用筹者，有用珠者。今之筭盘用珠，是其遗制，而用筹之法遂不传矣。"

此条，黄生根据"祘"的字形和《说文》的解释，得出"祘"字象古人的筭法，并非"从二示，会意"，并进一步解释，筭法有用筹者，有用珠者。

（2）《字诂》"虜条"："虜，《说文》从毋、从力。徐锴云：'《左传》：'武夫力而拘诸原'，故从力。毋音贯，穿之也，获者以索拘之。张有《复古编》云：'俗从男作虜。'予谓：从毋、从力者，疑许氏之误，小徐曲为引证，其说近迂。虜谓胜敌所获男女，字正宜从男，张、徐皆秉承许氏太过，不敢轻倍其说者也。"

此条，黄生根据字形分析，得出"虜"字应"从男"，而不是"从毋、从力"。提出了与许慎不同的见解。

（3）《字诂》"兄"条："兄字，《说文》以为长者，盖谓以言语教诲其子弟，故字从口。此鑿也，以长诲少，父师皆可，何必定兄。愚以为当从兒省，会意。兒象小儿頭囟未合形，兄长于弟则囟合矣，故作兄。《六书正义》知不从口，而遂改作兄，亦妄。"

黄生根据"兒"的甲骨文字形，来判定"兄"的特点，即"囟合"。黄生的分析是很有见地的，他认为"兄"字从口从兒以会"兄长"意。以上三个例子都是对小篆形体重新阐释，"祢"、"兄"是对构字部件的重新解释，使字的形体与意义更切合；"虞"的形体直接采用张有《复古编》的说法，认为从男虍声，使小篆形义关系变得顺畅。对形体的重新阐释都是建立在大量例证的基础上，所以更具有说服力。

（二）字体重变化

另外，黄生从自己的训诂实践出发，认识到汉字形体的变化，在不同程度上给文字的研究带来了影响，得出以下结论：

1. 字体的古今演变造成了意义探求的一定困难。"若今之楷隶，则书法悬绝矣。苟不通古字，易明其说乎？"（《字诂》"己亥"条）"大抵变篆为隶，字体因之大乱，当省而不省失之赘，不当省而省失之简，末俗从风而靡，不知作俑何人，可恨也。"（《字诂》"与"条）对此黄生大有"字学芜废"之叹。（《字诂》"馨幕"条）而其解决的途径则在于"明古字"。所谓"古字"即甲骨文、金文，因其更多保留造字时的最初形态方便索义，故引起了黄生的重视。如：

（1）《字诂》"不"条："欸识中丕显字俱作不，则知《毛诗》凡言'不显'皆'丕显'也。噫，苟明古字，六经注脚直可无烦耳。"

此条，黄生根据古"不"的形体与"丕"一样，得出二字实为一字，解开了六经中注释的疑惑，说明了明古字的重要性。

（2）《字诂》"毋"条："古本无毋字，但借母字转声。钟鼎文凡禁止之毋，并从二注作䍇或止作𠔼。可见古无其字，但从假借也。自小篆误连中画作毋，许氏遂为之说，云：'从女，有奸之者。'陆德明、李济翁诸人因而致辩毋、母之异。此但知以《说文》小篆为据，而不知其误正始小篆也。"

表禁止义的"毋"，《说文》解作："止之也。从女，有奸之者。"黄生则据钟鼎文中"毋"常借作"母"或"女",认为应是"古无其字,但从假借也。自小篆误连中画作'毋',许氏遂为之说。"后人因之以辨毋、母之异,就是"但知以《说文》小篆为据,而不知其误正始小篆也"。说明在考识字时,一定要仔细分析其古字的形体,不要宁信《说文》。

2. 字形繁简与文字使用频率相关,对用字产生的影响。如:

(1)《字诂》"靃、霍"条:"《说文》:'靃,飞声也。两而双飞者,其声靃然。'是《说文》即以此为霍字矣。然诸书用靃靡字又音髓。刘安《招隐士》'煩草靃靡',《石崇传论》'春畦靃靡',韩愈《城南联句》'春游轹靃靡'。《广韵》:'靃靡,草木弱貌。'此以声状形,宜其不可为呼郭切也。今书地名、人姓之类多用霍,独《史记·樊哙传》之霍人,《正义》注先累、苏果、山寡三反,以为即太原郡之后人。《地理志》后人县,如淳音锁,即古又山寡反。按《正义》初切之先累,即髓音也。《韵会》诸家纸、药二韵兼收靃,而霍则止一音……久乃思而得之,盖靃、霍本二字,各音各义,后以互用遂成两讹,至今久借不归耳。霍从隹,其音当为髓,或为荽。靃本鸟飞声,借为地名,因又借为人姓,后省便作霍。既为借义所夺,其本音本训遂失,而于字之当用霍者,反作靃。盖地名、人姓用之者多,故取省便熟识之字。草木靃靡,用之者少,故取隐僻稀见之字。久之,张三遂认为李四,李四反变为张三矣。幸霍字本音于,《史记注》犹存一线,使人得以追其两误之由。此殆如流客久成土著,虽不能遽归故乡,然得知本身之所自来,亦一快也。"

此条,黄生指出了二字因为使用频率而繁简互易,"霍"字本音髓,是古书中"靃靡"的"靃"的本字,"靃"本是"鸟飞声"本字,后借为地名人名后,使用频率较高,形体随之减省为"霍",而"草木靃靡"的"靃"使用频率较低,形随频率转,用了形体复杂的"靃",遂使这二字使用义和形体不相合。

(2)《字诂》"与"条:"与本赐与之与,今人误用党與之與,或有作'与'者,反以省笔俗书目之矣。今之楷书或有不当省而省者,或有当省而不省者,以为苟趋简率,此又不然。大抵变篆为隶,字体因之大乱,当省而不省失之赘,不当省而省失之简,末俗从风而靡,不知作俑何人,可恨也。"

此条,黄生说明了黨與之"與"省变为赐与之"与",而这使一个形体混同了两个词。

3. 文字随音而转，随义而变。字义分化而字体变异，如：

《字诂》"弗、敬、𢏗、弯"条："弗，《说文》训'矫也。从丿、从乀，从韦省。分勿切。弼，训'辅也，重也。'从弜，声，敬、𢏗、弯皆重文弼字，余考其文，六字当即一字。所谓弗者，即《诗·秦风》'竹闭绲縢'之闭，以竹为之，而以绳约于弛弓之里，所以惊弓体使正也。弗字从弓，指其事也。则从二弓一反一正，惊弓者先反而后正，此会意也。有匡正之意，故借为辅弼字。古者繡其形于裳，以备章服之制，亦取辅弼为义。戴《注》'两已相背'，取其辨，此妄说也。第此字重文多而借义广，故后世遂分为二字，弗专为不然之辞，弼专为辅弼之称。主正义，反为借义所夺，因不知所从。《诗》用闭固非，《仪礼》之作韨亦谬。伯温知其失，而以必字当之，乃似是而非也。弗之从弓，于义较明，而周不取，繇不识古音故。"

此条，黄生认为"弗字从弓，指其事也"，"从二弓一反一正会意也"，"有匡正之意，故借为辅弼"之"弼"，因"弗"字重文多而借义广，后世遂分为两字，弗专为不然之辞，弼专为辅弼之称。后来"弗"的本义被"辅弼"义所夺，且借义运用之广，所以就将其分为两个形体不同的字。

从以上例子我们可以看出，黄生不仅重视汉字形体的分析，并且坚持语言发展变化的历史观。

（三）因形索意义

"因形求义"是以书面上的字形结构来解释语词意义的方法，主要以许慎的《说文解字》为代表。黄生"因形求义"方法的运用，深受《说文》的影响。

如《字诂》"犇麤"条："《桯史》载：苏东坡以犇麤二字难王荆公，云：'牛之体壮于鹿，鹿之足速于牛，积三为字，而义皆反之。荆公无以答。审尔，则二公皆非识字者矣。按：麤字，《说文》训'行超远也'，以麤为大，自是后人之语。王撰《字说》，穿凿不经，《说文》固宜未尝留意。苏虽博洽，恐小学亦其所忽。使当时有引是书以证者，二公皆俯首矣。"

此条黄生认为解字应留意"《说文》固宜"和形体之间的关系，批评王安石的《字说》不尊崇《说文》，妄立新说，故而"穿凿不经"。显示出对《说文》"形书"的本质的理解和尊崇。

另一方面，黄生敢于对《说文》提出质疑或批评。如：

《字诂》"好"条:"《说文》'好'字训云'爱而不释'也,女子性柔而滞,有所好则爱而不释,故于文,女子为好,若如所训,则文中'子'字为赘设矣。余谓:好,从女从子,盖和合二姓以成配偶,所谓好也。《诗》:'君子好逑'、'妻子好合'乃其本义。借为凡相睦之称。《孟子》:'言归于好',《左传》:'修旧好',言和好如婚姻也。好为美德,故借为恶之对。人情慕好而恶恶,故转去声,为爱慕之义。《说文》但以去声为训,是以借义为正义,放上声之训遂网。此其谬也。"

黄生根据"好"的字形,分析其结构,认为"好"应该"从女从子",然后将女和子结合起来成了配偶,所以"好"的本义应为"和合二姓以成配偶",并且用《诗经》中的例子来加以证明。由于合二姓以成配偶具有美好的意义,所以引申出了"相睦"、"爱慕"、"爱好"。《说文》训"爱而不释"是对引申义"喜好"的解释。

通过以上三方面例子,我们可以看出黄生对汉字的形、音、义的把握原则,即重视形体之本和表意之源,立足于汉字形义相属的特点,订误、索变以求形义相合。其中体现的立新说多方求证和析谬误不拘前贤的学术精神,为后代学者树立了良好的榜样。

二、文字假借篇

假借是古人运用汉字时的普遍现象,字之声同声近者经传往往假借之,有些字,因假借用之,久借不还,致使后人不知其源,因此,明假借而释以本字是历代注家所要做的重要工作。黄生以复兴汉学为己任,于古音通假多所创发。他对假借的认识是十分深刻的,他在《字诂义府合按》中指出:"盖古字多因声假借,不甚拘也"("虙宓"条),因此因声而求义,是明假借之根本途径,以声求之,破其假借之字而读以本字,则所昧之义,涣然冰释。黄生认识到假借的原因是"随手所书尔"("冥通记"条),并评价说"有意混借者,真不可解"("太尉杨震碑"条)。

(一)假借的原因和条件

黄生对假借的认识是十分深刻的,他在《字诂》中指出:"盖古字多因声假借,不甚拘也",又于《义府》中云:"以语有倒易,字有通借,读书昧其

义,遂异其音。"因此因声而求义,是明假借之根本之途,以声求之,破其假借之字而读以本字,则所昧之义,涣然冰释。例如:

(1)《义府》"冥通记"条:《冥通记》乃陶贞白记其弟子周子良得仙之事,首撰《周传》,后并周手疏与诸真问答之语。六朝人手吻奥别,暇日聊为疏之……畔等数人乏糧。畔等、犹同伴,畔字随手所书尔。

此条,黄生说明了"畔"通"伴",造成其原因是"随手所书尔",我们可以看出,"畔"和"伴"声音相近,二者形成了假借关系。

(2)《字诂》"醜"条:"醜,《说文》训'可恶也'。按:鬼貌醜恶,故从鬼。凡事物难过目者,俱可借此称。故人貌丑陋者为醜,男女所讳处亦谓之醜,兼羞、恶二义。貌陋则可恶,此本义也;男女所讳处则羞于言,此可羞义也。《礼·内则》:'鼈去醜。'当古人有此语,偶然以之命物。若醜类之醜,其义即侸,古音近而借用耳。"

此条,黄生先说明了"醜"字本义为相貌丑陋,进而引申出羞义。然后又指出"醜"和"侸"又因声音相近而可假借用之。可知,假借的条件即是两个字的声音相近或相同。

(3)《字诂》"孔"条:"孔字,《说文》云:'嘉美之也。从乙、从子。乙,请子之候鸟也。乙至而得子,嘉美之也,故古人名嘉字子孔。'按:此以正、借两义混训,解殊牵强。盖候鸟是正义,嘉美是借义。古孔、好二音相近,故孔亦训嘉。如鸿、骏俱训大。鸿本为鸟,骏本兽,以与洪、俊字同音,故借用之,本训中岂有此义哉?"

此条,黄生认为"孔"字本义为候鸟,嘉美义为借用"好"字。古"孔"、"好"音相近,正如"鸿"借为"洪"、"骏"借为"俊",这三组字都以音同音近为条件。

(二) 破假借的方法

黄生说词,既以因声求义为主,故凡字有古今,即当溯其本音,破假借而求其训。主要是以声音统系假借字。例如:

(1)《字诂》"虙宓"条:"虙、伏同音,故伏羲氏之伏一作虙。又宓与虙同谐必声,故《史记》借用宓。又伏羲氏妃死为洛神曰宓妃。孔子弟子宓子贱为伏羲之后,而汉伏生又子贱之后。盖古字多因声假借,不甚拘也。伏羲之后,俗字亦为宓,或复加山。永昌城东有《子贱碑》,汉世所立,乃云济南伏生即子贱之后。是知虙之与伏，古来通字，误以为宓，较可知也。郭忠恕《佩觿》云：'以深宓之宓为虙贱，其顺非有如此者。按：二字所辩皆不通古音之过。古伏、虙皆读如弼，故虙、宓皆以必为声。其虙妃、虙贱之借用宓者，音即随之而转，但俗人仍读如密，则为大谬。苟欲刊谬正俗者，但当正其音，不当斥其误也。"

此条黄生以同谐"必"声的"虙"、"宓"和"辅"三者音近相借的情况，世人读"虙妃、虙贱之借用宓者"为"密"是犯了不明古音的错误。

（2）《字诂》"好"条："又璧孔曰好。《考工记》：'璧羡度尺，好三寸以为度。按：《诗》'岂无饮酒，不如叔也，洵美且好'，好音吼，乃谐孔音。则知古孔、好二字音相近，故通借之。又好字古借用畜，畜音兽。《吕子》引《周书》云：'民善之则畜也，不善则仇也。'《注》：'畜，好也。'《孟子》'畜君者，好君也'，亦此义，《注》训畜为止，非。"

黄不同意许书之解，认为"好"音"吼"，与"孔"音相近，所以"好"与"孔"为假借关系，又"好古借用畜，畜音兽"，"好"与"畜"音相近故也是假借关系，并用《吕子》引《周书》中的例子来加以证明。同时还指出了《孟子》注中将"畜"解释为"止"是不对的。此条黄生所说的假借字，它们的意义之间有一定的联系，所以破假借可以根据意义，并且用文献材料来说明。

通过以上例子，我们可以看出，黄生对假借有着深刻的认识，他始终以声音统系假借字，多次阐发了自己的假借理论，得出自己独到的见解。

三、文字同源篇

汉语语源的探索，包括词源和词族的研究，一直是我国历代语言学家关注的问题。早在汉代，刘熙就运用"声训"以求词源，宋代的王圣美则提出"右文说"，根据形声字的声符归纳同源，突破了一字一义的孤立研究，进而发展为推求其形声系统。黄生在《字诂》、《义府》的训诂实践中继承了"右文说"的合理内容，又能以声音贯穿训诂，所以能以声为义，运用转语理论来解说同源词的孳乳，以及探讨事物得名的缘由。

（一）系联同源字

（1）《字诂》"纷、雰、鳻、扮、棼"条："物分则乱，故诸字从分者皆有乱义。纷，丝乱也。雰，雨雪之乱也。衯，衣乱也。鳻，鸟聚而乱也。"

此条以"分"为语根，归纳了一组由"分"为声符的同族之字。这一组字都是以"分"为声符的形声字，由于"分"字有乱的意思，所以以"分"为声符的形声字也具有乱的意思。

（2）《字诂》"疋、䟽、䟽、疏、梳"条："疋，鸟足之疏也。䟽、䟽，并窗户之交疏也。梳、疏，并理髮器也。鸟足开而不斂，故作疋字象之。疋有稀义，故窗户之稀者曰䟽，节器之稀者曰疏，并慈宁宫疋会意兼谐声。疏所以通髮也，故借为疏通之疏。因借义专，故去疋从木作梳以别之。凡稀疏之义，当借用䟽，疏通之义，当借用疏，今日但作疏，非是。俗又妄为疎，不知何故从束？而束晳之姓或云本出二疎，因避难而去疋边，然则廣、受二字其果姓疎耶？"

此条则突破了汉字形体之束缚，从音义关系上分析了这些词语的同源关系。疋、梳上古皆鱼韵，疋上古声组属书纽、梳则属生纽，发音部位相同，故两者声音相近，而意义上都有"稀"义，可见确定"疋、䟽、䟽、疏、梳"为同源关系，是言之有据而可靠的。

（3）《字诂》"奄、弇、掩、揜、閹"条："奄，覆也，又有徐也，又欠也。从大从申。申，展也。弇，盖也。掩，敛也，小上曰掩。揜，自关以东谓取曰揜，一曰覆也。閹，登也，宫中閹阁闭门者。以上并《说文》本训。按：小上义当归奄，盖器之小口大腹者，其下宽展而上敛束，故曰奄，《月令》孟冬'其器以奄'是也。《周礼·考工记·亮氏》'弇声鬱'作弇。弇、奄即一字。《虞书·大禹谟》：'奄有四海。'此即贾谊所云'囊括四海'之意。孔《传》'同也'，蔡《传》'尽也'，皆以意为说，义未尽也。又宫者谓之奄人，言其精气敛闭于内，故以奄为名。郑注《周礼·酒人》注，引《月令》'其器宏以奄'，得其旨矣。奄人之奄一作閹，以司閹故。《孟子》：'閹然媚于世。'赵《注》甚谬，朱《注》似是而非。盖奄类妇人女子，以媚悦人主为事，故以为喻。所谓'众皆悦之'，是乡原之行也。覆义当归掩。从上覆之，从后取之并曰掩，本掩取禽兽之义。掩、揜即一字。又俗坩字，当即弇之转声。弇一音古南切。"

奄、弇、掩、揜，同音。以"奄弇即一字"，实黄生先见。以声义推之，奄、弇为音同义通之声符，不必形同也。本字与分别字，声义同源，山"小上"义到"盖"义，后引申到"掩盖"、"掩蔽"义，乃词义发展延衍，古书

185

中同源字往往数字通用。黄生在分析意义发展线索,系联出同源字的同时又指出了古书中同源字通用的规律。

(二) 揭示声音通转关系

黄生在训诂实践中大量揭示了古韵通转现象,并以此理论条贯诸字音义,揭示由古韵流转所产生的音义之间的联系。例如:

1. 对转类

阳铎对转:《字诂》"郎当"条:"唐明皇自蜀还京,道中闻驼马所带铃声,谓黄幡绰曰:'铃声颇似人言语。'幡绰对曰:'似言三郎郎当',明皇愧且笑。郎当之转口即笼东,轻转即伶仃。笼东之搭舌及龙钟。郎当之仄声即落托。大抵皆失志蹭蹬之意,特古今方言转口有异耳。"

此条黄生指出"郎当之仄声即落托",同时也就说明了"郎当"与"落托"为阳铎对转关系。

脂真对转:《字诂》"以"条:"以,语词也。凡训由、训用、训与、训因,皆以声近而借……古亦音夷也。古真、文多与支、齐通,如贲通胰、贲。读贲音肥。敦读敦,军生晖、斤生旂,是因亦可音依也。古鱼、模亦与支、齐通,如鼠为施、诸为之,居读基,是与亦可音以也。"

此条黄生提出"古真文多与支齐通,如贲通胰。"贲古音在真部,胰在脂部,是脂真对转。

2. 旁转类

之鱼旁转:《字诂》"无字之音"条:"方言有有音无字者,经典多借字以寄其音。如《毛诗》'夜如何其'及'彼其之子',二其字皆当读基浊音。《檀弓》'何居',居字当读本声浊音。按:盖何其、何居皆发问之语助词,二音皆无正字,故寄声于其、居之间。若彼其系指他人之词,犹今人之称渠也。注家于何其音基,于何居音姬,而不发其借音之义,既已迷误后人。若彼其之其音记,则谬之甚矣。至外国之音以中国之字译之……盖译语本无正字,故古人借字以寄音,不然何不径以康居、丘慈、克寒译其语乎?"

此条黄生指出"何其、何居皆发问之助语词,二音皆无正字,故寄声于其居之间。"其、基上古音俱在之部,居在鱼部,乃之鱼旁转之证。

小　结

综上所述，我们可以看出黄生在文字学方面的成就。他能够以字的形义分析为入手点，以意义系统为落脚点，以假借、同源分析全面展开因声求义，黄承吉作为其族人，他所提出的"字义起于右旁之声"的说法，可以说是黄生成果的总结与延伸，他认为"谐声之字，其右旁之声必兼有义，而义皆起于声，凡字之以某为声者，皆原起于右旁之声义以制字，是为诸字所起之纲。其在左之偏旁部分，则即由纲之声义而分为某事某物之目。凡字之同声者，皆为同义"，这一说法早在黄生《字诂》同源词的研究中就有所体现，从同一谐声偏旁得声的字声音相同或相近，意义也相同，只是黄承吉将其系统化了。同时，也可以看出，他们继承并发展了"右文"说，能够以声为义，因声求义，并且突破汉字形体束缚来探求同源，这是其区别于"右文"说的地方。

黄生处在明清学风转变之际，他的唯是之求、无征不信的求实精神，以及"尽信书不如无书"的怀疑与创新精神，都是后代学者治学的楷模，其学术成就、治学精神堪称语言学史上宝贵的财富。

民间歌场的变迁研究

——基于建始县三里乡土家族民歌的调查

张远满[①]

引 言

在中国民俗学界,对民间歌谣历来就十分重视,中国现代民俗学的发轫也与民间歌谣有着密切的关系。1918 年,北京大学成立了歌谣征集处,在校刊上逐日登载近世歌谣。1920 年,歌谣征集处改为歌谣研究会,两年后,发行《歌谣》周刊,出版了 97 期。[②] 歌谣始终是学者们比较关注的研究对象之一,这与我国的民间歌谣数量繁多、内容丰富是密不可分的。特别是我国很多少数民族自古有着歌舞习俗,常常被称为"能歌善舞"的民族。彝族被认为"学说话就会唱歌,学走路就会跳舞";侗族歌谚云,"饭养人体,歌养人心";苗族则把民歌视为"父母之言",有"汉人离不开书,苗人离不开嘎"的说法。少数民族的生产、生活离不开歌唱,而歌唱也构成了少数民族生活中不可缺少的民俗风景。

马学良先生对少数民族歌场做出如下定义:少数民族歌场,即少数民族歌唱、舞蹈时间和地点交叉所构成的一个时空结合景致,是他们歌唱、舞蹈活动特有的一个文化景观。歌场集宗教、审美、文学艺术、娱乐、经济于一体,是负载着多种文化事象的,以自发性、群众性、民俗性、综合性和多样性为主要特征的民间歌唱风俗载体。[③] 同马学良先生一样,学者对歌场的阐述一般都是从功能论的角度出发的。歌场在各少数民族的生产、生活中,一直以来扮演着十分重要的角色,发挥着重要的社会文化功能。形成和维系歌场,

---

[①] 作者为中央民族大学 2011 级民俗学专业博士研究生。
[②] 钟敬文主编:《民俗学概论》,第 322 页,高等教育出版社,1998。
[③] 马学良,梁庭望,李云忠:《中国少数民族文学比较研究》,第 117 页,中央民族大学出版社,1997。

必须具备一些条件，即相对固定的时间（多数与节庆时间重合）、相对稳定的地域空间范围，必须有歌唱、舞蹈等文化活动和行为内容，参与的人们有一定的数量和规模，有时甚至是全民性的。①

本文认为歌场即歌唱场所，具体指歌唱活动发生的空间和时间，是以自然空间范围为基础，人们所从事的有目的、有意义的歌咏活动的轨迹所构成的点、线、面、体在区域空间上的表现，然后再从这个意义延伸到影响歌唱活动发生的意识领域。湖北省建始县的三里乡历来被称为"歌舞之乡"，这里土家风俗浓厚，人们多以"歌"来抒发自己心中的情感，歌唱活动是他们生产生活的一部分，因此传统的歌唱场所也就是他们劳动、生活的场所，二者相伴相生。传统民歌并非纯粹的文学和艺术的研究对象，已有的研究大多着眼于对土家族民歌的形式、内容、功能和审美价值的关照。在生产方式的改变和外来文化的冲击下，歌场也发生了变迁，然而，无论歌场如何转变，它依然从属于民众生活的范畴，且深深根植于土家族民间文化的土壤中，它不是一种单纯的文学艺术样式，更是一种真实的生活方式，紧扣在土家族民俗文化链之上。

一、土家族民歌《黄四姐》的故乡——三里乡

建始县位于湖北省西南部，隶属于恩施土家族苗族自治州，西与重庆市巫山县接壤，居于土家族母亲河——清江的中游地区，土家族、苗族、汉族等多个民族杂居于此地。建始民歌从形式上分，可分为号子、山歌、五句子歌、小调等；从内容上分，可分为劳作歌、生活歌、情歌、风俗歌、儿歌等。

《黄四姐》的故乡——三里乡，位于建始县中部，历来就是民歌之乡，五句子山歌尤为发达，流传至今的就有成千上万首。正是由于深厚的歌唱传统，它有着浓郁的地域歌谣色彩和琳琅满目的歌谣形式，三里人自古就喜欢唱歌，以歌传情，以歌会友，以歌来歌颂社会的新风尚，抨击人间的丑陋和邪恶。三里乡的山山水水充满着歌，村村寨寨荡漾着歌。这里山歌多如牛毛：

五句子歌五句子歌，我的歌儿用船拖，船头到了长江口，船尾

---

① 黄龙光，徐娜：《试论西南少数民族传统歌场》，《昆明理工大学学报》（社会科学版），2009（10）。

还在东龙河①，哪个敢和我比歌。

又如：

问声歌师几多歌，山歌硬比牛毛多，唱了三年六个月，歌师喉咙都唱破，才唱一个牛耳朵。

从以上两首山歌中我们可以看出当地民歌的数量庞大，关于当地民歌的渊源，民间流传着这样一段传说：

董仲先师三尺高，挑担歌书七尺长，挑到洞庭湖中过，湿了歌书几千行，西米山上晒歌本，狂风吹得满山岗，一本吹到天上去，取名叫做麒麟歌，一本吹到湖海去，渔民捡到唱渔歌，一本吹到院坊去，女儿当作私情歌，一本吹到法坛去，端公当作祭神歌，一本吹到田野去，种田人拾到唱山歌。②

笔者认为，这只是一个美丽的传说，民歌是民间文化的一部分，具有民间文化的共有特征，其中集体性指的就是由广大人民群众共同创作的，虽然某一项民间文化的产生与某个个人有密不可分的关系，但它不同于作家文学，绝不是个人作品。所以上述传说中的"董仲先师"可能是地方文化精英的代表，三里乡的歌唱传统还是由当地民众共同产生的。而且，传说中出现了几个歌场，分别是"天上"、"湖海"、"院坊"、"法坛"、"田野"，这也是最常出现的传统的歌唱场所。

另外，能产生如此多的民歌与当地的地理条件是分不开的。土家族地区虽临近中原，但封闭于崇山峻岭之中，文化信息传播不便，直至"改土归流"之前，土家族地区与中原的隔绝都甚为严重。社会生活中遗留的许多原始因素，制约着人们社会生活的各个方面。以情歌为例，在"改土归流"之前漫长的历史时期中，由于汉文化的影响鞭长莫及，"男女授受不亲"、"父母之命，媒妁之言"的封建律条尚未成为束缚人性和婚姻的枷锁，土家族地区的男女交往是比较自由的，情歌则成了男女传情最方便最直接的工具，成了男女婚姻的"媒人"。"以歌为媒"，这是自古以来土家族婚姻的显著特征。

---

① 东龙河，三里乡的一条主要河道，东龙河经三里坝、二龙湾、河坪村至蟠龙村汪家寨注入马水河，主渠灌溉一千米，并由东向西形成了十二公里长的冲击河谷，三里乡的大部分村落都是依东龙河而建的。

② 三里乡政府编：《三里乡志》，内部资料，1999。

三里坝有这么多人会唱歌与它的地理环境也是有关系的，整个从建始县范围来看，三里的东龙河在建始来说就是比较大的一条河，长梁乡那边有条河，它诞生了丝弦锣鼓，有河的地方就有个冲击小坝，马水河没得冲积平原没得坝子，它就没诞生么子①。三里坝就和长梁一样的，有个小坝子，气候比较宜人，很久以前人移民过来的时候条件比较成熟，地势平坦，田也比较肥沃，有人居住，自然会带来文化。当时人们唱民歌只是为了混日子，但是时间长了就上升到一种精神追求，就像我们平时聊天一样，以歌的形式表达出来，但是这个不像五线谱的，是一种自然的抒发，只要能哼得像歌就行哒。人们在哼的过程中觉得还是有意思，时间也混过去哒，人们就开始效仿，歌也就越来越多，这是人们集体智慧的结晶。三里坝所有的歌可以说不是哪一个人的成果，是集体的，是这一方水土养育出的一种风俗。②

三里乡民歌唱道："郎唱山歌姐儿听，莫要装聋作哑人。唱歌如说知心话，唱得郎心对姐心，五句子歌儿做媒人。"以山为舞台，以水为背景，以天地为依托，民歌使当地民众的感情得到尽情宣泄。

二、三里乡土家族民歌传统的歌场

"演唱民歌是劳动人民生产、生活的一部分，这类实践活动的场地，与演唱者的生活环境，是融为不可分的整体。水乡田头，就是薅草锣鼓的唱曲处；江面河滩，就是川江号子的流传区；祭祀、求雨、驱疫活动必然伴随的艺术行为，常常就是最充分地利用自然地形做观演场所。见山唱山，面水歌水，只有这样的地理环境，才是民歌诱发其本色、体验其意蕴的真实背景。"③ 与专业剧场、舞台型的观演场所相对，三里乡的歌唱场所与生活场所息息相关，演唱者与听者融为一体，体现出其自娱自乐、无拘无束的乡土风格，同时发挥着专业舞台剧场所不具备的社会凝聚功能。当地民众的日常生活和劳动场

---

① 么子，当地方言，即什么的意思。
② 访谈对象：杨会；访谈时间：2012年2月3日；访谈地点：建始县三里乡文化站。
③ 张淑芳：《传统艺术的观演场所》，《中国音乐学》，2004（3）。

所，同时也是歌唱活动的场所。

（一）田间——田歌

三里乡有东西流向的东龙河、中坦河两大流域，气候适宜、土地肥沃，是建始县水稻主产区和商品粮基地，也是全省油菜百强乡镇，如今出产的"三里香"香米供不应求，远近闻名。民众的生产活动场所与他们的生产方式有关，土家族与我国其他大多数民族一样都经历了由采集、狩猎到农耕生产方式的转变，迄今为止，当地的传统生产方式还是以农业为主。

农耕生活给民众提供了较为安定的集体活动空间，"较为安定的农耕生活，有利于群体歌唱（包括劳动、祭祀、婚恋、娱乐等活动中的群体歌唱）的开展。"田歌，如同劳动号子一样，是一种配合生产的歌唱形式，也是野外劳动歌曲。当地最具特色的田歌是薅草锣鼓，土家族农民都有打锣鼓的传统习惯。在水田边，有栽秧锣鼓、扯草锣鼓；在旱田锄草，兴打薅草锣鼓；挖荒田以及砍碴子烧火土也兴打锣鼓。锣鼓班子一般为四人（锣、鼓、钱、马锣），或是两人（锣、鼓）。薅草歌也分为高腔和平腔，或演唱固定戏文，或是即兴演唱，唱词通俗，内容和形式易为群众所接受，因此流传甚广。

> 上啊坡哒就在薅草坡里唱歌，没得老少，不论大小，你唱一个、我唱一个，看哪个唱得赢些，唱不赢哒后头又唱骂人歌，开始都唱老辈子传下来的，后头唱的都没得个根据。薅草锣鼓唱的歌还是一样的，它就是有一锣一鼓，有这两个人打锣鼓呢，那天薅草就兴趣大些，一看那边薅不赢哒就抵到那边打，他俩个的任务不薅草就是专门打锣鼓家业，哪个薅不走的就在前头切催。他俩边打锣鼓边喊歌，这些薅草的人也就跟到唱，都是对唱的。那硬是要唱这个薅草锣鼓才搞得起来劲，我们那个时候搞生产蛮苦耶，一天只歇两哈稍，没得薅草锣鼓着不住。薅草的人数不具，我们搞过四十多个人一起薅，给打锣鼓的也还是搞钱，过去就是一升苞谷一天。①

当然，三里乡的生产方式并不是只有田间农耕一种，除了种植稻谷以外，自古以来，三里乡成片的茶园就围绕着千家万户，馨香怡人，现今的"马坡

---

① 访谈对象：徐文定；访谈时间：2012年2月5日；访谈地点：三里乡小屯村九组徐文定家。

茶"就是闻名四方的代表。每到清明时节，茶园小路上，三三两两的采茶姑娘，花枝招展，背着小巧的花背篓，一边采茶，一边歌唱采茶歌，往往这边唱完那边和。如：

> 正月里雪又大，二月里雨又下，隔得我哥哥采不到茶。
> 三月里是清明，四月里是立夏，哥哥在茶山正采茶。
> 五月里是端阳，六月里热茫茫，哥哥采茶不干汗。
> 七月里是月半，八月里是中秋，哥哥在茶山爱风流。
> 九月里是重阳，十月是小阳春，哥哥在茶山打转身。
> 冬月里下大雪，腊月里是年节，杀猪宰羊过春节。

围绕土家先民在获取生存资料过程中为调节枯燥的生活、协调劳动节奏、传承生产技能产生了大量的劳动歌，包括打猎歌、渔歌、采茶歌、伐木歌等等，凡是有人劳动的地方就有歌声，这些歌声把土家人的喜怒哀乐淋漓尽致地表现了出来，也把各种生产经验传承了下去。由此可见，三里乡的土家人传统的生产生活场所与歌唱活动结成了相互依存的紧密关系。

（二）山头——山歌

土家族是一个山地民族，高山深谷将其切分成大大小小的自然生态景区和民众生活文化区，在这些生活区域内部，土家族以其特有的灵性和灵气，创造和发展了土家文化。在一座座大山之间，站在山头唱山歌是经常出现的景象，人们以歌抒情、通过歌来传情达意，山歌是三里乡最为盛行的民间歌谣，也是最能反映本民族粗犷豪放特点的民歌。由于山与山之间的间隔较远，要使对方听见歌声，唱山歌时要求嗓音洪亮、高亢，当地人形象地将唱山歌称为"喊歌"。

三里地区最具特色的山歌是五句子歌，由七言五句构成一首或一段。它打破了歌谣两两相对的结构形式，按奇数来排列诗行，两头两尾或第四句与第五句押韵，使全首格律对称和谐。俗话说："无雨无水不成河，无郎无姐不成歌。"爱情是民歌中最古老的主题，五句子歌也不例外，有百分之九十的歌曲都是描述爱情的情歌。

封闭的土家山寨由于交通不便，受汉文化影响较小，加之高山连绵，土家儿女们便以歌为媒，在大山深处传递着他们的情愫。正如春晚唱红的那首

《山路十八弯》中的歌词所描述的一样:"这里的山路十八弯,这里的水路九连环,这里的山歌排队排,这里的山歌串对串,唱出了土家人悲与欢,排出了土家人的表爱恋。"一首首五句子歌应运而生,如:

> 郎在高山采高粱,
> 姐在河下洗衣裳,
> 采哈高粱望哈姐,
> 洗哈衣裳望哈郎,
> 棒棒捶在指格上。①

这首五句子歌中,正在高山上的男子一边采高粱一边看正在河边洗衣服的女子,而这位女子也是一边洗衣服一边注视着山上的男子,最后一句女子将洗衣服用的棒槌打到了自己的手指上,形象地描述了女子注视男子的专注,同时也表达出了土家男女的春情萌动和对爱情的渴望。

(三) 家屋——礼俗歌

老百姓家庭的房屋内也是民众歌唱的重要场所,而在家屋内所唱的最为典型的就是礼俗歌。三里乡保留了土家族独特的人生礼仪民俗:诞生,兴打喜;结婚,兴哭嫁;去世,兴跳丧。喜事悲办、悲事喜办,是当地土家族仪式活动最为明显的特点。仪式行为是社会秩序的展演,对社会结构的构筑有不可缺少的作用。② 这三大仪式活动,既有社会特征,又有信仰特征,把传统生命观和吉凶祸福观交结在一起了,形成了土家人独特的生命意识,而且还长期支配着人们的社会生活及信仰生活。

诞生、结婚、死亡这三个仪式场合对于个人来说是必须经历的人生阶段,但这并不是他一个人的事情,而是整个家庭都要面对的仪式场合。在土家族地区,在这三个场合中除去一系列繁杂的仪式过程外,都少不了唱歌,其歌唱的地点都是在自家堂屋,且通宵达旦:打喜要打花鼓子;结婚要坐十姊妹、十兄弟;死亡要打丧鼓。我们可以用"贺生"、"哭嫁"和"歌丧"来概括。

薪火相传,家族民族才得以发展。在打喜、哭嫁、跳丧的时候要唱大量"带姐带郎"的情歌,这些唱词露骨地表达情爱、性爱,还伴以一些与生殖相

---

① 棒棒,土家妇女在河中洗衣服时用来敲打衣服的棒槌;指格,当地方言,即手指。
② 王铭铭,潘忠党:《象征与社会——中国民间文化的探讨》,第9页,天津人民出版社,1997。

关的动作。"性者，生之质也"（《庄子·庚桑楚》），这正是因为土家族具有强烈的生命意识。土家人自古以来就对生命看得很重，除了乐观的民族精神以外，更多的是与生存有关。土家族是个大山民族，大部分土家人长期生活在大山里，需要人口的增长，人多才能发展。所以无论是打花鼓子还是哭嫁或是打丧鼓，最受欢迎的都是那些被当地人称为"日古子歌"、"丑歌"、"流氓歌"的民歌，正所谓"不打风流不热闹"。

当然，在家屋唱歌时也不一定全是在这种仪式性的场合中，在经济不发达的年代，没有电视、电脑这些娱乐活动，人们做完农活消遣的方式之一就是唱民歌。另外，在盖房子时，当地也盛行着上梁歌。不管怎样，笔者认为，这跟在农田里歌唱的目的是一样的。农田里的歌唱是为了庄稼收成好，而在家屋内歌唱则是为了这个家族人口的兴旺和生活的美满。

三、三里乡土家族民歌传统歌场的变迁

首先，随着改革开放的脚步，以前的大集体、公社化制度逐渐瓦解，取而代之的是个体化的生产方式，尤其是现代机械化的劳动工具代替了传统的劳动工具，以前需要一群人一起干一天的农活现在一个人用机械化设备两个小时就能处理完，很难再在田间看见集体进行生产劳动了，因此以前在田间盛行的薅草锣鼓也慢慢消失了。其次，和大多数农村一样，三里乡的很多青壮年也选择了外出打工，有的到了高等学府读书不再务农，现在几乎没有哪对青年男女通过在山头喊情歌来表达彼此的爱意，大家已习惯了使用手机、电话来交流感情，民歌的择偶功能也减弱了。再次，随着电视、电脑的普及，很少有人晚上聚在家屋中唱歌消遣，笔者曾访问过当地一些年纪较大的村民，他们都表示现在不流行在家里唱歌了，他们的后辈也对这种活动表示不理解，久而久之，他们自己有的连歌词都记不住了。

但是礼俗歌仍然在家屋中发挥着作用，在打喜贺生、结婚哭嫁、死亡歌丧的场合，人们还是会聚集到主人家中歌唱，这也是这些仪式活动中比较重要的一个环节。这些因素都影响到了传统歌场的规模，当然，虽然规模缩小了，一些传统的特点在现代的劳动场所仍然是具备的。值得我们注意的是，在三里乡原有传统歌场规模缩小的同时，一些新的歌场在继承传统歌场的基础上发展起来了，主要表现为以下几种：

第一，舞台。与传统歌场的自发性不一样，舞台上的歌唱表演是有组织、有目的的行为。三里乡以村民百分之九十都会唱民歌而出名，一首《黄四姐》更是成为三里乡的一张文化名片。从诞生那刻起，《黄四姐》就得到当地人的特别偏爱，随后逐渐扩散开来，被越来越多的土家人接受，特别是2004年中央电视台举办的"新盖中盖"杯青年歌手电视大赛民族唱法业余组银奖获得者建始籍歌手陈春茸在颁奖晚会上演唱了这首原汁原味的《黄四姐》，更将这首民歌从建始推向了全国，引起了世人对建始《黄四姐》的特别关注。2005年7月，新浪网将喜花鼓《黄四姐》制作成MTV，目前点击人次突破了1000万人次。2006年3月，建始县两位农民被邀请到湖北电视台"春满楚天"晚会现场演唱《黄四姐》，捧回了一等奖；同年7月11日，中央电视台音乐频道《民歌·中国》对《黄四姐》的发源和艺术特点进行介绍；同年8月上旬，建始县文工团更名为"黄四姐歌舞团"；从2006年开始，建始县政府也以县级为单位每年举办"黄四姐文化艺术节"。《黄四姐》只是三里乡众多民歌中的一首，在文化艺术节上，大量民歌按照流行文化的形式被重新演绎，让更多的人了解了三里民歌，而且使民歌演唱这种传统的文化形式具有全新的意义，与国家政策大力推行的文化产业相符合，成为当地一种可利用的文化资源。

第二，旅游场所。随着恩施地区交通环境的改善，铁路、高速公路的建通给当地也带来了一股旅游热，大量的外地游客纷纷到恩施来感受土家风情，恩施各地开始了对旅游产业的开发，三里乡也不例外。三里乡的石牌村是建始县民族宗教局对口援建对象，县政府、乡政府已将其建设成为和谐生态示范村，凡是到村里参观旅游的人，除了品尝土家特色腊肉、观赏大山风景外，最重要的一个活动就是观看当地村民的演出，他们的演出活动绝大部分是唱民歌，喊几声高腔山歌、跳一段花鼓子、打一个丧棒鼓，村民们的歌喉都非常好，让他们唱一两个小时绝对没有问题。最让村民们骄傲的就是民歌《黄四姐》，每场演出他们都会演唱这首曲目，虽然他们演唱的版本都是被作曲家改编过的，但是他们照样拿来唱了，可见改编过的山歌他们也是喜欢和认同的。

第三，文艺宣传队。笔者在三里乡的调查中发现，文艺宣传队已经成为一种新的潮流在当地兴起。前文已经提及，在贺生、结婚和死亡这种仪式性的场合中，人们还是习惯于请人唱歌，虽然不像以前仪式活动要持续一夜，但这种仪式活动依旧是存在的，究其原因还是根植于民众心间那种朴素的求吉心理，按地方话语就是"非要这么唱了才觉得安心，家庭才会发达"。这样就出现了一群爱唱歌的人，他们白天跟平时一样从事农业生产，晚上聚在一起排练，哪家有红白喜事便会请他们过去唱礼俗歌，他们在满足了自己唱歌的兴趣爱好的同时也能增加一些经济收入。

如今，三里乡已经有五六支比较成体系、规模化的文艺宣传队，笔者曾观摩过两支队伍的排练。一支是三里乡河坪村的"河坪村文艺表演宣传队"，这支文艺表演队是由河坪村村长颜家艳一手组织起来的，主要由该村的中老年妇女组成，全队一共有16人，其中年纪最小的今年47岁，最大的已经有70岁高龄，她们基本每个晚上都要聚在一起排练节目，节目中既有传统的民歌，也有现代的广场舞、兔子舞。她们的统一服装、排练的场地和音响设备都是颜村长私人筹集的，在她看来这是一件十分有意义的事情，因为这不仅把传统的文化保存了下来，而且给大家提供了一个舞台，多了一些娱乐活动，减少了打麻将赌博、吵架这类的事情。① 另一支是三里乡老村的"黄四姐文艺宣传队"，该队是由老村的妇女主任何春兰组织起来的，全队一共有11人，与"河坪村文艺表演宣传队"相比，这支队伍的平均年龄较为年轻，且队伍中的成员罗能秀、黄宗前已于2011年被评为建始县县级民歌传承人，具有较强的实力。② 笔者在调查的过程中能真实地感受到当地民众对歌唱的喜好程度，民众能自发地组织如此多的文艺宣传队，可以说一半要归功于村民的好歌喉。有歌才的人就是土家族民众崇敬的对象，"黄四姐"可以说是现实生活中歌才超群的歌师的化身，是以尊崇人的聪明才智、歌唱技艺及满足精神生活需求为主体的形象塑造，民众通过"黄四姐"将歌唱神圣化，同时也是土家族文化认同的集中体现。

第四，学校和其他休闲场合。一方面随着国家对民间文化的重视，在政府的宣传下，当地的中小学校将《黄四姐》的传说故事编进了乡土教材中，而且排练了许多"黄四姐系列"的歌舞，许多孩子从小就会唱这些系列民歌，对三里民歌的传承发展起到了很好的作用。另一方面，现在，土家族地区与外界交流日益顺畅，休闲娱乐活动也呈现出多元化的倾向。在音乐娱乐方面，

---

① 访谈对象：颜家艳；访谈时间：2011年1月21日；访谈地点：三里乡河坪村颜家艳家。
② 访谈对象：何春兰；访谈时间：2012年2月6日；访谈地点：三里乡老村村委会办公室。

流行歌曲成为年青一代的首要选择，电视和DVD等现代传媒工具的普及，也为当地民众的娱乐方式提供了更多的选择。但本土的民歌也借助媒体技术得到了新的发展，大量的民歌被拍成MTV或录制成光碟在家中播放。我们在调查统计中发现，大量的中老年民众依旧喜欢民歌曲调，他们中很多人常常将《黄四姐》这类曲目作为手机铃声，这也能凸显出三里乡歌唱传统依旧存在于民众心中。

结　语

　　从传统歌场的变迁我们可以看出，传统山歌歌唱场所中的歌唱主体可以说是全民，而且主要是青年男女。20世纪90年代打工潮的到来，使农村大部分的青壮年劳动力向城镇转移。三里地区的劳动力主要剩下中老年人和妇女，由于劳动力减少，大规模的农事活动也随之减少，农业生产不再是主要的生产方式，与农事活动相伴相生的传统山歌活动也受到影响，群体歌唱也已不成规模。传统山歌活动的主要主体——青年男女在劳动场所缺席，也是导致歌手年龄倾向老龄化的原因之一。但是旅游业的开发和经济的发展，使旅游场所和文艺宣传这些新的劳动场所较之传统农业劳动场所对劳动力的体力要求更小，当地以中老年人和妇女为主的劳动力群体便可胜任，因此以女性为主体的山歌表演、服务性行业对女性劳动力的需求使妇女在当地旅游业和文艺表演中成为生力军，这无形中也解决了农村劳动力缺乏而使传统农业生产无法发展的困境。其实，并非只是土家族地区或民间歌唱活动遇到旅游开发的现象，随着非物质文化遗产的进入，各地为了发展经济都在大力开发民俗旅游。我们需要明白的是，与日俱增的、沸沸扬扬的民俗旅游一方面肯定了传统民俗的生活方式和价值观念，强化了民俗传统的历史意识和现实功能，从而使民俗传统在再造的民俗中充满了浓郁的回归情结；另一方面，民俗旅游作为一个文化过程，暗示着外部文化与本土民俗两者之间的接触和交感，文化间的采借成为必然，民俗的变化也成为必然，它不仅影响到民俗的再造，而且关涉民俗的变迁。①

　　笔者认为，三里乡的歌唱传统依旧存在，它是一种生活方式根植在当地

---

① 林继富，王丹：《解释民俗学》，第218页，华中师范大学出版社，2006。

民众的精神生活中,即便他们的歌唱场所已经发生了变迁,许多传统的因素被现代化表象遮蔽了,但是传统文化仍然在延续着。"传统是条河流。正如生命的来来去去和新陈代谢一样,文化自诞生之时起就自动走向灭亡;因此在传统这条大河的两岸,一边是延续至今的'活态文化',一边则是逐渐消逝的'故态遗产'。"① 以建始县政府举办的"黄四姐文化艺术节"为例,在舞台上民歌与现代流行歌曲产生碰撞,相互交融,相互影响。为了适应这个场所的要求,许多民歌还被重新改编,加入现代流行元素,而大部分的流行歌手也都或多或少在自己的歌中加入民歌的元素,以更受当地民众的欢迎。现代元素和与传统元素之间是相互影响的,传统在变革中延续生命,现代在延续传统的基础上创新。而在这个过程中,有些东西总是会被丢弃的。因此,当民歌在社会主义初级阶段艺术生产方式的基础上与现代信息技术、传媒手段、现代大众文化形式结合起来的时候,就有可能把想象和幻想转换成一种新的文化形式:一种与现实的欲望和要求相联系的想象和幻想,从而成为一种现实的文化生产力。②

综上所述,三里乡土家族歌场所发生的变迁是顺应时代潮流发生的改变,我们大可不必悲观地去认为这种民间文化已消失,它只是换了一种空间来展演。"在人类社会中,空间的分割从来就不是物理的,它始终具有文化的意义。文化空间包括物理空间(最浅层次的)、心理空间、社会空间、人文空间等,它几乎包括了人类生活的所有方面。然而我们在这里所说的文化空间不仅仅是指文化的地域性,更重要的在于它的结构和意义。"③ 其实,歌场就是一种文化空间,传统歌场的现代化变迁是三里民众从生活到展演的选择,以前在田间、山头高喊的民歌现在被搬到舞台、旅游场所或文艺宣传队来表演,虽然是受到物质生活条件的改善、国家政策、经济利益的吸引等条件的影响,但这些都是外因,真正起内因的是民众自己,这种歌场的转变是他们自己的主动选择。不论怎么转变,歌场的存在都是有意义的,只是相对于传统的歌场丧失了择偶等功能,但同时它也具有了增加经济效益的功能。我们应该将

---

① 徐新建:《传统是条大河——从文化兴衰看人类遗产》,《中南民族大学学报》,2007 (9)。
② 王杰:《民歌与当代大众文化——全球化语境中民族文化认同的危机及其重构》,参见周星主编:《中国艺术人类学基础读本》,第 226 页,学苑出版社,2011。
③ 金泽:《宗教祭祀与神圣空间》,参见苑利主编:《二十世纪中国民俗学经典之信仰民俗卷》,第 342 页,社会科学文献出版社,2002。

歌场的变迁视为传承传统、丰富传统、复兴传统，乃至建构土家人现代文化或当代传统的组成部分，应该视为民俗传统在新的历史语境下的生存策略，也是歌唱传统的一种现代表述[①]行为。

歌场习俗是少数民族展示灿烂民族文化的立体橱窗。在歌场上，不仅有着优美动听的男女对唱，有激情奔放的民族舞蹈等艺术形式和内涵，还有艳丽多彩的民族服饰和精美可口的民族饮食。民族文化主体通过这些有形无形的渠道，多方面立体地展现自我民族文化，彰显自己独特的民族个性和文化精神。[②] 笔者坚信"文化在我们探寻如何去理解它时随之消失，接着又以我们从未想象过的方式重新出来了"[③]，我们不必担心三里乡民歌的消失，它只是换了歌场来展现，在现代化语境下，民歌的主体——土家民众有着深厚历史积淀的歌唱传统，在多元文化的冲击下，作为其歌咏文化的主体，无论外部因素如国家意识形态领域怎样影响其发展，其不变的民族凝聚力始终努力在保有传统歌场和开辟新的歌场时，顺应着文化运动规律，在文化全球化的背景下，发挥着主导作用，延续着本民族灿烂的歌唱传统。

[①] 此处"现代表述"的概念参见林继富：《清江流域土家族始祖信仰现代表述研究》，第20—21页，人民出版社，2012。"现代表述"包括两层意思：传统文化的产业化，即将传统文化转化成文化资本；传统文化的保护，这种保护建立在现代人的观念之上，在民众自觉传承文化的基础之上，更多的是政府的强制性行动和文化人的有意识、合目的性的建构，更多的是超越传统生活之上的文化保护措施。

[②] 黄龙光，徐娜：《试论西南少数民族传统歌场》，《昆明理工大学学报》（社会科学版），2009（10）。

[③] 萨林斯著，王铭铭、胡宗泽译：《甜蜜的悲哀》，第141页，三联书店，2002。

对外传播与少数民族形象建构
——以《中国日报》2002—2011 为例
刘 畅[①]

由于历史和政治因素，我国少数民族问题时常会成为全球媒体关注的焦点，但在西方媒体的视野中，我国少数民族呈现的形象往往与事实不符，譬如在 2008 年西藏发生的打砸抢烧暴力犯罪事件的报道中，西方媒体上出现大量不实报道。在这种情况下，我国媒体在对外传递真实情况，客观全面报道少数民族新闻，扭转西方错误的中国少数民族形象认知方面更是起着重要作用。但在以往的研究中，中国对外传播中关于少数民族报道的研究相当薄弱。在 CNKI 中以少数民族报道、对外传播为关键词，对核心期刊进行检索，搜索论文结果为 0 篇。故此课题具有一定的研究意义和现实意义。

本研究选取《中国日报》作为研究对象，原因如下：从《中国日报》问世之日起，就将增进海外人士对中国的了解、树立中国在国际上的形象作为其办报宗旨，以通俗易懂的现代英语和丰富多彩的图片，着重介绍中国的政治、经济、文化、教育及社会发展等各方面的情况。一直以来，《中国日报》被公认为我国传媒中较具权威性、影响较大、效果显著的重要对外窗口。目前，该报已发行到 150 个国家和地区，发行量逾 30 万份，引起西方舆论界的广泛关注，其稿件被境外媒体，尤其是西方的通讯社大量转载。[②]研究采用内容分析法，采取定量与定性相结合的方法，在分析对外传播中少数民族报道的外在形式时，以定量分析为主，如报道量、报道类型等；在涉及报道的内在特征时，以定性的内容分析为主，如新闻报道的主体、倾向等。

本研究采用历时性的抽样方法，将数据收集的时间段定为 2002 年 1 月 1 日—2011 年 12 月 30 日。首先采用系统抽样的方法，从 2002 年 1 月 1 日开始抽样，每星期抽样一次，共抽取 480 个样本作为次级分析单位。在确定了报

[①] 作者为中央民族大学 2011 级新闻学专业硕士研究生。
[②] 郭可：《当代对外传播》，第 274 页，复旦大学出版社，2004。

纸日期之后，再采用顺序抽取版面的方式，从报纸的第一版开始，分别依次每天抽取一个版面，最后获取有效样本 351 篇。因本文研究的是对外传播新闻报道中有关少数民族形象的内容，所以在版面抽样时，排除了副刊、广告等与新闻报道关系不大的版面。

在编码完成以后，采用 SPSS16.0 对数据进行统计分析。

一、《中国日报》少数民族报道分析

笔者经过对样本的分析发现，在对外传播中《中国日报》少数民族报道呈现出非常鲜明的特点。

1. 少数民族与少数民族文化备受关注，少数民族地区经济受冷落

《中国日报》涉及少数民族形象的报道内容被分为 7 类，分别是政治内容、经济建设、科教文卫、社会新闻、少数民族与少数民族文化、自然环境。经过统计得出，报道比重排在前三位的是少数民族与少数民族文化、社会新闻、科教文卫，分别占 31%、19% 和 16%，前三项内容共占全部报道的 66%，政治内容、经济建设以及自然环境等方面的报道内容共占 34%。

2. 以正面报道为主，负面报道偏少

从作者的写作立场看，68% 的文章是正面立场，29% 的是中立立场，只有 3% 的文章进行了负面报道，体现了报纸坚持从正面立场报道少数民族地区的事件与人物的特点。复旦大学的郭可教授曾说："我国目前作为一个发展中国家，有让世人称赞的发展成就，但也存在不少不尽如人意的地方。从这点讲，我国现在的国家形象充满矛盾性倒是更符合我国目前的真实情况。中国社会处于转型当中，社会问题暴露得越来越多，负面新闻比例上升符合社会实际，也体现了中国面对问题的决心。"[①] 在对外传播的过程中，一味地歌功颂德反而会造成传播中的逆反效应。

笔者把少数民族负面报道进行了分类，分别为反腐报道、自然灾害、人为灾害、社会弊端以及治安犯罪，分别占总比例的 3%、64%、12%、13% 和 8%。可见，自然灾害所占负面报道的比例最高。

---

① 参见 http://book.360buy.com/10083177.html。

3. 少数民族事件报道最多，大多以消息形式呈现

统计表明，87%的少数民族报道是事件报道，会议报道占7%，人物报道只占6%。可见，在报道中少数民族的形象更多的是以事件的形式呈现出来。

在报道类型的统计上，参照美国《新闻学大辞典》的分类，将新闻报道的题材分为七类，分别是消息、通讯、新闻评论、公报、调查性报道、新闻资料、边缘性报道、读者来信、来论、新闻照片、图片报道。

通过分析统计结果可以得出，77%涉及少数民族的报道是以消息的形式呈现的，新闻照片和来信虽然处于第二位，但只占总量的13%，通讯、新闻评论、公报、调查性报道、新闻资料和边缘性报道一共占总量的10%。可见，在《中国日报》中，少数民族的形象大多以零散的事件消息形式出现，比起专门的少数民族人物报道以及新闻评论、通讯、调查性报道等深度新闻题材，在报道中少数民族形象是较片面的、较零散的，多以碎片化的形式出现。

二、少数民族在《中国日报》中的总体形象

根据传播学者的研究，一个议题的社会定义在很大程度上是通过媒体表达完成的，德弗勒·鲍尔洛基奇曾说，"媒介通过描述说明而提出的对现实的解释有潜移默化其受众的作用。人们可以从所读到、看到和听到的内容发展出对物质现实和社会现实主观及公认的意义构想"。少数民族形象构建也是依赖新闻媒体的报道和议程建构的。

1. 少数民族能歌善舞、勤劳善良的正面形象

这一报道特点能够从新闻图片中反映出来（人物新闻图片内容统计见下表1）：

表1　图片报道内容分布

劳动	快乐的表情	风俗活动和舞蹈	学习	服饰展示
9%	9%	1%	3%	1%

在2005年9月28日的报道中，《中国日报》报道了广西少数民族文化节开幕的新闻，在背景资料中集中介绍了少数民族歌曲、舞蹈和少数民族节日，对其生产、生活状况没有提及。

Ethnicity & custom in Guangxi

Songs of the Zhuang nationality – Guangxi is known as the "Ses of Songs", because the Zhuang people are famous for singing their way through life. They sing of love, of play, of work, of sadness, of happiness, of celebration and of mourning. They sing to urge guests to drink at parties and to urge the gods to send rain for the crops. The Zhuangs also challenge each other's wit with antiphonal songs. Every spring and autumn, young people dress up and gather together to sing such songs at the "Singing Festival".

Dances of theYao nationality – The Yao ethnic group has managed to preserve its ancient culture and folk customs, including its distinctive songs and dances. Festivals of the Yao people usually include all 18 types of dance still practiced, but favorites are the drum dance, catching – tortoise dance, soldiers' dance, eight – immortals dance and butterfly dance.

Festivals of the Miao nationality – The Miao ethnic group is famous for its many grand festivals. InRongshui Miao Autonomous County, these celebrations include the drum festival, sowing festival, seedling festival and horse – fighting festivals. People can enjoy melodious music played on the "Lusheng", a reed – pipe wind instrument of the Miao people, and beautiful Lusheng dance performances. The hospitable Miao people are known to treat guests to a wide variety of local folk customs. While taking part in these activities, visitors can enjoy the colorful ribbons and painted eggshells used to decorate their surroundings.

笔者翻译如下：

歌的壮族——广西被称为"歌的海洋"，如果一个壮族人歌唱得好，能给他带来一生的荣耀。他们歌唱爱情、游戏、劳作、悲伤、快乐、庆祝和哀悼。他们在聚会中唱歌，劝客人喝酒，唱歌祈祷神灵普降甘霖。壮族喜欢对歌。每年春季和秋季，年轻人盛装打扮，在山歌节上集聚在一起唱山歌。

舞的瑶族——瑶族设法保持其古老的文化和民俗风情，包括其独特的歌曲和舞蹈。在节日中,瑶族人跳着18种类型的舞蹈,但最爱的舞蹈还是 catching - tortoise dance, soldiers' dance, eight - immortals dance 和 butterfly dance。

苗族的节日——苗族有许多著名而盛大节日。在融水苗族自治县,这些庆祝活动包括鼓节、播种节、和赛马节。人们可以享受悠扬的"芦笙"表演,芦笙是苗族人特有的乐器。好客的苗族人知道远方的客人们想了解多样的地方民俗风情,他们把表演场所用彩带和彩蛋壳装饰起来。

对报道中出现的人物进行性格分析和统计的时候,本调查将性格特征分为正面性格、负面性格、无法判断性格三类,正面性格包括了爱国守法、明礼诚信、团结友善、勤俭自强、敬业奉献等几个选项,负面性格包括了违法乱纪、狡猾奸诈、愚昧暴力、自私自利、被动懒惰等,可以多选,不进行排序,累积结果。

结果显示,所有涉及少数民族人物形象的报道中,以正面性格为主,关于正面性格描写报道,以描写少数民族团结友善特征的最多,占到了总样本量的33%。

总之,在新闻报道中,少数民族的外在形象是:能歌善舞、积极勤奋、幸福快乐、进步忠厚、美丽多姿。

2. 少数民族大多生活在农村,接受政府帮助

对当地人解决困难的态度和办法进行统计,共有34%的少数民族报道涉及了解决少数民族困难的内容。其中涉及困难解决的报道中,63%困难解决依靠政府的帮助,靠自己、政府干部解决困难的比例比较相近,分别占到样本的15%和14%,样本中8%困难解决人不明确。可见,在涉及少数民族解决困难的报道方面,媒体中建构的少数民族形象大多为被动接受帮助的群体。

从报道涉及的地区来看,《中国日报》将主要报道视角锁定为少数民族地区的农村和城镇,有关当地农村和城镇的报道占到了62%,对大城市的报道只占总样本量的19%,主要是大型民族节日活动的报道,这里所指的大城市是指省会城市,还有19%的报道既涉及农村地区也涉及城市地区。

2011年的一篇报道是,贵州省黔东南苗族侗族自治州拟整合资金1亿元着力打造10个民族特色村寨,报道中强调政府集中力量,一年打造一张"名片",重点打造了"西江千户苗寨"、"肇兴侗寨"、"镇远古城"等景区,帮

助山区的少数民族群众开发旅游资源，带动少数民族群众致富。

3. 少数民族具体信息弱化

在《中国日报》关于少数民族形象的报道中，有13%的报道涉及被报道者的年龄，有11%的报道涉及被报道者的教育程度，有30%的报道涉及被报道者的职业。

人是社会活动的主体，在报道中人起了至关重要的作用，调查结果显示，88%的报道涉及人或群体。在这些报道中，82%的报道主体是普通大众，16%的报道主体是国家、地区领导人，1%的报道主体涉及社会精英阶层；涉及宗教人士的比例占到总样本的1%。可见，媒介中少数民族形象的建构主要是以普通大众为蓝本的。

图片能够增加报道的可信性与生动性，使用图片形式对少数民族进行报道的占到总样本量的20%。在图片报道中，人物群像所占比例最高，占到总比例的60%；个体人像和风光景物所占的比例分别为17%和14%，社会事件图片所占比例最低，仅占总样本量的9%。

可见，《中国日报》中的少数民族形象大多是普通大众，他们主要是以集体的形式出现，在报道中很少涉及报道人物的年龄、职业、受教育水平等具体信息，在媒体报道中，少数民族的形象塑造较为模糊。

4. 少数民族大多以女性为主

从《中国日报》对少数民族形象的选取上看，媒体着重选择年轻、漂亮的女性。所有图片中，有67.5%的图片都是年青女性的形象。她们多数年轻、漂亮、充满笑容。如在2007年《中国日报》的系列图片报道中，拍摄对象大多是少数民族女性。在古老神秘的舞蹈的图片报道中，有24幅展示少数民族舞蹈和表现人们对少数民族舞蹈的喜爱的图片，其中13幅都明显有少数民族女性出现。这些女性都年轻美丽，画面中可以清晰地看出她们的长相和服饰。拍摄者拍摄时尤其注重表现她们的神态和展现她们鲜艳而富有民族特色民族服饰，就连头饰和衣服的绣花，甚至鞋子的样式花纹都能清晰看见。在一幅少数民族女性和男性同时出现的图片中，男性则站在女性的身后，看不清楚他的容貌，而图片中的少数民族女性却是直视镜头。

三、对外传播中少数民族报道存在的问题

在研究中笔者发现，大众媒介在报道少数民族和引导西方受众正确看待

少数民族问题方面起着积极作用，但同时媒介在报道中也存在一些不可忽视的问题：

1. 媒介报道已呈现"标签化"趋势

标签理论是以社会学家莱默特和贝克尔的理论为基础而形成的一种社会工作理论。该理论认为，当某人一旦被标志为越轨者之后，人们便不再将他看成是"正常"的人，而是看成某种诸如"无赖"、"流氓"等[①]越轨群体的一员。

我国大众媒介对外传播中少数民族的形象，"标签化"趋势已然呈现。新闻报道除了承担社会守望、社会协调和社会化的功能以外，还在无意中构造着媒介环境与世界，形成、影响着社会成员对社会、对他人、对自己的看法和印象。少数民族报道，如果仅仅局限于传统领域，报道者总是保持模式化的视角，只能使社会公众对少数民族保持长期以来形成的刻板印象：落后、原始、贫穷、能歌善舞、奇异风俗……

笔者对有关壮族的报道进行抽样，结果发现53%有关壮族的报道都是关于少数民族特色文化的，照片更是以传统的民族服饰为主。

而更为重要的是，标签理论研究发现，当某个人被别人贴上了某种标签，从而产生新的自我概念后，会对别人的看法予以认同，并且开始作出相应的举止。[②] 正如美国社会心理学家米德说："个体经验到他的自我本身，并非直接地经验，而是间接地经验，是从同一社会群体其他个体成员的特定观点，或从他所属的整个社会群体的一般观点来看待他的自我的。"[③] 由媒介营造的这个拟态现实将对公众理解现实起着重要的引导作用。

在上述的媒介环境中，似乎存在这样的暗示：少数民族是生活在农村、能歌善舞、落后、没有文化、天天过节、愚昧、贫穷的一个群体，加上媒介日复一日的报道，使公众逐渐形成对于这一群体的刻板印象，而这些刻板印象又将作为"他人评价"进入少数民族自身的自我形象形成过程中，作为"镜中我"，对其自我认同和角色认同产生负面的影响，从而制约其努力奋发、

[①] 王祯：《"贴标签"现象与越轨行为的发生——标签理论对个体社会化解释的述评》，《政法学刊》，2003（6）。

[②] 王在山：《"越轨"的社会标签理论及其对预防违法犯罪现象的启示》，《青年研究》，1999（6）。

[③] 米德著，赵月瑟译：《心灵、自我与社会》，第123页，上海译文出版社，1992。

进取向上和自豪自信的品质获得。

2. 笼统报道对受众认知产生消极影响

在所统计的相关报道中，人物报道只占6%，只涉及了21个具体的少数民族人物，其余都为事件性的、会议的报道。而这21个具体人物中，一些是人物的通讯报道，另一些则也只是提到而已（在我们的统计说明中规定即便没有进行详细描写也统计在内）。

在性格特征的统计中，笔者也发现，只有13%的报道明确指出所报道的少数民族人物的年龄范围，11%的报道明确指出所报道少数民族人物的受教育程度。即便是在人物报道中（占全部报道量的6%），仍然有15%的人物没有明确的身份、职业，更谈不上什么性格特征了，如表2所示。

表2 新闻报道部分细节分布

教育程度	年龄	职业	性格特征
11%	13%	30%	6%

这一情况导致了在新闻报道中，少数民族的具体形象非常模糊、笼统，性格特征不鲜明。

以人为对象的社会认知，是通过对他人的言谈举止、仪表神态以及行为习惯等方面的观察和了解而实现的，通过对他人的细节的观察，人们形成对他人的印象和判断，理解对方的行为。这是认知心理学对社会认知途径的基本判断。[①] 但少数民族人物的形象刻画因报道的粗糙、随意和模糊等特性，在读者心中形成对这一群体模糊的、不清晰的认知印象，长此以往将影响人们对这一群体的重视与认同。

四、建议与措施

综上所述，新闻报道作为营造社会共同价值体系、形成社会共同认知的主要途径之一，对于某一群体的报道规模、强度、具体描绘等，不仅仅是一个单纯的技术操作层面的问题。因为政治与价值观的原因，西方长期以来对

[①] 周晓虹：《现代社会心理学——多维视野中的社会行为研究》，第272—173页，上海人民出版社，1997。

中国少数民族问题存在错误认知与西方媒体刻意扭曲事实的现象。

我国媒介少数民族报道的好坏，决定着中国在阐释少数民族问题时的话语权，开展少数民族对外传播，构建少数民族在西方人心目中的新形象，已成为我们不得不面对的问题。但由于西方长期以来形成的有关中国少数民族的刻板印象，往往与我国现实相冲突，这使得真实的少数民族形象不能客观地呈现在西方人面前。

传播学大师施拉姆提出的"共同经验范围"概念认为，信息传播者与接受者双方必须具有共同的经验，传播才能进行。他以 A 和 B 两个圆圈代表传受双方的经验范围，认为 A 和 B 两个圆圈重叠的地方便是他们可以传通的地方，并以此断定：两个人若要有效地沟通，双方存储的经验必须有若干共同的地方。①

在拉萨"3·14"事件中报道中，《中国日报》已经开始在报道选题上开始共同话题报道的尝试，努力使所报道的内容能够得到国外读者的认同。在2008 年 3 月 26 日的《中国日报》第五版，刊登了一篇名为《藏族学生为家人担忧》的特写，介绍一名在北京学习的藏族学生的生活与学习情况，报道以学生与远在拉萨的母亲通电话开始，又采访了另外一名藏族学生，在采访中他表达了对西藏骚乱的不满以及对和平幸福的向往。在背景资料部分，报道列举了自 1984 年来全国有 26 个省市自治区纷纷开设了专门帮助藏族学生的学校或者班级，这些学生的学费、食宿、衣服以及医疗均由当地政府承担。在采访中一名藏族学生告诉记者，若不是政府的资助，他不可能有机会来北京学习。他还描述了去年夏天回拉萨时看到新建成的青藏铁路时的激动心情。

一篇我们看来平淡无奇的报道，却在从孩子的眼中看暴力的同时，引出了政府在帮助藏族青少年实现受教育权方面的不懈努力，而篇尾提及的青藏铁路又侧面反映了政府在西藏基础设施建设、发展西藏经济方面所作出的努力。而无论是青少年教育还是发展经济，一直以来都是国外读者较为关注的。

在《中国日报》对乌鲁木齐"7·5"事件报道中，对于共同话题的关注进一步得到了加强。2009 年 7 月 8 日的报道中，《中国日报》记者赴广东东莞，对引发"7·5"事件的玩具厂斗殴事件进行采访。在引用当事人对斗殴事件的解释后，文章话锋一转，介绍了该玩具厂为何有多达 800 名维吾尔族

---

① 施拉姆等：《传播学概论》，第 47 页，新华出版社，1984。

工人，原来这是韶关当地企业响应中央政府的号召，雇佣西部少数民族员工以缩小中西部差距。一位19岁的维吾尔族打工女青年告诉记者，他们在东部打工能比在家打工挣更多的钱，对自己的工作很满意，并愿意继续工作下去。这篇报道也同样是一箭双雕，既交代了"7·5"事件的原因，击破了分裂势力的谣言，同时还介绍了各级政府为改善少数民族群众生活、消除贫富差距所采取的各项措施。[①]

我们一方面要"认识西方普世论话语的影响"，另一方面要努力打造中国的普世价值观。在少数民族报道中，我们要打破西方有关中国少数民族的话语垄断，西方对部分中国少数民族的印象一直停留在狭隘的自身想象之中，而对于我们来说，少数民族形象是一个不断发展变化的现实形象，一切变化都是实实在在的。关于少数民族的报道，我们应坚持自己的主张，不能一味地迎合西方所谓的价值观，按照他们的爱好来塑造少数民族形象。

我们要在坚持自己的立场和话语权的基础上，充分利用媒介化时代的大众传媒网络，传递少数民族的真实面貌和我们的价值观念，同时利用各种可能的交流渠道和传播载体，促进中西方的交流与理解，坚持传播策略的灵活性和开放性，大力推动民间公共外交，促进少数民族文化、价值观方面的对外传播，在双方的互动中构建中国少数民族对外新形象。

本文是研究者在有限知识结构基础上做出的分析，难免存在不当之处，在研究中需要更扎实的资料和更开阔的视野，这些正是今后的媒体中少数民族形象研究需要深耕细作和继续努力之处。

---

① 李珊珊：《2008年西方涉藏报道中的国际舆论》，上海外国语大学硕士论文。

2012 届语言文学类
优秀本科毕业论文选

论陶渊明赠答诗的艺术特色[①]

凌 云[②]

前 言

赠答诗是中国传统文学中的一种诗类。梅家玲说:"所谓'赠',是先作诗送给别人,'答'则系就来诗的旨意进行回答,其回环往复之际,自然形成一对应自足的情意结构。因此,从性质上说,'文人自作'和'有某一特定的倾诉对象',乃是它的必要条件,也是与民间具有'对唱'性质的歌谣及一般抒情、叙事之作最大的不同处。而它所以被写作,当系作者意识到人我有别,并欲借此向投赠者传情达意。"[③]褚斌杰说:"'赠'是先作诗送给别人,'答'是就来诗旨意进行回答,前者即称'唱',后者即称'和'。但若只有赠诗而无答诗,那么前者也就不能称'唱'了。赠诗在诗题上一般标出'赠'、'送'、'呈'或'寄'等字样,而不标'唱';而'答'诗则标'答'、'酬'或直接标'和'字。为了表示敬重,还可称'奉答'、'奉酬'或'奉和'。"[④]由两位学者的研究成果可知,赠答诗应具备三个特点:文人自作、有特定的倾诉对象、达到沟通的效果。

结合赠答诗的定义和王瑶《陶渊明集》[⑤]的诗歌编年,笔者从陶渊明的125首诗中共统计出17首赠答诗,并将其分为赠、答、酬、别、送、与、示、

[①] 本文原为笔者本科毕业学位论文《论陶渊明的赠答诗》中的第二部分,并略加删节。
[②] 作者是中央民族大学文学与新闻传播学院汉语言文学专业2012届毕业生,现为武汉大学文学院2012级中国古代文学专业硕士生。
[③] 梅家玲:《汉魏六朝文学新论——拟代与赠答篇》,第101页,北京大学出版社,2004。
[④] 褚斌杰:《中国古代文体概论》,第268页,北京大学出版社,1990。
[⑤] 王瑶编注:《陶渊明集》,人民文学出版社,1956。目前,学术界对陶渊明生卒年多有异说,本文采用了为大多数学者所接受的"六十三岁说",按王瑶《陶渊明集》对陶渊明的赠答诗进行编年;又因本文所分析的问题与陶渊明年谱牵涉不多,且袁行霈《陶渊明集笺注》所做的陶诗校勘工作相对更加完善,故本文所引陶诗主要以袁本为依据。

和八类：1.《赠长沙公族孙》、《赠羊长史》；2.《答庞参军》（五言、四言各一首）；3.《酬丁柴桑》、《酬刘柴桑》；4.《与殷晋安别》；5.《于王抚军座送客》；6.《癸卯岁十二月中作与从弟敬远》；7.《示周续之祖企谢景夷三郎》、《怨诗楚调示庞主簿邓治中》；8.《五月旦作和戴主簿》、《和刘柴桑》、《和郭主簿》（其一、其二）、《岁暮和张常侍》、《和胡西曹示顾贼曹》。

20世纪80年代，赠答诗逐渐引起了学界的关注，学者们开始深入探讨赠答诗，试图做一种史的研究。陶渊明一生共创作了17首赠答诗，占其诗歌总数的13.6%。从南北朝开始，古代的文学评论家或多或少对陶渊明的赠答诗进行了零散的印象式评论；20世纪80年代以来，少数文人学者逐渐对陶渊明赠答诗的内涵、体例、创作时间、赠答对象以及所反映的陶渊明的社交心理与社交关系等问题进行了针对性强而系统性弱的研究。但到目前为止，学术界尚无专门分析陶渊明赠答诗艺术特色的论著或文章，只有周唯一的《魏晋赠答诗的基本模式和艺术文化特征》与管琴的《两晋赠答诗体制析论——以四言体与五言体为中心》两文分别从田园风光和诗歌体式两个方面略微提及了陶渊明赠答诗的艺术特色，但可惜这些探讨流于零碎、片面。我们应该将陶渊明置于东晋的时代背景中，并看到赠答诗是陶渊明诗歌整体中一个特殊的组成部分，全面系统地认识陶渊明赠答诗的特殊性。因此，本文将从艺术特色的角度对陶渊明的赠答诗与东晋其他诗人的赠答诗以及陶渊明诗歌的整体风貌进行比较分析。

一、与东晋其他诗人的赠答诗之比较

公元318年，司马睿继帝位，史称晋元帝，自此至公元420年刘裕建立宋朝，东晋共历十一帝，延祚百余年。陶渊明的诗歌创作主要在东晋末年，入宋后几已接近尾声。因此，本文在比较陶渊明与东晋其他诗人的赠答诗时，将比较对象限定在东晋范围内。不过，本文所选择的"东晋诗人"与上述历史范畴的东晋概念稍有出入，从两晋之际的郭璞开始，到晋宋之交的竺僧度和杨苕华结束。郭璞虽身历两晋，但其赠答诗的创作主要在东晋，檀道鸾、刘勰等文艺评论家已经明确将其归入江左作家的行列；竺僧度、杨苕华二人虽主要生活在刘宋政权建立之后，但二人赠答诗的创作却在东晋末年，故逯钦立《先秦汉魏晋南北朝诗》将二人赠答之作归入晋诗卷。

（一）方式：玄学与生活

东晋中期以后，以门阀士族和僧侣为主体、以玄学和佛学为思想基础的诗人群体形成，主流诗人们摒弃了以抒情言志为主的诗歌传统，普遍追求在诗歌中敷衍玄理的风尚，文人之间的赠答诗也在时代环境的影响下落入了玄言诗的窠臼。如卢谌《赠刘琨诗》云：

> 爰造异论，肝胆楚越。惟同大观，万涂一辙。死生既齐，荣辱奚别。处其玄根，廓焉靡结。①

《庄子·内篇·齐物论》曰："天下莫大于秋豪之末，而大山为小；莫寿于殇子，而彭祖为夭。天地与我并生，而万物与我为一。"② 此诗颇近庄子齐物论之意。山河动乱，卢谌倍感国家及个人前途命运的渺茫，只能思考玄理，追求个人心境的虚静和平衡，在诗中探讨看淡生死、荣辱、祸福的老庄之道。

又如孙绰《答许询诗》云：

> 仰观大造，俯览时物。机过患生，吉凶相拂。智以利昏，识由情屈……遗荣荣在，外身身全。③

作者认为，古往今来，人皆因智巧过分而招来祸患，吉凶总是相互联系在一起的。人的理智因利益而昏聩，见识因欲望而短浅。"遗荣荣在，外身身全"，祸福相倚，只有清静无为，才能洁身远祸，保全自我。此诗实际上是用四言诗来诠释老庄哲学，表达作者对玄理的领悟，是典型的玄言诗。

钱志熙曾说："一个诗歌艺术系统，当它确立了基本的艺术原则之后，在进入铺张扬厉、踵事增华的发展阶段和积累了丰富的技巧时，就会有一种扩大诗境的内在趋势。这时候，如果所逢的时代是一个缺乏饱满的诗性精神的时代，这种扩大诗境的内在趋势就会导致许多非诗性的内容进入诗境。而在正常的情况下，诗歌艺术趋向成熟，诗歌创作中表现理性的内容也会增多，这是因为超越感性、把握理性是人类的本能，它也同样体现在文学创作活动中。只有诗性精神特别充盈、对诗歌艺术原则领会得很深刻的诗人，才能处

---

① 逯钦立辑校：《先秦汉魏晋南北朝诗》，第882页，中华书局，1983。
② 【清】郭庆藩撰，王孝渔点校：《庄子集释》，第79页，中华书局，1961。
③ 逯钦立辑校：《先秦汉魏晋南北朝诗》，第899页，中华书局，1983。

理好诗中理与情的关系，抵御住用诗歌表现抽象理念的诱惑。而一个缺乏诗性精神的诗人或时代，则往往会因扩大诗境、表现理性内容的趋势而失去单纯而明确的艺术原则，诗歌创作中的非诗化因素就会增多。"① 东晋一朝，统治阶层偏安一隅，文人缺乏激情，过多地在诗中枯燥且单调地谈论玄理，诗歌成了玄理的附庸，反而排斥了主体情感的介入。② 这时，诗歌的哲理与诗歌的艺术是对峙、脱节的。《宋书》曰："有晋中兴，玄风独振，为学穷于柱下，博物止乎七篇；驰骋文辞，义殚乎此。自建武暨乎义熙，历载将百，虽缀响联辞，波属云委，莫不寄言上德，托意玄珠，遒丽之辞，无闻焉尔。"③ 当赠答诗在内容上过于注重阐发老庄义理时，难免会缺乏感发人心的内在力量。

陶渊明的赠答诗不同于东晋普遍的赠答诗风，他的赠答诗蕴含着隽永的哲理与诗人躬耕所得的独特的人生体会。诗人将它们落实到日常生活的细节中，表现他对社会、人生真切的认识，在日常生活中品味理趣，并以情化理，使他的赠答诗真实可感，具备了其他东晋诗人赠答诗所不具备的韵味。如《答庞参军》（五言）云：

> 相知何必旧，倾盖定前言。有客赏我趣，每每顾林园。谈谐无俗调，所说圣人篇。或有数斗酒，闲饮自欢然。我实幽居士，无复东西缘。物新人惟旧，弱毫夕所宣。情通万里外，行迹滞江山。君其爱体素，来会在何年？

在历数昔日诗人与朋友的良好交游之后，诗人自然而然地发出感慨："情通万里外，行迹滞江山。"分别之后，虽然感情相通，但是形迹却为江山阻隔，无法亲近。这两句诗道出了常人常有之感慨，与对友人的惜别勖勉之情融合在一起，深情款款而又无可奈何，言浅意深，既富于理趣又不失动人的情感力量。

又如《和刘柴桑》云：

> 山泽久见招，胡事乃踌躇？直为亲旧故，未忍言索居。良辰入

---

① 钱志熙：《魏晋诗歌艺术原论》，第260页，北京大学出版社，2005。钱先生所谓"诗性精神"，指主体所具有的诗的素质和艺术创造的素质。
② 除上述诗例之外，玄言成分颇重的赠答诗还有郭璞的《答贾九州愁诗》、《与王使君诗》、《答王门子诗》、《赠温峤诗》，梅陶的《赠温峤诗》，王胡之的《赠庾翼诗》、《答谢安诗》，郗超的《答傅郎诗》，孙绰的《赠温峤诗》、《赠谢安》、《与庾冰诗》，谢安的《与王胡之诗》，等等。
③ 【梁】沈约：《宋书》列传第二十七谢灵运传，第1778页，中华书局，1974。

奇怀，契杖还西庐。荒涂无归人，时时见废墟。茅茨已就治，新畴复旧畲。谷风转凄薄，春醪解饥劬。弱女虽非男，慰情良胜无。

为谢绝刘遗民招引其入庐山的邀请，诗人悉心描述了他躬耕陇亩、自食其力的生活，其后表明："栖栖世中事，岁月共相疏。耕织称其用，过此奚所须？去去百年外，身名同翳如。"世事变幻，随着岁月的流逝，世事与诗人相疏远，自给自足的田园生活使诗人感到满足与惬意，既不虑来生，衣食亦够用即可，诗人从自身实际的生活体验出发，告知友人死后身名俱灭的道理。

不过，自西晋末年以来，玄言诗毕竟已经流行了一百多年，陶渊明难免受到一些影响，极少数的诗歌带有玄言的成分。如《五月旦作和戴主簿》云：

既来孰不去，人理固有终。居常待其尽，曲肱岂伤冲。迁化或夷险，肆志无窊隆。即事如以高，何必升华嵩？

全诗围绕着生死、形神、出处问题来写诗人的思考，与诗人将哲理落实到日常生活中的其他赠答诗不同，颇有体悟玄理的感觉。王瑶评曰："这不也有点像漆园义疏吗？显然地这是受了玄言诗的影响；虽然陶集中这样的诗很少。所以一种风气虽然好像过去了，但他的影响还会在较长时期发生一定的作用；因为历史本来是延续的。"①

《文心雕龙·时序》篇云："自中朝贵玄，江左称盛，因谈余气，流成文体。是以世极迍邅，而辞意夷泰。诗必柱下之旨归，赋乃漆园之义疏。故知文变染乎世情，兴废寄乎时序，原始以要终，虽百世可知也。"② 一语道破玄言文学为老庄义理之载体的本质。事实上，东晋时期，玄学论辩不仅承载老庄义理那么简单，在作为社会交际重要工具之一的赠答诗中，玄学论辩其实已成为一种智慧、才情、风度和语言的表演，带有人物品藻的审美性质。

从曹魏正始时期开始，伴随着玄学的兴起，与玄学所倡导的玄远精神相表里、代表着文人追求的人物审美标准也形成了，人物品藻大量融入文人的赠答诗中。李泽厚、刘刚纪主编的《中国美学史》将魏晋时期带有审美性质的人物品藻概括为重才情、崇思理、标放达、赏容貌四个方面，其涵盖的内容已大大超出了玄学辩论，彼时的赠答诗充分体现了这一点。如郭璞《赠温

---

① 王瑶：《中古文学史论集》，第 117 页，上海古典文学出版社，1956。
② 【梁】刘勰著，【清】黄叔琳注：《文心雕龙》，第 153 页，浙江古籍出版社，2011。

峤诗》云：

> 兰薄有苣，玉泉产玫。亹亹含风，灼灼猗人。如金之映，如琼之津。擢翘秋阳，凌波暴鳞。擢翘伊何，妙灵奇挺。暴鳞伊何，披彩迈景。清规外标，朗鉴内景。思乐云蔼，言采其颖。①

"兰薄"、"玉泉"、"亹亹"、"灼灼"，作者用形象化的比喻、丰美的词藻来称赞温峤的容貌、气质、举止俱美；"清规外标，朗鉴内景"，诗人笔下的温峤不仅外在绝美，内在人格亦光明剔透，精致典雅。在这首赠答诗中，郭璞充分展现了人物赏誉和品鉴的趣味。

又如王胡之《答谢安诗》云：

> 荆山天峙，辟立万丈。兰薄晖崖，琼林激响。哲人秀举，和璧夜朗。凌霄矫翰，希风清往。②

"荆山"、"兰薄"、"和璧"……与郭璞《赠温峤诗》类似，王胡之同样用形象化的比喻、丰美的词藻来赞美谢安的容貌、气质、举止；并通过"朱火炎上，渌水赴泉。风以气积，冰由霜坚。妙感无假，率应自然。我虽异韵，及尔同玄。"表示自己心契谢安内在人格情韵之美，愿与对方同处幽境。

范文澜说："的确，东晋是靠糊涂来求安静。"③ 东晋时期，名教自然合一的人格保证了士族群体内部的统一，维护了东晋门阀政治的基本格局，最终成为东晋一朝社会普遍遵从的人格模式。事实上，要符合名教自然合一的人格模式，士人群体必须找到玄儒之间最恰当的平衡点，这在现实中是很难实现的。赠答诗作为东晋时期人物品藻的重要载体，诗人们将体悟玄理作为审美活动的基础，苦心孤诣地将玄理寄托在诗中的艺术形象上，反而抑制了情感的流露，所以，诗中的艺术形象往往呈现出一种客观的、形式化的美，流于虚灵和雷同，缺乏深沉的情感力量。无怪乎钱志熙说："以文章酬赠应对，标榜风流，题品人物，实是东晋门阀士人在写作上的特长。而抒情言志，则非其所长。"④

陶渊明的赠答诗也有对友人的肯定，但肯定的方式与东晋其他诗人的人

---

① 逯钦立辑校：《先秦汉魏晋南北朝诗》，第864页，中华书局，1983。
② 逯钦立辑校：《先秦汉魏晋南北朝诗》，第886页，中华书局，1983。
③ 范文澜：《中国通史简编》第二编，第367页，人民出版社，1958。
④ 钱志熙：《魏晋诗歌艺术原论》，第280页，北京大学出版社，2005。

物品藻大相径庭。其他诗人赠答诗中的人物常常是虚化、雷同的，带有"假"的气息，而陶渊明却将人物与生活场景结合在一起，在日常生活中表现真实的、个性化的人物，极少在诗文中对友人进行空洞乏味、千篇一律的赞美。陶渊明在赠答诗中对友人的肯定的原本不多，基本包含在以下诗句中：

（1）《赠长沙公族孙》：于穆令族，允构斯堂。谐气冬暄，映怀圭璋。爰采春花，载警秋霜。我曰钦哉，寔宗之光。

（2）《酬丁柴桑》：秉直司聪，于惠百里。飡胜如归，矜善若始。

（3）《答庞参军》（四言）：伊余怀人，欣德孜孜。我有旨酒，与汝乐之。乃陈好言，乃著新诗。

（4）《答庞参军》（五言）：有客赏我趣，每每顾林园。谈谐无俗调，所说圣人篇。或有数斗酒，闲饮自欢然。

这些诗句除了《赠长沙公族孙》略有借用客观的自然物象、脱离实际经验赞美长沙公的倾向之外，其他三首诗都是通过具体的生活场景来展现友人的美。尤其是两首《答庞参军》，诗人怀着真挚的情感，历数往昔与庞参军饮酒、著诗、谈书等交游的情形，不着丰美的词藻，却令庞参军的一举一动、一颦一笑都尽收读者眼底，一个品德高尚、学识丰富且趣味高雅的艺术形象便栩栩如生地呈现出来了。

值得一提的是，陶渊明作为中国传统诗歌史上田园诗的开山之祖，其赠答诗也融入了田园元素。《和郭主簿》（其一）云："蔼蔼堂前林，中夏贮清阴。凯风因时来，回飚开我襟。息交游闲业，卧起弄书琴。园蔬有馀滋，旧谷犹储今。营己良有极，过足非所钦。春秫作美酒，酒熟吾自斟。弱子戏我侧，学语未成音。"《和刘柴桑》云："良辰入奇怀，挈杖还西庐。荒途无归人，时时见废墟。茅茨已就治，新畴复旧畬。"诗中明白如描的田园风光、悠然自得的躬耕心境在赠答诗的发展历程中是全新的；而田园生活后期，陶渊明在《怨诗楚调示庞主簿邓治中》、《癸卯岁十二月中作与从弟敬远》等诗中向亲友倾诉生活的贫穷，应该也是一种新的现象。

（二）体式：因体而异与分体无异

笔者尝根据逯钦立辑校的《先秦汉魏晋南北朝诗》统计过从郭璞至竺僧

度之间文人赠答诗的体式。这一阶段现存的文人赠答诗有55题,其中陶渊明16题,其他东晋诗人共39题。

在其他东晋诗人的赠答诗中,四言诗共16题,均出自陶渊明的前辈之手,且多为大家之作;五言诗共23题,除卢谌之外,其他创作者均不入诗坛主流。虽然四言体赠答诗与五言体赠答诗的总体数量大致相等,但由于诗歌内部发展规律的影响,东晋文人赠答诗存在着四言诗逐渐减少、五言诗逐渐增多的趋势。

陶渊明之前,郭璞、孙绰等东晋主流诗人留存的赠答诗均为四言体,在具体的创作过程中,这些诗人基本遵循以下模式:描述圣德/托言天道→转言人事→人物品藻→回忆往昔→申述己意。不同的作者也许会按照不同的顺序来安排以上环节,但四言体赠答诗的创作常常脱不开这个模式,并可能在其中任何一个环节融入玄言。如郭璞《与王使君诗》云:

> 道有亏盈,运亦凌替。茫茫百六,孰知其弊。蠢蠢中华,遘此虐戾。遗黎其咨,天未忘惠。云谁之眷,在我命代……怀远以文,济难以略。光赞岳谟,折冲帷幄。凋华振彩,坠景增灼。穆其德风,休声有邈。方恢神邑,天衢再廓……靡竭匪浚,靡颓匪隆。持贵以降,抱满以冲。迈德遗功,于盛思终。愿林之蔼,乐岱之崇。永观玉振,长赖英风。①

"道有亏盈,运亦凌替",作者以托言天道开头,说明天道变幻、世事难料的道理;后写"蠢蠢中华,遘此虐戾",转至山河动荡的人事劫难;继而赞美王使君"怀远以文,济难以略",望他能力挽狂澜,使"天衢再廓";随后诗人自抒胸中块垒,并在第五章中表达了避世隐逸的愿望,大谈玄学人生哲学。这首诗的写作顺序为:托言天道→转言人事→人物品藻→申述己意。

又如孙绰《赠温峤诗》云:

> 大朴无像,钻之者鲜。玄风虽存,微言靡演。逸矣哲人,测深钩缅。谁谓道辽,得之无远……爰在冲龀,质嶷韵令。长崇简易,业大德盛。体与荣辞,迹与化竞。经纬天维,翼亮皇政……无则无慕,有必有希。仰荫风云,自同兰荑。辞以运情,情诣名遗。忘其

---

① 逯钦立辑校:《先秦汉魏晋南北朝诗》,第863页,中华书局,1983。

言往，鉴诸旨归。①

"谁谓道辽，得之无远"，作者先言天道可得，后赞温峤光华照人，"业大德盛"，随之由"狡哉不臣，拒顺称兵"两句转入对社会现状的叙述和评价，最后申述自己超越世事的情怀。这首诗的写作顺序为：托言天道→人物品藻→转言人事→申述己意。

类似的落入固定模式窠臼的四言体赠答诗还有很多②。这些赠答诗以一种几乎固定的模式论玄理、品人物、抒己怀，起着愉悦人的作用，每一个环节似乎都一丝不苟，却又如流水线一般，因孱弱的个体情志的表达而缺少诗人真诚而独特的风采。

不过，卢谌的赠答诗只有《赠刘琨并书》采用四言体，《重赠刘琨诗》、《答刘琨诗》、《赠崔温诗》和《答魏子悌诗》均采用五言体。这五首诗虽然出自同一人之手，但后四者并没有某种固定的模式，且多有抒发个体情志之言。如《重赠刘琨诗》云：

> 璧由识者显，龙因庆云翔。茨棘非所愿，翰飞游高冈。余音非九韶，何以仪凤凰。新城非芝圃，曷由殖兰芳。③

诗中以"璧"、"龙"自喻才华出众，以"识者"、"庆云"、"凤凰"比喻刘琨，以"茨棘"、"非芝圃"比喻两人当时的处境，从而抒发了诗人对刘琨的感激之情，也表达了愿与刘琨共同进退的愿望。全诗不言天道、人事，也不进行人物品藻，而是托物言志，抒情喻理，自成一格，与四言体《赠刘琨并书》有明显的差异。

除了卢谌之外，其他并不占据诗坛主流的文人也创作了许多五言体赠答诗。如张翼《赠沙门竺法頵》、《答康僧渊诗》，刘程之《奉和慧远游庐山诗》，王乔之《奉和慧远游庐山诗》，张野《奉和慧远游庐山诗》，康僧渊《代答张君祖诗》、《又答张君祖诗》，杨义《辛玄子赠诗》，杨苕华《赠竺度诗》，竺僧度《答苕华诗》等等。由诗题可知，这些赠答诗不约而同地与佛学

---

① 逯钦立辑校：《先秦汉魏晋南北朝诗》，第897—898页，中华书局，1983。
② 如郭璞《答贾九州愁诗》、《答王门子诗》、《赠温峤诗》，梅陶《赠温峤诗》，卢谌《赠刘琨并书》，王胡之《赠庾翼诗》、《答谢安诗》，郗超《答傅郎诗》，孙绰《赠谢安诗》、《与庾冰诗》、《答许询诗》，谢安《与王胡之诗》等等。
③ 逯钦立辑校：《先秦汉魏晋南北朝诗》，第883页，中华书局，1983。

相关，进一步深入到具体的诗句后，还可以发现诗中玄言、佛理、山水和个体情志互相搭配着杂糅在一起的情况。如王乔之《奉和慧远游庐山诗》云：

> 超游罕神遇，妙善自玄同。彻彼虚明域，暧然尘有封。众阜平寥廓，一岫独凌空。霄景凭岩落，清气与时雍。有标造神极，有客越其峰。长河濯茂楚，险雨列秋松。危步临绝冥，灵鹫映万重。风泉调远气，遥响多喈嘒。遐丽既悠然，余盼觌九江。事属天人界，常闻清吹空。①

"超游罕神遇，妙善自玄同"，诗歌起首便言心灵上的"妙善"之感可使人自然而然地与世间万物融合为一，后以"彻彼虚明域，暧然尘有封"两句表示此次游览能使人与佛家所追求的空虚清明的精神境界相通，仿佛远离了喧嚣的凡尘世界，继而正面描绘庐山壮美的自然景致，抒发了人的精神与大自然融为一体的愉悦心情。

由以上论述可见，东晋一朝，主流诗人的赠答诗以四言体为主，并且往往带有某种几乎固定的模式，起到愉悦人的作用，偶有创作五言体者则无模式可言，诗中述志道情的成分较多。非主流诗人的赠答诗则以五言体为主，这些诗虽无明显的、几乎固定的模式可循，却不约而同地存在某种共性，内容也趋于驳杂、丰富。诗体的不同使赠答诗文本的差异比较明显。

陶渊明的赠答诗除《酬丁柴桑》、《赠长沙公族孙》和《答庞参军》（衡门之下）3首诗是四言体外，其余14首皆为五言体。就陶渊明的赠答诗来说，不同体式带给诗歌文本的差异不明显。

陶渊明的四言体赠答诗与五言体赠答诗均无固定的模式。如《赠长沙公族孙》首先表达远亲初见之感叹，后称赞长沙公为宗族增光添彩，继而表达依依惜别与临别勖勉之意；《酬丁柴桑》第一章称赞丁柴桑为政有方，第二章交代两人的交游情状；《答庞参军》（四言）第一章言己之怀抱，第二、第三章忆往昔交情，第四章写春天离别，第五、第六章写重逢与再别；《示周续之祖企谢景夷三郎》微讽三人校书讲《礼》于马队旁；《怨诗楚调示庞主簿邓治中》全诗皆为总结平生之意；《酬刘柴桑》全诗则皆是自抒隐居之乐等等。根据实际情况的不同，陶渊明在创作赠答诗时也相应地改变诗歌的章法和

---

① 逯钦立辑校：《先秦汉魏晋南北朝诗》，第938页，中华书局，1983。

层次。

"一般来说，述祖德、美功德、旨在营造庄重雅穆氛围的诗歌用四言体，述志、道情或是包含更广内容的诗作则多用五言体。"① 这种差异在东晋其他诗人的赠答诗中体现得比较明显，但对陶渊明并不奏效。不论是四言体还是五言体，陶渊明都以"情真意婉"的抒写方式使诗歌挣脱了诗体的典型模式和趋向的束缚。如《答庞参军》（五言）云：

>   相知何必旧，倾盖定前言。有客赏我趣，每每顾林园。谈谐无俗调，所说圣人篇。或有数斗酒，闲饮自欢然。我实幽居士，无复东西缘。物新人惟旧，弱毫夕所宣。情通万里外，行迹滞江山。君其爱体素，来会在何年？

全诗既表现了陶渊明不在乎时间长短、唯在乎心灵相契的友情观，又回忆了诗人与朋友昔日美好的交游生活，还描述了诗人现在隐居的生活和情怀，最后表达了对友人的不舍与勉励之情。我们将这首诗与前文分析过的《答庞参军》（四言）细细比较就会发现，五言体赠答诗中包含的内容与情感，陶渊明同样可以体现在四言体赠答诗中。

"在一定时空内，寄言赠答、往还酬答的行为实际上构成了一个个小规模的诗歌场域，这些场域不但包括了在征召、祖饯等公众场所进行的赠诗行为所带动起来的高度趋同的诗歌风会，也包括作为诗人的个体单元在脱离公众、较为私密的场合进行情感交流与志怀申抒的更多可能性。综合考虑社会整体单元与个体单元的交互影响，我们发现，四言与五言的体式区别既与作者的才性、文学气质有关，又因场合与应用功能的不同导致分体，贯彻着不同题材的体裁分类观念。"② 不同的诗歌体式在陶渊明的赠答诗中引起的差异较小，主要是由陶渊明的才能、个性与生活状态决定的。渊明才高，故能破除诗体的束缚，恣意挥洒笔墨，即使是雅正的四言体诗也能写出新内容；渊明性真，故情感充沛，并能不为东晋普遍的时代精神与文人气质所拘，摒弃模式，任性而发，自成一格；渊明隐居，几无社会交际愉悦人的客观需要，心既不为行所役使，笔也就有了更大的恣意驰骋的空间，故能在诗中无所顾忌地表现个人真诚的情感。此三者合力将诗歌体式和章法的僵硬化挡在了陶渊明赠答

---

① 管琴：《两晋赠答体制析论——以四言体与五言体为中心》，《北京大学学报》，2010（5）。
② 管琴：《两晋赠答体制析论——以四言体与五言体为中心》，《北京大学学报》，2010（5）。

诗的门外。

（三）语言：平淡寡味与平淡绮丽

在此还需略谈陶渊明与东晋其他诗人的赠答诗语言上的差异。

思想的统一性客观上要求群体的成员们无条件地服从群体的原则，对东晋文人而言，群体原则不仅造成了主流文人赠答诗表达方式与诗歌体式的模式化，也使诗歌语言空洞、呆板、雷同，比如"兰"、"玉"、"清"、"玄"等词汇经常以相似的内涵出现在不同诗人的赠答诗中。[①] 陶渊明站在群体原则之外，其赠答诗来自真实可感、形象鲜明的现实生活，故其赠答诗的语言质朴、自然、鲜活而有奇趣。如陶渊明的17首赠答诗对"风"的称呼就有"风"、"景风"、"谷风"、"凯风"、"南飔"五种，"风"的存在状态则有"肃肃"、"纵横"、"凄薄"、"飘飘"、"长"、"凄凄"等近十种[②]，诗人笔下的"风"意象因具体场景的不同而呈现出不同的特点。并且，陶渊明不仅个性化地描写客观物象，而且常真诚地体贴物情，以拟人的手法将主观情感寄托在客观物象之上，在口语化的叙述中达到物我交融的境界。如《和郭主簿》（其一）云："蔼蔼堂前林，中夏贮清阴。凯风因时来，回飙开我襟。"没有华丽的辞藻和夸张的手法，只用一个平常的"贮"字便形象地写出了堂前林的茂密繁盛，一个普通的"开"字便活泼地表现了诗人悠然欢欣的姿态，道出了人与自然和谐的关系，也体现了诗人赋予自然物的浓浓的情意。陶渊明赠答诗的语言自然朴素，近乎口语，事实上却极尽语言的纯净之美，流露出诗人淡泊平和、心与自然合而为一的人生境界与充沛的感情力量，蕴含着无尽的韵味，这是东晋其他诗人的赠答诗远远不及的。

同时，对诗歌内部客观规律的顺应也使陶渊明的赠答诗在语言上比其他

---

① 在笔者选择的诗人所作的赠答诗中，"兰"字共出现11次，均被作为一种芬芳的自然物来比拟对方高雅的气质；"玉"字共出现10次，均被作为一种润泽的自然物来比拟对方和润的品质；"玄"字共出现30次，均有"玄远"之意；"清"字作为形容词共出现25次，多用来形容对方清拔脱俗的人格。此外出现较多的还有"琼林"、"和"、"光"、"尘"等。

② 《答庞参军》（四言）："惨惨寒日，肃肃其风。"《怨诗楚调示庞主簿邓治中》："风雨纵横至，收敛不盈尘。"《五月旦作和戴主簿》："神渊写时雨，晨色奏景风。"《和刘柴桑》："谷风转凄薄，春醪解饥劬。"《和郭主簿》（其一）："凯风因时来，回飙开我襟。"《与王抚军座送客》："洲渚思绵邈，风水互乖违。"《与殷晋安别》："飘飘西来风，悠悠东去云。"《岁暮和张常侍》："向夕长风起，寒云没西山。"《和胡西曹示顾贼曹》："蕤宾五月中，清朝起南飔。不驶亦不迟，飘飘吹我衣。"《癸卯岁十二月中作与从弟敬远》："凄凄岁暮风，翳翳经日雪。"

诗人更具光彩。随着社会现实生活和语言进一步的发展变化,"文繁而意少"的四言诗逐渐显露出局限性,而五言诗不仅更富于音乐美,而且适应了双音词逐渐增多的情况,使诗歌更易于接近口语,更容易获得生活气息。陶渊明的赠答诗以五言诗为主,五言诗体的优越性自然而然地使其赠答诗的语言比其他东晋诗人更具美感,总体来说篇幅也短多了。

所以,如果以"平淡寡味"来概括东晋其他诗人的赠答诗的语言,那么就应以"平淡绮丽"来评价陶渊明的语言。

钟嵘曰:"永嘉时,贵黄、老,尚虚谈。于时篇什,理过其辞,淡乎寡味。爰及江表,微波尚传:孙绰、许询、桓、庾诸公诗,皆平典似《道德论》。建安风力尽矣。"① 这是一般玄言诗的特点,也是东晋其他诗人赠答诗的总体风格。主流诗人趋同的玄学辩论、人物品藻、对群体创作模式自觉或不自觉的遵守和诗人主体情感的缺乏,不可避免地将他们的赠答诗领进了"理过其辞,淡乎寡味"的死胡同,所以,他们的赠答诗会因为缺少艺术价值而世代散佚,时至今日所存无几;而陶渊明的赠答诗却注重情感的寄托,他带着感情将自己的日常生活、人生矛盾和由此产生的理性精神真实地表现出来,真诚地向对方诉说,从而根本摆脱了玄学的至虚,返回到诗歌传统抒情言志的实境之中,因此,陶渊明的赠答诗才有其他东晋诗人无法创造的美感,才能打动人心,获得世代相传的艺术力量。艺术风格是个性化的产物,其背后渗透着作者的人格,陶渊明的赠答诗能在东晋独树一帜,与诗人贞刚弘毅、独立自由的人格是分不开的。

二、与陶渊明整体诗歌风貌的区别

"礼尚往来"是赠答诗产生的基础。一般来说,赠答诗社交应酬的功能使诗人在创作时不得不考虑作品对自身人际关系的影响,从而受到群体原则的制约,导致诗歌内容、形式、语言等方面发生深刻的变化。但是,陶渊明是个特例。陶渊明的赠答诗基本创作于隐居期间,与世疏离的生活大大减弱了赠答诗社交应酬的功能对其诗歌创作的约束,其赠答诗所包含的内容在很大程度上与其他诗类是重合的。

---

① 【梁】钟嵘著,曹旭笺注:《诗品笺注》,第15页,人民文学出版社,2009。

不过，将陶渊明的赠答诗与其他诗类进一步仔细比较之后，笔者发现陶渊明的社交情况基本都集中在赠答诗中。除亲人外，陶渊明一生交往过的友人不多，可大致分为三类：

1. 官府中人。如长沙公族孙、郭主簿、丁柴桑、胡西曹、顾贼曹、殷晋安、戴主簿、羊长史、张常侍、庞主簿、邓治中、王抚军、庞参军。

2. 隐逸和方外之士。如周续之、祖企、谢景夷、慧远、刘遗民（即刘柴桑）。①

3. 无名的邻居、乡人。②

陶渊明的赠答对象基本涵盖了前两类，因此也几乎能全面反映陶渊明的社交情况（陶渊明与长沙公族孙虽为同源远亲，但由于二人亲属关系已经疏远，所以笔者将长沙公族孙列入"官府中人"一类）。

事实上，《停云》与《杂诗十二首》（其十）也涉及了陶渊明与友人的情感，如《停云》云："良朋悠邈，搔首延伫"，"愿言怀人，舟车靡从"，"岂无他人，念子实多"；《杂诗十二首》（其十）云："岁月有常御，我来淹已弥。慷慨忆绸缪，此情久已离。"字里行间读者可以感受到渊明对友人的一片热肠，但是，这些诗句都仅限于诗人单方面的怀念，且对象模糊，不比赠答诗交代了诗人与朋友之间明确实在的社会交往。

建安诗人以集体性的创作开拓了赠答诗无物不可写、无情不可抒、无事不可叙的多元风貌。于是，"该诗作乃在呈现社会性之余，同时也内蕴了相当丰富的诗人自我表白。此一转变，遂使'赠答诗'不但兼具了'自我呈现'与'社会活动'的双重质性，亦使诗作本身成为诗人'自我'和其所处身之'社会'进行对话、交融的场域。"③ 梅家玲的这段话中，"自我呈现"对应的是诗歌本身具有的美学性，"社会活动"对应的是赠答诗所具备的社会学意义，即仪式性。一般而言，赠答诗应同时具有美学性和仪式性的双重性格。

---

① 刘遗民曾为官府中人，袁行霈《陶渊明集笺注》在《和刘柴桑》一诗的题解中写刘遗民："禄寻阳柴桑，以为入山之资。"但是，陶渊明创作赠答诗与刘遗民时，刘已隐居庐山，故笔者将其归入"隐逸和方外之士"之列。

② 陶渊明的诗歌中多处出现无名的交游对象，显示出诗人简朴的农村生活和亲切的邻里关系。如《归园田居》（其二）"相见无杂言，但道桑麻长"；《归园田居》（其五）"漉我新熟酒，只鸡招近局"；《移居》（其一）"邻曲时时来，抗言谈在昔"；《癸卯岁始春怀古田舍》"日入相与归，壶浆劳近邻"。

③ 梅家玲：《汉魏六朝文学新论——拟代与赠答篇》，第158—159页，北京大学出版社，2004。

并且,"正由于赠答诗是以'诗'来进行'赠答活动',因此,由'活动'而生的'仪式性',和由'诗'而生的'美学性',便不免以融会互渗的态势,贯串于赠答诗(文学传统)的形成和发展过程,并凝塑出既非纯仪式性亦不得仅以纯美学眼光视之的特殊形态。体现于其中的自我与社会之互动情形,便不但会因时代不同而各有出入,也会随赠答对象的亲疏关系多所调整。"①

虽然隐居生活在很大程度上减少了陶渊明客观的社交需要,使陶渊明获得了很大的自由写作的空间,所作赠答诗的绝大部分美学性均强势盖过仪式性,但正如梅家玲所说,赠答诗中的自我与社会之互动情形会随赠答对象的亲疏关系多所调整,而陶渊明并不是与每一个赠答对象都交往甚密,所以陶渊明的极少数赠答诗难免受到仪式性的影响,呈现出与其他诗类不同的艺术面貌。

根据袁行霈的《陶渊明集笺注》,笔者对陶渊明与友人的亲疏关系作简要的说明:

1. 长沙公族孙:

《赠长沙公族孙》序云:"昭穆既远,以为路人。"② 可知陶渊明与长沙公族孙虽为同源远亲,但二人关系十分疏远。

2. 郭主簿:不详。

3. 丁柴桑:

《酬丁柴桑》云:"匪为谐也,屡有良由。载言载眺,以写我忧。"可知陶渊明与丁柴桑屡有交往,关系较近。

4. 胡西曹、顾贼曹:未知。

5. 刘柴桑:

袁行霈《和刘柴桑》题解曰:"'刘柴桑',柴桑县令刘遗民也。"编年曰:"此秋前后一段时间内或亦住西庐,揣测诗意,或渊明曾往庐山访刘柴桑,刘复招入山泽,而渊明未允。"渊明是浔阳柴桑人,与刘遗民同为"浔阳三隐"之一,并另有《酬刘柴桑》与刘遗民。由此可见,陶渊明与刘遗民交情不浅。

6. 殷晋安:

---

① 梅家玲:《汉魏六朝文学新论——拟代与赠答篇》,第 176 页,北京大学出版社,2004。
② 袁行霈:《陶渊明集笺注》,第 13 页,中华书局,2011。下文 1—13 除 11 外,所援引资料皆出于该书陶诗笺注,具体页码不再一一注出。

《与殷晋安别》云:"信宿酬清话,益复知为亲。"袁行霈笺注曰:"意谓一再对答交谈,更知是密友也。"

7. 戴主簿:不详。

8. 羊长史:

袁行霈题解《赠羊长史》曰:"'羊长史',据序下小注即羊松龄……《晋书·陶潜传》:'既绝州郡观谒,其乡亲张野及周旋人羊松龄、庞遵等,或有酒邀之,或邀之共至久坐,虽不识主人,亦欣然无忤。'"一来二去,陶渊明与羊长史应为旧识。

9. 张常侍:

袁行霈题解《岁暮和张常侍》曰:"陶注曰:'张常侍,当即本传所称乡亲张野。'……据《宋书·陶潜传》,张野乃渊明乡亲,相与饮酒者。"可知陶渊明与张野关系亲密。

10. 庞主簿、邓治中:

袁行霈《怨诗楚调示庞主簿邓治中》题解曰:"《晋书·陶潜传》:'其乡亲张野及周旋人羊松龄、庞遵等,或有酒邀之。'可见,庞遵是渊明故交。此诗中吐露衷曲,非泛泛之交所可与言也。"邓治中则其名不详。

11. 王抚军、客:

王叔岷《笺证稿》:"谢诗'方舟新旧知',李善注:'旧知,庾也。'新知,盖为陶公。则谢诗所记,实休元、登之、陶公及瞻自己四人。"[1] 可知王抚军与陶渊明虽为旧交,但客人中的谢瞻与陶渊明是新知,休元、登之与陶渊明的关系亦未知。

12. 庞参军:

《答庞参军》(五言)云:"物新人惟旧,弱毫夕所宣。"时隔将近一年后,《答庞参军》(四言)云:"不有同爱,云胡以亲?"可知陶渊明与庞参军十分亲近。

13. 周续之、祖企、谢景夷:

周续之虽与渊明同为"浔阳三隐"之一,但其多遁迹庐山事沙门释慧远,且曾应召出山;陶渊明不曾上庐山,年岁亦比周续之大很多,由此推之,陶渊明应不曾与周续之有过多来往。祖企、谢景夷为学士,与渊明的距离应该

---

[1] 王叔岷:《陶渊明诗笺证稿》,第182页,中华书局,2007。

较周续之更远。

根据褚斌杰对赠答诗的定义，笔者将陶渊明与友人的赠答诗分为四类，列表示意如次：

主动/被动	旧交/新知	诗题
主动	旧交	《与殷晋安别》
		《赠羊长史》
		《怨诗楚调示庞主簿邓治中》
	新知	《赠长沙公族孙》
		《示周续之祖企谢景夷三郎》
		《于王抚军座送客》
被动	旧交	《酬丁柴桑》
		《酬刘柴桑》
		《和刘柴桑》
		《岁暮和张常侍》
		《答庞参军》（五言）
		《答庞参军》（四言）
	未知	《和郭主簿》（二首）
		《和胡西曹示顾贼曹》
		《五月旦作和戴主簿》

陶渊明在日常生活中每有感触就诉诸笔墨，既不矫情，也无矫饰，平淡、自然、真淳而有奇趣。正如钟嵘评价陶诗曰："文体省净，殆无长语。笃意真古，辞兴婉惬。每观其文，想其人德。世叹其质直。至如'欢言醉春酒'、'日暮天无云'，风华清靡，岂直为田家语耶？古今隐逸诗人之宗也。"① 而元好问则曰："一语天然万古新，豪华落尽见真淳。"②

四类赠答诗中，"被动·未知"类由于史料不足而无法进行"新知/旧交"分类，因此笔者暂时不对这类赠答诗进行分析，姑且先看其他三类赠答诗。

"主动·旧交"类与陶渊明整体诗歌风貌的差别最小。《与殷晋安别》先

---

① 【梁】钟嵘著，曹旭笺注：《诗品笺注》，第154页，人民文学出版社，2009。
② 《论诗三十首》，【金】元好问著，狄宝心校注：《元好问诗编年校注》，第48页，中华书局，2011。

描绘诗人与殷晋安昔日为邻时逍遥自在的美好光景，后言今日相别的不舍与惋惜，全诗情意真挚，朴实感人；《赠羊长史》全诗皆从诗人自身下笔，抒发怀念古隐者之情；《怨诗楚调示庞主簿邓治中》更是泣血之作，诗人在诗中尽数贫困饥寒之状，又表明安贫弃名之心。明人黄文焕曰："含沙之蜮，非田居害稼之虫，乃亦同恣中田。人间意外之事，何所不有？受残于物，冀获佑于天。风雨纵横，天上交困之事，复无所不有。题中'怨诗楚调'四字，写的淋漓。"①

其次为"被动·旧交"类。通常来说，"和"与"答"都属于"和"诗范畴，赵翼《瓯北诗话》曰："和诗中有与原唱同意者则曰和，与原唱异意者谓之答。"② 也就是说，从赠答的角度来讲，"和"诗应该与来诗一脉相承，依照来诗的题材和体裁作诗；"答"诗则应适当考虑来诗的旨意，同时还要就来诗的问题提出自己的观点，改易来诗的思想。"酬"为"酬答"之意，原是古时的酒宴礼节，也叫导饮，与"和"与"答"相比，主体的主动性稍强。这三个关键字的含义意味着此类赠答诗受礼制的规范较多，如《答庞参军》（五言）序云："三复来贶，欲罢不能……辄依周礼往复之义，且为别后相思之资。"渊明明言是因周礼的缘故才作此答诗；《酬丁柴桑》云"秉直司聪，于惠百里。飡胜如归，矜善若始"。四句亦颇有褒奖之意，不过，由于答复的对象与渊明为相识之人，互相的了解和情谊能在很大程度上有效地消解诗人的顾忌，因此，陶渊明依然能够在诗中表达真实的自己。如《酬丁柴桑》中"放欢一遇，既醉还休"与《酬刘柴桑》中"今我不为乐，知有来岁否"的放达，如《岁暮和张常侍》中"阔哉秦穆谈，旅力岂未愆"与"民生鲜常在，矧伊愁苦缠"的悲戚，又如《答庞参军》（四言）中"依依旧楚，邈邈西云。之子之远，良话曷闻"的深情。

"主动·新知"类的仪式性最强，诗歌所受赠答诗仪式性的戕害也比前两类深。如《示周续之祖企谢景夷三郎》云："马队非讲肆，校书亦已勤。老夫有所爱，思与尔为邻。"诗人心中分明不满于周续之、祖企、谢景夷三人受官府征召在马队旁边讲《礼》校书的行为，言谈间明显有讥讽之意，出语却十分委婉曲折；《与王抚军座送客》秩序井然，渊明本是由王抚军邀去送客的，

---

① 引自《陶渊明诗文汇评》，第 73 页，中华书局，1961 年。
② 【清】赵翼著，霍松林、胡主佑校点：《瓯北诗话》，第 40 页，人民文学出版社，1963。

所送之人为王抚军的朋友,与渊明本身交情并不深,诗中"瞻夕欲良宴,离言聿云悲"等深情绵缈之句似乎不合情理,有可能是渊明碍于场面而作。更有甚者怀疑此诗是伪作,明人许学夷曰:"靖节诗有《王抚军座送客》一首,句法工练,与靖节不类,疑晋、宋诸家所为。"①《赠长沙公族孙》云:"于穆令族,允构斯堂。谐气冬暄,映怀圭璋。爰采春花,载警秋霜。我曰钦哉,寔宗之光。"或许是思想中的宗族观念使陶渊明对长沙公族孙顿生敬意,诗人竟在初次相遇时就运用了"圭璋"、"春花"、"秋霜"等其他诗歌中不曾出现过的词汇,且颇有人物品藻之感,使读者不免产生大而空的感觉,与陶渊明诗歌一贯平淡、自然、真淳而有奇趣的风貌不甚一致。

由以上分析可知,陶渊明的绝大部分赠答诗都具有很强的美学性,诗人偏重于个体情怀的表达,与其整体诗歌风貌几无差别。但是,由于少数赠答对象与诗人的关系比较疏远,所以使诗人根据自身所体察、感知到的外在群体生存环境、以一种保守的态度遵循普遍的社会礼制作诗赠答,由此产生的赠答诗便会具有一定的仪式性。这些诗句不仅偏离了陶渊明诗歌整体的艺术风貌,其变异处还具备反映当时的社会群体状况与文学气质的社会意义。

结　语

陶渊明是一个至情之人,对生活中的一切人、事、物,他都赋予真情;陶渊明又是一个独立之人,独立于世事,独立于时代的文学气质之外。作为一名富有真情的隐士,陶渊明彻底归隐田园的选择本身就是一种由独立人格支撑的特立独行的行为,这种行为给他提供了与众不同的人生体验和创作环境。在困厄的生活中,陶渊明敢于直面人生的苦难,立足于现实,以自然质朴的笔触将平凡生活所蕴含的美写出来,同时又将它与玄学、佛学所要解决的人生解脱问题相联系,从而使赠答诗具备了深刻的哲理意味和深切的情感力量。同时,隐士身份进一步削弱了时代群体原则和赠答诗社交应酬的功能对陶渊明诗歌创作的束缚,将赠答诗的仪式性对诗歌艺术价值的损害减到最小,使诗人在赠答诗中最大限度地表现了个性化的自我,自觉实现了诗歌个性化的原则。黑格尔说:"每一件真正的艺术作品都是一个本身无限的(独立

---

① 【明】许学夷著,杜维沫点校:《诗源辩体》,第105页,中华书局,1987。

自由)的有机体。"① 这种说法正适用于陶渊明。

中国古代文人以诗赠答的风气源远流长,总体而言,汉魏以来的文人赠答诗形成了言志抒情与社交应酬两种传统。在东晋其他诗人身上,言志抒情的传统被忽略了,社交应酬的传统则得到普遍的沿袭。生活于同一时代的陶渊明虽然略微继承了社交应酬的传统,但他从根本上排除了时代流弊和赠答诗本身固有的缺陷,使赠答诗回归到了言志抒情的传统之中。此外,陶渊明的赠答诗充分展开了对日常生活的细节叙述,并将崭新的田园题材融入赠答诗中,于赠答诗传统之外又有创新之功。这一切使得陶渊明的赠答诗展现出于当代甚至魏晋以来迥然不同的艺术风格。

陶渊明终其一生都富于真诚的情感和独立的人格,创作出了独属于一己的自由的赠答诗,不唯东晋一朝,就是在整个中国古代赠答诗的发展史上,陶渊明的赠答诗都是一座不倒的丰碑。

(指导教师:陈允锋教授)

附:写作感言

俯仰之间,离毕业论文定稿已经有大半年了,此刻论及写作感言,我想跟读者说一说我在本文写作过程中印象最深刻的几点感触。

第一是不要轻易违逆自己的兴趣。选题之初,很多同学会因为多种不同的原因而徘徊不定,题目是否"太难"?导师是否"严厉"?所选论题是否对自己的发展"有所裨益"?等等,都成为同学们选题的重要考虑因素,各自的兴趣反倒模糊起来了。对于这一现象,我想说:"不要轻易违逆自己的兴趣。"真正的兴趣是一种发自内心的强大动力,在论文写作过程中会让我们获得好奇心得到满足之后的成就感和愉悦感,并帮助我们排除万难,在困境中支撑着人一步步努力走下去。反之,如果论文写作变成了一种以"熬"为主的苦力,那么学生的积极性和创造性恐怕要大打折扣。

其次是要弄清楚概念。对于文学类的学生来说,我觉得在毕业论题选定之后首要的工作便是界定概念。比如以《论陶渊明的赠答诗》为题写作毕业论文,首先要做的就是要将"什么是赠答诗"的概念性问题弄清楚,并据此

---

① 【德】黑格尔著,朱光潜译:《美学》第三卷下册),第51页,商务印书馆,1981。

统计出相应的诗歌，之后再在统计出的文本基础上展开分析研究。如果概念还没弄明白就开始分析研究，那么难保不会出现一种进退两难的情况——发现自己对概念的理解不够准确，文章立论不够严谨有力，要不要从头再来？

第三是要与老师保持良好的沟通，要做一个诚实的学生。这里所说的"老师"不仅仅是毕业论文的指导老师，还应包括其他与毕业论文涉及领域相关的老师。常常与老师沟通，将自己写作毕业论文过程中的难题、心得、怀疑等等拿出来与老师交流，这样的话我觉得学生可以尽量减小论文"跑偏"的风险，很多时候，慷慨的老师们还可以指导我们少走弯路。我尤其想提到的是——要做一名诚实的学生，这份"诚实"指的是不要害怕暴露自己的无知。对于当代的年轻学子来说，不同程度的无知是一种普遍的现象，我们不应为了虚荣而掩盖自己的无知，而应该使身边学识丰富且善良热心的人更加了解自己，进而帮助自己不断进步。当然，一味诚实而不勤勉努力地学习也是不行的。

第四是要保证足够的时间，尽量略微超前。一般来说，毕业论文的写作都要延续半年左右。有些同学在提交开题报告之后会将毕业论文悬置起来，等到交稿的前一两个月再临阵突击。这样仓促完成的毕业论文往往会与原本的构想相差很远，会遗留很多值得深入却来不及挖掘的问题，如此，论文的价值也就随之降低了。所以，我觉得一份具体合理的计划对毕业论文的写作十分必要，一定要保证足够的时间，尽量略微超前完成每一阶段的写作任务，以挤出一段时间解决有可能出现的意料之外的问题。

我想说的就是这些，希望能够于读者有益。本人才疏学浅，论文及感言若有不当之处，还望诸君多多批评指教。

杜甫对饮酒诗传统的继承与发展

蔡君庆[①]

饮酒诗是杜甫诗歌中极为重要的部分。所谓饮酒诗,指的是有"饮酒"这一情境的诗歌。详细说来,就是诗中不单要有"酒",还要有"饮酒",同时"饮酒"需与诗人有一定相关性。杜甫一生有饮酒诗近三百首[②],约占其诗歌总数的五分之一。他的饮酒诗历来受到研究者的关注。

近代以来,论家开始将杜甫诗中的不同题材分门别类地进行研究,因此"饮酒"题材的诗歌逐渐被当做一个整体。然而,仅从"中国酒文化"这个大而宽泛的概念来论述杜甫饮酒诗与传统的关系是远远不够的。如要深入地了解这种关系,理应从杜甫饮酒诗与饮酒诗传统入手。

为了更好地研究杜甫饮酒诗的特殊性,我将唐以前的饮酒诗进行了系统的摘录与统计,并按照其情境不同而分为"宴饮"与"独酌"两个类别。本文将从抒情性的角度切入,从结构、内涵与意境三个方面来探析杜甫饮酒诗对传统的继承与发展。

一、结构的调整

饮酒诗的传统自先秦始,由来已久。杜甫所继承的悠久的饮酒诗传统上自《诗经》,下至汉魏六朝,其间现存饮酒诗近六百首[③]。这些饮酒诗按照具体的情境不同可分为三类:祭祀、宴饮与独酌。祭祀饮酒诗指以祭祀为主要内容的饮酒诗。宴饮诗指宴会饮酒的诗歌,独酌诗指诗人自斟自饮的诗歌;

[①] 作者是中央民族大学文学与新闻传播学院汉语言文学专业2012届毕业生,现为香港浸会大学中文系2012级硕士生。

[②] 此数据根据判断标准不一而略有不同。笔者统计为265首,有的学者统计为266首(张宗福《论杜甫诗歌的酒文化内涵》),有的学者统计为298首(赵会娴《杜诗与酒》),有的学者则统计为300首(郭沫若《李白与杜甫》)。饮酒诗大体约占杜诗总数的百分之二十左右。

[③] 笔者统计为581首,其中《诗经》42首,《楚辞》4首,《先秦汉魏晋南北朝诗》(逯钦立辑)535首。

二者最主要的区别在于"饮酒"这一情境涉及的是个体还是群体。当然,这三种情境的饮酒诗都是自《诗经》始,其后源远流长。

从杜诗中我们可以看出,诗人在接受传统的同时有意识地进行了"区别对待"。就宴饮诗来说,杜甫绝大部分的宴饮诗风格端庄,辞藻华美,内容雅致,正可以表现出传统中"酒以成礼"[①]的一面——自先秦到唐代,宴饮诗在饮酒诗中所占比重一直较大,并且形成了一套固定的话语模式。在《诗经》当中,宴饮诗共有28首,占了饮酒诗总数的百分之六十六。其后这套话语模式慢慢固化沉淀,有了"约定俗成"的性质。例如,在宴饮诗的诗题中常见"宴"、"筵"或"应"、"奉"这样的字眼,表示内容与宴会或者应制、奉赠有关;这类诗歌的篇章结构大多相似,以称述主人功德、描写宴乐氛围为重,表现出端庄的特点;诗人在遣词用句方面大同小异,辞藻华美,如"金卮"、"金杯"、"玉樽"、"玉觞"等字眼极为常见[②]。

"宴饮"之境下,酒的功利属性不可避免。诗人可以发挥的空间较小,诗歌的内容与风格都带有"应酬"的性质。作为这种话语模式的继承者,杜甫显然不能够完全推翻这种模式而肆意发挥。杜甫的一部分宴饮诗正是继承传统而来,风格与传统极为相近,如《与鄠县源大少府宴渼陂》[③]:

应为西陂好,金钱罄一餐。饭抄云子白,瓜嚼水精寒。无计回船下,空愁避酒难。主人情烂熳,持答翠琅玕。

这首诗是宴饮的语境下中规中矩的作品,除了礼貌性的叙述之外,诗歌并无一句诗人的自我抒情或独特感怀。我们从这首诗歌当中难以发掘出诗人的个性,因为参加宴会的任何人都可以发出这样的感慨。这种感慨既不具体,也没有强烈的爱憎与喜怒,其套话的成分可见一斑。

在杜甫189首宴饮诗中,结构类于此的所占比重约为百分之七十。在同类结构的诗歌里,几乎没有个人感慨的诗歌约占百分之六十,如《崔驸马山亭宴集》、《郑驸马宅宴洞中》、《九日杨奉先会白水崔明府》、《送严侍郎到绵州同登杜使君江楼》、《章梓州橘亭饯成都窦少尹》、《宴戎州杨使君东楼》

---

① 出自《左传·庄公二十二年》。见杨伯峻注:《春秋左传注》,第221页,中华书局,1990。
② 类似的词汇还有"嘉觞"、"美酒"、"醇酒"、"甘醪"等。这些词汇在汉魏六朝的饮酒诗中共计出现67次。
③ 仇兆鳌:《杜诗详注》,第185页,中华书局,2007。本文所引杜诗皆据此,不再一一出注。

等。也就是说，在杜甫的宴饮诗中，有近一半的宴饮诗结构如此，且没有独特的个人抒情。

归纳起来，这类诗歌的结构可概括为"总—分—总"。具体来说就是先以宴会大体状况总说领起，然后分述宴会的酒肴、歌舞，最后再归于宴会气氛和乐，宾主尽欢。这种结构与汉魏六朝大部分宴饮诗都是极为一致的。在这里，我们可以举出汉魏六朝的宴饮诗进行对比：

> 清夜延贵客，明烛发高光。丰膳漫星陈，旨酒盈玉觞。弦歌奏新曲，游响拂丹梁。余音赴迅节，慷慨时激扬。献酬纷交错，雅舞何锵锵。罗缨从风飞，长剑自低昂。穆穆众君子，和合同乐康。①
>
> （曹丕《于谯作》）

显而易见，这与《与鄠县源大少府宴渼陂》结构相同，语意相似。魏晋南北朝时期此类诗歌为数不少②。相较之下，杜甫的宴饮诗可谓略胜一筹。就具体字句而言，杜诗对于环境的描写有一定的独特性。诗人以"饭抄云子白，瓜嚼水精寒"二句描写宴会珍馐的精致；又以"无计回船下，空愁避酒难"从侧面写出宴会的热闹，宾主的欢饮，也能够避免落于"献酬纷交错"的泛泛与空洞。虽然同是宴饮应酬，但杜甫的"春酒杯浓琥珀薄，冰浆碗碧玛瑙寒"（《郑驸马宅宴洞中》）与西晋张华的"燔炙播遗芳，金觞浮素蚁"（《游猎篇》）相比，要具体生动得多。

尽管诗人在宴饮诗的描写上有所突破，但整体意境并没有高出汉魏时人多少。宴饮诗的固定模式成为限制诗人发挥的枷锁，精细的描写仅能在有限的空间里发挥作用：这些毕竟还是杜诗中等而下之的作品。但是，如果说这类固定结构是主流传统的标志，那么还有一些诗歌是存在于主流之外的。它们尽管也有固定结构的印迹，但总体来说却能够突破限制，带有浓重的诗人的个性色彩。比起主流宴饮诗而言，毫无疑问更具有审美趣味，而其意境与格调也更为上乘。我们可以以曹操的《短歌行》为例。

从结构上来说，这首诗歌已不是"总-分-总"结构，对于宴会的描写

---

① 逯钦立辑校：《先秦汉魏晋南北朝诗》，第399页，中华书局，2008。本文所引汉魏六朝诗据此，不再一一出注。

② 此类诗歌有曹操《气出倡》、潘尼《皇太子集应令》、颜延之《三月三日诏宴西池》、江淹《晚春应刘秘书》、沈约《为临川王九日侍太子宴》、萧统《春日宴晋熙王》、刘孝绰《侍宴集贤堂应令》、刘孝威《三日侍皇太子曲水》等，共计112首。

在诗歌中也不占主要地位。诗的开篇即是诗人的自我咏叹，感慨"人生几何"，"去日苦多"。诗中直接谈及宴会的只有"呦呦鹿鸣，食野之苹。我有嘉宾，鼓瑟吹笙"四句，没有具体的描述，也没有太多的称颂。《短歌行》作为千古名篇，带给我们一种千载之下犹能共通的脉动。我们能够为其感动的重要原因是其中诗人压缩了对于宴会本身描写的篇幅，而放大了个人抒情的比重。

杜甫善于兼收并蓄，对传统的继承非常全面。杜甫不可免俗地写过那些与主流传统保持高度一致的作品，同时也能够出色地突破这种主流传统：即调整宴饮诗的结构比例。这样既能够保留对宴会的描写、对主宾的称道等套话，不致被完全摈除在主流之外，又能够进行充分的自我抒情。这显然是承接着《短歌行》等虽为宴饮却不落俗套的诗歌传统而来。诗人在这类诗歌中充分地发挥了自己的诗才，如《乐游园歌》、《醉时歌》、《病后遇王倚饮赠歌》、《苏端薛复筵简薛华醉歌》、《雨过苏端》等。在此我们仅以《乐游园歌》为例进行分析。

《乐游园歌》以"乐游古园"领起，先描述周遭的环境，包括"崒森"、"碧草"、"秦川"等。"公子华筵"点明诗人所处的是一个宴会，并且宴会极为华美，有"舞袖翻"，有"歌声"等等助兴。全诗共计二十句，前十二句皆为环境描述，从远到近，从低到高，层层推进。而后八句则为诗人的个人感慨，是直接的自我抒情。"未醉已先悲"可是说是诗人对自己心境的刻画，而最后一句"独立苍茫"则把诗人的自我形象放到最大。诗歌前半部分的环境描述是一种铺陈，重点在于其后独特的个人抒情。诗歌的出色固然是因为个人抒情的出色，然而能够有一定比例的个人抒情也是诗人调整了宴饮诗结构中的比例所致。可以说，这是写宴会却没有囿于宴会，不拘于雅正而别有风味。

归结起来，这类宴饮诗的特色在于对于宴会的描写本身便不落俗套，环境描写也可以变成抒情的一部分，同时又对抒情与描写的比例、自我发挥与套话的比例有所调整。这样的例子我们还能从杜诗中找出很多：

交游飒向尽，宿昔浩茫然。促觞激百虑，掩抑泪潺湲。热云集曛黑，缺月未生天。白团为我破，华烛蟠长烟。鸪鹆催明星，解袂从此旋。（《湘江宴饯裴二端公赴道州》）

泛爱容霜发，留欢卜夜闲。自吟诗送老，相劝酒开颜。戎马今何地，乡园独旧山。江湖堕清月，酩酊任扶还。（《宴王使君宅题二首》）

首先，杜甫在宴饮诗的结构比例方面做出了较大的调整。诗歌虽然保留了套话的成分，但套话不再是中心和主要内容。诗人的自我抒情占据了诗歌的主要地位，这也是杜甫宴饮诗的动人之处。其次，诗人的自我抒情极具特色，情感真挚动人，让人千载之下犹能有共鸣，这些都是在汉魏六朝宴饮诗中所罕见的。自我抒情的特殊性问题并不是结构问题，故不在此节详述。

宴饮诗传统本以雅正为主流，主流之外又有曹之古直，陶之淡然，谢朓之清愁等。这些诗人都对宴饮诗有所拓展，拓展的内容也为杜甫所继承下来，并且予以自己的发展。除了悲慨、放达、深沉等等风格之外，杜甫还在宴饮的情境之下发展了诙谐的风格，发前人所未有。如《陪李金吾花下饮》末句以"醉归应犯夜，可怕李金吾"，颇有调侃之意；又如《春日戏题恼郝使君兄》，全诗基调轻松而不落低俗，写到佳人美酒能够"开我愁"，既风趣又不落于低俗，正合"戏题"之意，又是另一种别开生面的风格。归根结底，杜甫宴饮诗之所以能够开拓出这种种风格，也是由于有结构的调整作为先导。

简而言之，杜甫对于饮酒诗传统的继承与发展最表层的问题即是对于结构的调整，尤其是宴饮诗。宴饮诗中个人抒情的比重从无到有，从少到多，都表现出诗人将宴饮诗的传统沿着不同的方向进行拓展的诗才与功力。

二、内涵的深化

如果说结构是诗歌的骨架，那么内涵就是诗歌的血肉。显而易见，杜甫在结构方面对传统进行了大刀阔斧的改革，深化了饮酒诗的内涵。当然，在此处所指的内涵不仅仅是饮酒诗整体的内涵，更重要的是"酒"这一关键性物象在饮酒诗当中的内涵与作用。

我们可以大致梳理出这样一个发展脉络：即从先秦到唐代，酒的功能是逐渐由功利性质向非功利性质转变的。《诗经》中的饮酒大多是宴饮或祭祀，皆有政治性或宗教性的目的[1]，如同"我姑酌彼金罍，维以不永怀"（《周

---

[1] 详见刘耀娥：《〈诗经〉宴饮诗研究》，中兴大学中文研究所硕士学位论文，2007。

南·卷耳》），这种因个人抒怀目的饮酒而作的诗篇是比较少的。汉代以来，独酌诗逐渐增多，但宴饮诗在饮酒诗中仍然占据了比较主要的地位。汉魏六朝时期，即便是独酌诗，也有较大一部分物质功利的成分。"酒"被当做是感官享乐的一种工具，这种看法导致饮酒诗整体的内涵难以有突破性的进展。正如有的学者所说："南朝艺术和酒相交相靡最典型的场所是宫廷。饮酒者一边饮着琼浆玉液，一边赏着美人的舞态歌喉，一边作着冶艳的宫体诗。"[1]

上文已经论述过，汉魏六朝宴饮诗的一大特点就是用词华美空洞，且多雷同。但事实上这不仅仅是宴饮诗的特点，独酌诗受时代大环境所限，同样也有此类特征：

分悲玉瑟断，别绪金樽倾。（谢朓《奉和随王殿下诗十六首》其十四）

碧玉奉金杯，绿酒助花色。（萧衍《碧玉歌》）

正因为酒被当做感官享乐的工具，因此酒才需要显得越名贵越好，越华丽越好。"金卮"、"金杯"、"玉樽"、"玉觞"等字眼频繁出现，这是整个时代的文学风气所致，也是饮酒诗发展的一个阶段。但也有些诗人并不喜用这一类字眼，而较多单用"酒"这样不加修饰的字眼或者"浊酒"、"寒壶"这些词语：

挥兹一觞，陶然自乐。……清琴横床，浊酒半壶。（陶渊明《时运》）

何以称我情，浊酒且自陶。千载非所知，聊以来今朝。（陶渊明《己酉岁九月九日》）

虽无挥金事，浊酒聊可恃。（陶渊明《饮酒二十首》其十九）

岁暮美人还，寒壶与谁酌。（鲍照《岁暮悲》）

透过这些描写，我们仿佛可见诗人"一箪食，一瓢饮，居陋巷"的自得

---

[1] 鲁克兵：《执著与逍遥——陶渊明饮酒诗文的审美观照》，第51页，安徽大学出版社，2009。

其乐。这种写法有可能是写实的，因而"浊酒"也就透露了诗人家并不富裕，无钱购买"玉壶"、"金樽"。从另一个角度来说，这种写法也可以是虚写：诗人并不以酒的好坏为意。诗人的重心放在酒所带来的精神享受上，借由酒感受到了某种超脱，且这种超脱无关乎酒的名贵与否。在宴饮诗当中，这样的写法能使诗歌更加朴素，颇有"礼轻情义重"的感觉，情感更为真挚。从内涵上分析，这显然是一种内涵的深化，诗意的拓展。杜甫是延续此类内涵的诗人，除去上文所述完全符合传统结构的宴饮诗篇外，他也多喜用"酒"或"浊酒"、"旧醅"之类的词汇：

隔屋唤西家，借问有酒不。墙头过浊醪，展席俯长流。（《夏日李公见访》）

盘餐市远无兼味，樽酒家贫只旧醅。（《客至》）

浊酒寻陶令，丹砂访葛洪。江湖漂短褐，霜雪满飞蓬。（《奉寄河南韦尹丈人》）

在杜甫的笔下，对酒的喜爱与情感的真挚皆不需要借助过于复杂和华丽的词汇来表达。产生这种现象的原因理应放在时代的大背景下考量，汉魏六朝时期大量的饮酒诗恐怕是将"酒"作为一种玩物与享乐工具来对待的，借由酒带来的肉体快感把自我置放到声色犬马、纸醉金迷的状态中。杜甫则把酒作为一种精神享乐的工具，从某种意义上来说超脱了肉体的范围，借酒写诗，然后进行自我超越。当然，杜甫并非是开此先河的第一人。即便是在魏晋南北朝的环境下，同样有与杜甫采取了相同态度的人，比如陶渊明和鲍照。

陶诗中提到酒的诗共有 39 首，饮酒诗也占据了陶诗相当的比重。其中"酒"字或"壶"、"觞"等表示酒的字眼单用的有 22 处。他的饮酒不以呼朋引伴、胡吃海喝为喜，而是以独品酒趣为乐。陶渊明也不需要用"金杯"、"玉卮"来表现自己的身价，而是以淡而自然的态度来表现自己对酒的喜爱。这不是物质层面的借酒取乐，而是精神上的自然与超脱。正如叶嘉莹先生所说："这个题目虽然是饮酒，可它里面的内容不是都说的是喝酒的事情，它里面讲到人生的很多问题。"[1] 也就是说，陶渊明将酒与人生联系起来，将酒与超越联系起来。

对陶诗的继承与发展显然不仅仅来自这些字眼的问题。杜甫时常与陶渊明有神交之感。在一千四百多首杜诗中，提及陶渊明的诗共有 11 首，其中 6 首为饮酒诗。也就是说，杜甫提到陶渊明时，往往将他和酒联系在一起，如"篱边老却陶潜菊，江上徒逢袁绍杯"（《秋尽》）。从精神层面来说，杜甫觉得陶渊明与他是相通的，故有"此意陶潜解"（《可惜》）。杜甫所欣赏并理解的，是陶渊明对酒的态度：一方面是乐天知命、委运乘化，一方面是借助酒力，来完成人生的超越。[2] 在"人生似幻化，终当归空无"（《归园田居·其四》）的苦痛之下，酒是超越所必需的媒介之一。

杜诗很少像陶诗一样把探讨人生这一问题摆在显眼的位置，而是以另一种方式来诉说酒的超越作用——正是所谓"沉饮聊自遣，放歌颇愁绝"（《自京赴奉先县咏怀五百字》）。陶渊明的饮酒诗探讨时光人生、抒发自我感慨，表面平静古朴，而实际积极追求与世俗功利脱钩的超越精神。

同样也将酒脱离出世俗功利的环境的是鲍照。他的诗把南朝秾丽纤婉的风格一转为慷慨奔放，饮酒诗自然也不例外——这本身就是将酒从一个功利的大环境下解脱出来的证据。更重要的在于，鲍照将本用于宴会享乐的"酒"赋予了"诗"的地位，他是自先秦以来第一位将"酒"与"诗"相对举的诗人。陶渊明是史上第一位将诗与酒完美结合的诗人，然而鲍照明确地将"酒"的地位提升到了如此地步：

> 欢至独斟酒，忧来辄赋诗。（鲍照《答客诗》）

在鲍照的 36 首饮酒诗中，酒与诗的对举只出现过一次，但这毕竟是一种开创。魏晋时人提倡的是"消忧以觞醴，娱耳以名娼"（石崇《赠枣腆》），将酒当成与"名娼"一样的东西，以之来肉体享乐、挥霍生命。鲍照对于这种观念而言是一个冲击者，他的饮酒诗也是别具特色、与众不同的：

> 骢马金络头，锦带佩吴钩。失意酒杯间，白刃起相雠。（《代结客少年场行》）

---

[1] 叶嘉莹：《叶嘉莹说陶渊明饮酒诗及拟古诗》，第 41 页，中华书局，2007。
[2] 详见何长文：《陶渊明的诗、酒与人生》，《大连民族学院学报》，2003（5）。

> 人生亦有命，安能行叹复生愁。酌酒以自宽，举杯断绝歌路难。
> （《拟行路难十八首》其四）

> 对酒叙长篇，穷途运命委皇天。（《拟行路难十八首》其十八）

鲍照的饮酒诗中自有豪气，使人能够感觉到诗文中斩金断铁的张力。酒当然在这种豪气中发挥了重要的作用，只有酒才能够帮助诗人发挥这种豪气。从生理上来说，这是酒后的一种"主观上的力量感"；从心理上来说，这是"酒后的强健与优越"。更重要的是，酒的"最主要的功用是可以减轻焦虑"。[①] 这一切的出发点正是酒的地位的提高。这正开了诗酒对举的先河。在鲍照之后，南朝诗人也有将"诗"与"酒"进行对举的，不过仅有两次：

> 安得同携手，酌酒赋新诗。（谢朓《怀故人》）

> 独酌一樽酒，高咏七哀诗。（江总《在陈旦解酲共哭顾舍人》）

不难看出，这个时代中能够将"酒"提到"诗"一般的高度的诗人是极少的，能发出"欲借一尊酒，共叙十年悲"（苏蝉翼《因故人归作》）的感慨的诗人亦是极少的。然而自唐开始，尤其是在杜甫处，诗酒对举可以说是大放光彩：

> 晚节渐于诗律细，谁家数去酒杯宽。（《遣闷戏呈路十九曹长》）

> 对酒都疑梦，吟诗正忆渠。（《远怀舍弟颖观等》）

> 自吟诗送老，相劝酒开颜。（《宴王使君宅题二首》其二）

在杜诗中，将提到诗与酒的两句算作一处的话，共有诗酒对举的诗句24处[②]。从数量上来说，杜甫已经是对鲍照及南朝饮酒诗的一种极大发展，更遑论内容、风格上的多样性。"诗"与"酒"并提，常常是将两者都作为消愁

[①] 沈渔邨：《精神病学》，第446页，人民卫生出版社，2010。
[②] 文中未列举出的杜甫"诗、酒"对举的诗句还有："酒酣懒舞谁相拽，诗罢能吟不复听"（《题郑十八著作丈故居》），"赋诗拾翠殿，佐酒望云亭"（《赠翰林张四学士垍》），"去远留诗别，愁多任酒醺"（《留别贾严二阁老两院补阙》），"爱酒晋山简，能诗何水曹"（《北邻》），"展怀诗诵鲁，割爱酒如渑"（《寄刘峡州伯华使君四十韵》），"问法看诗忘，观身向酒慵"（《谒真谛寺禅师》）等。

的工具，让诗人从社会功利的氛围中摆脱出来，从而进行自我超越。酒与诗一样，都是能够让人超脱现实的苦痛的一种形式。

　　杜甫发展他们所开创的内涵，方向有二：一是"酒"的内涵的发展。正如叶嘉莹所说，陶渊明的饮酒诗不仅仅是饮酒，更是他对于人生的一种思考。杜甫显然也体味到了酒的这种作用，所以才常许陶潜为知己。"此意陶潜解"（《可惜》）的"意"不仅指酒在感官上的滋味，更是指酒能带来的思考人生的精神内核。如果将陶渊明的状态形容为"醉中醒"的话，杜甫则是一种"醒中醉"，也即是裴斐先生所说的"看不透的人生"[1]。陶渊明之所以区别于汉魏六朝诗人，正是因为这种"醒"——在污浊的社会环境中以高洁自守，以隐居拒绝同流合污，以深刻的自我思考突破魏晋时人对死亡的恐惧。而杜甫在陶渊明"醒"的基础上仍然有"我执"，要"奉儒守官"，因为"葵藿倾太阳，物性固难夺"（《自京赴奉先县咏怀五百字》）。"知其不可而为之"正是这种"醒中醉"的内涵。陶渊明借酒清醒，而杜甫借酒更醉，其醉所带来的诗意浓重、沉郁顿挫正是对陶诗的更进一步发展。

　　对内涵进行发展的第二个方向是将从陶诗所承的借酒超越与从鲍照所承的诗酒对举正相呼应。把"酒"作为与"诗"相等的非功利性质的东西由鲍照开启，由杜甫发展壮大。从数量上来说，杜甫的诗酒对举在诗歌中愈见频繁，由魏晋南北朝时的零星几句发展壮大。从内容上来说，杜甫的诗酒对举涉及的意象数量更多，表达的意味也更为宽广。《徐步》中诗与酒是诗人放松心情解脱苦闷的工具，《独酌成诗》中则是诗人的精神寄托，这显然已比鲍照的以诗消忧、以酒为乐高了一筹。而从内涵上来说，这种发展是"酒"的内涵的一种拓宽。鲍照在诗中诗酒对举也许是无意之举，汉魏六朝几乎没有人真正把诗与酒放在对等的位置上。从杜甫诗中对举的数量和质量来看，杜甫有意识地使用了这种对举，他已意识到诗与酒的同等地位，以及同样能给他带来超越之感的作用。

　　把酒从一种享乐工具转换为痛苦超脱，显然是一个漫长的过程——杜甫正是继承了这样的传统，并将之推动，向前发展的人。如果说陶、鲍是开启了这种饮酒诗的内涵的话，那么杜甫就是其后的发展者与集大成者。

---

[1] 详见裴斐：《看不透的人生：裴斐学术论文集》，燕山出版社，1992。

三、造境之独特

王国维曾说："词以境界为最上。有境界则自成高格，自有名句。"[①] 词是如此，诗亦是如此。杜甫的饮酒诗之所以格外动人，除了继承了前人的传统之外，更是因为有自己独特的发展。除去结构与内涵之外，意境这种由文字而生又超脱文字的诗歌范畴是我们阅读诗歌的直观感受，也是体悟。杜甫饮酒诗的特殊，亦是对前人一种前所未有的发展，正是王氏所说的"所造之境，必合乎自然，所写之境，亦必邻于理想"的境界。在这一点上，叶嘉莹先生也认识到了杜甫的特殊性："杜诗中所写的现实，其实都不是单纯的现实，其中都包含有他的理想……他的意志和他的理想都融入了他所写的景物之中，所以虽然是写实，但很多地方都有他的象喻性。"[②]

事实上在饮酒诗中体现诗人的意志与理想的并非现实的物象，而是主观的情感。正如梁启超所说，杜甫善于写情，可称为"情圣"。[③] 这种情在饮酒诗当中格外明显而又独具特色。杜甫的饮酒诗处理情感的方式是特殊的，尤其是宴饮诗中的一类：会友诗。会友诗是宴饮诗当中比较特殊的种类。具体来说，宴饮是与他人一起饮酒的泛指，而会友则特指与朋友聚会酬唱。会友诗的诗题中常有"酬"、"赠"、"寄"等标题及友人的名字，诗歌当中涉及饮酒情节的一般也只有诗人与朋友二人或三人而已。也就是说，会友诗较其他的宴饮诗涉及的人数更少。最为重要的特点是会友诗不必侧重"饮酒"、"宴会"情节本身，而往往更侧重朋友之间的交往与感情，或者与朋友共享诗人自己的个人感慨。

先秦并没有真正意义上的会友诗。从魏晋南北朝到初唐，文人之间聚会酬赠的诗歌逐渐增多，风格上与宴飨诗较为相似，尤其是在辞藻雕琢上。当然，唐前也有一小部分情感真挚浓厚、个人色彩浓重的会友诗，杜甫的会友诗正是继承此类传统而来。在总体的传统上，杜甫极大地发挥了个人色彩，尤其是在会友诗当中。会友诗同宴饮诗类似，受到客观环境的影响较大。在

[①] 王国维：《人间词话》，第1页，人民文学出版社，2010。下文所引王国维语皆出于此，不再一一注出。
[②] 叶嘉莹：《杜甫诗在写实中的象喻性》，《华中师范大学学报》，2005（7）。
[③] 梁启超：《情圣杜甫》，《杜甫研究论文集》第一辑，第2页，中华书局，1963。

会友诗的传统中,"始而欲得其欢,已而称颂之"① 是一种一直被延续的结构,这与会友诗也有一定的功利成分是相关联的。这些称颂对方的内容是一种礼节性质的描述,放在诗歌当中或多或少会减弱诗歌的非功利性质的美感。如果这些描写发展过甚,难免就令人觉得雷同和空洞。如:

> 默匪岩穴,语无滞事。栎不辞社,周不骇吏。纷动嚣嚣,领之在识。会感者圆,妙得者意。我鉴其同,物睹其异。(谢安《与王胡之》)

诗中所写是谢安对于王胡之的称道,但这种称道并不具体。仅仅说一个人口才好、品格高,不需要诗歌也可以表达。诗歌需要有具体而生动的形象描述,需要一针见血地让我们感觉一看到这句诗就能想到此人。谢安的诗乃至其他汉魏六朝的会友诗,都不具备这种特质,很难让人深入其中。

从风格、内容方面来说,这些会友诗往往以称颂对方或凸显自己与对方的情感为主,以表达对朋友的真挚感情。这些诗歌当中,言简义丰的如应亨的"人咸饰其容,鲜能离尘垢。虽无兕觥爵,杯酤传旨酒"(《赠四王冠》),豪放慷慨如鲍照的"握君手,执杯酒,意气相倾死何有"(《代雉朝飞》)。在这些会友诗当中,有时对朋友的赞美之词占了很大的比重,"酒"这一本来用于沟通感情的重要工具反而没有多少分量了。如王僧达《答颜延年》:

> 君子聋高驾,尘轨实为林。崇情符远迹,清气溢素襟。结游略年义,笃顾弃浮沈。寒荣共偃曝,春酝时献斟……

这是会友诗的常见写法,其中的缺憾在于"对方"这一形象不够鲜明,不够栩栩如生。我们似乎能了解诗人与朋友的那种情谊,却没有办法从诗中窥见对方的形象和特质。

如同大部分宴饮诗有固定结构一样,会友诗也有自己的固定结构:"溯源—称道—论交"。先从两人的缘起写起,再对对方进行夸赞和称道,然后感慨两人的感情深刻。传统的会友诗中占比重最大的往往是"称道"环节。其所占比重大,又不甚具体,读多了亦难免有雷同的厌倦感。这也是情境对于诗歌的限制。事实上,杜甫是继承此脉络的。杜甫的会友诗中也有一些类似的表述:

---

① 王夫之:《姜斋诗话》,第14页,人民文学出版社,1981。

温温士君子，令我怀抱尽。灵芝冠众芳，安得阙亲近。(《赠郑十八贲》)

窦侍御，骥之子，凤之雏。年未三十忠义俱，骨鲠绝代无。(《入奏行赠西山检察使窦侍御》)

但这类描写在杜诗中并不重要。纵览杜甫的会友诗，我们不难发现，杜甫对于朋友的描写并非都是空洞的描述，保留的"溯源"、"称道"、"论交"的成分即是杜甫对于传统的继承，然而诗人独特的发展在于，他不但缩减了描写对方的部分，还把这些为数不多的描写转变为自我抒情的一部分，也就是王国维所说的"有我之境，以我观物，故物我皆著我之色彩"。杜甫在描写他的朋友们的时候，诗人之"我"并没有直接跳出，但对朋友那惟妙惟肖、栩栩如生的描写本身就是诗人的"夫子自道"。在这里我们可以将杜甫饮酒诗中的此类诗句一一摘出：

关于李白：

痛饮狂歌空度日，飞扬跋扈为谁雄。(《赠李白》)

白也诗无敌，飘然思不群。清新庾开府，俊逸鲍参军。(《春日忆李白》)

世人皆欲杀，吾意独怜才。敏捷诗千首，飘零酒一杯。(《不见》)

关于郑虔：

醉则骑马归，颇遭官长骂。才名四十年，坐客寒无毡。(《戏简郑广文兼呈苏司业》)

郑公樗散鬓成丝，酒后常称老画师。(《送郑十八虔贬台州司户伤其临老陷贼之故阙为面别情见于诗》)

嗜酒益疏放，弹琴视天壤。(《八哀诗·故著作郎贬台州司户荥阳郑公虔》)

这样的会友诗在杜甫的会友诗所占比重约为五分之一，诗篇极有特色，又极有艺术价值。我们当然可以说，杜甫之所以与他们交朋友，正是因为他们身上有与自己相类的特质。然而更准确地说，我们之所以能够见识到这些人史书未载、旁人难知的特质，正要归功于杜甫的生花妙笔。是因为诗人意识到了这些特质的重要性，有意以写他人来抒怀抱，以及这些特质能够帮助诗人释放情感：一则是与友谊相关的感情，一则是自我抒怀与释放。

"痛饮狂歌空度日"（《赠李白》）固然是形容李白，又何尝不是对那个"自笑狂夫老更狂"（《狂夫》）以及"百年浑得醉，一月不梳头"（《屏迹三首·其二》）的老杜的栩栩如生的刻画？杜甫自己就"脱略小时辈，结交皆老苍。饮酣视八极，俗物都茫茫"，真是不遑多让李白的"飞扬跋扈"！在《醉时歌》中，诗人替好友郑虔抱不平，以"诸公衮衮登台省，广文先生官独冷。甲第纷纷厌粱肉，广文先生饭不足"来一正一反地写出现状的不公，可是诗人自己也是"杜陵野客人更嗤，被褐短窄鬓如丝"。替好友抱的不平，又何尝不是替自己抱的不平呢？把这些或狂放，或怀才不遇，或天真自然的形象集合起来，我们仿佛可以看到另一种版本的《壮游》。杜甫在为这些好友颇费笔墨的同时，也描摹出了一个自己的侧面肖像。

在唐以前，这样的写法可以说是极罕见的。使用了这种情感投射的方式然而为杜甫所吸纳的诗人是陶渊明。不过陶渊明并非以友人来抒怀，而是以古人来抒怀：

> 子云性嗜酒，家贫无由得，时赖好事人，载醪祛所惑。觞来为之尽，是谘无不塞。有时不肯言，岂不在伐国。仁者用其心，何尝失显默。（陶渊明《饮酒》其十八）

那个"家贫无由得"的恐怕不仅是扬子云，也是"性嗜酒，家贫不能常得"的五柳先生。杜甫在写到庾信的时候，因为两人的诗与身世而产生了共鸣。会友诗里的这种写法之所以特殊，就在于在此情感投射的过程当中，"酒"发挥了无与伦比的作用。正是因为"嗜酒"，所以才能够"见天真"，才能够"喜怒任长真"，才能够说得出"孔丘盗跖俱尘埃"这样的牢骚语。杜甫的会友诗之所以动人，也正在于此：酒让这种投射变得格外动人，读者能够从中感觉到诗人和朋友有一种灵魂的相融与共通。

这种情感投射的方式最突出的例子是杜甫的《饮中八仙歌》。程千帆先生在论述杜甫的《饮中八仙歌》的时候，认为诗中所描写的醉汉形象是一群"由于曾经欲有所作为，终于被迫无所作为"的人。并且，他认为，"这篇诗乃是作者已经从沉湎中开始清醒过来，而以自己独特的艺术手段对在这一特定的时代中产生的一群饮者作出了客观的历史记录"，所以他们应当是"一个醒的和八个醉的"[1]。如上文所论述的，杜甫的这种情感投射的方式——即"自我的他者"——也被应用在这首《饮中八仙歌》中，而正因为如此才会造成"一个醒的和八个醉的"的这种误解。杜甫并非要以八人相类的不得志的经历反射这个王朝大厦将倾的悲剧，而是以八个在幕前大喝的酒鬼来隐匿幕后那个同样嗜酒如命的酒痴。最好的证据就是，杜诗中有无数的例子可以证明杜甫与这八个醉鬼的形象是极为相近的：

不作河西尉，凄凉为折腰。老夫怕趋走，率府且逍遥。耽酒须微禄，狂歌托圣朝。故山归兴尽，回首向风飙。（《官定后戏赠》）

今年思我来嘉州。嘉州酒重花绕楼。楼头吃酒楼下卧，长歌短咏还相酬。（《狂歌行赠四兄》）

骑马忽忆少年时，散蹄迸落瞿塘石。白帝城门水云外，低身直下八千尺。……不虞一蹶终损伤，人生快意多所辱。（《醉为马坠诸公携酒相看》）

杜甫自己"性豪业嗜酒"（《壮游》）不说，饮醉更是常事。《醉为马坠诸公携酒相看》中那个因醉酒而不慎"马失前蹄"，摔伤卧床的老杜与《饮中八仙歌》里"眼花落井水底眠"的贺知章何其相似。既然如此，我们又有什么理由要把一个"醒"字强加在其实从饮酒中得到了极大乐趣的老杜身上呢？酒中之醉与现实之醉不可混为一谈，否则就失掉了饮酒本身的意义与魅力。

杜甫的会友诗显然是饮酒诗中艺术成就极高的一类，其他的宴饮诗则并不这么光芒万丈。在会友诗以外的宴饮诗中极少见这种情感投射的特质，大抵是受宴饮诗的情境限制，诗人的情感很难得以抒发。在饮酒诗的另一类——即独酌诗中，也有这种情感投射的模式，只不过不再是把自己的形象

---

[1] 程千帆：《一个醒的和八个醉的——读杜甫〈饮中八仙歌〉札记》，《程千帆全集》第九卷《被开拓的诗世界》，第105页，河北教育出版社，2000。

投射的朋友身上，而是如叶嘉莹先生所说的，将自己的情感注入客观物象之中。作为"有我之境"下的诗篇，独酌诗就不如会友诗来得醒目而夺人心魂了。

事实上，除了"情感投射"之外，杜甫的饮酒诗还有另一种独特的造境方式。如果将饮酒诗比作一部小说的话，那么"饮酒"无疑是其中标志性的情节。在时间或者空间的顺序当中，"饮酒"被实化，但仅仅停留在这个情节本身而难以对其他情节产生影响作用。杜甫最重要的发展在于将饮酒的情节虚化，将酒的重要性淡化，而将情感进一步实化，将意绪进一步深化。

杜诗将"酒"这一意象虚化，情感实化，陶诗则将情感虚化，意象实化。陶渊明的一些独酌诗一旦提到酒，总是有一种反复之感，着力于"酒"对于诗篇的重要性。在《饮酒》组诗当中，"酒"这一物象时常出现，如"泛此忘忧物，远我遗世情。一觞虽独进，杯尽壶自倾"（《饮酒·其七》），共十句诗，提到酒的诗句就占了五分之二。在《止酒》一诗当中，酒更是被反复提到："平生不止酒，止酒情无喜。暮止不安寝，晨止不能起。日日欲止之，营卫止不理。徒知止不乐，未知止利己。始觉止为善，今朝真止矣。从此一止去，将止扶桑涘。清颜止宿容，奚止千万祀。"这种反复的絮叨式的写法让读者觉得诗人真挚可爱，也让诗歌添了几分平白如话的清新味道。

在同样的一些题材上，杜甫的处理方式与陶渊明是全然不同的。在一篇完整的诗歌当中，杜甫大部分情况下都会以一个"醉"字或一个"酒"字来模糊饮酒的情节性，而将"饮酒"本身发散为诗歌的背景，让整篇诗歌都蒙上饮酒之后被深化的情感，使诗歌格外动人。最具代表性的诗篇如《九日登梓州城》：

伊昔黄花酒，如今白发翁。追欢筋力异，望远岁时同。弟妹悲歌里，乾坤醉眼中。兵戈与关塞，此日意无穷。

今昔的对比，战乱与和平，一幅大的时代画卷被囊括在了诗人的眼中。整首诗是"悲歌里"，也是"醉眼中"，诗人没有具体描述自己饮酒的情节，没有告诉读者他喝了多少，醉得多深，但在"如今白发翁"的悲叹和"兵戈与关塞"的感慨里，我们几乎可见那个垂垂老矣的醉客。这与陶诗的"淡"显然是极不同的。只需要画龙点睛的一笔，整首诗都似带着浓重的醉意。这一类的手法在杜甫的独酌诗中随处可见，如"重阳独酌杯中酒，抱病起登江

249

上台"（《九日五首·其一》），如"艰难苦恨繁霜鬓，潦倒新亭浊酒杯"（《登高》），如"衢尊不重饮，白首独馀哀"（《千秋节有感二首·其一》）。一首诗中提到"酒"处可能就一二字，然而整篇诗歌的氛围已被奠定下来。饮酒本身是实体，杜甫却以独特的笔法将之虚化，以图最大的表现效果。

  为了更好地说明这个问题，我们还可以选取杜甫的《送路六侍御入朝》来进行分析。点到诗人情绪的是最后一句："触忤愁人到酒边"。全诗只这一处提到了"酒"，却正如上文所说，是一种意绪的放大。"酒"成为诗篇的背景，让浓烈的情感得以释放。我们可以尝试将最后一句的酒替换成其他的字词：没有一个字比"酒"要更合适。酒是情感的突破口，是诗篇的背景，也是诗人借以自我超越的媒介。

  后人评价杜诗"沉郁顿挫"，正是因为杜诗之"浓"。在"饮酒"这一题材内，借由酒，杜甫让情感更充沛、更肆意奔腾地发挥出来。在诗人独特情感的包围下，环境便带上了独特的色彩，自然而然整首诗的氛围也就浓烈了起来。在着眼古人优秀诗篇、充分继承古人传统的情况下，杜甫对于环境和情感的问题更有着自己独特的发挥。也正因为此，杜甫饮酒诗之"浓"才能有如此的感染力，如此与众不同。

  杜甫在继承饮酒诗传统的时候，正是依照了各种情景的不同来进行发挥。在主流的传统之下，杜甫能够很好地继承套话的结构与固定的语境，还能够发挥自己的诗才将之细化而不失于繁冗。一些发挥空间比较大的地方，杜甫会结合传统与自己的诗才，在不离开传统语境的情况下进行自己独特的发展。总体来说，杜甫饮酒诗的独特性来自于其独特的思想境界以及独特的艺术表现方式。从饮酒行为到饮酒诗，诗人有自己一套独特的结构方式，从而使饮酒诗有非常浓重的个人特色。诗人一方面是别具匠心地对前代传统的继承，一方面也是自身独特的创造——才能够使饮酒诗成为杜甫诗歌当中最璀璨的明珠。

（指导教师：蓝　旭教授）

附：写作感言

  杜甫是我最挚爱的古代诗人，所以我就"知其不可而为之"了。这个题目是极不好做的，以至于我总觉得自己要"慷慨就义"。回头看来，这篇完成了的文章仍有很多不足之处。是的，这篇文章是我的成长印记，代表了我的大学时光。尽管不甚完美，却总值得回忆。细想起来，关于"杜甫饮酒诗"之题我想了很久，前前后后准备了一年有余。这大抵是因为真心喜欢，才能如此全身心投入其中——"喜欢"便是读文科（尤其是中文系）的先决条件吧。

为了更加深入地了解杜诗，我选修了蓝旭老师的《杜诗导读》课；而后我又选修了黄鸣老师的《诗经导读》和梁森老师的《李白诗歌导读》这两门课，并以"饮酒"为作业题目，以期了解更多不同的饮酒诗。我必须多谢几位老师认真地批改我的作业，多亏他们提出的意见和建议，我才能对饮酒诗有更深的了解。

坦言之，这个题目是非常不好做的，做起来的时候常有摸不着头脑的感觉。我不止一次地出现过焦躁的情绪，甚至静不下心来看书。正是因为蓝旭老师教导我，做学问应当"沉潜"，并以陈寅恪先生的"士之读书治学，盖将以脱心志于俗谛之桎梏，真理因得以发扬。思想而不自由，毋宁死耳"来鞭策我，我才能够慢慢安静下来，认真地沉入书本和思考中去。蓝老师又让我阅读余英时先生的《钱穆与中国文化》，从而了解钱穆先生是如何教导余英时先生作文、作人的。从大一的《古代文学史》课程到大四最后的论文，蓝老师对我的教导是我此生都会铭刻于心的。对蓝老师的感谢我无以言表，尽管我离着他的要求还那么远。

回想起来那段临近毕业的时光，心里还是万千感慨。那时候我格外忙碌，一边忙着考研（虽然最终失败），一边忙着做论文，真有无措手足之感。有时在图书馆留至十点，回到宿舍也仍旧不能休息。这时，父母的问候是我前进的动力，舍友们的关怀也让我倍感温暖。大约我是个不善于生活的人：室友们在我忙着时会提醒我记得吃饭，朋友们会时不时送上点心饮料和鼓励的话语，家里人更是时常打电话给我让我记得添衣。我可以和她们分享我的快乐和悲伤，还能分享各种知识和经验，所以这段时光既是忙碌焦急的，也是快乐的。

静下来时，当初键盘被不断敲击的嘈杂声似乎还在我耳边，仍未远去。杜诗就是出现在我生命中的火花，杜甫即是住在我心底的那个人。我很庆幸选择了文学这条道路，更庆幸有这么好的老师、亲人、朋友，陪伴我一同前行。感谢所有我身旁的人们，给予过我帮助和支持的人们：正是因为你们，所以我的世界阳光灿烂；在你们的陪伴下，我也会努力坚持着文学的道路，一直走下去。

论元杂剧《窦娥冤》的剧场性

丁剑冰[①]

引 言

　　文学性与剧场性是戏剧文学创作两个不可或缺的要素，相比之下，剧场性尤为重要，它是戏剧文学的本质特征。我国的剧场性理论研究始于20世纪初，对剧场性的探讨却古已有之。在中国戏曲批评史上，长期以来，就有"重'案头之曲'或重'场上之曲'的不同曲学流派"[②]，明清以来的许多曲论家，如臧懋循、王骥德、李渔，皆以舞台演出效果和观众审美心理为立论之前提，充分认识到戏曲艺术的综合性；当代学者结合中外剧场性理论的发展进程，为"剧场性"下定义，并区分了"剧场性"与"戏剧性"、"舞台性"和"假定性"等概念的异同[③]。

　　按照现有定义，所谓剧场性"是剧作家预设的戏剧对受众所拥有的'现实'审美裹挟力和'剧场'审美感知度的规定性，是一种支配受众的艺术强度。"[④] 戏曲离不开表演，表演离不开演员和观众，二者在同一时间同一地点的表演和欣赏构成了剧场。剧场性将作者、演员和观者联系在一起，以文学、音乐、舞蹈、美术等形式诉诸观众的感官，在视觉和听觉两方面引起观众的兴趣。

　　《窦娥冤》是元杂剧中的优秀剧作。剧本的保留"有两种情况，一种是进入戏剧史、文学史，这是很难的；第二种是在舞台上长期流传，那就需要它

[①] 作者是中央民族大学文学与新闻传播学院汉语言文学专业2012届毕业生，现为中国人民大学文学院2012级戏剧戏曲学专业硕士生。
[②] 叶长海：《案头之曲与场上之曲》，《上海戏剧学院学报》，2003（3）。
[③] 刘家思：《剧场性：戏剧文学的本质特征》，《四川戏剧》，2011（1）。
[④] 刘家思：《剧场性：戏剧文学的本质特征》，《四川戏剧》，2011（1）。

能持久地'深入人心',这就更难"。①《窦娥冤》较好地完成了文学与舞台的平衡,不但在文学史上受到特别的关注,也有极其漫长的舞台生命。然而,长久以来,对《窦娥冤》的研究形成了重文学性、轻剧场性的局面,更多的人认识的是文学作品的《窦娥冤》而非舞台艺术的《窦娥冤》。《窦娥冤》的剧场性没有得到应有的重视。

王国维《宋元戏曲史》认为,戏曲"必合言语、动作、歌唱,以演一故事,而后戏剧之意义始全"②。可见,严格意义上的戏曲,宾白、曲词、科范缺一不可。本文拟从这三个方面入手,结合戏曲创作理论和观众审美心理,分析《窦娥冤》的剧场性特征。

一、宾白与《窦娥冤》的剧场性

宾白是剧中人物的说白部分。徐渭在《南词叙录》中对宾白做了明确的说明:"宾白,唱为主,白为宾,故曰宾白,言其明白易晓也。"③ 传统戏曲以唱为主,以白为辅,故将说白叫做宾白。以说白为宾,并非表示宾白不重要;恰恰相反,宾白在戏曲演出过程中,承担带领观众入戏、推动剧情发展、调节剧场气氛的任务,具有重要作用。正如清初文人李渔所说:

> 尝谓曲之有白……就人身论之,则如肢体之于血脉,非但不可相无,且觉稍有不称,即因此贱彼,竟作无用观者。故知宾白一道,当于曲文等视,有最得意之曲文,即当有最得意之宾白。④

李渔将宾白置于与"曲文等视"的位置上。元剧采用一人主唱体制,宾白的重要性更为突出。同其他元代杂剧相比,《窦娥冤》的宾白具有显著的剧场性特征。

(一)定场语带领观众快速入戏

定场语是人物初次登场时的说白,分为韵白和散白。韵白即上场诗,指

---

① 安葵:《不薄城市爱农村》,《中国戏剧》,2004 (7)。
② 王国维:《宋元戏曲史》,第39页,中华书局,2010。
③ 俞为民、孙蓉蓉编:《历代曲话汇编:新编中国古典戏曲论著集成》(简称《历代曲话汇编》),明代编第一集,第490页,黄山书社,2009。
④ 【清】李渔著,杜书瀛评注:《闲情偶寄》,第69页,中华书局,2007。

角色出场时念诵的五言诗或七言诗，内容一般与人物的身份、心情、境遇相关。"元杂剧时代有许多打油诗、顺口溜之类的小诗供剧作家们选择，根据人物类型往上套便可"，[1] 故韵白无法体现剧作者的个人创作特点。本文只对《窦娥冤》的散白进行分析。

戏曲演出受到时间和空间的双重限制。在有限的舞台时空中，以明白简练的语言迅速简捷地交代人物关系、描绘人物性格、向观众揭示看点是一出戏剧成功的关键。如何集中观众注意力，带领观众快速入戏便成为剧作者首先考虑的问题。关汉卿作为"躬践排场，面敷粉末"[2] 的剧作家，深谙舞台演出与观众审美心理的关系。他通过概括性极强的定场语，在短时间内向观众提供大量信息，达到了使其快速入戏的效果。试比较《窦娥冤》与《汉宫秋》等杂剧的定场语：[3]

> 老身蔡婆婆是也，楚州人氏，嫡亲三口儿家属……这里一个窦秀才，从去年问我借了二十两银子，如今本利该银四十两。我数次索取，那窦。（《窦娥冤》[4]）

> 某乃呼韩耶单于是也。久居朔漠，独霸北方。以射猎为生，攻伐为事……当秦汉交兵之时，中原有事；俺国强盛，有控弦甲士百万。俺祖公公冒顿单。（《汉宫秋》）

> 某乃晋国大将屠岸贾是也……俺二人文武不和，常有伤害赵盾之心，争奈不能入手。那赵盾儿子唤做赵朔，现为灵公驸马。某也曾遣一勇士鉏麑，仗着。（《赵氏孤儿》）

> 老汉姓李，名彦实，在这河南府录事司醋务巷住坐。嫡亲的五口儿家属……侄儿如今要往南昌做买卖去，说今日来辞我，怎生这早晚还不见。（《磨合罗》）

---

[1] 翁敏华：《关汉卿戏曲选评》，第2页，上海古籍出版社，2002。
[2] 【明】臧懋循：《元曲选后集序》，俞为民、孙蓉蓉编：《历代曲话汇编》，明代编第一集，第620页，黄山书社，2009。
[3] 所选定场语皆是第一个人物初次登场时所说散白的前100字。
[4] 《窦娥冤》四剧选自顾学颉选注：《元人杂剧选》，人民文学出版社，1998。

王骥德在《曲律》中指出，定场语须"以数语该括尽之，勿晦勿泛，此是上谛"。① 定场语既不可过于晦涩，使观众不知所云，亦不可铺排过大。呼韩耶单于用 30 字简要交代了身份和生活习俗后，其余的 70 余字全部用来陈说历史和炫耀武力；屠岸贾交代完毕人物关系便执著于述说伤害赵氏一族的方法手段。二人皆是对定场语的利用不足。李彦实仅用了 23 字便说明了住址和家庭情况，余下篇幅却全部用以介绍亲属关系，观众在对剧情不甚明了的情况下，稍显复杂的人物关系容易造成混乱，是对定场语的利用过度。

蔡婆婆在 100 字内，前 60 字用来交代身份、籍贯、婚姻状况、家庭情况以及财产状况，后 40 字引出窦天章欠钱许久无力偿还的关键情节。由自身说及家庭成员，进而谈及财产情况，最后自然地引出全剧的第一处关键情节。环环相扣，绝不旁逸斜出，言简意赅且具有典型性。对定场语的高效利用，使观众将注意力集中在舞台上，达到快速入戏的效果。

（二）重复语使观众尽快把握剧情

近年来，已有研究者注意到《窦娥冤》的重复语对剧场性的作用，②《窦娥冤》的宾白中出现了大量重复语，请看下表（人名为叙述者，数字为重复叙述的次数）：

表1　《窦娥冤》重复语统计表

关目＼结构	楔子	第一折	第二折	第三折	第四折	总计
窦娥身世	蔡婆婆2 窦天章1	蔡婆婆2 窦　娥1	窦　娥2		窦天章2 窦　娥1	11
赛卢医欠债 蔡婆婆索钱		赛卢医1 蔡婆婆3 窦　娥1	赛卢医2 窦　娥1		窦　娥1	9
赛卢医 勒蔡婆婆		赛卢医1 张驴儿1 蔡婆婆2	赛卢医1 张驴儿1 窦　娥1		窦天章2 赛卢医2	12

---

① 俞为民、孙蓉蓉编：《历代曲话汇编》，明代编第二集，第 97 页，黄山书社，2009。
② 李毅斌：《〈窦娥冤〉：戏曲的剧场性与文本重复叙述策略》，《保山学院学报》，2010（3）；路云亭：《论窦娥形象的剧场性意义》，《山西大学学报》（哲学社会科学版），2007（6）；施文志：《关汉卿戏剧的累积叙事》，《云南艺术学院学报》，2007（1）。

续表

结构 关目	楔子	第一折	第二折	第三折	第四折	总计
张驴儿父子救蔡婆婆		蔡婆婆3	赛卢医3 窦 娥1		窦 娥1 赛卢医2 蔡婆婆1	11
张驴儿父子逼婚		张驴儿1 蔡婆婆1	窦 娥1		窦 娥1	4
张驴儿讨药下毒			张驴儿1 赛卢医1 窦 娥2	窦 娥1	窦 娥2 赛卢医1	8
张孛老误食毒药身亡			蔡婆婆1 张驴儿1 窦 娥2	窦 娥1	窦天章5 窦 娥2	12
张驴儿嫁祸窦娥			张驴儿3		窦 娥1	4
窦娥鸣冤			窦 娥5		窦 娥2	7
窦娥屈招			窦 娥2	窦 娥1	窦 娥2	5
斩娥			桃杌1 张驴儿1 蔡婆婆1	窦 娥1	窦 娥1	5
三桩誓愿： 血溅白练				窦 娥1 刽子手1	窦 娥1	3
六月飞雪				窦 娥2 刽子手1 监斩官1	窦 娥1	5
大旱三年				窦 娥2 监斩官1	窦天章4 窦 娥1	7

由表1可知，《窦娥冤》中的关键情节，不同角色在不同时间均有至少4次以上的叙述；情节越是关键，重复叙述的次数越多，如"窦娥身世"、"张驴儿父子救蔡婆婆"在剧中有多达11次的重复；"赛卢医勒蔡婆婆"和"张孛老误食毒药身亡"两处对剧情发展具有重要意义的情节，重复次数达到12次。重复语的设置对剧场性的益处显而易见：

第一，对于自始至终看戏的观众来说，重复语的出现使戏曲的关键情节不断带来听觉和视觉的刺激。如上表所示，窦娥三岁丧母，七岁离父，婚后二年守寡的身世在全剧中有多达11次的反复陈述。每诉说一次，感情便加深一层，形成了较好的剧场效果。

第二，多视角叙事充分调动观众的情绪。重复语的设置要处理好情节、叙述者和观众之间的关系。重复同一情节，多视角叙事是最好的选择。《窦娥冤》中每一处重复语的出现,均由三人以上承担,叙事视角的多样性能充分调动现场观众的情绪。例如"斩娥"一节,5次叙述由4人承担,视角不同,蕴含的情感各异,由此引发的观众感情也具有多样性:

> 桃杌:既然招了,着他画了伏状,将枷来枷上,下在死囚牢里去。到来日判个斩字,押付市曹典刑。
> 张驴儿:谢青天老爷做主!明日杀了窦娥,才与小人的老子报的冤。
> 蔡婆婆:明日市曹中杀窦娥孩儿也,兀的不痛杀我也!
> 窦娥:我怕连累婆婆,屈招了药死公公,今日赴法场典刑。①

上述例证显示,窦娥即将被"斩"、"杀"的信息,在4位叙述者口中被反复强调,显现出不同角色对同一事件的不同感情色彩,也带来不同的抒情效果。作为一名昏庸官吏,桃杌视人命如草芥,从他轻描淡写的语气中可见一斑,这样的人只会引起观众的愤怒。张驴儿误杀亲父,却嫁祸他人,面对双重罪责无丝毫悔恨之心,观众对他讽刺与愤恨兼有。蔡婆婆的"窦娥孩儿"、"痛杀我也",使观众充满悲伤。由窦娥亲口说出这不公的结果,流露出对不幸命运的无限悲凉之感,观众的回应有悲悯,有同情,也有不平。

第三,重复语的出现能够使不同时间进场看戏的观众快速把握戏剧全貌。元代商品经济的发达和市民阶层的壮大成就了元杂剧的兴盛,市民成为主要观众群。在这种情况下,观众的需求成为剧作家着重考虑的因素。

《窦娥冤》宾白中的重复语充分考虑到不同观众的实际情况。对于一些中途入场的观众来说,重复叙述能够使他们在短时间内把握戏剧全貌。从表1可以看到,《窦娥冤》的主要情节都曾被多次叙述。特别是第四折,在窦天章审案的场合下,窦娥将所有关键情节叙述了一遍,即使观众在第四折才进场看戏,也一样能掌握剧情。

(三)"诨语"调节剧场气氛

"插科打诨"是传统戏曲的一个专门术语,意为在唱白中穿插幽默、夸张的动作和语言,创造轻松活泼的场面,达到娱乐观众的目的。"科"指滑稽动

---

① 顾学颉选注:《元人杂剧选》,第22—28页,人民文学出版社,1998。

作,"诨"指滑稽语言,亦称"诨语"。历代曲论家皆将"插科"与"打诨"并为一处讨论,实际各有侧重。本文将二者分而论之,"插科"将在"科范与《窦娥冤》的剧场性"一节进行论述。

《窦娥冤》虽然是悲剧,在实际演出中也需要用滑稽语言调节气氛,有时甚至通过轻松跳跃的"喜"使后面的"悲"在观众心中形成更为沉重的回声。这些"诨语"成为这出悲剧的"调味品",请看下表:

表2 《窦娥冤》"诨语"分布表

角色＼结构	第一折（3）	第二折（2）	第四折（5）	总计（10）
赛卢医	√		√√	3
张驴儿	√√	√	√√	5
桃杌		√		1
张千			√	1

恰到好处的"诨语"能调动观众的审美热情,拉近观众与演员的距离,完成表演和欣赏的交流;但如果为了让观众发笑而刻意为之,戏剧原有的审美效果也会大打折扣。如上图所示,《窦娥冤》中的"诨语"出现在第一、二、四折,由赛卢医等4人承担。窦娥面对如此冤情,蔡婆婆痛苦无助的境遇,窦天章作为朝廷命官,三人无法也不应该有滑稽之语,若在此处添加,无异于画蛇添足。

《窦娥冤》采用一人主唱体制,宾白在剧中占有很大篇幅,其重要性不言而喻。《窦娥冤》中的宾白,定场语的设置与上场人物的身份、学识、生活经历相符,使观众在短时间内迅速识别善恶美丑,高效率理解人物,快速入戏;对口白自然、质朴,无藻饰和堆砌的痕迹。重复语的出现满足了不同观众的需求。恰到好处的"诨语"起到了调节气氛的作用。剧作者对宾白的重视使其产生了良好的剧场效果。

二、曲词与《窦娥冤》的剧场性

戏曲是唱给人听的,大部分观众不能停下来细细琢磨曲词的含义,这就要求曲词要较为普遍地顾及到观众的精神情绪需求,不能过于艰深含蓄,让观众不知所云。既能令一般的观众拍手称快,也能叫高层次的观众回味无穷。

《窦娥冤》曲词的基本特点是：词浅意深、曲白相生，雅俗共赏，充分体现了剧作者对剧场性的考虑。

(一) 词浅意深使曲词入耳消融

《窦娥冤》曲词的剧场性，首先表现在大量运用口语中较为浅近的词语，达到了入耳消融的效果。

第一，口语中常用的虚词如"的"、"了"、"么"等出现在曲词中，听起来十分流畅。如：

催人泪的是锦烂熳花枝横绣闼，断人肠的是剔团圞月色挂妆楼。

婆婆也，怕没的贞心儿自守，到今日招着个村老子，领着个半死囚。

猛见了你这吃敲材，我只问你这毒药从何处来？①

这样酣畅淋漓的句子，在《窦娥冤》的曲词中比比皆是。关汉卿在创作时考虑的不仅是个人情绪的抒发，还充分考虑到了观众。让观众在这些如家常话般的曲词中，产生强烈的共鸣。

第二，典故的运用。元代剧作家绝大部分受过四书五经的教育，在曲词中加入典故亦属正常；然而，戏曲的特殊性要求典故的运用也要遵循剧场演出的准则。吴梅指出："书卷典故，无一不可运用，而无一可以堆垛。"② 李渔也从剧场演出效果出发，明确指出戏曲运用典故应该遵循以下原则：

其事不取幽深，其人不搜隐僻，其句则采街谈巷议。即有时偶涉诗书，亦系耳根听熟之语，舌端调惯之文，虽出诗书，实与街谈巷议无别者。③

戏曲是面向大众的，不能如诗词般频繁地引经据典。典故用得过多，过于晦涩，便有向"案头之曲"发展的倾向，剧场效果也会受到影响。有些典故，虽然出自诗书，但经过漫长的传播，已融入寻常百姓的生活语言中，成

---

① 顾学颉选注：《元人杂剧选》，第10、第13、第37页，人民文学出版社，1998。引文中着重号为笔者所添加。

② 吴梅：《顾曲麈谈》，俞为民、孙蓉蓉编：《历代曲话汇编》，近代编第三集，第384页，黄山书社，2009。

③ 【清】李渔著，杜书瀛评注：《闲情偶寄》，第43页，中华书局，2007。

为"街谈巷议"之语。

《窦娥冤》的曲词中一共出现了十个典故，分别是：

第二折：【梁州第七】这一个似卓氏般当垆涤器，这一个似孟光般举案齐眉；……那里有奔丧处哭倒长城？那里有浣纱时甘投大水？那里有上山来便化顽石？

第三折：【滚绣球】天地也，只合把清浊分辨，可怎生糊突了盗跖颜渊。

【耍孩儿】等他四下里皆瞧见，这就是咱苌弘化碧，望帝啼鹃。

【二煞】岂不闻飞霜六月因邹衍？

【一煞】做甚么三年不见甘霖降，也只为东海曾经孝妇冤。①

前五个典故表现男女恩爱，后五个典故表现冤情不浅。从典故的内容看，多为家喻户晓、深入人心的通俗故事。曲词的主要作用是抒情，典故出现在曲词中，作用有限，即使有的观众不知道，也不会影响他们对情节的理解。《窦娥冤》对典故的选择充分考虑到不同层次观众的欣赏水平，高层次的观众对典故了然于心，可品评曲词之妙；一般观众也能被强烈的抒情效果所感染。

《窦娥冤》曲词之浅，不但体现了关汉卿写曲之才，也体现了他对观众审美水平的全面考虑。然而，词浅并不表示意也浅。以浅近之词抒发不平之气，让观众通过窦娥对天地的质问看到现世的浑浊，用意之深不言而喻。"虽存扶持名教之旨，切不可为迂腐可鄙之词。"②《窦娥冤》的曲词较好平衡了宣扬主旨与剧场效果二者之间的关系，真正是词浅意深。

（二）曲白相生使演员、观众劳逸结合

作为一门综合性的舞台艺术，曲白相生是戏曲的必备因素之一。从思想内容上看，曲白相生对表现主题有很大影响，宾白主叙事，曲词主抒情，有曲无白，或有白无曲，都无法达到应有的效果；从剧场性角度看，曲、白能否构成和谐的关系往往决定着戏曲的剧场效果。

---

① 顾学颉选注：《元人杂剧选》，第19—29页，人民文学出版社，1998。引文中着重号为笔者所添加。

② 吴梅：《顾曲麈谈》，俞为民、孙蓉蓉编：《历代曲话汇编》，近代编第三集，第387页，黄山书社，2009。

《窦娥冤》中的曲白相生包括两个方面：一是曲词和宾白交替出现，二是揉宾白于曲词中，可以称之为"宾白式曲词"。

第一个表现是曲白交替。曲词是高度浓缩化、诗化的语言；宾白属于散文，曲词属于韵文。《窦娥冤》采用四折一楔子的结构，楔子交代人物出场，四折分别展现故事的发生、发展、高潮、结局。下表显示的是《窦娥冤》的曲、白在每一折的比例情况，并添加科范频率进行参考：

表3 《窦娥冤》曲白比例统计表①

结构	曲词字数	宾白字数	科范数	总字数	曲词频率	宾白频率	科范频率	曲白比
楔子	51	977	6	1028	5%	95%	0.58%	1：19.2
第一折	697	1688	15	2385	29%	71%	0.63%	1：2.4
第二折	976	2217	22	3193	31%	69%	0.69%	1：2.3
第三折	695	815	18	1510	46%	54%	1.12%	1：1.2
第四折	598	3894	30	4492	13%	87%	0.67%	1：6.5

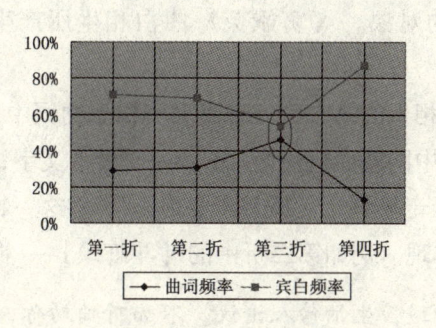

图1 《窦娥冤》曲白比例折线图

在以往对《窦娥冤》的评价中，第三折"斩娥"是公认的高潮部分，是全剧矛盾冲突的中心所在。矛盾、冲突、语言风格等文学性的解释，只能论证其文学方面的价值，却无法充分证明为何第三折成为全剧最具欣赏价值的片段。结合剧场性的分析，可以找到新的解答路径。

---

① 此表以人民文学出版社1998年8月版顾学颉选注《元人杂剧选》中的《感天动地窦娥冤》为统计依据。"曲词字数"为去掉宫调名和曲牌名之后的字数；"宾白字数"为去掉括号内舞台提示后的字数，总字数为曲词与宾白字数之和。

如表3和图1所示,第三折的字数虽为全剧最少,其曲、白频率却最为接近,分别为46%和54%,几近平分。而在其他三折和楔子中,宾白频率远远高于曲词。从观众审美心理的角度进行分析,通过前两折,他们已经了解了剧情,熟悉了人物,经历了科诨滑稽带来的愉悦。如果第三折沿袭前两折的风格,观众会产生审美疲劳。因此,关汉卿在这一折戏中依照剧情加入大量抒情效果极佳的曲词。一句曲伴着一句白,场上气氛随着唱曲的一起一落,时紧时松;观众的心境也随着一唱一和而时起时落。加之数量众多的科范(如表3所示,第三折的科范频率为全剧最高),曲、白、科三大要素在这一折中达到了理想的和谐状态。"血溅白练"、"六月飞雪"等意象也出现在第三折,产生了吸引观众的强烈的魅力。在这一折中,观众所关注的早已不是剧情和人物,而是"将注意力集中于近乎完美纯粹的表现形式上"。[①]

由此可知,曲白的频繁交替是第三折之所以成为经典唱段的重要原因。至此,观众的审美心理已经发生了转变,由"看戏"变为"品戏",在关注情节的同时更加关注细节。一句演唱、一段对白、一个动作,都可能成为戏迷们反复咀嚼品评的对象。《窦娥冤》曲白相生所产生的剧场性意义就在于此。

《窦娥冤》曲白相生的第二个表现是融宾白于曲词中,可以称之为"宾白式曲词"。吴梅在《中国戏曲概论》中认为:"天下文字,惟曲最真",[②] 进而又论关汉卿曲词"雄奇排奡,无搔首弄姿之态"[③]。这一特点在《窦娥冤》的曲词中得到了充分体现。例如第二折中的【斗虾蟆】一曲:

> 不是窦娥忤逆,生怕傍人论议。不如听咱劝你,认个自家悔气,割舍的一具棺材停置,几件布帛收拾,出了咱家门里,送入他家坟地。这不是你那从小儿年纪指脚的夫妻,我其实不关亲无半点恓惶泪。休得要心如醉,意似痴,便这等嗟嗟怨怨,哭哭啼啼。[④]

这一曲说的是张父因服食了有毒药的羊杂汤突然死去,蔡婆婆被眼前突如其来的死人事件吓哭了,窦娥便说了一大通话劝解婆婆。如果说在其他的

---

① 黄蓓:《"大唱无情"与"触目动情"——戏曲观众审美心理分析》,《戏曲研究》,2002(2)。
② 俞为民、孙蓉蓉编:《历代曲话汇编》,近代编第三集,第133页,黄山书社,2009。
③ 俞为民、孙蓉蓉编:《历代曲话汇编》,近代编第三集,第165页,黄山书社,2009。
④ 顾学颉选注:《元人杂剧选》,第20页,人民文学出版社,1998。

曲词中观众还可以看到作者的影子，那么这一曲则完全是以窦娥的口吻道出的话。窦娥用这样的语言唱出自己最真实的想法，既符合曲词的合辙押韵，又符合剧中人物的口吻，可以说是曲白相生的更高境界。王国维也称赞"此一曲直是宾白，令人忘其为曲"。[①]

曲白相生的形式，对演员和观众都有好处。对演员来说，曲白相生为他们创造了劳逸结合的机会（精力上的劳逸结合）；对观众来说，他们在宾白和曲词中欣赏不同的语言艺术，在审美上也张弛有序，劳逸结合。

《窦娥冤》的曲词，不但做到了"借彼笔底之烟霞，吐我胸中之云梦"[②]，达到高度的思想性；还通过其自身的风格，以及与宾白的配合，体现了关汉卿对观众审美心理的考虑和对剧场效果的追求。

三、科范与《窦娥冤》的剧场性

"科范"也叫"科介"，省称为"科"，是剧作家为演员所规定的舞台上的动作、情态，以及对舞台效果的提示。科范与曲、白在剧场中承担的任务不同，前者通过演员的动作、表情和舞台的变化引起观众视觉上的兴奋，后者则通过旋律、节奏、语言为观众带来听觉上的愉悦。科范完全为舞台而准备，然而，"在漫长的戏曲史上，曲词、宾白、科介三大剧本要素间应有的和谐关系并没有得到足够的重视，尤其是科介的设置多被'忽略不计'"，[③] 由于以往对《窦娥冤》的评价以文学性为主，作为剧场性主要特征之一的科范往往被一带而过。本文讨论《窦娥冤》的剧场性，需要对其中的科范进行全面分析。实际上，与宾白、曲词相比，《窦娥冤》的科范具有更为浓厚的剧场性特征。

（一）高密度的科范设置使人物形象动态化

与其他元代杂剧相比，《窦娥冤》的科范设置有数量多、密度高的显著特点。请看下表：

[①] 王国维：《宋元戏曲史》，第122页，中华书局，2010。
[②] 吴梅：《顾曲麈谈》，俞为民、孙蓉蓉编：《历代曲话汇编》，近代编第三集，第249页，黄山书社，2009。
[③] 苏涵：《从科介精细化论戏曲剧本的文体优化与舞台可能》，《戏曲研究》，2007（3）。

表4 《窦娥冤》等杂剧科范密度统计表①

杂剧	题材②	科范总数	剧本字数	舞台字数	科范密度③（从高到低）
《窦娥冤》	公案剧	91	15204	12733	0.71%
《秋胡戏妻》	负心婚变剧	57	10767	8787	0.65%
《陈州粜米》	公案剧	71	17521	14196	0.50%
《梧桐雨》	历史剧	41	10630	8725	0.47%
《张孔目智勘磨合罗》	公案剧	60	15954	12913	0.46%
《汉宫秋》	历史剧	33	8379	7248	0.46%
《救风尘》	才子佳人剧	33	9689	7897	0.42%
《赵氏孤儿》	历史剧	50	17818	15332	0.33%

表4共选择了七部经典元杂剧与《窦娥冤》进行比较。其中，既有同属公案剧的《陈州粜米》、《张孔目智勘磨合罗》，也有题材相异的负心婚变剧、历史剧和才子佳人剧。如表中数据所示，不论是在同类题材中，还是与其他题材相比，《窦娥冤》的科范密度均列于首位。这说明，关汉卿在创作剧本时不但注意到宾白和曲词的配合，亦十分重视科范在剧场效果中的重要作用。

《窦娥冤》高密度的科范设置实现了文本和舞台、"案头"和"场上"的统一，也实现了口头语言和肢体语言的相得益彰。数量众多的科范，使人物形象跃然纸上，完成了从平面到立体的转变，让观众看到了一个个多面、丰满的人物。按照已有对科范的分类，《窦娥冤》中的"科"可以分为三类：表示动作的"科"，如"拜科"、"行科"等；表示情感的"科"，如"哭科"、"悲科"等；表示特定舞台音响效果的"科"，如"内做风科"等。《窦娥冤》中的三类科范在各个角色中所占比例如下表所示：

---

① 此表统计材料依据《国学经典文库系列光盘·元曲备览》，首都师范大学出版社电子出版物数据中心出品，2009。
② 题材分类参照欧阳光主编：《元明清戏剧分类选讲》，高等教育出版社，2007。
③ "科范密度"计算方式：（科范总数÷舞台字数）×100%。

表5 《窦娥冤》主要角色科范统计表

角色 \ 科范	动作类科范（百分比）	表情类科范（百分比）	舞台效果类科范（百分比）	总计	备注
窦 娥	18（85.7%）	3（14.3%）		21	
蔡婆婆	5（38.5%）	8（61.5%）		13	
窦天章	10（66.7%）	5（33.3%）		15	
张驴儿	11（84.6%）	2（15.4%）		13	
张孛老	5（100%）	0		5	
赛卢医	6（85.7%）	1（14.3%）		7	
其 他	16（94.1%）	0	1（5.9%）	17	舞台效果科范为：内做风科（第三折）
全 剧	71（78.0%）	19（20.9%）	1（1.1%）	91	

上表显示，不同类型的科范在不同角色中所占比例不尽相同。《窦娥冤》的一人主唱体制限制了正旦以外其他形象的塑造。在这种情况下，科范成为观众理解角色的一个极佳的窗口。以张驴儿为例，如果仅从他的宾白分析，我们看到的是一个心狠手辣、满肚子坏水的人；然而，正是因为这些狠毒的言语中加入了"嘴脸科"、"扯正旦科"等幽默、夸张的表情和动作，张驴儿的形象才丰满起来，让观众看到，他在心狠手辣的同时，还有着泼皮无赖的一面。富于个性色彩的科范设置成为使人物须眉毕现的重要手段。

关汉卿在进行《窦娥冤》的案头创作时，有着强烈的场上意识，不但注意对科范进行高密度的设置，还对其进行了相对精细的分类。这种以舞台为中心的创作方法为表演提供了更为准确、精彩的依托，是追求剧场效果的可贵尝试。

（二）"插科"使剧场效果多元化

本文在"宾白与《窦娥冤》的剧场性"一节中，已对该剧的"诨语"进行了梳理分析。与"诨语"相同，滑稽动作的添加在剧场中同样起到调节气氛的作用。王骥德《曲律·论插科第三十五》专门对这一问题做了精到论述，他说：

> 插科打诨，须作得极巧，又下得恰好。如善说笑话者，不动声色，而令人绝倒，方妙。大略曲冷不闹场处，得净、丑间插一科，

可博人哄堂，亦是剧戏眼目。若略涉安排勉强，使人肌上生粟，不如安静过去。①

"场"自然是指剧场，"人"自然是观众，这说明在这位曲论家心目中，"插科"直接关系着剧场效果问题。与语言滑稽相比，动作滑稽具有更为明显的剧场性特征。"诨语"不论以文字的形式供读者欣赏，还是以语言的形式呈现在舞台上，都会引人发笑，仅在程度上略有差异；动作滑稽则不同，当它以文字形式出现在剧本中时，只是一种舞台提示，读者不会在这寥寥数语中读出任何"可笑"之处，即便是想象力丰富的读者，也只能做到会心一笑。只有当它出现在舞台上，演员用滑稽的动作、丰富的表情，配以活泼的语气和俏皮的扮相，加之看戏是一种集体性体验，通过观众之间的感染，很容易形成"博人哄堂"的效果。因此，"插科"对剧场效果的作用更为重要。

《窦娥冤》中的"插科"有：

第一折：（张驴儿做嘴脸科）（张驴儿做扯正旦拜科）
第二折：桃杌（孤亦跪科）②

数量虽然不多，却能形成较好的剧场效果。张驴儿怪相百出，用夸张的、丑化的面部表情和动作方式引人发笑；桃杌的一跪，寄托了作者的爱憎讽刺，于观众而言，则是在笑中看出了深意。

《窦娥冤》是典型的悲剧，适当加入语言和动作滑稽体现了关汉卿对观众娱乐审美心理的充分考虑。灵动的"插科"和活泼的"打诨"，既能烘托剧场气氛，又能避免观众陷入审美疲劳，调整了表演和欣赏的节奏。相反，与《窦娥冤》同样被王国维誉为"世界大悲剧"③的《赵氏孤儿》，全剧无一处插科打诨，一悲到底。除了题材的限制外，剧作者对戏曲剧场效果的定位亦是一大因素。

（三）"鬼戏"使审美体验多样化

在《窦娥冤》批评史上，第四折是个争议颇多的地方。这一折备受诟病

---

① 俞为民、孙蓉蓉编：《历代曲话汇编》，明代编第二集，第100页，黄山书社，2009。着重号为笔者所添加。
② 顾学颉选注：《元人杂剧选》，第13页、第21页，人民文学出版社，1998。
③ 王国维：《宋元戏曲史》，第116页，中华书局，2010。

的根源在于其"鬼戏"的特性,有人认为它宣扬了封建鬼神思想。"很多人以为结尾落入了'大团圆'、'清官戏'的俗套,有的剧团在上演时干脆将第四折腰斩。"[①] 这样的观点皆是从文学性出发所造成的局限。结合戏曲艺术的特性,从剧场性出发进行分析就会发现,第四折的设置不但很有必要,在剧场效果上还起到了前三折无法替代的作用;不但不可腰斩,还应进行突出。

《窦娥冤》全剧共设置了91个科范,第四折数量最多,达到30个,占总数的三分之一。这30个科范大部分集中在窦娥以鬼魂形式与窦天章在梦中相见的场景中。我们将这一场景的科范分层录出,就可以看出这一折在剧场效果中所起到的作用(以下抄录科范原文,省略中间的曲词、宾白):

(窦天章冠带引丑张千祗从上)(做打呵欠科),(做睡科),(窦天章亦哭科),(做醒科),(做剔灯),(做疑怪科),(做剔灯),(做剔灯科),(举剑击桌科),(做泣科)

(魂旦上)(望科),(做叫科),(做入见哭科),(魂旦虚下)(魂旦上做弄灯科)

(翻文卷科),(再弄灯科),(再翻文卷科),(又弄灯科),(做撞见科)[②]

这19处的科范,通过强烈而紧凑的动作表演,将窦娥和窦天章的内心世界表露无遗。特别是"弄灯"一段,为了制造紧张气氛,剧作者反复渲染,极力突出。即使不依靠宾白和曲词,这一来一去的肢体语言的表演过程本身也极具欣赏价值。

第四折的窦娥以"魂旦"形象出现在舞台上。与正旦相比,魂旦"有不一样的要求和规则:歌喉需颤颤巍巍,步履要轻轻灵灵,上身不动,让人看起来像随风飘来似的"[③]。除了动作外,鬼戏中演员的装扮和舞台场景等也都有新的变化。梦、魂入戏使舞台达到了"陌生化"的艺术效果。

鬼戏的创作是为了舞台演出,第四折人鬼同台产生的独特美感使观众被引入梦境和鬼魂所构造的虚拟世界中,虚实相生的世界为观众带来前所未有的新奇感和非同现实的审美感受,似真似幻的场景极大地调动了他们的想象

---

① 张晓军:《重评〈窦娥冤〉》,《戏曲研究》,1994(1)。
② 顾学颉选注:《元人杂剧选》,第31—35页,人民文学出版社,1998。
③ 翁敏华:《关汉卿戏曲选评》,第16页,上海古籍出版社,2002。

力。这又是一种全新的剧场体验!"鬼戏"与其他场景最大的不同之处就在于科范的变化,这种变化通过剧本的寥寥数语是无法体现出来的。只有通过演员的生动模拟和观众的联想补充,才能体验到"鬼戏"的独特风格。

如果说舞台动作是生活动作的虚拟化,那么戏曲中的"鬼戏"即是虚拟的虚拟。在"鬼戏"中,实境、梦境交替出现,人鬼之间相互幻化,或借尸还魂,或托梦相见,时空的局限被进一步打破,观众原本熟悉的舞台再一次陌生化了。

总的来说,在《窦娥冤》中,高密度的科范设置和"插科"体现了关汉卿对剧场性的重视;"鬼戏"的设置体现了剧作家对观众审美体验多样性的追求。科范在戏曲作品由"案头"转到"场上"的过程中不但不可省减,还应该得到与宾白、曲词同样程度的重视;分析戏曲作品的剧场性时亦是如此。

结　语

本文基于《窦娥冤》批评史在整体上重文学性、轻剧场性的现象来讨论该剧剧场性的特征。可以发现,《窦娥冤》在横纵两个方向均产生了良好的剧场效果:从横向看,通过宾白、曲词和科范三大要素的配合,满足了不同层次观众的审美需求;从纵向看,剧作者力图在每一折都能带来全新的剧场效果,观众在第一、第二折中感受到情节和人物的艺术魅力,在第三折欣赏到酣畅淋漓的曲词和鲜明丰富的意象,最后通过第四折的魂梦景象体验了若有若无、亦真亦幻的奇妙场景。这是剧作者追求剧场效果多样性的结果。

需要指出的是,元杂剧尚处于中国戏曲初步成熟的阶段,因此对剧场性的探索还不够精细。《窦娥冤》中表示舞台效果的科范的缺失就是一例(全剧只出现一处舞台效果科范,即第三折的"内做风科")。然而,纵观元杂剧整体的创作水平,《窦娥冤》能够做到对剧场性横纵两方面的全面考虑,已显示出关汉卿极佳的场上意识。

在传统戏曲面临"观众危机"的今天,对经典作品进行剧场性问题的梳理和分析有助于我们结合当今观众的需求进行戏曲改编和创作。"《窦娥冤》自问世起已经被国内87个剧种,200多个剧团搬上戏曲舞台";[1] 在改编成电

---

[1] 李静:《河北梆子版〈窦娥冤〉有新意》,《中国文化报》,2005年6月7日。

影和电视剧后,《窦娥冤》也出现在荧屏上。[①] 这种现象一方面体现了该剧受欢迎的程度,另一方面也说明,探索《窦娥冤》的剧场性能够为今后古典戏剧的改编、演出提供理论和实践上的借鉴。

(指导教师:曹立波教授)

附:写作感言

选择以"剧场性"问题为切入点,从准备到完成毕业论文对我来说是一段颇为愉快的过程。查阅文献资料是必不可少的环节,除此之外,我还观看了《窦娥冤》多个版本的演出视频。既可为论文的撰写带来些许灵感,也是对紧张的写作过程的一种调剂。

由于大三没有做文献综述性质的学年论文,撰写毕业论文时,在筛选材料方面就得多下工夫来弥补准备工作的不足。在这个过程中,曹老师给了我很大的帮助,向我传授了论文写作的一些方法、感悟,以及生动形象的研究经历,使我尽快从茫茫文海中理出头绪,确定了写作方向。

有了充足的准备和思考,确定大致框架后,论文的撰写就比较顺利。曹老师告诉我,对观点进行论证时,用图表加以说明更加简洁、直观,是很好的形式;因此有一段时间,我将重点放在对《窦娥冤》宾白、曲词、科范的统计及其与其他元代杂剧的比较上,结合之前的观点,又得出了一些十分有意义的结论,让我欣喜不已。当我向曹老师谈到用图表进行说明的心得体会时,她的一席话让我铭记至今:能够用图表论证之前的结论固然是好事,但如果图表与结论不符时也不要气馁,要换个角度去想为什么不符?也许会得出更有意义的结果。正是老师的这句话,结合之前查阅过的文献,我找到了题材与剧场性之间的关系,对《窦娥冤》剧场性的论述又加深了一层。

一稿的完成让我长长舒了一口气,彼时正是草长莺飞的春日,心里的石头落了地,顿时放松了不少。然而,拿到曹老师的修改稿不禁吃了一惊,从标题到标点,从段落的安排到引文的格式,老师都非常认真地做了批注。我在感叹曹老师悉心指导的同时,也对自己的粗心大意愧疚不已。接下来便是二稿和三稿的修改,增删了一些内容,对细微的地方进行修改,直至最后

[①] 1959 年电影《窦娥冤》问世,2003 年《窦娥冤》被制作成 3 集电视连续剧。

完成。

  这篇毕业论文能够顺利完成，并非我一人之功，是指导过我的老师、帮助过我的同学和一直关心支持我的家人对我的教诲、帮助和鼓励的结果。曹老师的敬业精神和严谨的学术风范令我敬佩，也是我今后学习道路上的楷模。四年的读书生活已经在一个温暖的季节画上句号，但美好的梦想依然在继续。

张爱玲小说中的异国形象研究

邓银华[①]

张爱玲生于租界密布的上海，求学于英属殖民地香港，成名于沦陷区上海，晚年长期在美国生活并创作。长期置身中西文化张力场的独特经历，为她跨越不同文化边界进行创作提供了丰富的题材和灵感。她所书写的异国形象，集中体现了20世纪三四十年代独特的文化生态下作家对中国与异国的想象，体现了中国作家面对异国的写作姿态和文化意识。本文主要梳理、分析张爱玲小说中的异国形象，探究其异国想象与书写的策略。

顾彬认为："'异'，与'异'相对的乃是自己……'异'也表示用自己的价值标准去衡量自己所不了解的人、事、地点等。"[②] 他将主体用日常经验感知事物时所体验到的差异性称为"异"。"异"传达的是主体外的不同体验。本文所探讨的"异"主要是国族层面的，立足本国，审视外国。

异国形象是比较文学形象学的重要概念，根据法国学者让-马克·莫哈的界定，形象学研究的形象包括三个层面："它是异国的形象，是出自一个民族（社会、文化）的形象，最后，是由一个作家特殊感受所创作出的形象。"[③] 一般而言，作为"他者"的异国形象，是存在于作品中的客观物象、主观感情和思想意识的总和。[④] 常以多种形式存在：具体人物、器物、景物、风物描述，或观念和言辞。

一、失语的异国形象

张爱玲认为："至于外国，像我们都是在英美的思想空气里面长大的，有

[①] 作者是中央民族大学文学与新闻传播学院汉语言文学专业2012届毕业生，现为华东师范大学思勉人文高等研究院2012级中国现当代文学专业硕士生。
[②] ［德国］顾彬：《关于"异"的研究》，第1页，北京大学出版社，1997。
[③] ［法国］让-马克·莫哈：《试论文学形象学的研究史及方法论》，转引自孟华：《比较文学形象学》，第25页，北京大学出版社，2001。
[④] 陈惇、刘象愚：《比较文学概论》（第2版），第214页，北京师范大学出版社，2010。

很多的机会看出他们的破绽。"[1] 她生于上海,在圣玛利亚女校接受教育,在沪港这两个近代以来最早受外国文化洗礼的地区成长、成名。长期浸淫其中,使她能近距离体察外国文化。在她笔下,外国的种种已不再如雾里看花般朦胧遥远,而切实可感,乃至"破绽"百出。

张爱玲小说塑造了形形色色的外国人形象,构建出香港、上海在20世纪三四十年代华洋杂处的独特生态。无论是从创作数量还是审美特质上,这些形象在整个小说创作中都是不容忽视的存在,也是解读其异国想象的重要入口。

张爱玲小说的"外国人形象谱系表"如下:

作品	外国人形象
《沉香屑 第一炉香》	亚历山大·阿历山杜维支(俄)、英国军官、外国尼姑、安南少年、乔琪乔、周吉婕和吉妙(混血)
《沉香屑 第二炉香》	克荔门婷(爱尔兰)、罗杰·安白登、愫细、蜜秋儿太太、靡丽笙、凯丝玲、巴克校长、毛立士、佛兰克丁贝、麦菲生夫妇、兰勃脱(英)、印度女人、摩兴德拉(印)、哆玲姐(混血)
《倾城之恋》	西洋绅士、萨黑夷妮(印)、萨黑夷妮情人(英)
《连环套》	雅赫雅·伦母健和发利斯(印)、铁烈丝、米耳先生、汤姆生(英)、梅腊尼师太(葡)、吉美、瑟梨塔和屏妮(混血)、印度老妇人
《年轻的时候》	沁西亚·劳甫沙维支及其丈夫、丽蒂亚、神甫(俄)
《红玫瑰与白玫瑰》	巴黎妓女、艾许太太(英)、艾许小姐、玫瑰(混血)
《桂花蒸 阿小悲秋》	哥儿达(英)
《心经》	邝彩珠(南洋)、丢果皮的孩子(俄)
《创世纪》	格林白格夫妇(犹太人,领葡萄牙护照)
《色戒》	巴达先生(印)
《小团圆》	安竹斯、商人劳以德、海滩英国人、雷克、麦克显、唐纳生小姐(英),法国军官,范斯坦(德)、比比、亨利嬷嬷、安姬、焦利(混血)

这其中有英属殖民地高官、工程师、大学教授,也有交际花、学生和商人等。作者从体貌特征、性别划分等方面塑造外国人形象,多层次的刻画使其含混驳杂而意味丰富。

---

[1] 张爱玲:《双声》,《流言》,第236页,北京十月文艺出版社,2006。

(一) 体貌特征

《桂花蒸 阿小悲秋》的男主人公英国人哥儿达长期生活在上海。小说讲述苏州娘姨丁阿小在他家中做女仆的故事。哥儿达从阿小"外国人一定掀过铃了"的抱怨声中出场,"哥儿达"被"外国人"这一毫无个体特征的称呼取代,突出了中国人/外国人的国族差异。这一差异在文本里最明显的表征首先是形貌的奇异:

> 主人脸上的肉像是没烧熟,红拉拉的带着血丝子。新留着两撇小胡须,那脸蛋便像一种特别滋补的半孵出来的鸡蛋,已经生了一点点小黄翅。但是哥儿达先生还是不失为一个美男子。非常慧黠的灰色眼睛,而且体态风流。①

值得注意的是,这一段描写似乎前后矛盾:前两句以"没烧熟的肉"、"血丝子"、"半孵出来的鸡蛋"等半生不熟的食物比喻哥儿达的脸,引起读者不愉快的味觉体验和对他的厌恶感。"但是"一词则语义翻转,"美男子"、"体态风流"的正面评价与厌恶之感并置,使哥儿达形象变得复杂。

精细刻画外貌是张爱玲塑造外国人形象的惯用手法。外国人的奇异长相成为一道独特"风景":

> 汤姆生年纪不过三十上下,高个子,脸面俊秀像个古典风的石像,只是皮色红刺刺的,是个吃牛肉的石像。② (《连环套》汤姆生)

> 神甫……长发齐肩,飘飘然和金黄的胡须连在一起……他是个高大俊美的俄国人,但是因为贪杯的缘故,脸上发红而浮肿。是个酒徒,而且是被女人宠坏了的。③ (《年轻的时候》教堂神甫)

> 一个年青漂亮的俄国下级巡官……他是个浮躁的黄头发小伙子,虽然有个古典型的直鼻子,看上去没有多大出息。④ (《年轻的时候》

---

① 张爱玲:《桂花蒸 阿小悲秋》,《张爱玲典藏全集(8)》,第51页,哈尔滨出版社,2003。
② 张爱玲:《连环套》,《张爱玲典藏全集(8)》,第200页,哈尔滨出版社,2003。
③ 张爱玲:《年轻的时候》,《张爱玲典藏全集(8)》,第82页,哈尔滨出版社,2003。
④ 张爱玲:《年轻的时候》,《张爱玲典藏全集(8)》,第83页,哈尔滨出版社,2003。

沁西亚丈夫)

劳以德,那英国商人,比她年青,高个子,红脸长下巴,蓝眼睛眼梢下垂,说话总是说了一半就嗬嗬嗬笑起来,听不清楚了,稍微有点傻相。①(《小团圆》英国商人劳以德)

以上外国男子形象均有统一的塑造模式:美丑同在,即俊秀+呆板/浮肿/沉闷/没有出息/傻相。作者着意抓取黄胡须、直鼻子、红肤色、黄头发、蓝眼睛、高个子的特点,在简单赞美后,总是或多或少予以讽刺:"石像"除表明汤姆生"俊秀"外,也暗示他神情呆板、冷漠;"高大俊美"的赞美外,作者更意在突出身为"酒徒"的神甫浮肿、瞌睡的面目;即便是像沁西亚的丈夫拥有"古典型的直鼻子",也没有"多大出息";劳以德则有"傻相"。寥寥数笔,刻画出外国人的外貌很难达到中国读者审美观中"美"的标准,从而暗含了作者对他们奇异长相的微讽。

相比张爱玲对外国人身体特征的挑剔眼光与讽刺,她对中国男子形貌的态度则相对温和。《红玫瑰与白玫瑰》里佟振保的"俗"气是"外国式的俗气":

个子不高,但是身手矫捷……但那模样是屹然;说话,如果不是笑话的时候,也是断然。爽快到极点。②

"身手敏捷"、"屹然"、"断然"、"爽快"等赞美之词连续出现,与外国人呆板、奇异的外貌形成鲜明对比。尽管中国男子也被塑造成情场"浪荡子",但在外貌上,很少如外国男子给人奇异、陌生之感。

如果张爱玲笔下的外国男性或多或少有被丑化的倾向,那其笔下的外国女性则进一步被叙述者不无揶揄的口吻妖魔化、奇异化了。《倾城之恋》中印度女性萨黑夷妮公主"脸色黄而油润,像飞了金的观音菩萨,然而她的影沉沉的大眼睛里躲着妖魔。古典型的直鼻子,只是太尖,太薄一点。粉红的厚重的小嘴唇,仿佛肿着似的"③。尖而直的鼻子及厚红唇是典型的东南亚人特征。尽管有着观音菩萨似的面色,眼睛里却暗藏妖魔,"菩萨"与"妖魔"

---

① 张爱玲:《小团圆》,第34页,北京十月文艺出版社,2009。
② 张爱玲:《红玫瑰与白玫瑰》,第52页,北京十月文艺出版社,2009。
③ 张爱玲:《倾城之恋》,第178页,北京十月文艺出版社,2009。

两种截然对立的形象用来形容同一人，突出的是萨黑夷妮奇异的长相，富有神秘色彩与别样的妩媚气息。如此妖娆魅惑的面容却并不为中国女性拥有。白流苏："她那一类的娇小的身躯是最不显老的一种，永远是纤瘦的腰，孩子似的萌芽的乳。她的脸，从前是白得像瓷，现在由瓷变为玉——半透明的轻青的玉……越显得那小小的脸，小得可爱。……一双娇滴滴，滴滴娇的清水眼。"[①] 作者对白流苏的外貌刻写沿用传统写作里对女性身体的经典叙述，用"瓷"、"玉"两个极具中国古典美的符号指称其脸庞，与外国女性的妩媚外貌形成鲜明对照。

可以说，张爱玲带着猎奇式的眼光来观照外国人形象。无论是外国男性还是女性，在整个小说人物序列里，都或多或少与中国人形成对照。外国人在体貌上兼具美与丑双重特质，叙述者在称赞其美貌时，也不无微讽之情，甚至进行"妖魔化"叙述。形象特质上的美丑同在，引发文本意义上的"裂隙"，正说明叙述者及隐含作者在外国人外貌评价标准上的摇摆心态。

（二）性别划分

体貌特征是作者书写异国人物时的表层想象，在具体文本里往往渗入对国别、性别问题的深层思考。生理层面上的性别对立，常因国别和文化差异的介入而发生反转，形成纷繁复杂、意味无穷的形象。

《红玫瑰与白玫瑰》里带给佟振保"最羞耻的经验"的巴黎妓女在文本中并无具体名称。作为外国人，她"身上往往比中国人多着点气味"，因此老是不放心，不仅喷香水来掩盖，还"有意无意抬起手臂来，偏过头去闻了一闻"。"体味"是外国人与中国人的国别差异在身体上的重要体现，妓女如此在意"体味"，实则在中国男性面前，提示并强化自身异国他者[②]的身份。这不仅未能满足佟振保的欲望，反而带来"不能忘记的异味"及"最羞耻的经验"："这样的一个女人"在小说同一段落里接连出现两次，强化其带给中国男性的心灵震撼。

与此同时，她的外貌也非常奇异，甚至可怖："这一刹那之间他在镜子里

---

① 张爱玲：《倾城之恋》，第174页，北京十月文艺出版社，2009。
② "他者"在本文中主要是根据黑格尔和萨特的定义："它指主导性主体以外的一个不熟悉的对立面或否定因素，因为它的存在，主体的权威才得以界定。"转引自【英国】艾勒克·博埃默著，盛宁、韩敏中译：《殖民与后殖民文学》，第22页，辽宁教育出版社，1998。

看到她……单露出一张瘦长的脸,眼睛是蓝的罢,但那点蓝都蓝到眼下的青晕里去了,眼珠子本身变了透明的玻璃球。那是个森冷的,男人的脸,古代的兵士的脸。"① 全知叙述者将外国女性"男性化",不仅毫无美感,还使其外貌极为诡异,令"振保的神经上受了很大的震动"。此次异国嫖妓体验不仅未带给振保所期待的快感,更让他彻底感受到做不了"主人"的痛苦。

巴黎妓女那张"男人的脸",其实不仅是作者因丑化异国女子而有意为之,更具备丰富意味。按林幸谦援引的女性主义批评的观点,父权社会中男性占主体位置,是完整绝对的象征体。女性往往被视为"他者":非主体、负面、非本质、次等的人,为男性主体所观照。男性具有自由、独立自主、创造能力的超验性质。女性被排除在这些范畴之外。② 本文里,巴黎妓女本具有性别和国别上的双重"他者"身份:性别上,是男性嫖客欲望发泄的对象;国别划分上,是与中国人相对的外国人。有意思的是,作者通过镜子彻底颠覆了二者的力量对比。镜子所特有的镜像生成功能,连接着真实主体与虚幻影像。在佟振保失落、受辱的内心投射下,女性外貌被置换为男性长相。妓女"男人的脸"成为阳性力量的象征,暗示在这场跨国性交易中,本来期待成为主导的中国男子丧失了主体位置,"他在她身上花了钱,也还做不了她的主人。和她在一起的三十分钟是最羞耻的经验"③,而真正占据强势一方的是无名的外国妓女。

可以说,双方在性别/精神上已经倒置:巴黎妓女/阳性,佟振保/阴性。一方面因为这是佟振保的首次性体验,相比从事身体交易的巴黎妓女而言,他无疑是经验匮乏的。另一方面,身为在巴黎上学的中国苦学生,"苦学生在外国是看不到什么的,振保回忆中的英国只限于地底电车,白煮卷心菜,空白的雾,饿,馋"④。弱国子民身处发达的异国他乡,无论在物质还是精神上,难免产生不适,正如佟振保体会到的,他们已不是"他的世界里的主人"。身体和心理欲望的无法满足及由此带来的痛苦,在郁达夫的《沉沦》等小说里屡见不鲜。巴黎妓女与佟振保之间的精神倒置所隐喻的,或许正是强大外国/

---

① 张爱玲:《红玫瑰与白玫瑰》,第54页,北京十月文艺出版社,2009。
② 林幸谦:《女性主体的祭奠:张爱玲女性主义批评Ⅰ》,第291页,广西师范大学出版社,2003。
③ 张爱玲:《红玫瑰与白玫瑰》,第54页,北京十月文艺出版社,2009。
④ 张爱玲:《红玫瑰与白玫瑰》,第52页,北京十月文艺出版社,2009。

贫弱中国的对立关系。在此，性别与国别关系纠缠交织在一起，为我们提供了复杂的异国形象的文本。

在这个意义上，文本对外国人体貌及性别的观照，已经从最直观的视觉体验层面生成为对中外文化差异及国别关系的隐喻。在上述异国想象中，以外国人为代表的异国形象处于无名与失语状态。作者对其体貌的丑化、异化，性别上的男女倒置及与国别关系的纠缠，正说明了将异国形象"他者化"的书写策略。

事实上，对异国形象的感知与其所属群体（或社会）的集体想象密不可分。只有搞清了集体想象是怎样的，方能识别出生活于此一语境中的作者究竟是复制了集体描述，还是对其进行了批判[①]。

（三）"意识形态化"的他者形象

中国自古以来就有把外国人视为"非人"的传统。在古代中国人的集体想象中，中国与周边国家的关系是文化中央与未开化的边缘的关系。这被称为"中国中心观"，不但认为华夏在地域上居天下之中，而且有文明华夏与蛮夷周边之别。因此，周边各族被冠以"东夷、西戎、南蛮、北狄"的称呼。推而广之，中土外的各国也归于蛮夷之列。夷戎蛮狄均与动物有关，《说文解字》解释"蛮"为："南蛮，蛇种。从虫声。"[②] 字面意思是：崇拜蛇的民族及其后裔，是指少数民族原始宗教文化现象中关于"蛇"的图腾崇拜[③]。《诗经·大雅》有"绵蛮黄鸟"之称。可见它本为禽鸟名称，借用来象征未开化的野蛮部族，似乎禽兽之民不值得施以王政教化。此外，"番"也是对外国的常用称呼。"番"《说文》释为："兽足谓之番。从釆；田，象其掌。"[④] 即采田动物之掌，与中华方位律制中的四方种属"夷、戎、蛮、狄"同属"中心"外的非我族类。

西方人来到中国，因体质特征怪异被统归于"红毛番"，以与其他番类相区别。又因其性凶残，民间更附之"番鬼"。明人张燮记载：红毛番……其人

[①] 莫哈：《试论文学形象学的研究史及方法论》，转引自孟华等著：《中国文学中的西方人形象》，第5页，安徽教育出版社。
[②] 【汉】许慎撰，【宋】徐铉校订：《说文解字·虫部》，第282页，中华书局，2009。
[③] 代艳芝，杨筱奕：《蛮夷戎狄称谓探析》，《思想战线》，2009年人文社会科学专辑第35卷。
[④] 【汉】许慎撰，【宋】徐铉校订：《说文解字·八部》，第28页，中华书局，2009。

深目长鼻,毛发皆赤,故呼红毛番云。① 俄国人到北方边境,在国人眼里是鬼模鬼样,被称为"罗刹",而罗刹本是佛教传说中的恶鬼,食人血肉,绿眼如灯。《阿小悲秋》中的英国人哥儿达脸上"红拉拉的带着血丝子",并且生食鸡蛋,就被阿小视为"野人"。

林语堂曾分析中国人的文化优胜偏见:"在中国人的眼里,中国的文明不是一种文明,而是唯一的文明,而中国的生活方式也不是一种生活方式,而是唯一的生活方式,是人类心力所及的唯一的文明和生活方式。"② "中国中心观"反映在异国形象塑造上,则常将外国纳入外番夷狄,建构出异己的世界,使之成为文本里无名乃至失语的存在,以帮助国人确认自己文化国家存在的位置与意义。

不难看出,张爱玲小说里的外国人与历代想象出的外国人形象比较相似,表明作者在社会集体想象物支配下对异国文明持否定态度,即一定程度上对其进行"意识形态化"③ 的叙述。

更值得关注的是,文本传递的异国形象并非"被异化的失语者"这一重形象。作为客体的外国形象,其实也在身份认同问题上言说自我,甚至获得某种独立的主体意识,从而使其形象更为含混驳杂。

二、异国形象的身份认同危机

"身份"(Identity)常被译为"认同",是从心理学引入文化研究的重要概念。④ 钱超英认为"身份"与"差异"相对又相关,正是意识到同一性与差异性,人们才会有关于自己和他人的认识,也才会就自己的特性与他人和一定社会群体的关系进行界定。⑤ 简言之,身份就是如何界定自己,怎样看待自己与他者的关系。

人不可能脱离身份而存在,身份的确认与维持受诸多因素影响。张京媛指出:"身份不是由血统所决定的,而是社会和文化的结果……种族、阶级、

---

① 彭兆荣:《"红毛番":一个增值的象形文本——近代西方形象在中国的变迁轨迹与互动关系》,《厦门大学学报》,1998(2)。
② 林语堂:《中国人》,第30页,浙江人民出版社,1988。
③ 陈惇、刘象愚:《比较文学概论》,第215页,北京师范大学出版社,2010。
④ 计红芳:《跨界书写——香港南来作家的身份建构》,第7页,苏州大学博士学位论文,2006。
⑤ 钱超英:《"诗人"之"死"——一个时代的隐喻》,第31页,中国社会科学出版社,2000。

性别、地理位置影响'身份'的形成，具体的历史过程、特定的社会、文化、政治语境也对'身份'和'认同'起着决定性的作用。"[1] 当个体所处的社会环境及文化观念因迁居异国而变化时，身份的"同一性"被打破，可能陷于"身份危机"，即"因为无法调和分裂的元素而在某些人格中造成的心理混乱"[2]。

张爱玲小说里的外国人，很少有保留纯粹异国血统，并纯然生活在本土的。他们大多移居中国，在沪港两地独特的社会语境下，其身份确认首先被中外杂糅的外在环境所影响。

《阿小悲秋》里英国人哥儿达的房间摆设既有西式的无线电、画报杂志、镶着洋酒的广告画，又有北京红蓝小地毯、红木雕花几、京戏鬼脸子，是"把中国一些枝枝叶叶衔了来筑成他的一个安乐窝"[3]。《连环套》里英国人汤姆生为霓喜租下洋房，并置办许多物件：台灯、电话、西洋食谱，为外国人造的北京地毯、专卖给外国人的古董。对外国人而言，上述西式物件延续着异国文化，一定程度上向置身中国的他们提示自己外国人的身份。正如萨义德所言，"东方几乎是被欧洲人凭空创造出来的地方，自古以来就代表着罗曼斯、异国情调、美丽的风景、难忘的回忆、非凡的经历"[4]，点缀外国人居所的中式物品俨然是象征中国的符码，用以满足其"猎奇"心理与外来文化的强势占有欲。在这一混乱杂糅的外在空间之下，他们的身份认同尤为混杂。

张氏笔下的外国人分两类：移民中国的外国人与混血儿。遭遇种种困境，身份表征模糊不清，认同混乱是塑造这两类形象的共同策略。在此之下，可将其进一步划分为"异乡人"与"边缘人"。

（一）异乡人

"异乡人"（stranger）这一社会学概念首创于德国学者齐美尔："异乡人不是今天来明天去的漫游者，而是今天到来并且明天留下的人，或者可称为潜在的漫游者，尽管没有再走，但尚未忘却来去的自由。"这强调了异乡人在

---

[1] 张京媛主编：《后殖民理论与文化批评》，第6页，北京大学出版社，1999。
[2] 转引自钱超英：《"诗人"之"死"——一个时代的隐喻》，第209页，中国社会科学出版社，2000。
[3] 张爱玲：《桂花蒸 阿小悲秋》，《张爱玲典藏全集（8）》，第55页，哈尔滨出版社，2003。
[4] 爱德华·W·萨义德著，王宇根译：《东方学》，第1页，生活·读书·新知三联书店，1999。

地理空间与心灵体验上的漂泊性特征①。齐美尔认为,"异乡人"体现了人际关系中远与近的统一:近在身旁的人是遥远的,而遥远的人却近在眼前②。

异乡人并不渴望被异质文化吸收、同化,而固守原有的文化基因。张爱玲笔下身处沪港两地的外国人,从日常交际、择偶观念等方面极力维持异国身份,以加强安全感。譬如《红玫瑰与白玫瑰》里艾许太太纯正的英国血统,是她在中国维持自尊的唯一凭借。流落异乡的失落、现实境况的困窘使她对"英国人"的身份格外敏感,总是"处处留心,英国得格外道地"③。她与佟振保在租界的相逢多少打上了"他乡遇故知"的印记,因此她坚持说英语;以远方阔客的口吻表达对"中国"东西的"溺爱"之情;尽管嫁给了生在中国的第三代英国人,并且"在英国的最后一个亲属也已亡故",但依然称到英国去是"回家"。

《连环套》里身处香港的印度人发利斯"一心一意只要回家乡去娶他的表妹"④,在看到中印混血的瑟梨塔后马上想起印度表姊妹,相比她们,香港女人丑陋不堪:"这里的女人他不喜欢,脸面尽多白的白,红的红,头发粘成一团像黑膏药,而且随地吐痰。香港的女人,如同香港的一切,全部不愉快……他常常记起小时的印度。"⑤ 发利斯对香港女人外貌言行的负面评价,与叙述者对外国人体貌的丑化描写形成同构。赛格尔斯认为,"人们是在自我形象消极对立面的意义上构建相关他者形象的,而以他者形象为基础,同一人群中的人们能够很容易地借助自我形象实现相互认同"⑥。通过丑化与排斥异国女性,坚守了婚恋观的纯粹性(尽管瑟梨塔混血,但毕竟有一半印度血统),从而在异国确认自身身份。

异乡人的内心永远存在着对家园的怀念。"怀乡情结"普遍存在于张爱玲小说的外国人心中。艾许太太不断强化自身英国血统;发利斯以本国女性为参照,在择偶观上疏离香港人。外来他者对本国文化的固执坚守与精神幻想,表明遥远故国的一切长存于异乡人内心深处:故国虽在空间上遥不可及,但

---

① 成伯清:《格奥尔格·齐美尔:现代性的诊断》,第132页,杭州大学出版社,1999。
② 转引自王和平、王婷:《从跨文化交际学视角解读华裔小说〈喜福会〉》,《外语研究》,2007(4)。
③ 张爱玲:《红玫瑰与白玫瑰》,《张爱玲典藏全集(8)》,第128页,哈尔滨出版社,2003。
④ 张爱玲:《连环套》,《张爱玲典藏全集(8)》,第175页,哈尔滨出版社,2003。
⑤ 张爱玲:《连环套》,《张爱玲典藏全集(8)》,第207页,哈尔滨出版社,2003。
⑥ 转引自乐黛云、张辉主编:《文化传递与文学形象》,第335页,北京大学出版社,1999。

在心灵上却亲切可感,正如齐美尔所言"遥远的人却近在眼前"。

上述巩固身份的做法,对个性稳定与心灵健康至关重要。否则,一旦无法维持自身身份,丧失心理安全感,将面临身份认同危机,不知道自己究竟是谁,也无法确认与他人的同一性。

《沉香屑 第二炉香》是张爱玲唯一以外国人为主人公的小说,人物大多为移民香港的外国人。罗杰是华南大学理科主任兼舍监。他认为生活了十多年的香港是"阴湿,郁热,异邦人的小城"①。他将香港视为异邦,实则将自己视为香港的"异乡人"。

个体进入陌生的异己世界,不得不经历复杂而痛苦的"文化移入"(acculturation)过程,这就使得其既与原生地同胞有别,又与移居地原住民相异②。罗杰经历着这一过程:思索能力渐渐退化,十五年来从不换讲义,不看新出的科学书籍与杂志,连教科书和笑话都不曾更换。空间和时间在他的世界里停滞,在香港日复一日的庸常生活甚至模糊了对"异乡人"身份的认知。与愫细的"婚变"使这一身份凸显出来,并且变得更加暧昧不明。

罗杰娶了英国寡妇蜜秋儿太太的女儿愫细。愫细心理发育尚未成熟,在新婚之夜逃出家门,并向学生、校长等哭诉罗杰是"畜生"。第二天蜜秋儿太太和愫细的揭发使"差不多香港中等以上的英国人家,全都知道了这件事"。这给他带来灭顶之灾:被逼辞职;学生对他出言不逊;同事背后议论他的"变态"行径;英国老人认为他败坏白种人声望;女性厌恶、疏远他,哆玲姐故意挑逗他;好友巴克校长与他疏离开来——正如齐美尔所言,"近在身旁的人是遥远的",罗杰俨然成为被英国侨民社会彻底孤立、失去尊严与认同的"异乡人"。这也为他提供一面镜子,客观透视其他移民的尴尬处境:

> 那些人,男的像一只一只白铁小闹钟,按着时候吃饭,喝茶,坐马桶,坐公事房,脑筋里除了钟摆的滴嗒之外什么都没有……也许因为东方炎热的气候的影响,钟不大准了,可是一架钟还是一架

---

① 张爱玲:《沉香屑 第二炉香》,《张爱玲全集·倾城之恋》,第80页,北京十月文艺出版社,2009。
② 张德明:《流散族群的身份建构——当代加勒比英语文学研究》,第134页,浙江大学出版社,2007。

钟。女的，成天的结绒线，白茸茸的毛脸也像了拉毛的绒线衫……①

时钟总是按部就班地机械式运转；结绒线也是程式化动作，用以比喻移居香港的外国人沉闷、刻板的生活，传递出罗杰及叙述者的鄙夷态度。罗杰的孤独心境引发他重新审视香港的自然景观：

> 春天，满山的杜鹃花在缠绵雨里红着，簌簌落落，落不完地落，红不断地红。夏天……夹道开着红而热的木槿花，像许多烧残的小太阳。秋天和冬天，空气脆而甜润，像夹心饼干。山风，海风，呜呜吹着棕绿的，苍银色的树。②

四季分明、色彩对比强烈的风景被罗杰发现，与其孤独的内心状态相关。柄谷行人认为风景是"认识性的装置"③，风景现象往往由对四周环境漠不关心的"内在的人"（inner man）发现，即和人孤独的内心状态紧密相连。十多年来，罗杰自认为身处"大众的圈子"，与愫细的婚变使他在众人心中被丑化而驱逐出来，他意识到"窒息的气氛"④，也意识到与周遭环境的隔膜和孤独处境，这正是其个人主体性生成的开端，也促成上述"内在的人"的产生。

罗杰对"异乡人"的身份随之发生巨大转变。香港在罗杰内心由"异邦"转为"唯一的故乡"："他还有母亲在英国，但是他每隔四五年回家去一次的时候，总觉得过不惯。"但又随即陷入困惑，"可是，究竟东方有什么值得留恋的"⑤，这表明其文化身份更加模糊，既不能确认本地人身份，又无法明确对英国的认同，更无法获得其他英国人的尊重。他丧失了原有的文化身份，在新环境中又找不到应有的位置，成为香港殖民文化中可悲的"异乡人"。

如果说张爱玲小说里的移民外国人尚能部分地确认个人身份，甚至像艾许太太那样徒劳地维持身份优越性，那么混血人则几乎丧失了这种可能性。

---

① 张爱玲：《沉香屑 第二炉香》，《张爱玲全集·倾城之恋》，第79页，北京十月文艺出版社，2009。
② 张爱玲：《沉香屑 第二炉香》，《张爱玲全集·倾城之恋》，第80页，北京十月文艺出版社，2009。
③【日本】柄谷行人著，赵京华译：《日本现代文学的起源》，第12页，生活·读书·新知三联书店，2003。
④ 张爱玲：《小团圆》，第44页，北京十月文艺出版社，2009。
⑤ 张爱玲：《沉香屑 第二炉香》，《张爱玲全集·倾城之恋》，第80页，北京十月文艺出版社，2009。

(二) 边缘人

张爱玲小说里出现了一系列混血人①形象，这是论及其异国形象时无法绕开的存在。在散文《双声》里，张爱玲与化名"獏梦"的好友炎樱有颇可玩味的对话：

> 张："真好！——不知为什么，白俄年轻的时候有许多聪明的，到后来也不听见他们怎样……杂种人也是这样，又有天才，又精明，会算计——（突然地，她为獏梦恐惧起来）。"
> 獏："是的，大概是因为缺少鼓励。社会上对他们有点歧视。"
> 张："不，我想上海在这一点上倒是很宽容的，什么都是自由竞争。我想，还是因为他们没有背景，不属于哪里，沾不着地气。"②

张爱玲认为"杂种人"身份复杂，被悬置在异国他乡，不属于某一特定群体，因而在上海自由竞争的氛围下，需将自身锻造得很精明来保护自己，求得生存空间。身为"杂种人"的炎樱则认为他们饱受歧视。事实上，张爱玲小说里的"杂种人"不同程度地面临受歧视的边缘化处境；同时，也通过各种方式来获取确定的身份认同，这也是其言说自我的方式。

美国学者帕克首次将前文齐美尔的"异乡人"译成英语，并提出"边缘人"（marginal man）概念。他认为，边缘人是文化杂交的产物，生活在两种不同人群中，分享其文化生活和传统；由于种族偏见，他们站在从未完全互相渗透或紧密交融的两种文化边缘，缺乏群体认同感，导致身份的不确定，引发内心矛盾③。

"杂种人"在生活、工作、婚恋问题上都处于尴尬境地。《连环套》里霓喜在和中国人窦尧芳姘居后，忌讳将和印度人雅赫雅的儿女说成"杂种人"，反倒"与银官一般袍儿套儿打扮起来"④；混血儿屏妮之所以得到其父汤姆生

---

① 张爱玲在《双声》、《谈女人》等散文及《沉香屑 第一炉香》、《连环套》等小说里均把混血人称为"杂种人"，笔者据此也以"杂种人"称之。在目前的文本及笔者能力范围之内，无法严格按照国籍判断"杂种人"是否为真正的"外国人"，但他们在文化认同、自我认知等方面均有将自己归为"外国人"的倾向，本文据此也将其纳入论述范围，特此说明。
② 张爱玲：《流言》，第236页，北京十月文艺出版社，2006。
③ 转引自章人英：《社会学词典》，第199页，上海辞书出版社，1992。
④ 张爱玲：《连环套》，《张爱玲典藏全集（8）》，第186页，哈尔滨出版社，2003。

百般疼爱，正是因为长得"像纯粹的英国人"①。《红玫瑰与白玫瑰》里中英混血的玫瑰，"就为了她是不完全的英国人，她比任何英国人还要英国化"②。艾许小姐这位"地位全然没有准绳的杂种姑娘"是"一无所有的年轻人，甚至于连个性都没有，竟也等待着一个整个的世界的来临，而且那大的阴影已经落在她脸上，此外她也别无表情"③。艾许小姐在"他乡遇故知"的相逢里，未发出任何声音，只是静静窥伺着她的英国母亲与中国人的对话。作为"杂种人"，她生活在多重文化边缘，面临身份的混杂、情感的无着落及生活的无奈。《小团圆》里的亨利嬷嬷是中葡混血，"由于种族歧视，在宿舍里只坐第三把交椅"④。正如炎樱所言，杂种人在沪港两地遭遇的种族歧视带给他们生存窘境与心灵震慑，使其无法确认身份归属。

《第一炉香》里乔琪乔和周吉婕是典型的"杂种人"。吉婕评价乔琪乔生着"一张鬼脸子"，"杂种的男孩子们，再好的也是脾气有点阴沉沉的，带点丫头气"，并向葛薇龙倾诉自己因"杂种人"身份而遇到的婚恋苦恼："我自己也是杂种人，我就吃了这个苦。你看，我们的可能的对象全是些杂种的男孩子。中国人不行，因为我们受的外国式的教育，跟纯粹的中国人搅不来。外国人也不行！这儿的白种人哪一个不是种族观念极深的？这就使他本人肯了，他们的社会也不答应。谁娶了个东方人，这一辈子的事业就完了。"⑤ 中外混血的"杂种人"在外国人眼里是中国人，在中国人眼里是外国人，从来没有准确的身份定位，更难以被所处的社会环境接纳。他们站在两种或多种异质文化边缘，往往焦躁不安，甚至像乔琪一样"不肯好好地做人……他的人生观太消极……他活在香港人中间，如同异邦人一般"⑥。

尽管这种对自我认同的观照和反思，体现的是暧昧不明的身份表征、模糊混乱的身份认同，仍可视为是在言说自身——他们不再是张爱玲笔下沉默的他者形象，反而具有独立的主体意识，从中流露出作者对异国"他者"的

---

① 张爱玲：《连环套》，《张爱玲典藏全集（8）》，第208页，哈尔滨出版社，2003。
② 张爱玲：《红玫瑰与白玫瑰》，第55页，北京十月文艺出版社，2003。
③ 张爱玲：《红玫瑰与白玫瑰》，第76页，北京十月文艺出版社，2003。
④ 张爱玲：《小团圆》，第24页，北京十月文艺出版社，2009。
⑤ 张爱玲：《沉香屑 第一炉香》，《张爱玲全集·倾城之恋》，第29页，北京十月文艺出版社，2009。
⑥ 张爱玲：《沉香屑 第一炉香》，《张爱玲全集·倾城之恋》，第35页，北京十月文艺出版社，2009。

同情姿态。

"意识形态化"的他者想象仅是形象图谱上的一重色调,失语的他者重新发出了焦虑的叹声,在丰富异国形象的内涵与张力的同时,也反映出"自我"形象的复杂面向。

三、分裂的自我形象

一切形象都源于对自我与他者、本土与异域关系的自觉意识之中⋯⋯"我"注视他者,而他者形象同时也传递了"我"这个注视者、言说者、书写者的某种形象[①]。他者形象如同镜子,审视和想象他者的同时,也在进行自我审视和反思。异国形象的塑造,是借助"他者"发现自我、认识自我的过程。

张爱玲看异国的同时,其实也在看中国人和自身。异国形象反映的"自我"既包括小说里的普通中国人,也折射出形象书写者自身。二者拥有不尽相同的文化姿态:前者对异国形象抱有"乌托邦"式的幻想与渴慕;后者则冷眼旁观异国和中国形象,在意识形态化的叙述下,反"中国中心观"与"白人至上论",体现出更为独立、超然的身姿。

(一) 普通中国人

张爱玲主要在沦陷期的上海塑造异国形象。自1843年上海被辟为通商口岸后,来沪的外国人日益增多,到20世纪30年代多达数万。各国生活方式、生产方式、风俗习惯及外国物质文明、制度文明、精神文明随之被带到上海,使它成为"外国气味最为浓重的中国城市"[②]。香港也较早成为英属殖民地,早在1930年代就被描述成"五方杂处,各民族之人皆有之","最多者为华人",其他除英人外,"印人、葡人、日人,亦占少数欧亚杂交而造成之杂种,为数颇众,大多⋯⋯能通数种语言,最易适应环境"[③]。

在此背景下,本土中国人往往对外国,尤其外国物质文明心生崇拜之情。

[①] 转引自孟华:《比较文学形象学》,第4页,北京大学出版社,2001。
[②] 熊月之、马学强、晏可佳选编:《上海的外国人(1842—1949)》,第4页,上海古籍出版社,2003。
[③] 友生:《香港小记》,卢玮銮编:《香港的忧郁》,第49页,香港,华风书局,1983。

外国器物为国人构筑了具有示范性的现代生活图景。在张氏小说里，人物活动场所多为西式公寓、洋房、教堂；寓所里有电话、冰箱、煤气炉；他们喝咖啡、威士忌、鸡尾酒，听无线电。伴随现代化物质而来的，还有包括语言在内的外国文化观念。《阿小悲秋》里，阿小会说英文，尽管"只有一句'哈罗'说得最漂亮，再往下说就有点乱，而且男性女性的'他'分不大清楚"[1]，依然成为哥儿达成功周旋于不同女人间的得力"助手"，哥儿达认为"再要她这样的一个人到底也难找"。小说讲述阿小六次用英文替哥儿达接电话，总是"逼尖了嗓子，发出一连串火炽的聒噪，外国话的世界永远是欢畅，富裕，架空的"[2]。普通中国人（文化程度较低的非知识分子）在模仿外国人说话时乐此不疲，叙述者语带微讽，外国话使阿小获得外国人的青睐，显得比其他国人高人一等，这与其底层身份形成鲜明对比，所以她第六次用外语与她"男人"对话时，"那边半天没有声音。她猜是个中国人打错了的，越发仿着个西洋悍妇的口吻，火高三丈锐叫一声'哈罗？'"[3]。《连环套》里霓喜被窦尧芳家人赶走时称"这是外国地界，须不比他们乡下……到了巡捕房里，我懂得外国话，我认得外国人，只有我说的，没他们开口的份儿"[4]——能接受并运用外语，俨然成为普通中国人获取优越身份和文化自信的重要途径。对外国"乌托邦"式的渴慕也表现在受过高等教育的知识分子心里。《年轻的时候》里医科学生潘汝良把俄国女性沁西亚"和洁净可爱的一切归在一起，像奖学金，像足球赛，像德国牌子的脚踏车，像新文学"[5]，在他看来，奖学金、足球赛、脚踏车、新文学这些"舶来品"和外国女性一样可爱，传递出其对外国文化的赞赏与羡慕心态。

除了在认知观念上对外国的崇拜之情，普通中国人也在日常经验中刻意迎合外国。《第一炉香》里梁太太"像古达的皇陵"一般的白洋房是典型的"中西结合"：

> 山腰里这座白房子……类似最摩登的电影院。然而屋顶上却盖了一层仿古的碧色琉璃瓦……从走廊上的玻璃门里进去是客室，里

---

[1] 张爱玲：《桂花蒸 阿小悲秋》，《张爱玲典藏全集（8）》，第53页，哈尔滨出版社，2003。
[2] 张爱玲：《桂花蒸 阿小悲秋》，《张爱玲典藏全集（8）》，第54页，哈尔滨出版社，2003。
[3] 张爱玲：《桂花蒸 阿小悲秋》，《张爱玲典藏全集（8）》，第66页，哈尔滨出版社，2003。
[4] 张爱玲：《连环套》，《张爱玲典藏全集（8）》，第197页，哈尔滨出版社，2003。
[5] 张爱玲：《年轻的时候》，《张爱玲典藏全集（8）》，第75页，哈尔滨出版社，2003。

面是立体化的西式布置，但是也有几件雅俗共赏的中国摆设……可是这一点东方色彩的存在，显然是看在外国朋友们的面上。①

梁宅具有美国建筑遗风和西式陈设，但仿古琉璃瓦、翡翠鼻烟壶等中式摆设大大冲击了西化的环境，使处所不伦不类。有意思的是，对梁宅的精细刻画，叙事者是借助来自上海的葛薇龙的注视完成的。叙述者由葛薇龙出发，但最终又以远高于她的立场发表看法："英国人老远的来看看中国，不能不给点中国给他们瞧瞧。但是这里的中国，是西方人心目中的中国，荒诞，精巧，滑稽。"正如赵稀方所说，"把女学生打扮得像赛金花模样，那也是香港当局取悦于欧美游客的种种设施之一"②，对于她本身穿着的讽刺，是叙事者的越俎代庖；小说叙事是从对立于"洋化"的中国本土立场出发的③。同时叙事者也一针见血地指出，中国人为迎合外国人，而刻意地自我东方化。

（二）作家自身

张爱玲在跨文化体验下的异国书写反映出自身更为独立的姿态。叙述者在塑造外国形象时，进行不同程度的丑化、异化及性别颠覆，使之成为失语的存在；对中国人刻意逢迎外国也予以讽刺，这表明作者未遵循"白人至上论"。同时，外国群体对自我身份的反思，一定程度上表明其不再是沉默的他者形象，而具有某种独立的主体意识，显示出对"中国中心观"的背离。

作家的超然心态还反映在叙述语言的"中国腔"上。尽管张爱玲小说里的外国人与中国人，及外国人与外国人间都用外语交流，但文本并未出现外语这个异国文化的重要标识，而依然采用中文叙述，消解语言差异，"在这一片毫无疑问西化了的土地上，人物语言却是地道的中国腔，所以也就不存在什么'疏离'感"。④ 在《第二炉香》这个全由外国人担当主角的小说里，很明显人物间是用外语交流的，但故事起初由爱尔兰女孩克荔门婷向中国人"我"讲述，"我"再向读者"你"转述，从而实现第一人称叙述视角向第三

---

① 张爱玲：《沉香屑 第一炉香》，第2页，《张爱玲全集·倾城之恋》，北京十月文艺出版社，2009。
② 张爱玲：《沉香屑 第一炉香》，第2页，《张爱玲全集·倾城之恋》，北京十月文艺出版社，2009。
③ 赵稀方：《小说香港》，第45页，生活·读书·新知三联书店，2003。
④ 李欧梵著，毛尖译：《上海摩登——一种新都市文化在中国1930—1945》，第325页，北京大学出版社，2001。

人称全知视角的转变,"叙述者很微妙地把人物人性化并'中国化'了"①;在《年轻的时候》里,德文教科书里的段落也以被译好的中文出现;甚至作者有时还采用传统章回小说里说书人的口吻写作——由此形成了文本语言的内在张力:读者心中默认的人物语言是外语,易产生语言上的"异邦"感,而具有地道"中国腔"的叙述语言却消解了此感受。

这样的写作引来诟病,最早的是迅雨(傅雷)对《连环套》的批评:

> 她的人物不是外国人,便是广东人。即使地方色彩在用语上无法积极地标识出来,至少也不该把纯粹《金瓶梅》《红楼梦》的用语,硬嵌入西方人和广东人嘴里。这种错乱得可笑的化装,真乃不可思议。②

张爱玲在《自己的文章》里辩解道:

> 至于《连环套》里有许多地方袭用旧小说的词句——五十年前的广东人与外国人,语气像《金瓶梅》中的人物;赛珍珠小说中的中国人,说话带有英国旧文学气息,同属迁就的借用,原是不足为训的。我当初的用意是这样:写上海人心目中的浪漫气氛的香港,已经隔有相当的距离;五十年前的香港,更多了一重时间上的距离,因此特地采用了一种过了时的辞汇来代表这双重距离。有时候未免刻意做作,所以有些过份了。③

张爱玲借赛珍珠笔下说话带有英国旧文学气息的中国人来合理化她的叙述方式与所塑造的外国形象,承认这是为了克服时空距离而"迁就的借用"。笔者无意探讨此番论争的对错,但可确定的是,"地道的中国腔"加诸外国人口中,一方面难免有"做作"之嫌;另一方面这也是张爱玲在跨文化书写里的无奈之举,抑或精心安排,客观效果是消解中外界限,淡化故事的异质性,使其更为本土化。李欧梵指出,即使在张爱玲最带异域情调的文章里,其"立场也总是在作为一个中国人的'主体'位置上……作为中国人的身份意识

---

① 李欧梵著,毛尖译:《上海摩登——一种新都市文化在中国 1930—1945》,第 325 页,北京大学出版社,2001。
② 钱理群:《二十世纪中国小说理论资料》第四卷,第 259 页,北京大学出版社,1997。
③ 张爱玲:《流言》,第 18 页,北京十月文艺出版社,2006。

却从不曾出过问题"①，这一观点是有道理的。

  本文想补充的是，作者既未全盘否定外国文明，也未全盘接受中国文化。在《金锁记》、《倾城之恋》等小说里，旧式家庭的落寞不堪也是作者着意表现的。《年轻的时候》里中外对峙更为鲜明。潘汝良"是个爱国的孩子，可是他对于中国人没有多少好感"，对身为酱园老板的猥琐父亲、牺牲于礼教压迫下的母亲及怠懒的兄弟姊妹都看不上眼，成为庸俗卑微的传统中式家庭里"孤零零的旁观者"，甚至连眼睛都变为"淡蓝色"。蓝眼睛是张爱玲刻画外国人形象时的常用细节，体貌特征的变异不妨视为潘汝良文化认同的转向：疏离于传统文化，亲近于西方文明。但小说不止于此，俄国女子沁西亚最初是汝良心中的理想，代表外国一切美好的东西，"她是他的一部分"，但随着与之交往的加深，沁西亚的神秘光环逐渐褪去，成为平凡、邋遢的普通人。汝良终于懂得了沁西亚，但他的"梦"也随之破灭。《〈传奇〉集评茶会记》里说张爱玲"最欢喜的倒是《年轻的时候》"②，这或许正是因为潘汝良的心路历程、成长体验与作家自身有颇多相似之处。对外国现代文明的追求也许只是置身洋场的年轻人"虚无缥缈的梦"。

结　语

  张爱玲在20世纪50年代远赴美国以前，并没有真正意义上的海外生活经历③，这在一定程度上限制了她书写异国形象的视野。不难发现，其笔下的异国形象几乎全都置于沪港两地，甚至可以"外国人在中国"的标题来概括其异国书写。

  对异国形象的书写，本质上并非对现实的真实反映，而是夹杂着虚构与想象的解读。张爱玲构建的异国形象，呈现纷繁杂糅的美学特征。首先，她将异国形象异化、丑化，突出外国人"非我族类"的特点；同时，利用性别上的男女倒置及其与国别关系的纠缠，将异国形象"他者化"，彰显中外之间

---

  ① 李欧梵著，毛尖译：《上海摩登——一种新都市文化在中国1930—1945》，第326页，北京大学出版社，2001。
  ② 子通、亦清：《张爱玲评说六十年》，第87页，中国华侨出版社，2001。
  ③ 张爱玲在香港的经历严格来说其实不算留学海外。香港虽为英属殖民地，但英国并未采取类似在印度等地的殖民政策，香港的文化控制相对松弛，中外多元文化交织其间。20世纪50年代在美国的生活或许才可称为海外经历。

的疏离。这是因为作者一定程度上受到社会集体想象物的影响，对异国形象进行"意识形态化"的叙述。其次，着重揭示在华外国人的身份认同危机，表明其具有独立的主体意识；对外国群体尴尬生存处境与内心焦虑的言说，传递出作者对异国他者的同情和理解。异国形象由此投射出两个层面的"自我"形象：普通中国人和作者自身，二者拥有不尽相同的文化姿态：前者对异国形象抱有幻想与渴慕，传递出对外来强势文化羡慕、迎合的心理；后者则在意识形态化叙述下，反"中国中心观"与"白人至上论"，显示出更为独立、超然的身姿。

张爱玲既有西式教育背景，又有上海本土文化及中国传统文化根基。文化夹缝中的身份地位使她更易感受到日常生活中文化混杂的力量。正如台湾学者张小虹所言，她是"既可用中国人的眼看外国人，又可用外国人的眼看中国人的'文化杂种'"[①]。她对中国文化和西方文化采取的均是一种有距离、有保留的认同态度，并非全盘接受或否定任何一方。这种自由出入异质文化的视点或许可为我们在当今全球化语境下看待他者和自身提供一种参考。

（指导教师：杨天舒副教授）

附：写作感言

毕业论文是对本科四年所学所得的最后一次检验，或者说，是一次需要付出艰辛的演出。在这场演出里，我不仅是演员，亦是导演，需要承担和完成的涵盖了整场演出的方方面面。当然，这一切与前期的选题、导师的指导乃至前三年的学习都密不可分。

这篇论文算是我的汇报演出。演出历时四年，还远未谢幕——它的诸多不足之处及所反映出的学术思维上的问题将成为我接下来发展的空间。

回顾以前的四年，我意识到撰写一篇真正高质量的学术论文是培养学术能力、提高思维及表达水平的最佳途径。最初有关论题的想法就像一颗需要精心呵护的幼苗，选址、培土、浇水、修剪这一系列过程以及阳光、雨露都是必不可少的。

选址就相当于选择一个合适的论题。万事开头难，在写作此文前，我其

[①] 转引自杨泽编：《阅读张爱玲》，第125页，广西师范大学出版社，2003。

实花了大量的时间、精力来思考选题。实话说来，它几乎占据了我大四第一学期的整个后半部分。但是，直到开题报告会的前几天，我依然犹豫不决。最后，在相继否定了若干选题后，我继续沿着学年论文做有关张爱玲的研究。因为思考的仓促，我陆续发现开题报告存在的不少问题。但当时因时间紧迫，也只能暂时搁置了。开题报告会上，现当代文学教研室的老师指出了很多问题——我其实早已预见到这样的情况，老师们的发问的确点醒了我，也开拓了我的思维，让我更加明晰了接下来思考的方向。这更加提醒了我：一篇好的学术论文需要作者自身扎实的基础知识，丰厚的知识储备，开阔的学术思维和视野。

　　开题报告会后，我重新整理了思路，发现依然有一些问题没有想通。带着这些问题，我继续通过国家图书馆、各类网络资源等广泛查阅相关论文和专著，往往是在一本书或一篇好论文的指引下，去寻找其他的书籍资料。同时，分门别类地建立不同文件夹，并做好细致的整理工作，及时记录当时自己的思考。这场"地毯"式的文献搜索、筛选和整理分析工作贯穿整个写作过程。与此同时，我坚持阅读与论题相关的作品。我一直认为，对于一个没有丰厚储备的本科生而言，作品始终是写作的基础，是思维的源泉。在资料和作品相对完备之时，我开始了真正的写作。那段时间，我开始习惯了一有时间就背着一堆书去图书馆，从早到晚，持续数月有余。论文雏形出来后，导师在文章架构、论述的细节方面都给予了精心的指导，让我此前写作中一直纠结的问题变得豁然开朗。

　　毕业论文的写作，让我收获的不单单是学术上全方位的锻炼，更是思维、心理状态等多方面的训练。

　　这场未曾谢幕的演出，还将继续……

现代乡土革命叙事的建立

——以叶紫《丰收》及其续篇《火》为中心

王东芳[1]

前　言

由"五四"发端的现代乡土小说创作在进入20世纪30年代后，发生了质的嬗变，呈现出多种叙事面貌。其中，左翼文学思潮的兴起和传播对这一时期的一部分乡土叙事产生了重要影响，主要体现为创作主体不再仅以"五四"时期的精神启蒙为乡土叙事的立足点，取而代之的是马克思主义政治经济分析学说以及它的阶级意识和革命理论。伴随着启蒙主义文化批判向社会批判的倾斜，革命叙事逐渐占据了乡土小说文本叙事的中心地位。

在20世纪30年代乡土小说创作中，或多或少运用马克思主义思想进行社会剖析，描写阶级矛盾和革命斗争的案例不在少数。早在1928年太阳社、创造社倡导无产阶级革命文学时，就有了一部分"反映乡村斗争生活的乡土作品"[2]，而1930年左联的成立更催化出一系列的"硕果"。丁帆把柔石的《二月》、蒋光慈的《咆哮了的土地》、阳翰笙《地泉》的第一部分以及丁玲的《田家冲》、《水》，叶紫的《丰收》、《火》、《电网外》等作品列入"革命的乡土小说"范畴，而将茅盾的《春蚕》、《秋收》，叶圣陶的《多收了三五斗》，吴组缃《簌竹山房》、《一千八百担》、《鸭嘴涝》和沙汀、艾芜等人的乡土创作划为"社会剖析派的乡土小说"（乡土社会小说）。这样的划分是否科学另作它论，但毋庸置疑的一点是，它们的分类归属都是在认可20世纪30年代乡土叙事由精神启蒙向社会批判嬗变这一事实的前提下作出的。相比于

---

[1] 作者是中央民族大学文学与新闻传播学院汉语言文学专业2012届毕业生，现为南开大学文学院2012级中国现当代文学专业硕士生。

[2] 丁帆：《中国乡土小说史论》，第113页，江苏文艺出版社，1992。

蒋光慈、阳翰笙等普罗小说概念化、图解式的弊病和偏于主观性的"革命的浪漫谛克",以及茅盾、沙汀等人的"乡土社会小说"对革命素材的模糊处理,叶紫的《丰收》及其续篇《火》"从那种具有原生态的真实生活出发来写农民自发性的反抗斗争"[1],以偏重写实的创作方法,成为"左翼文学成熟期的代表"[2]。这正如茅盾在 1933 年所郑重表示的:"此篇的描写点最为广阔,在二万数千言中,它展开了农事的全场面,老农的落后意识和青年农民的前进意识,'谷贱伤农'以及地主的剥削,奇捐杂税的压迫。这是一篇精心结构的佳作。"[3] 鉴于此,叶紫的《丰收》及其续篇《火》无疑可以作为 20 世纪 30 年代乡土革命叙事的经典案例来进行分析。

现代乡土革命叙事的建立是以 20 世纪 30 年代这批乡土文学创作为肇始的,这种叙事主要是通过在乡土文本叙述中建构一套革命话语——通常是无产阶级革命话语——来完成的。在此,罗兰·巴特对于写作的思考或许可以为本文提供一个阐释的维度:"一个文本是由多种写作构成的,这些写作源自多种文化并相互对话、相互滑稽模仿和相互争执。"[4] 一套必然性规则——革命话语——被确立的过程必然伴随着不同话语之间的"相互对话、相互滑稽模仿和相互争执"。革命话语进入并支配文本叙述的过程,也是创作主体对叙事进行有效编码的过程。叶紫如何在文本中编织革命叙事,如何处理、缝合,甚至暴露出不同话语资源之间的裂隙,或可成为分析其现代乡土革命叙事的维度。而这篇生成于 20 世纪 30 年代左翼文学思潮之下的革命小说,如何被文学史、被革命文学史所包含,其主观呈现与客观定位的落差或龃龉,都值得认真考量。

一、被征用的传统

在"五四"反传统的大潮尚未退落的时代,叶紫对革命话语的建构恰是借用了两套传统伦理——"丰收"模式与"父子"秩序,来使得小说的情

---

[1] 丁帆:《中国乡土小说史论》,第 119 页,江苏文艺出版社,1992。
[2] 刘勇、邹红:《中国现代文学史》,第 227 页,北京师范大学出版社,2006。
[3] 转引自《叶紫研究资料》,第 146 页,知识产权出版社,2010。
[4] 罗兰·巴特著,赵毅衡译:《作者之死》,《符号学文学论文集》,第 97 页,百花文艺出版社,2004。

节、人物安排服务于叙事主题的阐释。现代革命与传统伦理被共同编织进文本叙述中，它们之间的融合、龃龉乃至冲突，呈现出复杂的形态。

(一)"丰收"模式

"足食足兵，民之信矣。"(孔子)"凡五谷者，民之所养也，君之所以为养也。"(墨子)"仓廪之所以实者，耕农之本务也。"(韩非子)"民舍本而事末则不令，不令则不可以守，不可以战。"(《吕氏春秋》)以上这些言论都建构了影响中国古代千余年封建统治的"农本"思想。"民以食为天"(《汉书·郦食其传》)是这个以农业为主的古老民族的共同信仰。尽管鸦片战争用炮火打开了古老中国的大门，资本主义经济输入破坏了原有自然经济自给自足的封闭体系，千余年来根深蒂固的"农本"思想并未发生动摇。中国作为农业大国，无论是国民革命时期孙中山的三民主义，还是共产党的理论纲领，实现国强与民安的重要症结仍离不开土地问题。在一个世代奉农、安土重迁的民族文化中，"丰收"所蕴含的寓意便不言自明。它不再意指一种经济的富足，更成为民族共同记忆里一种恒定的精神构成。农夫从土地获得收成，是其得以存活下去的根本条件，也是一个民族得以繁衍不息的保障。忧农、悯农思想在中国传统文学中屡见不鲜，而从"丰收"意象中延伸出批判话语的作品也不在少数。李绅的《悯农》、曹邺的《官仓鼠》、白居易的《观刈麦》、宋张俞的《蚕妇》、梅尧臣的《陶者》都是这方面脍炙人口的诗作。"四海无闲田，农夫犹饿死"、"遍身罗绮者，不是养蚕人"，自古以来，农事丰收与农民悲惨命运的矛盾对立常被文人引为批判统治阶级苛政暴敛的话语资源。《丰收》及其续篇《火》恰是借用了这一传统话语来实现对革命话语合法性的构建。

以"丰收"命名的这篇小说是围绕农民曹云普在难熬的饥饿与艰辛的劳作中渴望丰收、获得丰收和失去丰收果实这一框架来展开叙事的。《丰收》约五分之四的篇幅都在叙述以云普叔一家为代表的农民秋谷获得丰收的艰难。从借贷下田餐、卖女、买种、车水、求雨、防洪，"农事的全场面"得到详尽的铺陈。所有这些叙述都成为"丰收成灾"模式中的一环——丰收愿望的实现是在为因谷贱、捐重、税多而使得云普叔丧失劳动成果的结局做铺垫，从而将批判的矛头指向农民的对立阶级——地主以及代表大地主大资产阶级利益的国民政府当局，以佐证中国共产党领导下农民革命斗争的必要性和正确性。

"丰收成灾"的乡土小说在 20 世纪 30 年代并非叶紫一家独创。茅盾的《春蚕》写老通宝一家辛苦劳作，却最终因为春蚕熟，老通宝一村的人都增加了债；《秋收》里农民种稻、抗旱的艰辛付出后，获得丰收，却因为米贱而陷入更深的困境中；叶圣陶《多收了三五斗》也通过"谷贱伤农"来揭示农民所受到的多重压迫。无论最终如何处理革命素材，如何表达政治立场，这些小说都在叙事中试图借助"丰收"这一传统话语内涵来反映农村当下社会矛盾，表达对农民命运的深切关怀。

在《丰收》及其续篇《火》中，"丰收"是一个重要的意义生长点，不仅是因为丰收愿望的实现与农民灾难的深重之间形成强烈的反讽效果，还缘于作者对死亡、饥饿、疲累等语义的大量书写，使得政治合法性的论辩得以凭借伦理道德的控诉而胜出。

《丰收》开头的描写便奠定了阴沉的基调：

> 时间是快要到清明节了。天，下着雨，阴沉沉的没有一点晴和的征兆。
>
> 云普叔坐在"曹氏家祠"的大门口，还穿着过冬天的那件破旧棉袍；身子微微颤动，象是耐不住这袭人的寒气。
>
> ……
>
> 天气也真太使人着急了，立春后一连下了三十多天雨没有停住过，人们都感受着深沉的恐怖。往常都是这样，春分奇冷，一定又是一个大水年岁。
>
> "天啦！要又是一样……"
>
> ……
>
> 关帝爷爷的灵签上曾明白地说过了：今年的人，一定是要死去六七成的。
>
> 烙印在云普叔脑筋中的许多痛苦的印象，凑成了那些恐怖的因子……①

接下来便是对前一年灾荒的痛苦回忆，一场洪水卷走了即将丰收的谷物，

---

① 叶紫：《丰收》，《叶紫选集》，第 2 页，人民文学出版社，1959。

饥饿还带走了云普爷爷和六岁的虎儿。"满垄上的人都怀着一种同样恐怖的心境"。① 文本开头把叙事时间放置在"清明节",将主人公置于一个古老祠堂门前,而把主人公对命运的卜测倾注在关帝爷爷的灵签上。"清明节"、祠堂、灵签,这些都是与民间千百年流传下来的古老神鬼观念紧密相关的意象。死亡的气息迎面扑来使读者更易融入曹家堡农民那种"恐怖的心境",读者的心灵仿佛和云普叔的身体一样微微颤动。

叶紫在交代农民通过忍饥挨饿、艰辛劳作来获得丰收的叙述中,较多运用了诉诸身体感觉的书写。例如云普一家下田耕种前的境遇描写:

> 立秋从里面捧出两碗仅有的豆子来摆在桌子上,香气把云普叔的口水都馋得欲流出来。三个人平均分配,一个只吃了上半碗,味道却比平常的特别好吃。半碗,究竟不知道塞在肚皮里的哪一个角角儿。
>
> 勉强跑到田中去挣扎了一会,浑身就像驮着千斤闸一般地不能动弹。连一柄锄头、一张耙都提不起来了,眼睛时时欲发昏,世界也像要天旋地转了一样。兜了三个圈子,终于被肚子驱逐回来。
>
> "这样子下去,怎么得了呢?"
>
> 孩子和大人都集在一块,大大小小的眼睛里通通冒出血红的火焰来。互相怅望了一会,都觉得没有什么好说的话。②

这样的例子在文本叙述中还有很多。对身体的书写使得死亡、饥饿、疲累等语义向读者呈现出农民关乎丰灾的深刻体验,这些体验都是与人的存活息息相关的。取消政治合法性的方式就是通过叙事使得他们失去道德上的合法性。"丰收"便在作为一套话语模式进入文本叙述的过程中,使得千百年来的"悯农"思想借此得以引发共鸣,极易引起读者在道德伦理层面上对反动势力的怨愤。

(二)"父子"秩序

三纲五常是中国儒家伦理文化中的架构,它试图通过上定名分来教化天下,维护封建社会的统治秩序。"父为子纲"便规定了中国数千年来"父"

---

① 叶紫:《丰收》,《叶紫选集》,第 5 页,人民文学出版社,1959。
② 叶紫:《丰收》,《叶紫选集》,第 12 页,人民文学出版社,1959。

与"子"的伦理关系——孝道。身为人子要做到爱亲("父母在不远游,游必有方。")、尊亲("父在,观其志,父殁,观其行,三年无改于父道,可谓孝矣。")、顺亲("不顺乎亲,不可以为子。")。在新文化运动反传统反孔教的旗帜下,民主、自由思想渐渐渗入古老的中国,动摇着传统伦理的地位。然而,就文学作品而言,早在《红楼梦》里,贾宝玉离经叛道的形象在某种意义上就代言了对父子伦理的质询。在新文学创作的实绩中,父子命题常常被作为反映社会矛盾、新旧冲突的话语资源。这通常表现为"子"对"父"的反叛。

在家国同构的中国传统社会,家庭、家族与国家在组织结构方面具有许多共同性。古人"修身、齐家、治国、平天下"的美好理想,正反映了"家"与"国"之间这种同质联系。正如"君为臣纲"是维系封建社会统治的规范,"父为子纲"、"夫为妻纲"则规定了家的单元内部的行为法则。家可以成为国家或社会的缩影,那么"子"对"父"伦理权威的反叛便可用来诠释更加庞大的话语——通常是新思想对旧思想、新势力对旧势力的反叛。巴金的《家》便是一个经典案例。

与新青年从旧家庭抗争、出走的模式来表现反抗封建礼教制度的主题有所不同的是,20 世纪 30 年代一批在文本中涉及父子关系的乡土小说,往往呈现出"反对——觉悟——靠拢"的叙事框架。作者以老一辈农民由不理解新一代青年到革命觉悟,并以行动向新一代青年靠拢为基本框架来组织叙事。这样的小说有叶紫的《丰收》及其续篇《火》、《电网外》、茅盾的《春蚕》、《秋收》等。

很早就有人关注到《丰收》及其续篇《火》中"老农的落后意识和青年农民的前进意识"[①]。小说中存在一个父/子秩序。老农民云普叔与青年农民立秋的关系在文本叙述中存在明显的演变。老一辈由不理解、反对癫大哥、立秋等人的活动,转为认可,最后又与之并肩反抗,这是文本叙事的线索之一;新一代农民由被党启蒙到启蒙他者,再到领导包括父亲在内的农民们走上革命斗争道路,这是文本叙事线索之二。父子二人的矛盾、交锋贯穿着小说情节发展的始终。文本以丰收成灾的事实证明以云普叔为代表的老一代农民的思想是错误的,而逐渐接受了共产党思想熏陶的立秋的做法是正确的,从而

---

① 转引自《叶紫研究资料》,第 146 页,知识产权出版社,2010。

延展出农民革命斗争的波澜壮阔。

　　细加考量，不难发现，这个叙事框架存在一个巧妙的修辞——立足于建构反对封建剥削制度的合法性的文本，通过实现"父子亲"的纲常伦理和家国同构传统的回归，建构起一套完整、封闭、自足的革命话语。

　　云普叔这一人物代表着靠天吃饭、甘受剥削的旧社会农民的愚昧形象，而长子立秋在受到共产党启蒙后对土地问题、农民问题的思考，使得其被父辈农民群体视为异类。立秋试图挣脱传统租种方式，摆脱压迫剥削、展开反抗斗争的努力始终与父亲的行为相冲突。这种冲突几乎被设置进小说的每一个事件当中。"父为子纲"、"父父子子"的传统伦理话语受到了强烈的质询，但小说叙事并无意将其颠覆，而是"移孝作忠"，通过完成"父"与"子"之间的思想认同来参与社会宏大叙事中革命话语合法性的构建。两代人冲突的解决最终依赖于丰收成灾事件的发生，备具震撼性的现实——辛苦劳作后获得丰收却仍然一无所得——给老农民云普叔进行了革命启蒙，他开始理解、接受儿子的思想、行为，并在儿子被捕后奋起反抗：

　　　　他（云普）想恨立秋了。倒反只恨他自己早些不该不听立秋的话来，一致弄得仓里空空的，白辛苦一场给人家抢去，气出来这一场大病。儿子终究是自己家的儿子，终究是回护自己的人；世界上决没有那样的蠢材，会将自家的十个手指儿向外边跪折！[①]

　　父与子的冲突并没有单纯引向反叛和出走一端，而是通过父的一方的妥协，达成高度平衡、一致，对于子一方青年农民立秋而言，忠孝得以两全，"打虎亲兄弟，上阵父子兵"，实现了伦理话语与革命话语之间的协同。

　　这是一种新型的家庭权力话语模式，"父"不再是高高在上、不可抵制的纲常，"子"在获得独立话语权的同时，其行为结果并没有对爱亲、尊亲、顺亲的"孝道"产生悖逆。新的权力话语模式的生成离不开政治意识形态的"砝码"。革命话语在文本叙述中不断对其进行掌控、调节甚至顺从。

　　《火》中有一段描写青年们来探望病中的云普叔的情节：

　　　　今夜，他（立秋）算是特别的回得早，后面还跟着有四五个人一群。跨进房门，一直跑到云普叔的床侧。

[①] 叶紫：《火》，《叶紫选集》，第57页，人民文学出版社，1959。

"你老人家今天怎样呢？该好些了吧？"

云普叔懂得，这是和颜悦色的癞大哥的声音。他连忙点头地苦笑了一笑，想爬起来和他们打个招呼，身子不觉得发抖的要倒。

"啊呀！……"

小二疤子吓了一跳，连忙赶上来双手将他扶住，轻轻地放下来说：

"你老人家不要起来，站不住的，还是好好地躺一躺吧！"①

革命话语在此做了一种微妙的调和。"和颜悦色"透露出云普叔为代表的老辈农民与青年农民之间一致、融洽的关系。在这段描写中，病床前的嘘寒问暖已经不再是街坊邻居之间的交际。与立秋同龄的癞大哥、小二疤子等人同立秋一起，同为"子"的一方，以"孝道"行为的实践，来表征共产党与农民阶级的利益一致性。

有时候，革命话语在编织叙述的过程中，激进的政治意识形态却不得不"顺从"传统伦理。小说中曹家堡的农民攻破何八爷的庄子后，怀着强烈的仇恨、愤怒对反动阶级进行清算。正在阶级冲突发展到高潮的时候，却出现了一个略显异样的声音。正当农民在搜索何八爷的时候，何八爷的母亲，一个老太婆出现了。

"这要死的老东西！"

仅仅鄙夷地骂了一句，并没有人去理会她。②

甚至在老太婆阻止花大姐交代何八爷藏身处的时候，怒火冲天的农民们也只是拉开了老太婆。农民对高瓜子、何八爷等人又咬又打，并且最后处死了他们。但"判决"的结果却显得有违革命常理："一串，老太婆除外，七个人。"③老太婆显然是地主阶级的一分子，同属于"历史的罪人"，却因为在"清算"中的表现尚且不如花大姐，而花大姐却被处死，老太婆的被"赦免"正是缘于"老"字。与其说是出于人道主义的考虑，不如说是对传统伦理不自觉的"顺从"。"老吾老以及人之老"的尊老观念与主张爱亲的"孝道"存在相通之处。

---

① 叶紫：《火》，《叶紫选集》，第 57 页，人民文学出版社，1959。
② 叶紫：《火》，《叶紫选集》，第 68 页，人民文学出版社，1959。
③ 叶紫：《火》，《叶紫选集》，第 69 页，人民文学出版社，1959。

"将政治的使命转换为一个道德的命题,既是时代对文学的要求,同时亦可视为传统文学为革命文学提供的不可替代的资源。"① 对丰收模式、父子秩序的话语转换,是文本内部的修辞策略。

二、被改写的启蒙

"启蒙"是中国近代以来思想界一个常提常新的命题,尤其在"五四"时期,得到了更为广泛的关注。从《新青年》鼓动"文学革命"开始,新文学的先驱者们就主张文学服膺于思想启蒙。具体到文学创作中,在民主、科学精神指导下,精神启蒙话语的面貌在不同作家、不同题材的作品中得到多样呈现,其本身含义是复杂的。但就"五四"时期乡土叙事来说,更多渗入文学创作当中的精神启蒙话语是以鲁迅为先声的批判国民性的命题。本文中所论述的所谓"精神启蒙话语"也主要集中于此。

同样是处理乡土题材,同样是描写农民群像和地方色彩,叶紫的《丰收》及其续篇《火》在主体观照上与"五四"时期的一系列乡土作品表现出极大的差异。如果说鲁迅的《祝福》、《故乡》在不断"还乡"中完成对封建礼教传统社会的抨击和人道主义精神的烛照,从而构造以批判国民性为核心的精神启蒙话语,而王鲁彦、彭家煌、台静农等人的诸多力作在不同程度上延续了这样的乡土叙事传统,那么不难发现,《丰收》及其续篇《火》中革命话语的建构则彰显出乡土叙事已经发生了巨大的嬗变。假设"五四"乡土叙事传统是一块固有的封闭领域,那么20世纪30年代乡土革命叙事试图凭借建构一套革命话语进入甚至占领这块领域时,总是绕不开启蒙话语的"电网"。然而,两种性质相异的话语在小说文本中并没有简单表现为前者压制、遮蔽后者的形态,相反,革命话语在其中心地位的确立过程中,常常伴随着对精神启蒙话语的挪用、改写。

(一) 不同的"返观"——两种话语

乡土文学必然存在着创作主体与客体乡土世界之间的对峙。主体往往是在脱离客体之后返回或返观客体,从而持某种特定话语来观照、批判客体。

---

① 转引自《再解读——大众文艺与意识形态》,第137页,北京大学出版社,2007。

创作主体已经不再是乡土的一部分，他已经获得了某种思想的启蒙，得以跳出封建宗法制度的圈子来对乡土世界进行想象、打量和批判。

正如鲁迅在《中国新文学大系·小说二集·序》中所提及："凡在北京用笔写出他的胸臆的人们，无论他自称用主观或客观，其实往往是乡土文学，从北京这方面说，则是侨寓文学的作者。"[①] 又说，他们的作品大都是"回忆故乡的"，现代文学史在定义"五四"时期的乡土小说时就明确标定"这是一类靠回忆重组来描写故乡农村生活的小说"[②]。无论是鲁迅《祝福》、《故乡》中的亲返乡土世界的"我"，还是《风波》、《菊英的出嫁》、《活鬼》、《怂恿》等中隐藏的叙述者，他们都在返观乡土世界的过程中着力于对封建礼教传统影响下中国农民们愚昧落后的精神状态进行控诉和批判，从而将矛头直指对国民性的思考。早有人关注到鲁迅乡土小说中的"归乡"模式。"我"作为知识分子返回故乡后，对"鲁镇"、"祥林嫂"、"鲁四爷"等作出的思考、批判直指封建儒释道传统，触及改造国民性的命题。因而，在"五四"乡土小说创作中，乡土世界被视为一种带有落后、愚昧特征的异己物，是"侨寓"者们所要"启蒙"的对象，乡土叙事便主要体现为以批判国民性为主的精神启蒙话语的文学实践。

同样地，我们在 20 世纪 30 年代乡土革命叙事中也可以看到"侨寓"在乡土世界之外的一个返观者的身影。虽然在小说《丰收》及其续篇《火》中，作为返观者的"我"并没有出现在叙述里，但叙述者背后的"作者"却在文本之外进行话语运作。叶紫曾在其编辑日记中交代了这篇小说的创作始由：

> 云普叔是我自己的亲表叔，当家乡那里来一个年老的公公告诉我关于他们的状况时，我为他流了一个夜晚的眼泪。自己做了流浪人，家乡的消息茫然了许久，不料竟有这样大的变动。
>
> 立秋已经被团防局抓去枪毙了，是在去年九月初三日的早晨。
>
> 为了纪念这可怜的老表叔，和年轻英勇的表弟，这篇东西终于被我流着眼泪的写了出来。我诚挚地在这里希望读者诸君，能给我些严厉指摘的评语，好让我能多有些长进。[③]

---

① 转引自钱理群、温儒敏：《现代文学三十年》，第 52 页，北京大学出版社，1998。
② 钱理群、温润敏：《现代文学三十年》，第 52 页，北京大学出版社，1998。
③ 转引自《叶紫研究资料》，第 43 页，知识产权出版社，2010。

"家乡那里来一个年老的公公"作为讲述者，为已经"侨寓"上海的作者呈现出发生在"家乡"的"变动"，因此，叶紫得以在被告诉、"茫然"、流泪、写作中完成对家乡（乡土世界）的一种"返观"。然而这种"返观"所持的目光却与"五四"时期批判国民性的启蒙话语截然不同。"侨寓"者不再将乡土世界视为一种现代的异己物，进行国民性的批判，而是震惊于家乡出现了"这样大的变动"，"为了纪念这可怜的老表叔和年轻英勇的表弟"，来创作出《丰收》与《火》，这便在创作动机上规限了一种新的叙事主题——革命。

事实上，这正如小说叙事所呈现出的，"丰收成灾"与"父子秩序"的叙事框架的展开，服务于对不同政党领导下不同阶级之间的革命斗争的叙述。如何确立农民革命斗争的必然性、如何确证中国共产党领导农民进行革命斗争的天然合法性是叙述者编织叙事的立足点。因而，在20世纪30年代乡土革命叙事中，革命话语取代了"五四"时期批判国民性的启蒙话语，成为小说的叙事主题，同时伴随着重构乡土大众历史形象的努力。然而，在文本叙述中，革命话语其建构本身是复杂的，相比于两者之间的差异，革命话语如何通过对原有启蒙话语的挪用、改写来确立自身中心地位或许更加值得求证。

（二）对启蒙话语的挪用和改写

在第一部分中我们已经详加论述了小说如何通过对两套传统话语的征用来建构其革命话语，这在一定程度上对小说叙事框架做出了宏观归纳——丰收愿望与阶级剥削之间的对立、老一辈农民与新一代青年之间的对峙，这两大格局的变动推动着革命斗争意义的实现。而在这两大格局中扮演了重要角色的主体便是丰收愿望的承担者与新旧农民的代表——云普叔和儿子立秋。这两个人物的精神面貌、思想行动及其变化发展无不影响着小说革命话语的确立，而小说对人物的处理方式暴露出不同话语间种种隐秘的关联。

叙述者一开始便致力于刻画老一辈农民云普叔愚昧、迷信的守旧形象。他在天灾面前，信奉"关帝爷爷的灵签"，每逢水旱，到处烧香磕头，求告神灵。小说甚至在实现丰收的交代中专门设置了一节村民们"抬菩萨求雨"的叙述。这种盛大的仪式性活动在"五四"乡土小说中是一幕熟悉的场景，菊英的冥婚、汪二半夜拜堂、祥林嫂去寺庙捐门槛、冲喜的恶俗等等，都曾被作为一种封建陈规陋习对人心灵的毒害而进行批判。而在这一启蒙话语诉求上，立秋便表现出截然相反的价值取向：求雨时，立秋因"心不诚"而不被允许抬菩萨。

同样得到铺陈的还有云普叔奴性思想与立秋反抗意识的对照。例如"打租饭"一节：

> 为着几次坚决地反对办打租饭，大儿子立秋又赌气地跑出了家门。云普叔除了怄气之外，仍旧是恭恭敬敬地安排着。无论如何，他可以相信在这一次"打租"的筵席上，多少总可以博得爷们一点同情的怜悯心。他老了，年老的人，在爷们的眼睛里，至少总还可以讨得一些便宜吧。[①]

云普叔顺天应命，深信只要肯做就会有东西吃，按照陈规来向地主高息租借粮食和谷种，缴纳地租和捐税，并且寄希望于统治阶级的怜悯来讨得一些便宜。这种奴性思想的呈现恰恰也是批判国民性的启蒙话语的诉求之一。

在小说叙事中，老一辈农民云普叔与新一代青年立秋之间形成的对照及其演变过程正是佐证革命力量的正确性、革命斗争合法性的途径。这种对照正是基于以批判愚昧、守旧、迷信、奴性思想为诉求的启蒙话语而展开的。这两类人物在面对"五四"乡土叙事中启蒙话语诉求时表现出不同的取向，叙述正是通过对云普叔这一形象的否定来获得对革命力量新一代青年的肯定的。

但是随着叙事的进一步展开，云普叔向新一代青年靠拢，逐渐改变错误意识，革命话语获得其合法性，叙述的焦点便转向了不同阶级间的革命斗争。续篇《火》中的情节设置已经不再以云普叔一家的活动为中心，代表不同利益的各色人物如癞大哥、何八爷、李三爷、王涤新、梁局长等骤然涌到前台，各说其事；《丰收》中云普叔一家的命运不再被作为主要表现对象进行呈述，取而代之的是曹家堡乃至整个农村革命的宏大叙事。至此，人物精神世界的种种缺憾却不再受到叙述者的关注。不难看出，革命话语的确立恰恰是通过挪用、改写已经在"五四"乡土叙事中获得自身合法性的启蒙话语而实现的。

（三）改写的不足

这种改写在某种程度上改变了解决问题的方法，使得精神启蒙的诉求最

---

① 叶紫：《丰收》，《叶紫选集》，第38页，人民文学出版社，1959。

终落入革命斗争的旨归。我们或许可以认为叙述者试图通过革命行动为启蒙话语语境下的云普叔寻求、提供一种精神救赎的"良方"。然而救赎是否真的得以完成、改写行为的自足性是否完整无缺仍值得商榷。

《火》对云普叔形象的续写使得他从一个愚昧、奴性的求告者变成了具有阶级感情的仇恨者。云普叔从屈服于地主阶级的威压到走上阶级反抗之路的叙事，完成的是一种革命动员行为。对于农民个体而言，革命就是"看用什么方法才能保住我们的谷子"。云普叔的反省和觉悟也仅在于"早晓得他们这班东西要吃人，我，我……"。当群众攻入何八爷的庄子的时候，该人物的行动表现出了强烈的革命仇恨。文中前后三次出现了他撕咬敌人的场面：

> "哎哟！"云普叔跑来狠命地咬了一个团丁一口。"你到底说不说！我的秋儿给你们关在哪里！"
> ……
> "哎吆！老子入你的妈！不好了！"云普叔的眼泪雨一样地流下来，再跑上去，又狠命的一口。
> ……
> 云普叔的眼睛里火光乱迸，象饿虎似的抓住高瓜子！"你这活王八呀！你带兵来捉我的秋儿，老子要你的命，你也有今朝呀！"牙齿切了又切，眼泪豆大一点的流下来！张开口一下咬在高瓜子的脸上，拖出一块巴掌大的肉来！①

这是一种粗暴的革命话语方式，它遮蔽了人道主义等语义进入文本叙述的可能性。我们发现，这样一个接受了革命洗礼的人物并没有得到精神启蒙的救赎。这还体现在云普叔在《丰收》中所暴露出来的精神愚昧问题并没有在《火》的叙事中得以根本性的解决。在《火》中，已经得到革命觉悟的云普叔在现实困境面前反复叹道："蠢就只蠢了我一个"，暴露出小农思想的狭隘性。

然而，文本叙述中，在生存危机、阶级清算、革命斗争等叙事语义的面前，精神愚昧与人性缺憾仿佛都是无足轻重的。作者不需要在革命话语合法性已经建立之后，再进入以这个人物为代表的老一辈农民精神领域深处，进

---

① 叶紫：《火》，《叶紫选集》，第 66.67.69 页，人民文学出版社，1959。

行国民劣根性的思考，便可以完成革命话语的建构。或者可以说，正是因为后来遮蔽了精神启蒙叙事延续的可能性，作者所意谓的革命话语才得以呈现其独立自足的封闭空间。

启蒙话语与革命话语在乡土革命话语叙事中呈现出复杂形态。后者对前者的挪用、改写使得后者顺利在文本叙述中确立其自身合法性，但这种改写却是不完全的，呈现出一定程度上的不足和缺憾。我们或许无法鉴别，甚至无需在意哪一种话语对乡土叙事建构更加有效，所有的真理都是历史的真理，思想是对复杂形态的咀嚼与判断，正是在不同有效性之间的穿插使得论证更接近于真理其面目本身。

结　论

通过前两部分的论证，可以透析《丰收》及其续篇《火》中革命话语的构建方式，而这也恰是现代乡土革命叙事的建立机制。现代革命对传统伦理的征用、改造以及革命话语对"五四"精神启蒙话语挪用、改写的过程，也是一种政治话语的运作过程。而这些运作方式、修辞策略在20世纪40年代延安文学土改小说或农村小说以及"十七年"文学农村题材小说中得到了不同程度的延续。无论是丁玲《太阳照在桑干河上》、周立波《暴风骤雨》对农村土地改革的写实性描绘，还是赵树理《小二黑结婚》对二诸葛形象的塑造，乃至《创业史》、《三里湾》等反映农村开展的"运动"的力作，《丰收》革命话语建构中"丰收"语义的复现、"父子"秩序的延续、启蒙话语的变异，几乎都在其中或多或少地得到了体现。这在一定程度上佐证了左翼文学与延安文学、"十七年"文学在创作诉求上的某种相似的内在趋向。

在这里，政治话语的确立使得《丰收》及其续篇《火》的文本叙事背离了"五四"乡土叙事传统，其行为本身是一种"政治式写作"。罗兰·巴特曾在《写作的零度》中对"政治式写作"进行了专门阐述，并论证了两种基本类型：法国革命式写作和马克思主义式写作（发展到后来成为斯大林型的政治式写作）。本文在此无意于展开详细论述，来佐证《丰收》及其续篇《火》到底该被划入哪一种类型，或者是否兼备两者的特征，但就刘再复、林岗在《中国现代小说的政治式写作——从〈春蚕〉到〈太阳照在桑干河上〉》一文中的某些观点提出质疑。该文认为，"茅盾的《春蚕》和许多左翼文学作品的写作方式"是一种纯粹的马克思主义的政治式写作,而兼备斯大林式的写作与法国革命式写作的"中国型的政治式写作"出现在 1942 年之后以《太阳照在桑干河上》、《李家庄的变迁》为代表的延安文学创作中。其理由是,《春蚕》等是"政治意识形态形象图解的开始",而《太阳照在桑干河上》却以"历史罪人的发现"、"命名的暴力"、"叙述中的流血祭礼"、"人性彻底消失的冷文学"为叙事特征,因而被赋予开创性的"命名"。[①]

叶紫的《丰收》及其续篇《火》作为"许多左翼文学作品"中的一部,其革命叙事通过对地主阶级、国民政府当局罪恶的揭露,对反动人物的"命名"式的刻画,对流血、厮斗场面的描绘和对反面、边缘人物的处理等,事实上已经具备了刘再复、林岗所谓"中国型的政治式写作"的基本特征。不过,到底谁才是中国型政治式写作的开创者也倒并不真的那么重要,本文真正关心的问题是,当我们讨论延安文学、"十七年"文学形态的时候,是不是过多关注了意识形态统治对文本写作的控压和反弹出的张力。固然,《在延安文艺座谈会上的讲话》等指导性的文艺思想对这一时期小说创作,尤其是革命小说、农村题材小说创作有着重要影响,它在根本上规定了文艺创作方法和批评方法。但是,我们发现在左翼思潮环境相对开放的 20 世纪 30 年代,"政治式写作"的种种特征已经在叶紫的小说《丰收》及其续篇《火》中得以生成。那么,在讨论延安文学、"十七年"文学中的"政治式写作"的时候,是否可以适当减轻对主流意识形态控压的质询,而把其文学创作的倾向、特征更多归咎于某种其来有自的文艺理念本身?或者说,有没有可能那种我们熟悉的"政治式书写"并非总是一时一地的历史语境的产物,而常常来自于一个延续已久的革命叙事类型内在的规定性?

(指导教师:刘 震副教授)

附:写作感言

从开题报告到论文雏形的呈现,再至最后定稿,期间在刘震老师指导下经历了几次大大小小的修改。修改的过程本身也是不断学习的过程,在这一

[①] 刘再复、林岗:《中国现代小说的政治式写作——从〈春蚕〉到〈太阳照在桑干河上〉》,《再解读——大众文艺与意识形态》,第 34—47 页,北京大学出版社,2007。

阶段，我对写作论文有了一些新的认知。论文写作是一个由发现问题、证明问题到解决问题的过程。毕业论文开题之初，本意想观照现代乡土小说的形态，并无明确的角度或设想，第一个发现的问题是王鲁彦从 20 世纪 20 年代到 30 年代乡土创作风格的转变，但通过和指导老师的交流发现，这种线性陈述历史的方式并不算一个很好的观照角度。与其在两个年代小说创作之间做简单对照，不如以再解读的方式深入考察 20 世纪 30 年代的某部文本，其现代乡土革命叙事如何建立，如何成功，甚至如何失败，都是可供探究的问题。

  返观整个过程，问题被发现、论文题目得以确立并不是一个局部的、偶然的事件，需要前期大量的阅读、调查工作。仅以本篇论文写作为例，只有对整个现代乡土文学史的发展脉络有了把握，才可能找到有价值的空白点来形成问题，同样，也只有对整个现代文学研究的概况有一定了解，才能证明这个问题是不是"真问题"，其研究方式本身的努力有多大价值等。解决问题更加需要这种务实的态度。尊重事实，在事实中提炼观点，而不是为了建立某种论点去拾掇起一堆看似有力但往往以偏概全的资料。学术论文是严肃的工作，遮蔽与扭曲无异。

  此外，在具体写作论文时，我感受到阅读经典的效用。拜读一些经典论文的时候，我乐意发掘其中叙述的巧妙和论证的严密性、规整性。在卷帙浩繁的研究论著中挑选几篇经典之作进行反复细读，揣摩、感受其论证如何展开又如何收环、如何结构全篇、组织材料、裁度笔墨等，不失为一种有效的学习写作的途径。谨以此共勉。本篇习作仍有需改进之处，望得到批评指正。

在历史中想象香港
——后殖民视野下的李碧华长篇小说

许 霖[①]

导 言

弗雷德里克·杰姆逊认为,第三世界受压迫国家的文学叙述方式只能是"民族寓言"式的,而阿赫默德却认为,当资本主义关系在殖民地区成为一种"内在的构成性力量"时,这种'现代性'文本就不是杰姆逊所谓"民族寓言"式的,而"具有资本主义时代第一世界的特征"[②]。

我们很难将香港的殖民经验简单地归纳为某种已知类别,它在整个世界都是独一无二的。港英政府一方面维持了香港政治上的长期稳定,一方面利用中国传统文化教育和英文教育对抗、消解民族主义,培养港人"国际化的世界观"[③]。因此,香港文学中我们可以轻易读出港人对西方文化的认同,可以说,港人对殖民性缺乏反省。

从1982年中、英两国开始谈判香港前途问题开始,直到1984年中英签署联合声明,香港的殖民地身份即将消失,港人霎时惊觉了"我城"的存在,"九七大限"来临前,香港人因恐惧而追溯,"香江历史"在种种文化形式上呈现出不同的风貌。作家李碧华正是在这种历史背景下发表了多篇长篇小说,如《霸王别姬》、《青蛇》、《秦俑》、《胭脂扣》、《潘金莲的前世今生》、《满洲国妖艳——川岛芳子》、《诱僧》等。《胭脂扣》(1985)中更是直接提到"九七回归"问题,她小说世界里多重互涉的历史时空,经她的改写、变形、

[①] 作者是中央民族大学文学与新闻传播学院汉语言文学专业2012届毕业生,现为厦门大学中国能源经济研究中心2012级能源经济学专业硕士生。
[②] 赵稀方:《小说香港》,第40页,生活·读书·新知三联书店,2003。
[③] 王宏志:《历史的偶然——从香港看中国现代文学史》,第15页,香港,牛津大学出版社,1997。

拼贴、置换，潜藏着复杂的国族、政治、身份、性别等意识的权力交涉，置于当时香港的社会文化空间下，可推测回归前香港集体想象的图景，也可作为样本为后殖民理论在香港问题上的研究提供参考。

在本文正式开始讨论李碧华小说中历史与现实的交错以及其无意或有意做出的重构香港历史和文化身份的尝试之前，必须先对香港意识及其文化身份的来源和内涵做一个简单而必要的梳理。

"香港意识"并非一个严格的社会学概念，只是一种体现香港本土性的历史意识。[①]"（香港意识）本身就缺乏一个中心——它既不是反叛意识，也不是一套既有文化的延续；当香港人在八十年代要面对'九七问题'而无法表达出一种集体诉求的时候，那正好说明了'香港意识'的浅薄。"[②]

"香港意识"究竟是如何形成的呢？

《胭脂扣》中袁永定问如花："你是大陆来的吧？"如花回答他："不，我是香港人。"

一九六一年以前，香港居民的三分之二是外来移民。初期移民大多数不是永久性移民。[③] 如花所在的时代，香港仍是以移民为主体的社会，这种情况下其实并没有真正的"香港意识"，如花之所以说"我是香港人"，其实是暗示这篇小说的主题与之有关。

> 英国在香港所实施的殖民地统治比较特别，它始终没有强行把香港跟中国原来的联系切断……绝大部分香港人都始终把自己认同为中国人。港英殖民地统治在六十年代末、七十年代初开始改变，主因之一是一九六七年的大暴动……这事件为香港的发展带来了一些深远而积极的影响，那就是"香港意识"的建立……一九六七年的暴动里，香港居民第一次认定港英政府是他们"自己"的政府……此外，香港经济在六十年代也开始了长足的发展……这也有助于香港身份的建立。当然，还有一个更重要的因素，就是一九四九年以后第一代在香港出生……对于这一代的香港人来说，生于斯，长于斯……没有别的"家"了。因此，在香港发展史上，六、七十

---

① 赵稀方：《小说香港》，第8页，生活·读书·新知三联书店，2003。
② 吕大乐：《唔该，埋单！》，第30页，香港闲人行有限公司，1997。
③ 藤井省三：《小说为何与如何让人"记忆"香港》，陈国球编：《文学香港与李碧华》，第90页，台北麦田出版、城邦文化发行，2000。

年代是一个很重要的阶段。①

1958年出生，1970年接受中学教育的袁永定相对于如花来说，更是一个拥有稳固"香港意识"的香港人，而李碧华是袁永定的同代人，出生、成长于香港，对于她来说，香港就是"家"。

那么为何说"香港意识"浅薄呢？当时"香港的历史叙事几乎完全为英国殖民者所垄断"②，"五十年代香港中学的历史课程仅以辛亥革命作结，而就是在七十年代，现代史也只讲到北伐为止"③。袁永定说他的历史不及格，其实他学习的不是香港历史。从港督金文泰开始，香港"提倡传统中国文化，以抗衡新文化运动以来那种比较激烈的国家主义思想"，并且要求学生们不仅要学习自己国家的历史语文，更要学习西方的历史文化，以形成一种"开明、平衡而国际化的世界观"④。所谓"国际化的世界观"，不过是西方殖民文化消解中国民族、国家叙事的另一策略。

在香港，西化和传统站在两端，无论从哪一方面来论述香港的文化身份，都是不完整的。香港的文化身份由"英国的殖民书写"、"中国国族叙事"和"香港意识"三者共同构成⑤。

香港意识其实处于后殖民理论家霍米·巴巴所说的"第三空间"中。第三空间（third space）强调的是殖民者/被殖民者相互渗透的状态，因此，探究香港意识的内涵时，我们应该关注西方与东方文化碰撞和作用的时刻，以及香港意识逐渐脱离殖民书写和国族叙事，进而在民众中产生认同的变化过程是怎样的。

霍米·巴巴说："认同的问题从来不是对于某一个既定身份的肯定，从来不是一种自我完成的预言，它通常只是一种身份'形象'的生产和设定这种形象的主体的移动……这种'形象'刻画着来自于'他者'的分裂的印记……这种环绕着身体的'确定的不确定的氛围'证明了它的存在也预示着它

---

① 王宏志：《历史的偶然——从香港看中国现代文学史》，第5—7页，香港，牛津大学出版社，1997。
② 赵稀方：《小说香港》，第19页，生活·读书·新知三联书店，2003。
③ 王宏志：《历史的偶然——从香港看中国现代文学史》，第16页，香港，牛津大学出版社，1997。
④ 王宏志：《历史的偶然——从香港看中国现代文学史》，第15页，香港，牛津大学出版社，1997。
⑤ 赵稀方：《小说香港》，第4页，生活·读书·新知三联书店，2003。

的分解。"① "他者"不止指殖民者/西方文化，亦指中国的国族叙事；来自"他者"的分裂的印记，即是李碧华小说中的后殖民特征。而最终呈现出来的香港意识，必然不是一个完成的形态，而是在香港面貌的不断变动中一次次地被书写、衍生。

本文将结合香港当时的社会文化，分析李碧华是如何以历史想象的方式思考香港身份和香港意识的；同时，以文本细读的方式将李碧华小说置于后殖民的视野下，分析潜藏在小说中的东西方文化的碰撞和作用，以及作为后殖民主体的香港意识的"分裂的印记"；最后讨论在当时特殊的历史环境下，李碧华是如何通过小说参与重构独立的香港意识和文化身份的。

一、想象香港的方式

（一）改编历史

李碧华的长篇小说或多或少地涉及了历史，如《满洲国妖艳——川岛芳子》、《潘金莲的前世今生》、《青蛇》是直接改编历史、传奇、话本，而《秦俑》、《诱僧》、《霸王别姬》、《胭脂扣》则或拼贴历史事件、故事，或与国粹剧目互涉，或糅合南音、鬼故事和痴心女子负心汉的母题，无论哪种，都与历史在当下的想象有关。

《霸王别姬》是一部以中国现代史为背景的小说，在最后的时刻，却从大中国失落于小香港，可谓是对中国史诗式故事的"背叛"②，如小说中的"霸王"段小楼："现实中，霸王却毫不后顾，渡江去了……他没有为国而死。因为这'国'，不要他。"他的孤独恰似千百年前楚霸王面对四面楚歌的苍凉，人物身上的历史感让人联想到传统话本里英雄人物肉体受难、精神超越的双重经验，呈现出一种悲壮美。传统文化中的"去国怀乡"，与现实中香港的"有家归不得"唱和，这样，古典就成了现实的代言人。

《潘金莲的前世今生》中原著的"悲剧变成荒谬的喜剧"，李碧华将古典文本置于边缘的现代香港加以拆解和重写，是对宏大历史叙述下个人故事的

---

① 赵稀方：《后殖民理论》，第26页，北京大学出版社，2009年。
② 王宏志，李小良，陈清侨：《否想香港：历史·文化·未来》，第223页，台北麦田出版股份有限公司、城邦文化事业股份有限公司发行，1997。

抗衡书写。

《满洲国妖艳——川岛芳子》是真实历史的重写。川岛芳子被改写为一个后殖民"流亡"的主体，她自我否定（"我不是女人"）、失国（中国人和英国人都不要她）、失家（满族流亡到世界各地）、失去本我，只剩下空洞的躯壳四处游荡，不断追寻新的家园。文中承载了家国政治、身份意识的严肃命题，兼以探寻香港的现实身份。

而石彦生代表的，就是被宏大历史抹除的"分叉历史"[1]。有趣的是，在故事的末尾，她又提及："整个唐朝，正史、野史、轶闻、民间传说、笔记小说……皆无'石彦生'，或'霍达'之名字。"她把自己亲手创造的历史再次否定了。庶民研究小组的古哈认为：意识形态对历史性的事件的界定拥有决定权：

> 这种意识形态，即下文所称的国家主义（statism），使国家的主导价值观具有确定历史标准的权力。[2]

李碧华对历史事件的重写和颠覆，恰恰表明了其反国家主义的态度，以及独立书写香港历史的诉求。正如《青蛇》中李碧华借小青之口表达的："他日有机会，我要自己动手才是正经。谁都写不好别人的故事，这便是中国，中国流传下来的一切记载，都不是当事人的真相。"

（二）历史\现实的关系

萨义德说："我不认为作者机械地为意识形态、阶级或经济历史所决定，但是我相信，作者肯定处于他们社会的历史之中，也被这种历史和社会经验所塑造。"[3] 李碧华的小说可以说是"乱世书写"，她小说的主角多是乱世中的小市民、历史大事的旁观者，表现了当时港人无力改变历史的无奈。

李碧华的小说中常有"文革"叙述，如《霸王别姬》、《青蛇》、《潘金莲的前世今生》等。她并未经历过"文革"，也没有在"文革"期间来过中国内地，她的"文革"叙述是一种对历史的想象。《潘金莲的前世今生》中的"文革"是戏剧的开端，"社会主义革命的身体的神话——高大而纯洁——在

---

[1] 参见赵稀方：《后殖民理论》，第152—153页，北京大学出版社，2009。
[2] 赵稀方：《后殖民理论》，第144页，北京大学出版社，2009。
[3] 赵稀方：《后殖民理论》，第66页，北京大学出版社，2009。

李碧华的小说里，通过喜儿/黄世仁，舞蹈员/干部院长，潘金莲/张大户的种种重叠的身体和身份……被拆解得支离破碎。"① 《青蛇》中的"文革"则是传奇故事的尾声。

"文革"在李碧华小说中是暴力、血腥的，是口号、广播、红卫兵、绿军装等意象的组合，李碧华的"文革"叙述多是夸张的、表面的，她并不致力于挖掘"文革"对人的心灵、灵魂的影响，种种描写的目的均是让人因厌恶而否定"文革"。为什么李碧华作为一个没有经历过"文革"的人会如此厌恶"文革"呢？其实有其历史原因：

一九六七年，由于中国内地的政治形势改变——当时中国正处于"文化大革命"时期，也引起了香港的大暴动。"据香港官方的统计数字，这次暴动历时四个月，造成五十一人死亡，八百多人受伤，五千多人被拘捕。"② "十几年过去了……你观察香港人的心态，不可不注意'文革'投下的影子。那阴影实在是太浓、太重、太长了。"③

二、分裂的印记

在李碧华的小说中，我们不难发现浓厚的光怪陆离的现代气息。这种特征，表现在文章的表面层次，涉及物质生活领域的方方面面，是殖民文化在生活领域留下的印记。

以香港为背景的小说为例：小明星朱莉莉（《秦俑》）搽口红，打德律风（telephone），连武汝大都会拽几句英文："哎，今天好 HAPPY（幸福）呀。"

若仅仅看这些浮光掠影的片段，我们是无法了解殖民经验在港人精神领域留下的印记的。重要的不是小说里展现的城市景观，而是作者写作时的思维模式。因此，我们需要分析作品的更深层次。

（一）港人的内地想象——惧怕与鄙夷

对于香港来说，内地是一个"他者"，而它对他者的态度，可以反过来参

---

① 王宏志、李小良、陈清侨：《否想香港：历史·文化·未来》，第218页，台北麦田出版股份有限公司、城邦文化事业股份有限公司发行，1997。
② 王宏志：《历史的偶然——从香港看中国现代文学史》，第5—7页，香港，牛津大学出版社，1997。
③ 理由：《香港心态录》，第67—69页，作家出版社，1987。

与完成其对自我的想象和定位。朱耀伟认为:"混杂香港文化常被视为被殖民的单纯受害者,本身的排他政治和暴力并未有受到足够注意。"香港并非仅仅处于殖民压迫的夹击中,反倒是利用自己的位置在全球资本主义格局中谋利。①

霍米·巴巴说:"所谓想象就是这样一种转化过程,在主体形成时期的镜像阶段……通过一种同时疏离进而潜在对抗的图像寻找或认识自己……它们合一为自恋性和侵略性的图像的基础。"② 对于香港来说,在与英国的关系中它是被侵略的对象,而与内地的关系则更为复杂。一方面,它在内地的凝视下,是母亲丢失的"孩子",是传奇的"象征"③,另一方面,它也通过反凝视寻找和认识自己的历史、位置,它的身份徘徊于"自恋"和"侵略"之间。

"惧怕"首先表现在对"文革"和"九七大限"的态度上,第一部分已分析,此处不赘述。无论如何,李碧华对内地历史和回归的恐惧,其实亦受制于多年来殖民教育的"政治潜意识"④。

> 连香水,也唤作"鸦片"。真真正正的"衣锦还乡"!他们是住在惠州汤泉附近的四星级酒店……这贫瘠贪婪的土地上,四星级的酒店。单玉莲嗟叹一下……(《潘金莲的前世今生》)

单玉莲的身份由内地人转变为香港人,物质丰富的香港反过来凝视大陆,她称家乡为"贫瘠贪婪"的土地,而作为"手情"的香水,被唤作"鸦片",从中可以很明显地看出香港将英国人加诸己身的"殖民欲望"反过来加于内地之上。李碧华小说中种种"侵略"和"自恋"的迹象和传统东方学家书写东方的基本规则竟然十分相似:萨义德曾将其要旨概括为:一、理性、发展、人道、高级的西方和反常、不发达、低级的东方之存在着绝对和系统的差别;二、对于东方的概括,立足于古代东方文明总比立足于现代东方现实要更好;……四、东方实际上或者是令人惧怕的或者是受人控制的。⑤ 香港是"书

---

① 赵稀方:《后殖民理论》,第251页,北京大学出版社,2009。
② 赵稀方:《后殖民理论》,第104页,北京大学出版社,2009。
③ 王安忆:《"香港"是一个象征》,《乘火车旅行》,中国华侨出版社,1995。
④ "我们对过去的了解总是要受制于某些深层的历史归类系统的符码和主题,受制于历史想象力和政治潜意识。"张京媛编:《新历史主义与文学批评》,第21页,北京大学出版社,1993。
⑤ 赵稀方:《后殖民理论》,第49页,北京大学出版社,2009。

写"，而内地是"被书写"。香港的发展、高级与不发达、低级的东方有等级上的差别，香港对待古代和现代内地的态度是分裂的，现实内地令人恐惧、厌恶。

香港对内地的既恐惧又鄙夷的态度，有其经济原因，亦有社会原因。"在一九七八至一九八〇年这短短三年内，一共有四十万大陆移民来到香港。"[①] 他们被统称为"新移民"。"他们大量定居香港之际，正是本地人对自身的将来越来越发担心之时。……本地一般工人都因而感到生计备受威胁，怨说新移民把他们的饭碗砸碎。……新移民被贬低的形象成为在香港土生土长的居民划分'我们香港人'和'他们大陆人'的基准。"[②]

《霸王别姬》中段小楼最后流落到香港，他隔壁的小胖子总是叫他"上海佬"。

"我不是上海佬，"小楼用半咸淡的广东话强调："我讲过很多遍，我是北京来的！"

高速变化的香港社会里，他坚持的地域差异对于香港人来说不名一文，重要的不是他的来处，而是能够证明他移民身份的"绿印"：

楼下还有警察抽查身份证。刚查看完一个飞型青年，便把他唤住："阿伯，身份证。"小楼赶忙掏出来，恭敬珍重地递上。他指点着："阿sir，我是绿印的！"

一九八二年开始，香港政府为遏止偷渡热潮，实施"即捕即解"法令。小楼的"绿印"，令他与别不同，胸有成竹。

香港在此反凝视中原，将自己隔绝于"中国"之外，北京人/上海人的差别不值一哂，香港人/内地人的界定才是重点。

（二）对过去的向往与怀念

李碧华的小说中有两个主角，一个是"过去"，一个是"现在"。从《白蛇传》里白蛇勇盗仙草，为爱受困，到《青蛇》中的爱欲游戏；从《霸王别

[①] 藤井省三《小说为何与如何让人"记忆"香港》，陈国球编：《文学香港与李碧华》，第89页，台北市麦田出版、城邦文化发行，2000。
[②] 藤井省三《小说为何与如何让人"记忆"香港》，陈国球编：《文学香港与李碧华》，第92页，台北市麦田出版、城邦文化发行，2000。

姬》里虞姬的决绝追随、以身赴死，到程蝶衣和段小楼在"文革"中互相揭发、反目成仇……过去代表爱情、理想、灵魂、成功、美，现在代表物质、色欲、绝望、现实、失败和丑。忠诚、真爱早已埋葬在历史里，美好的过去成为作者与读者想象、期待的共同体。

李碧华还热爱精细地描写古典器物、梨园旧事。《潘金莲的前世今生》里Simon的家令人想起了张爱玲《沉香屑·第一炉香》中的描写：

> 进了SIMON现代化包装的大宅……他的家，是十分时髦的"复古"装修……只见一地都是杂乱的古画：工笔仕女图，还有设计图样……他不理她。径自打开一个百子柜……取出十粒海马多鞭丸——那是中国秘药，不过货只在日本买得到。（《潘金莲的前世今生》）

> 里面是立体的西式建筑，但是也有几件雅俗共赏的中国摆设，炉台上陈列着翡翠鼻烟壶和象牙观音像，沙发前围着斑竹小屏风，可是这一点东方色彩的存在，显然是看在外国朋友们的面上。英国人老远来看看中国，不能不给点中国给他们瞧瞧。但是这里的中国，是西方人心目中的中国，荒诞，精巧，滑稽。（《沉香屑·第一炉香》）

两段描写有很明显的区别。李碧华是以一个香港人的眼光来书写，并未察觉眼前的情景有何不妥，可以看出她对眼前事物的迷恋和沉醉。她笔下的中国器物还带有明显地情欲意味，所谓的"中国秘药"是一种西方"他者"话语，似乎那些奇技淫巧代表的"过去"和"中国"都是她赏玩的对象。张爱玲则是站在一个旁观者的角度挑剔香港，讽刺其中西混杂的突兀、迎合"他者"眼光的摆设，对其后殖民特征有较清醒的认识。

> "好！中国戏好听！……"蝶衣不解地等他说完，才自翻译口中得知他刚才如宣判的口吻，原来是赞赏。是异国的知音，抑或举座敌人偶一的慈悲？（《霸王别姬》）

此处李对"殖民文化"的态度又显得清醒，艺术亦有国界，殖民者施于被殖民地文化的"他者"眼光是纡尊降贵的"偶一慈悲"，殖民者对待我方文化的态度就算是欣赏，也只是将其当做一个"小玩意"。

1. 迷恋与贩卖古典

李碧华之所以热衷于描写中国古典的精致器物、梨园旧事，其实是受到香港殖民地教育和商业社会猎奇心理的双重影响：

（1）香港殖民地教育的影响

罗伯特·扬吸取霍米·巴巴的灵感，认为殖民欲望不完全是简单的侵略或占领，而是一种"嫁接"和"杂交"。① 他指出："情况常常如此，殖民主义力量，如英国，并不消灭或破坏一种文化，而宁愿试图将殖民主义的超级结构移植过来，以便间接统治的方便，强加一种新的帝国文化。"②

如前文所述，港督金文泰在省港大罢工后开始提倡传统中国文化，③ 所谓的中国传统文化，范围是很狭窄的，据侣伦回忆其孩提时期（20世纪20年代）接受教育的情况："这些人在教育上提倡'尊师重道'和攻读四书五经以保存'国粹'……"直到1935年许地山应聘来港，担任中文系教授，才将读经为主流的情况改过来。④

对中国现代文学和现代历史的漠视，一方面出于殖民他者的轻视，一方面是政治上的原因。港英政府非常严厉地管制香港利用教育作政治宣传，因此，中小学的教育课程全部不采用中、台出品的教科书，防止港人爱国意识过于强烈。⑤

因此，对于在20世纪五六十年代接受教育，20世纪70年代开始工作的李碧华来说，她从小接受的教育既有中国古典文化又有西方的现代知识，两者的并存对于她来说是很自然的事情，一面写单玉莲在香港光怪陆离的生活，一面就飘荡到了遥远的宋城，一面是冬儿和蒙天放含蓄而热烈的爱情，一面是朱莉莉和白云飞的逢场作戏，两种风格截然相反的写法在她笔下可以自由地切换，这或许就是移民教育"开明、平衡而国际化的世界观"在港人身上的体现。

---

① hybridity，指在话语实践上殖民者与被殖民者你中有我、我中有你的状态。赵稀方：《后殖民理论》，第108页，北京大学出版社，2009。
② 赵稀方：《后殖民理论》，北京大学出版社，第135页，2009。
③ 王宏志：《历史的偶然——从香港看中国现代文学史》，第10页，香港，牛津大学出版社，1997。
④ 王宏志：《历史的偶然——从香港看中国现代文学史》，第11页，香港，牛津大学出版社，1997。
⑤ 王宏志：《历史的偶然——从香港看中国现代文学史》，第15页，香港，牛津大学出版社，1997。

法侬认为：殖民者还致力于破坏殖民地本土文化工作，在这种情形下，殖民地文化有两种反应，一种是西化，一种是民族主义……本土民族文化的兴起是殖民主义文化导致的对立面。民族文化在殖民反抗中具有积极的作用，但这其间其实还有很多东西需作具体辨析。①

香港的官方语言和教育都是英语，中文处于弱势，"如果说中国古典文化在大陆象征着封建保守势力，那么它在香港却是抗拒殖民文化教化的母土文化的象征。"② 李碧华并非完全"他者"化，她对古典的写作与西方人对中国古典的描写并不相同，证明宗主国用殖民地本身的传统来对抗来自同一源流的传统，是不可能成功的：

"殖民文学所探讨和表现的，是一种处于文明边缘的世界"，"它并不探讨种族他者，只是肯定自己的，种族中心假想；它并不实际描述'文明'的外在限制，只是简单地符码化和保存自己的精神结构"。③ 热爱中国文化的毛姆观察中国时亦是以一种"他者"的眼光，《彩色的面纱》中，他曾如此描写一位满族女子："她乜乜的黑色大眼睛闪闪发光，像光洁的玉石，看起来她与其说像一位女性，倒不如说像一尊瓷像。"④ 穿着传统服饰的妇女扮演的只是一尊"瓷像"，China 等于一切具有异域风情的人、事、物。这事实上是一种用"他者"眼光固定中国形象的殖民心态。李碧华的古典描写虽然亦受到"他者"的影响（如器物的选取等，见前文），但更多的是古典文化的内化，如《诱僧》中对佛理和历史的思考，便是西方他者无法想象的。

（2）商业的猎奇心理

> 终于一个"HK一九九七"的车牌，被一位姓吴的先生投得……而他暂时还没有车。忽见镁光一闪，原来有外国人在拍照。他们一定很奇怪，这些香港人，莫名其妙，只是几个数目字，便在那里各出高价来争夺？（《胭脂扣》）

"一九九七"在不同的社会阶层有不同的意义。在学术界，它引起身份认同的问题，如"夹缝论"、"第三空间"等。对于李碧华来说，她善于将自己

---

① 赵稀方：《后殖民理论》，第33—34页，北京大学出版社，2009。
② 赵稀方：《小说香港》，第7页，三联书店，2003。
③ 赵稀方：《后殖民理论》，第214页，北京大学出版社，2009。
④ 毛姆著，刘宪之译：《彩色的面纱》，第153—154页，北京十月文艺出版社，1988。

融入、隐身于香港高度商业化的社会中，并且参与制造商业社会的"浅薄"，"在这看来仿佛危机的关口上如寄生虫一般吸取其养分"。① 在知识分子那儿的"身份危机感"到升斗小民这儿只不过是可以打赌、炒作、贩卖、竞价的一个数字符号、一个商业卖点。李碧华还用三八七七来对应一九九七，"'1997？这是什么暗号？关不关我们三八七七的事？'"（《胭脂扣》）李碧华通过叙述暗示一九九七不过是另一个"call机号码"，她自己乐于"媚俗"，却能够从缠缠绵绵的情爱故事中跳脱出来，清醒地对商品社会"无所不包，无所不卖"的本质进行嘲讽。

古典元素自然也是商业社会里吸引眼球的噱头，《青蛇》的封底写着："一个勾引的故事：素贞勾引小青、素贞勾引许仙、小青勾引许仙、小青勾引法海、许仙勾引小青、法海勾引许仙……宋代传奇的荒唐真相。"她并无意让小说承担太多严肃主题，不求"叫好"，只求"叫座"。就算是明显看得出承担着身份/民族书写命题的作品，如《满洲国妖艳——川岛芳子》，"仍抵不过'一个妖艳的'男装丽人'，与她生命中八个男人的传奇'这样引人入胜的卖点。"②

2. 怀旧与猎艳

> 厕所门关上了……二人进去良久，声沉影寂。我忍不住，想去敲门，或刺探一下。回头一想，男子汉，不应偷偷摸摸，所以强行装出大方之状，心中疑惑绞成一团一团。
>
> "你不要知道吗？好吧，告诉你，她让我看她的内衣。我从未见过女人肯用那种劳什子胸围，五花大绑一般，说是30年代，简直是清朝遗物！"说完我俩笑起来……
>
> ——（《胭脂扣》）

袁永定在此处的表现十分猥琐、色情。阿楚作为娱乐版的资深记者，亦有与他志同道合的窥私欲，"现在"像一个色情狂一样窥视"过去"，媒介则是女人的内衣。袁永定说"我没有习惯揭人阴私，也不大好管闲事"，可他贫乏无趣的人生无法抗拒香艳的故事。

心理学上恋物症是异常性偏好的一种，恋物症的患者会对特殊的服饰或

---

① 毛姆著，刘宪之译：《彩色的面纱》，第129页，北京十月文艺出版社，1988。
② 陈国球编：《文学香港与李碧华》，第154页，台北市麦田出版、城邦文化发行，2000。

是女性身上没有直接关系的部位产生性兴奋，如皮衣、高跟鞋、内衣，或是身体的某一部位。[1]

如花为袁永定用手疗伤消肿。袁永定对她的手念念不忘，浮想联翩："如花的手，就像一块真丝，于我那肿疼不堪的伤处，来回摩挲，然后，我便好多了。"如花的香味引起了永定的性幻想：

> 无端的，闻到花露水的香味，漫天漫地的温馨，今生今世的眷顾。我载浮载沉……清晨乍醒，我有无限歉疚。那是一个过分荒唐的绮梦！我的床单，淋漓一片。我不是不自疚，但我无力干涉我的性幻想。（《胭脂扣》）

李碧华在小说中精心打造的旧事物与旧时空，竟是用来满足主角的性幻想，"过去"就像"现在"做的一个春梦。高辛勇分析聊斋志异认为：女鬼和狐狸精都是男人的性欲化身[2]。如花代表的正是性欲本身。或许我们可以得到一个等式：如花＝性欲＝过去。《胭脂扣》中的历史意义常通过物质社会来表现——旧报纸、鼻烟壶、胭脂扣等等，都顺应着怀旧恋物的潮流，"历史"是可以把玩、欣赏的。"如花诚然是'香港历史'的象征，然而在作者与读者的共同凝视下，更成了被物化的景观，众人欲望的焦点。"[3]

《诱僧》中石彦生初见青绶夫人，便觉得她极像死去的红萼，因此由一阵香风、一条红纱在夜半大殿内发了一场春梦。方丈对他说：

> "因爱才恐惧，因恐惧才有心魔。"……"中国历史上用得最多的一个，是'杀'字。你要顿悟，不也得把'旧我'杀死吗？"（《诱僧》）

石彦生对"过去"又爱又恐惧，所以梦到和红萼未完成的那场激情，要重新开始新生，就要斩断与过去的联系，不破不立。或许亦是李碧华对香港文化前途的思考。就像袁永定的那句"请你放过我"，过去承载了太多的欲望，与其让过去继续吸取自己的"精血"，不如挥剑断情。

---

[1] 姜长青、杨宇飞编著：《变态心理学》，第193页，原子能出版社，2007。
[2] 危令敦：《不记来时路》，陈国球编：《文学香港与李碧华》，第174页，台北市麦田出版、城邦文化发行，2000。
[3] 陈国球编：《文学香港与李碧华》，第134页，台北市麦田出版、城邦文化发行，2000。

（三）边缘 置换/质疑 中心

李碧华的小说中，历史与现实、香港与内地构成了部分重合的边缘\中心的关系。她常将历史插入现实的叙述中，以之暗喻香港与内地复杂的权力交涉，香港是重写宿世命运、重写人间历史的地点，也是重写传统（故事、论述）的场域。① 小说以轮回转世的环回叙述运动，扣于香港的特定所在，从边缘质疑了中心的等级和权力机制。② 青蛇和白蛇在和许仙、法海的对抗中处于边缘，而青蛇在和白蛇的争风吃醋中亦是边缘，她的存在是一个"双重边缘"，她与所有主要角色都构成了引诱和拒斥的关系。李碧华说："我觉得青蛇和白蛇是同时看上许仙的，应该让她有个权力和机会去表达。"③ 可见其有意让"边缘"发声。

进一步分析边缘与中心的关系之前，我想先从讨论小说中男、女性之间的关系开始。

李小良曾说："李碧华书写的主体是女性，但在这些女人身上展现的女性主体性却常成疑问。……女性的特性、女性对自身的自觉是通过她的异性爱性欲（heterosexuality）来界定的。……她们是依附于他者而存在的。"④ 她还说过："李碧华以女作家的本位，明显经常以女性作为她的书写主体，但她的女性人物却反讽地未见得富于女性主体性，没见得有冲击和颠覆既有的男性中心和男女两性的二元性别意识，反而时常显得巩固现存的父权机制。"⑤

表面上，李小良的叙述是正确的。以《川岛芳子》为例，川岛芳子自以为自己能够利用不同的男性达到自己的目的，实际上无论是她的生父、养父，还是宇野，不过当她是"小玩具"。她没有反抗男性的民族国家叙事，而是比男性更投入、野心更大："东北只是一个开始，整个中国，将有一天重归我大清朝手中。"最后，她在狱中留下绝笔："有家不得归"，似乎毕生就为了寻求

---

① 王宏志、李小良、陈清侨：《否想香港：历史·文化·未来》，第219页，台北麦田出版股份有限公司、城邦文化事业股份有限公司发行，1997。
② 同上。
③ 张曦娜访问《个体户李碧华》，新加坡《联合早报·早报周刊》，1992年11月22日第五版。
④ 王宏志、李小良、陈清侨：《否想香港：历史·文化·未来》，第214页，台北麦田出版股份有限公司、城邦文化事业股份有限公司发行，1997。
⑤ 王宏志、李小良、陈清侨：《否想香港：历史·文化·未来》，第213页，台北麦田出版股份有限公司、城邦文化事业股份有限公司发行，1997。

祖国（父权）的承认。

后殖民理论家斯皮瓦克却说：指出女性主义的边缘位置，并不意味着我们要去为自己赢得中心地位，而是表明在所有的解释中这种边缘的不可化约性，不是颠倒，而是置换边缘和中心的差别。① 霍米·巴巴亦认为："显示边缘性并不是为了争取文化优越性——无论是西方的东方的或者追求'边缘'自身的乌托邦，它的意义在于以特有的边缘空间打断西方现代性的秩序。"②

川岛芳子确实"有家归不得"，她的"家"是"满洲国"，她的身份是不可化约为中国人\日本人的，无论将她看作女性还是中性，还是认为她的存在巩固了父权制，都不能忽视她作为满族人的一生。这或许就是边缘性的体现。她的存在表达了想逃避主导中心的破坏和边缘化力量的不可能性，无论她如何挣扎，都无法逃离男性主导的世界。受到性侵害抑或获得社会成功都无法压制川岛芳子内在的破坏力量，她说："我没有父母，也没有亲人，孑然一身，不打算当人家的女人。——即使是死，也死在自己手上！"一直到日本即将战败，她还希望能够东山再起，为中日和谈穿针引线，"要开最后一朵花"，因为"两个都是祖国"。她游离于中日之间，无法摆脱自己的边缘性，却坚决地不允许自己被忽略、被遗忘。

从《川岛芳子》的故事中可以很明显地看出川岛与香港身份的暗合，"两方的拉拢，中间最空虚"，中日、中英；满族人\香港人的一一对应，形象地展现了香港意识形成时期的困惑、挣扎。

边缘不会取代中心，就像如花一定要回阴间去，但中心的内涵，却在前世今生的轮回中，悄然改变了。朱莉莉究竟是冬儿，还是靖子呢？三生三世的书写，并未完成缔造身份的过程，故事，还将继续展开。

《诱僧》中石彦生被一起战斗的同伴背叛，被李世民派人追杀，双方都不接纳他，他作为"棋子"的飘忽和脆弱、被利用和被遗弃都让人想到香港的飘零身世。被同伴背叛后，他终于明白："历史都不是真相。谁的力量大，谁的事迹就辉煌。"假如李世民和李建成的处境对调，他们也会奉命追杀叛党，毫不手软。在此，边缘并非要对中心发起冲击，只是再次确认了两者权力的边界。有趣的是，小说的最后说：

---

① 赵稀方：《后殖民理论》，第71页，北京大学出版社，2009。
② 赵稀方：《后殖民理论》，第111页，北京大学出版社，2009。

>权位、生死、爱恨、名利……那么壮大，时间却消磨它。
>　　后来，传说有人见过这样的一个和尚。远处有一匹快马在等他。接待故人似的。他跨上马背，融入迷濛的天涯海角。自唐朝，走向未知的年代。
>
>　　　　　　　　　　　　　　　　　　　　　　　　（《诱僧》）

辉煌的功绩最终也会暗淡，何为中心、何为边缘，其实都不重要。石彦生的存在一直没有被李世民派来的人抹除，他的存在就是价值。而他的地位是未知的，边缘转化的趋势有无限的可能性。

结论：对重构香港身份意识的思考

　　如前文所说，香港意识其实处于霍米·巴巴所说的"第三空间"中，是一个未完成的概念。同时，西化和传统站在两端，无论从哪一方面来论述香港的文化身份，都是不完整的。民族文化发生巨大变化后，传统的意义也随之改变。法侬曾说："本土文化致力于回到民族的过去，而与外国文化相对立，这种逻辑过于简单。""民族文化所强调的'民族性'其实往往已经是一种惰性的、被抛弃了的东西。"[①] 港人无法直接用已知的"民族的过去"和"民族性"来对抗殖民书写和内地的国族叙事，这也与香港多年的资本主义发展相脱节。所以在19世纪70、80年代，李碧华和香港当时的各界人士一起致力于寻找一条属于本土文化的道路，而"重构塘西风月"就是这一尝试的代表。

　　《胭脂扣》中袁永定为了帮如花寻找线索，到图书馆借了《香港百年史》，才发现原来香港的历史与香港娼妓史一样长。

　　他从如花那儿知道了大寨的"阶级观念"，还学会了叫老举的例行手续，古代妓女"大方、细致、言行检点、衣饰艳而不淫"更衬出阿楚的粗鲁，"阿楚没有的，她全有了"。古代爱情的缠绵倒映着现代爱情的苍白："我们都不懂得爱情。有时，世人且以为这是一种'风俗'。"李碧华精心描绘了一个远离现代规则的世界，让现代社会压抑下的爱欲痴情在那个空间尽情放纵，以古讽今，她希望引发的情绪就像阿楚在电影《胭脂扣》中声泪俱下的独白：

---

① 赵稀方：《后殖民理论》，第33页，北京大学出版社，2009。

"我嫉妒如花，我佩服她，她敢做的事，我这辈子也不敢做，连想都没想过。"通过如花对当年种种建筑、风俗、服饰、流行文化的叙述以及袁永定和阿楚的想象，那个时代的风貌从小小的石塘咀逐渐扩大，被"重现"在"现代"眼前。"过去"在民间被省觉了。李碧华从众多的行业中偏偏选择了娼妓这一"低角度"来审查香港过去的历史，是有意地与殖民史学和民族主义史学相对抗。

然而，又如之前论述所说，"过去"不过是一个可供把玩的对象，众人欲望的焦点，其真实性是值得质疑的。

《胭脂扣》里那个古董店老板把旧报纸卖给袁永定要三百元一张，他说："这报早已绝版，你知啦，有历史价值的旧东西，可能是无价宝。"这里的文化逻辑是："现在"是一文不名的，但是"过去"必须要到了"现在"，才能显出价值。[①] 李碧华的叙述就显出隐含的焦虑，因为如花在故事的最后遗弃了她和现在、过去的唯一联系——胭脂扣，过去的价值遗失了。如花只能留七天，多一天就要付出代价："生死有命，我这样一上来，来生便要减寿"，我们可以推测这个故事潜在的涵义是："过去"对于"现在"是有价值的，甚至是"现在"判断自身价值的标准，但它却无法真正参与"现在"价值的建构，因为这个"过去"终究要消失。

如花和十二少令人感到"我们都不懂得爱情"的完美爱情的真相却是一方失信，一方谋杀，永定和阿楚的爱情尽管"与浪漫无关，绝不轰轰烈烈"，但重要的是"中间不牵涉到谋杀"。文末永定将如花的胭脂扣扔到马路上，难道不是对"过去"的拒绝？"过去"和"现在""以相互之间的质疑和否定共同造成了意义的'悬置'"。[②] 所以，"记忆中海市蜃楼般的塘西世界和现实中苍白荒凉的香港城都不是她（李碧华）心目中真正的香港"，这两个香港都只是作者心中的镜像，是理想的现实和扭曲的现实。"所谓的'香港意识'从来都不可能是完成时态的东西，而只能以未来时态，甚至虚拟的时态来保证它的存在可能性。"[③]

[①] 毛尖：《香港时态》，陈国球编：《文学香港与李碧华》，第206页，台北市麦田出版、城邦文化发行，2000。

[②] 毛尖：《香港时态》，陈国球编：《文学香港与李碧华》，第200页，台北市麦田出版、城邦文化发行，2000。

[③] 毛尖：《香港时态》，陈国球编：《文学香港与李碧华》，第202页，台北市麦田出版、城邦文化发行，2000。

李碧华将"历史"作为卖点，而《胭脂扣》的重点也不在于构建一个完整的、细节清晰的"过去"，"而在铺陈一种怀旧的姿态"①。如花对袁永定所说的种种细节只是真正"过去"的冰山一角，甚至可能经过了艺术加工。"塘西风月"不过是李碧华等身处"浮城"的港人因寻根而编史，创造出的自慰式的乌托邦幻想。她"要传达的并且要与她的读者分享的，是一种怅然若失、缅怀与赏玩的交杂情绪"②。这种意义建构与19世纪英语世界的"家园"小说有惊人的相似性，都是"成年人旨在抚平（或许是无意识的）'童年记忆中的家园'与'当下的家园'之间的距离的诸多尝试之结果"。③这种对待家园的感伤行为，"完全是因一种拒绝的态度所致——拒绝细致地审视'家园真的是什么'"，以免其魅力会被揭示为"人为化"的设计，与过去的断裂会暴露无遗。④方丈对石彦生说过："因爱才恐惧，因恐惧才有心魔。"重构"塘西风月"正是出于对断裂的历史的恐惧，那样纵情恣意的历史就像一个完美的艺术品，因完美而显得不够真实。

　　赵稀方曾说："文化传统是开放和发展的，既没有一个可以追溯的源头，也没有一个固定不变的本质。一味向前追溯传统，只能像剥葱一样，到头来一无所有。"⑤周蕾亦说："香港最独特的，正是一种处于夹缝的特性，以及对不纯粹的根源或根源本身不纯粹性质的一种自觉。"⑥或许，香港要自我建构身份，书写自己的历史，亦要不断地重组和瓦解它，不必过于强调自己的本源，"这种看似的缺乏正反映了这个城市过去的殖民地遗迹、现在的不肯定以及开发的未来。"⑦香港意识或许因残缺而显得丰富，如一个开放的命题，其中蕴含的种种，依然需要我们继续关注和探寻。

（指导教师：刘　震副教授）

---

① 陈丽芬：《普及文化与历史想象》，陈国球编：《文学香港与李碧华》，第135页，台北市麦田出版、城邦文化发行，2000。
② 陈丽芬：《普及文化与历史想象》，陈国球编：《文学香港与李碧华》，第135页，台北市麦田出版、城邦文化发行，2000。
③ 费小平：《家园政治：后殖民小说与文化研究》，第36页，北京大学出版社，2010。
④ 刘文荣：《19世纪英国小说史》，第43页，中国社会科学出版社，2002。
⑤ 赵稀方：《后殖民理论》，第224页，北京大学出版社，2009。
⑥ 周蕾：《写在家国之外》，香港，牛津大学出版社，1995。
⑦ 周蕾：《写在家国之外》，香港，牛津大学出版社，1995。

附：写作感言

从收到交稿通知到此时，一个月的时光已过去了，从未想过自己这么青涩的一篇论文也能与其他同学一起结集发表。为此，我十分感谢中央民族大学汉语言文学专业的各位老师。

去年开始写开题报告时，前往图书馆的路上总要途经铺满银杏叶的小道，最后一稿交付前，北京正是春寒渐褪、春花烂漫时。而此时，厦门的绵绵秋雨刚要将人送入冬季，我也已经离开了中文专业的学习，进入另一个专业领域。

虽说本科四年，我学到的，远远无法仅通过这么一篇文章展现出来，可是，最后毕业论文的写作，依然可以视作这几年学习中文的一份答卷。从黄鸣老师的古代文论、到冷霜老师的现代诗，从蓝旭老师的杜甫导读，到允锋老师的古代文学史等，虽然于此文并无直接关联，他们精彩的讲述不仅潜移默化了我对文本的解读，也延展了我看世界的角度。

这篇论文前后写了五个月。一开始只想写关于李碧华小说和电影的对比，因为我注意到李碧华在书中和电影中都运用了很多历史元素。后来，在跟刘震老师的讨论中，我觉得李碧华小说中的香港意识是一个很有趣的话题，阅读了一些资料和文献后，定下了这个题目。另外，因为我对后殖民理论很感兴趣，希望能够借助它来表达对李碧华小说的理解，因此副标题便将理论框架定下来。我认真地阅读了能够收集到的所有论文，发现除女性主义、后殖民主义以外，已有的论文中几乎没有运用后殖民理论分析李碧华小说中的香港意识的，因此我想在一个更广阔的层面将两者联系起来，并做细致的文本分析，以使论述不像空中楼阁。

论文的写作中，非常感谢我的导师刘震副教授的无私帮助，从选题方向、开题报告，到开始写作、完稿，他很耐心地引导我进行更深入明晰的思考，也对具体的写作细节、内容结构提出了很多修改意见和建议。论文的写作中我一度对自己的结构划分十分困惑，也对自己的笔力能否将这样一个比较复杂的问题阐释清楚信心不足，好在经过三次大的调整和修改后，这些问题都得到了解决。最后的答辩中也很感谢黄鸣老师提出的建议，他认为港人对古典文化的态度可以追溯到近代的岭南文化。感谢北大的赵稀方教授写的两部关于后殖民理论和香港小说的介绍，在阅读更多的文献之前，他列出的书单提供了很好的方向。感谢学校的图书馆和国家图书馆，如果不是它们丰富的馆藏，我会错过很多已有的有价值的资料。这篇论文最后呈现出来的，是我努力表达出的一部分内容，虽然舍弃了很多想法，已算实现了自己在开题时设立的目标。如果我能够进行更广泛的阅读和更深入的思考，比如外国文献的阅读，或许能写得更细致和完备一点，力有未逮，十分遗憾。

《马氏文通》"之"字研究

李文成[①]

前　言

《马氏文通》上承传统训诂之学，下启现代语法学说，是中国第一部真正的语法学著作，它的出版标志着汉语语法体系的正式建立，在我国语言学史上具有重要的价值和举足轻重的地位。

《马氏文通》对于"之"字的研究，除去介字"之"的分析较为系统，其他结论散见于书中"绪论"、"代字"、"名代之次"、"静字"、"动字"、"状字"、"助字、叹字"以及"句读"等章。

"之"字在语法作用方面一直比较复杂，古今学者对此也争议颇多。早在元代卢以纬所著的《助语辞》中就对"之"字的语法结构进行了分析："之，指也。'大成之殿'，指此殿为大成殿也。"[②] 这里的"之"可释为"这个"，即大成这座殿，为指示代词。清刘淇《助字辨略》、王引之《经传释词》中也对"之"字有所提及，但都以释义为主，少有语法作用的分析，不及《马氏文通》具有系统性。

前人对《马氏文通》"之"字词类与"之"字所构成的特殊结构有诸多探讨，对马氏所提出的一些观点，例如"之"字参于偏正之间调节节奏、舒缓语气，止词置于句首后以"之"字复指等理论也有了较为统一的认识，目前的分歧主要存在于"之"的词类划分与"之"字在宾语前置结构、"主＋之＋谓"结构中的语法作用等方面。

本文将"之"字作为研究《马氏文通》的一个切入点，主要分析马氏在面对语法作用较为复杂的单字时如何进行语法归类及其归类依据的优劣，从

[①] 作者是中央民族大学文学与新闻传播学院汉语言文学专业2012届毕业生，现就职于天津。
[②] 卢以纬、王克仲：《助语辞集注》，第11页，中华书局，1988。

而推及整套马氏语法体系，以期达到管中窥豹的目的。

在《马氏文通》中，"之"字被归为三种词类，即"动字"、"代字"及"介字"。其中，"动字"与"代字"属于实字，"介字"属于虚字。此外，"状字"章中还涉及了"之"字的另外一种用法，但马氏并未对这种用法给予归类和论述。本文将对"之"字的几种用法及例句分别加以归纳整理，并在此基础上对马氏相关的语法分类依据进行深入分析。

一、"之"作"动字"

"动字篇"中对"之"字的论述较少，主要是【5.4.3】一处："大抵'之''适''如'三字解'往'也，其后记所到之地，未见有介字为介者。"即"之"、"适"、"如"三字作"动字"都是"往"的意思，它们之后的宾语是所到之地，而动宾之间不需要以"介字"联系。"之"小篆作业，"动字"是它的本义："从止从一，一为出发线通象，止为足，有行走意，自出发线而行走，故其意为往也。"① 其后所选例句主要有以下两种结构：

（一）N + 之 + N

此种结构较为简单，"之"字大多作谓语，与前后两名词构成简单的主谓宾结构。作宾语的成分多为地点，如：

[465]《论语·阳货》："子之武城。"【5.4.3】②
[469]《孟子·公孙丑下》："孟子之平陆。"【5.4.3】
[470]《孟子·滕文公上》："然友之邹。"【5.4.3】

（二）V + 之 + N

[478]《史记·叔孙通列传》："乃亡去之薛。"【5.4.3】

这个句子的结构是"$V_1 + V_2 + 之 + Np$"，"之"处于连动结构的最后一个动词位置，用在两个动词"亡"、"去"之后，后面直接加地点宾语"薛"。这一句式中，V_1、V_2动作性要强于"之"，"之"在表示连续动作的同时又多了

---

① 转引自汤可敬：《说文解字今释》，第829页，岳麓书社，2002年新1版。
② 本文所引《马氏文通》例句及其编号均出自吕叔湘、王海棻：《马氏文通读本》，上海教育出版社，1986。后简称《读本》，在所引之句后加所引章节号。

引介地点宾语的意味。因此，这种句式中的"之"表现出动词向介词转化的趋向。《马氏文通》中类似的例子还有：

[482]《史记·项羽本纪》："项伯乃夜驰之沛公军。"【5.4.3】

[484]《史记·黥布列传》："乃率其曹偶亡之江中。"【5.4.3】

这两句中，"之"亦位于连动结构中的末尾，分别引出宾语"沛公军"与"江中"，句子的动作重点落在前一个动词上。这种句式为"之"字虚化成为"介字"提供了条件。陈昌来在《介词与介引功能》中提到，"Np + Vp + Pp（P + Np）"结构是介词虚化的基本前提，他认为："虚化为介词的动词首先得能充当连动句的第一个动词，构成'Np + Vp$_1$ + Vp$_2$'（B式）格式，或者是充当连动句的第二个动词，构成'Np + Vp$_1$ + Vp$_2$'（A式）。"① 以上例句中，"之"字正是处于陈昌来所谓"A式"连动结构中，动作性明显不及连动结构中的第一个动词，弱化了动词意义，转而重于介引出到达的处所，朝"介字"方向虚化。

二、"之"作"代字"

关于"代字"，马氏的定义是："凡实字用以指名者，曰代字……故有'之''是''其''此'诸字以指前文，前文可不必重言，盖有所以代之矣，故曰'代字'。"【界说三】可以看出，马氏定义的"代字"词类主要有三个特点，即属于实字、代替名字以及为避重言。

马氏认为"之"字作"代字"主要分属于"指名代字"与"指示代字"两类，有以下四种类型：

（一）指名代字，单用作宾语

马氏在【界说三】中写道："其不在当前而其名称已称之于前者，以后可以'其''之''是''此'诸字指之，以免重复。"即马氏所谓"指名代字"，代指出现过的名词。

[5]《孟子·梁惠王上》："王见之。"【界说三】"之"字代指上文"牛"。

---

① 陈昌来：《介词与介引功能》，第267页，安徽教育出版社，2002年第2版。

［1］《孟子·滕文公下》："是何伤哉？彼身织屦，妻辟纑，以易之也。"【2.1】"之"字指代上文中出现的"仲子所居之室"与"所食之粟"。

［2］《史记·滑稽列传》："马者，王之所爱也。以楚国堂堂之大，何求不得，而以大夫礼葬之？薄，请以人君礼葬之。"【2.1】"之"字代指前文"马"。

［6］《孟子·公孙丑下》："吾闻之，君子不以天下俭其亲。"【2.1.1】"之"字指代后文"君子不以天下俭其亲"一句。

（二）指名代字，居同次，重指

马氏道："又或句中止词先置句首，而于动字后以'之'字重指者，亦可附于同次之列。"【3.4.4】重指即复指。对于"同次"，马氏的定义为："凡名、代诸字所指同而先后并置者，则先者曰前次，后者曰同次。同次云者，犹言同乎前次者。同乎前次者，即所指者与前次所指为一也。"【3.4】所以"同次"并不等同于当今所说的同位语，而只是强调"同次"与前文出现的名词或代词（即前次）指代同一物。所以，"之"字的这种用法就是作复指代词，复指前文已出现过的名词或名词性短语。

［359］《左传·僖公二十八年》："险阻艰难，备尝之矣。"【3.4.4】"之"字复指"险阻艰难"。

［360］《左传·僖公二十八年》："汉阳诸姬，楚实尽之。"【3.4.4】"之"字复指"汉阳诸姬"。

［361］《论语·为政》："诗三百，一言以蔽之。"【3.4.4】"之"字复指"诗三百"。

［366］韩愈《重修滕王阁记》："其江山之好，登望之乐，虽老矣，如获从公游，尚能为公赋之。"【3.4.4】"尚能为公赋之"的"之"复指前次"江山之好"与"登望之乐"。

"之"字的这类用法与第一种"之"字单用作宾语类似，但此类用法是"止词先置"，即宾语提前，"之"字复指提前的宾语。而第一类情况则是"之"字直接用作宾语，其代指的名词或名词短语可能在"之"字的后面，可能做句子的主语，也可能不在此句中。

（三）指示代字，居偏次

马氏认为："'之'在偏次，有指示之意，与'此''是'诸字同义，则

为指示代字。"【2.2.5.4】

[128]《庄子·逍遥游》："之二虫，又何知?"【2.2.5.4】

[129]《庄子·知北游》："知以之言也问乎狂屈。"【2.2.5.4】

[130]《庄子·逍遥游》："之人也，之德也，将磅礴万物以为一世蕲乎乱"。【2.2.5.4】

此情况马氏仅举三例，这些例句中"之"释为"这"。"偏次"在【界说二十一】中被定义为："凡数名连用而意有偏正者，偏者居先，谓之偏次。"又在【界说十九】中解释："文中遇有数名连用而意有偏、正者，则先偏于正。"引例如下：

[62]《孟子·公孙丑章句下》："天时不如地利，地利不如人和。"

马氏道："'天时'两名字连用，虽似'天'字作主，而明其为'天'之'时'，正意恰在'时'，则'天'字意转偏，故先之。'地利''人和'亦此解也。"可见，马氏在判定"偏次"时注重的是"名字"所处的位置，在两字连用时，居前者为"偏次"，居后者为"正次"。以上所举"之"偏次例句中，指示代词"之"位于名词或数词之前，故而被马氏判定为"偏次"。

（四）V + 之 + N

在"代字""之"的用法中，马氏着重讨论了"为之N"结构，主要有以下三种情况：

1. "之"释为"其"，作偏次

[116]《史记·匈奴列传》："今天下大安，万民熙熙，朕与单于为之父母。"【2.2.5.3】

马氏道："'之'偏次，犹云'为其父母'也。"在这里，马氏认为"之"字作"他们的"解，即"我与单于做他们的父母"。类似的句子还有很多，如：

[115]《论语·公冶》："千室之邑，百乘之家，可使为之宰也。"【2.2.5.3】

[117]《史记·廉颇蔺相如列传》："且相如素贱人，吾羞不忍为之下。"【2.2.5.3】

[119]《战国策·赵策》："亡则二君为之次矣。"【2.2.5.3】

2. "之"为转词

[118] 《庄子·逍遥游》："覆杯水于坳堂之上，则芥为之舟。"【2.2.5.3】

马氏认为："犹云'则芥可为水之舟'也。设改作'则芥为舟焉'亦通。'焉'者代'于此'也，故'之'字应作转词。"马氏将"转词"定义为："止词之外，更有因以转及别端者，为其所转及者曰'转词'，转词例有介字以先焉。"【5.1】可以看出，"转词"似乎与"止词"类似，《读本》"导言"中道："转词与止词的混淆，主要是由于马氏简单模仿西方语法：'在拉丁语中，只有告言义动词可带两个受格宾语，而给予义的动词则只能带一个受格宾语、一个与格间接宾语（即马氏所说的转词）。'"① 设若"转词"为"与格间接宾语"，那么此句则类似现代"双宾语"结构的提法，"之"字作"为"字的间接宾语，其后的名词作"为"字的直接宾语。

3. "之"为司词

[127] 韩愈《原道》："寒然后为之衣，饥然后为之食。"【2.2.5.3】

马氏对司词的界定为："凡名、代诸字为介字所司者，曰司词。"【界说二十二】即现在所说的介词宾语。此例句中，"为之衣"、"为之食"是"介词+宾语+动词"的形式，意思是"给他做衣服"、"给他准备食物"。

以上三个例句句式相近，但马氏对这三句话的分析却不尽相同。例句[127]后马氏认为："其后连用'为之衣''为之食''为之宫室''为之工'诸句，诸'之'字皆不可以偏次例之。"就是说"为之衣"、"为之食"不可以用"'之'作偏次"来解释。所谓作"偏次"，是指名词前的指代修饰成分，而所谓"司词"则是介词宾语。即前一种结构为偏正结构，而后一种则为介宾结构。

此外，马氏还给了如下例句两种解释：

[114]《论语·先进》："吾不徒行以为之椁。"【2.2.5.3】

马氏在[115]《论语·公冶长》："千室之邑，百乘之家，可使为之宰也。"后解释道："'之椁''之宰'两'之'字，可作'其'字解。"即"之"为偏次，修饰中心语"宰"，"吾不徒行以为之椁"一句中"之椁"亦可解"之"为"偏次"。

---

① 吕叔湘、王海棻：《马氏文通读本》，第19页，上海教育出版社，1986。

又在［118］《庄子·逍遥游》："覆杯水于坳堂之上，则芥为之舟。"后写道："前引'吾不徒行以为之椁'句，'之'亦转词也。"这里将"为"视作"动字"，"之"则视为"转词"，即将其看作双宾语的结构。这说明了马氏分析这句话的语法构成时在认识上摇摆不定。

与"为之N"结构类似，马氏在分析除"为"字外的"V+之+N"结构时，将"之"字释为"其"时居多：

［123］《左传·昭公五年》："国家之败，失之道也，则祸乱与。"【2.2.5.3】

［124］韩愈《畅师序》："人固有儒名而墨行者，问其名则是，校其行则非，可以与之游乎？如有墨名而儒行者，问之名则非，校其行则是，可以与之游乎？"【2.2.5.3】

［125］《左传·昭公十六年》："斩之蓬蒿藜藿而共处之。"【2.2.5.3】

"失之道也"中"之"字释为"其"，居"偏次"，犹"失其道也"。"问之名"与"校其行"的结构相对应，故"之"释为"其"。第［125］句"斩之蓬蒿藜藿"就是"斩蓬蒿藜藿"的意思，"之"在这里词义有所虚化，不应属"偏次"类。

或释为"转词"：

［30］《孟子·滕文公上》："文公与之处"。【5.1.2】"之"作间接宾语，"处"作直接宾语。

［31］《孟子·滕文公下》："汤使遗之牛羊。"【5.1.2】"之"为间接宾语，"牛羊"是直接宾语。

［40］《史记·滑稽列传》："置酒后宫，召髡赐之酒。"【5.1.2】"之"作间接宾语，"酒"作直接宾语，构成双宾语结构。

这三条例句中的动词"与"、"遗"、"赐"与表一般动作的动词不同，均有给予义，其后所带两个宾语，间接宾语是人，直接宾语是物。

以上列举两类例句，虽都是"V+之+N"的结构，却有两种结构分析，分属于不同的句式。前者"之"释为"其"，居偏次，为偏正结构；后者"之"释为"转词"，作间接宾语，为双宾语结构。究其原因，主要是由于前者的动词为普通动词，后者的动词则大都是带有给予义的形式动词。

三、"之"作"介字"

马氏对"介字"的定义为,"凡虚字用以连实字相关之义者,曰介字。"【7.0】马氏认为,"('之'字)训为介字,则不为义,故曰虚字。"【7.1】由此可见,马氏"介字"亦有三个特点:首先,"介字"属于"不为义"的虚字;其次,它的语法功能为用"意"连接;再次,"介字"连接的是两个"实字"。

古汉语中"之"字亦有虚字用法,并且符合马氏"用意连实字相关之义"的"介字"定义,因此马氏将其归入这一类。"介字""之"是马氏对于"之"字用法概括最系统、最完整的一个部分,作为"介字"的"之"被马氏归纳了四种用法,分别为"介于两名字之间者","介于静字、名字之间者","介于代字、名字之间者"以及"介于名字、动字之间者"。① 而前三者在今天看来皆可归为"偏次+之+正次"的情况,马氏认为,"偏次"与"正次"间是否参"之"主要受到字数的奇偶和强调节律的影响,马氏详细分析了字数奇偶与"之"字参否间的关系。简单地说,"正次"与"偏次"参"之"字主要是为了使词组"四之"。例如【3.2.2】节中道:"若在句中,偏、正两奇而与动字、介字相连者,概参'之'字以四之。""又或偏次字偶而正次字奇,与偏次字奇而正次字偶者,概参'之'字以四之。"【9.1.1.2】节中道:"至静字前往往益以'之'字者,所以四之也。"所谓"四之",有凑足四个音节的意思。具体分类如下:

(一)名字+之+名字

通常情况下,前一个名字作偏次,后一个名字作正次,且大多组成四字词组。例如:

[18]《孟子·尽心下》:"城门之轨,两马之力与?"【界说七】
[63]《论语·学而》:"道千乘之国。"【界说十九】
[68]《汉书·霍光传》:"君行周公之事。"【界说二十一】
[20]《庄子·秋水》:"且吾尝闻少仲尼之闻而轻伯夷之义者。"【3.2.1】

---

① 参见《马氏文通读本》,第414—427页。

[65]《孟子·公孙丑上》:"夫仁,天之尊爵也,人之安宅也。"【3.2.1】

例句中,"城门之轨"、"千乘之国"、"周公之事"、"仲尼之闻"、"伯夷之义"、"天之尊爵"、"人之安宅"均构成了四字词组,以便于口诵。

(二) 静字+之+名字

同样,"静字"与"名字"间是否参"之"字亦主要取决于"静字"与"名字"的字数。在"静字篇"中,有"对待静字,如附单字之名,率参'之'字;附于双字之名,概无参焉。"【4.2.1】即是对这种结构的说明。例如:

[12]《庄子·胠箧》:"惴耎之虫,肖翘之物,莫不失其性。"【4.2.1】

[13]《史记·始皇本纪》:"东割膏腴之地,收要害之郡。"【4.2.1】

[14]《史记·淮阴侯列传》:"今将军欲举倦罢之兵,顿之燕坚城之下。"【4.2.1】

[15]《战国策·齐策》:"今君有区区之薛。"【4.2.1】

[1]《左传·昭公六年》:"犹求圣哲之上,明察之官,忠信之长,慈惠之师,民于是乎可任使也而不生祸乱。"【7.1.2】

"惴耎之虫"、"肖翘之物"、"膏腴之地"、"要害之郡"、"倦罢之兵"、"区区之薛"、"圣哲之上"、"明察之官"、"忠信之长"、"慈惠之师"都是四字偏正词组。

(三) 代字+之+名字

此处"代字"主要是指"指示代字",如"斯"、"此"、"彼"等字。

[4]《史记·秦楚之际月表序》:"自生民以来,未始有受命若斯之亟也。"【7.1.3】

[5]《史记·秦楚之际月表序》:"以德若彼,用力如此,盖一统若斯之难也。"【7.1.3】

[6]《史记·伯夷列传》:"示天下重器,王者大统,传天下若斯之难也。"【7.1.3】

[7]《汉书·匈奴传》:"故未服之时,劳师远攻,倾国殚货,伏尸流血,破坚拔敌,如彼之难也。既服之后,慰荐抚循,交接赂遗,威仪俯仰,如此之备也。"【7.1.3】

"若斯之亟"、"若斯之难"、"如彼之难"、"如此之备"均是四字词组，马氏认为"若斯"、"如彼"、"如此"是"指示代字"。实则"若"、"如"为"像"的意思，"斯"、"彼"、"此"等字才是"指示代字"，当"这样"或"那样"讲，但像这样的四字词组的确是一个状语中心语结构的偏正结构。

（四）数词+之+数词

"之"字用在数词之间，即分数中"之"字参否的问题，散见于各章节。体现在：

【2.5.3】"后乎名、代诸字而为其分子者，则常在正次，盖分子正次，分母偏次，乃约分之例也。凡约指代字在宾次者，必先所宾焉。"

【3.2.2】"凡言约分，母数偏次，子数正次。若母、子皆名者，概参'之'字。母为名字而子为静字，或为代字，与母子皆非名者，'之'字加否，无常例也。"

【4.3.3】"约数：即子母差分之数。母子皆数，先母后子，'之'字参否无常。母数之后，往往缀一名字为别者。"

【7.1.2】"数目静字之为分数者，或母为名而子为数者……又或母子俱为数者（参'之'字）。"

综上，马氏认为在分数结构中，"之"字参否无常，但若参"之"字，则"之"前的数词为分母，"之"后的数词为分子。如：

［225］《后汉书·律历志》："以日周除月周，得一岁周天之数，以日一周减之，余十二十九分之七。"【4.3.3】

［228］韩愈《送廖道士序》："郴之为州，在岭之上，测其高下，得三之二焉。"【4.3.3】

［3］《左传·文公十八年》："于舜大功二十之一也。"【7.1.2】

［225］句"十九"是分母，"七"为分子；［228］句"三"是分母，"二"是分子，"三之二"即"三分之二"之意。

有时做分母的数词后会缀"名字"以别类属，如：

［146］《汉书·律历志》："一月之日二十九日八十一分日之四十三。"【3.2.2】

［220］《左传·隐公元年》："先王之制，大都不过叄国之一，中五之一，小九之一。今京不度，非制也，君将不堪。"【4.3.3】

[222]《后汉书·律历志》:"冬至日在斗二十一度四分度之一。"【4.3.3】

[230]《史记·淮南王传》:"方今大王之兵众,不能十分吴楚之一,天下安宁,有万倍于吴楚之时。"【4.3.3】

对于第[146]句,马氏解释道:"犹云'月行白道一周,合当二十九日又一日八十一分中之四十三分,即谓一日分为八十一分,而白道一周合当二十九整日,又日之四十三分'也。'四十三分'者,数名也,今为子,'日'为母,中间'之'字以别之。"[220]句中"三国之一",即"国都的三分之一","国"标明类属;"四分度之一"中的"分度"标明单位。

(四) 名字、动字之间

"名字"与"动字"的关系比较复杂,马氏介绍了三种情况:

1. 散动字+之+名字

这种结构与以上所述两名之间、静名之间、代名之间的关系相似,亦属于偏正结构。例如:

[1292]《孟子·公孙丑下》:"故将大有为之君,必有所不召之臣。"【5.14.3】

[1295]《史记·匈奴列传》:"诸引弓之民,并为一家。"【5.14.3】

[1300]韩愈《与柳中丞书》:"良用自爱,以副见慕之徒之心。"【5.14.3】

[13]《汉书·贾谊传》:"及太子既冠成人,免于保傅之严,则有记过之史,彻膳之宰,进善之旌,诽谤之木,敢谏之鼓。"【7.1.4.1】

[14]《汉书·赵后传》:"乃反覆校省,内暴露私燕,诬汙先帝倾惑之过,成结宠妾妒媚之诛,甚失贤圣远见之明,逆负先帝忧国之意。"【7.1.4.1】

马氏道:"一句一读之内有二三动字连书者,其首先者乃记起词之行,名之曰坐动;其后动字所以承坐动之行者,谓之散动。散动云者,以其行非直承自起词也。"【5.13.1】例句中,"不召之臣"处于宾语位置,"不召"为散动,修饰"臣","诽谤"、"敢谏"亦属此类。"引弓"、"保傅"、"记过"、"彻膳"、"进善"之类,是动宾的结构。可见,"散动"大致指在句中出现的、除谓语外的其他动词以及动词短语。

2. 起词+之+坐动

马氏道:"一句一读之内有二三动字连书者,其首先者乃记起词之行,名之曰坐动。"【5.13.1】可见,"坐动"是与"起词"联系最直接的动词,大致可相当于现在的谓语。因此,这个结构即"主语+之+谓语"结构。

主谓之间参"之"字的结构,马氏在《马氏文通》中分三部分进行了阐述:【7.1.4.2】节最为详尽:"凡读于起词、坐动之间,间以'之'字,一若缓其辞气者然。又凡读为起词,为止词,皆可间以'之'字。读无起词而欲间以'之'字者,必有字以先其坐动,所以为'之'字可间之地也。读有'所'字先乎坐动者,如间'之'字,则不先坐动而先'所'字焉。要之,读无'之'字者其常,而有'之'字者,必读也,非句也。"如:

[17]《孟子·离娄上》:"民之归仁也,犹水之就下,兽之走圹也。"

[18]《史记·平原君列传》:"夫贤士之处世也,譬若锥之处囊中,其末立见。"

[53]《庄子·秋水》:"五帝之所连,三王之所争,仁人之所忧,任士之所劳,尽此矣。"

[54]《孟子·离娄下》:"吾将瞰良人之所也。"

[57]《孟子·告子上》:"赵孟之所贵,赵孟能贱之。"

例句[17],马氏解释道:"三读三'之'字各以参于起词、坐动之间,凡所为比者与所以比者皆读也,而集成为句。"即此句中三个"之"皆处于主语、动词之间,被比的与比作的虽具备完整主谓结构,但均属于"读",二者集合而成一句。[18]句亦类此。[53]句四个"之"字参于主谓之间,构成并列结构的四个分句,作句子的主语。[54]、[57]两句"之"字后为所字短语的结构,相当于一个名词,故不应算作"起词+之+坐动"结构中。

【9.2.1】"读之为起词也,有助以'也'字者。"

[224]《孟子·滕文公上》:"且天之生物也,使之一本;而夷子二本故也。"

[225]《孟子·告子下》:"鲁之削也滋甚。"

[226]《孟子·滕文公上》:"民之为道也,有恒产者有恒心,无恒产者无恒心。"

此节主要是说主谓结构构成的"读"在做主语时,会有"也"字结煞的情况,这样会使主语部分产生较强的停顿感,有强调主语的作用。

【10.6.1.2】"起、语两词之间参以'之'字也……故参以'之'字者,乃所以为读之记也。"即主谓间所参的"之"字作用是成为"读"的标记。如:

[395]《孟子·公孙丑上》:"北宫黝之养勇也,不肤挠,不目逃。"

[396]《孟子·尽心上》:"流水之为物也,不盈科不行;君子之志于道也,不成章不达。"

[397]《孟子·梁惠王上》:"故民之从之也轻。"

[398]《孟子·梁惠王下》:"吾之不遇鲁侯,天也。"

以上例句中的"主+之+谓"结构均作句子主语。

综上可知,马氏认为"之"字置于主谓之间,为"读"的标记,使主谓结构不能成句,有时还以"也"字助之。

3. 止词+之+动字

此结构即宾语前置的句式。"古汉语的宾语前置问题是《马氏文通》作者马建忠最早、最全面、最系统地提出来的。"①《马氏文通》对于宾语前置句式的分析非常详尽,他将这种结构大致归为两类,即"前有弗辞"与"前有疑辞"。马氏认为"如动字或有弗辞,或为疑辞者,率间'之'字。"【10.3.4】其所举例句主要有以下四类②:

(1) 宾语+之+否定词+动词

即马氏所说"动字或有弗辞"的情况。如:

[72]《论语·里仁》:"古者言之不出,耻躬之不逮也。"

[89]《左传·僖公十五年》:"君亡之不恤,而群臣是忧,惠之至也。"

[93]《论语·述而》:"德之不修,学之不讲,闻义不能徙,不善不能改,是吾忧也。"

[100]韩愈《守戒》:"贲育之不戒,童子之不抗,鲁鸡之不期,越鸡之不支。"

[101]《左传·僖公七年》:"郑将覆亡之不暇,岂敢不惧?"

马氏在[101]句后说:"'覆亡'动字也,以承'不暇'者。今倒置焉,

---

① 胡继潇:《〈马氏文通〉宾语前置与"动之名"结构》,《山西广播电视大学学报》,1999(3)。

② 以下例句均出自《马氏文通读本》第七章"介字篇"【7.1.4.3】节,句前括号中数字为此句在书中例句的序号。

犹云'郑将不暇于覆亡'也。"马氏认为"覆亡"是"不暇"的宾语，按照马氏的解释，若云"郑将不暇于覆亡"，则"不暇于覆亡"中"于覆亡"介宾短语作补语，和动宾结构不同。

（2）否定词+名词+之+动词

这种句式较第一种句式数量少一些，如：

［88］《左传·宣公十二年》："非子之求而蒲之爱，董泽之蒲，可胜既乎？"

［90］《左传·桓公十三年》："大夫其非众之谓，其谓君抚小民以信，训诸司以德，而威莫敖以刑也。"

［102］《左传·襄公二十四年》："侨闻君子长国家者，非无贿之患，而无令名之难。"

［104］《论语·先进》："非夫人之为恸而谁为？"

第［102］句即"非患无贿而难无令名"，"无贿"与"无令名"分别作动词"患"和"难"的宾语，释为"并不是担忧没有钱财，而是难于博得美名"。［104］句可看作"非为夫人恸而为谁"，"之"复指提前的宾语"夫人"，即"不为那个人悲恸还能为谁悲恸呢！"

（3）疑问副词+宾语+之+动词

即马氏所谓"或为疑辞"的情况。如：

［84］《左传·庄公三十二年》："虢多凉德，其何土之能得？"

［91］《左传·隐公元年》："姜氏何厌之有？"

［92］《论语·子张》："夫子焉不学，而亦何常师之有？"

［94］《史记·虞卿列传》："赵且亡，何秦之图乎？"

（4）唯/惟+宾语+之/+动词/动词性短语

马氏还列举了"唯……之……"的特殊宾语前置句式。如：

［77］《论语·为政》："父母唯其疾之忧。"

［78］《孟子·告子上》："惟奕秋之为听。"

［79］《庄子·达生》："虽天地之大，万物之多，而唯蜩翼之知。"

［80］韩愈《原道》："唯怪之欲闻。"

"其疾"、"奕秋"、"蜩翼"、"怪"都是名词或名词性短语，"之"字复指提前的宾语。［77］句即"父母唯忧其疾"，［78］句即"唯听奕秋"。

除此以外，马氏还收录了一些无弗辞亦无疑辞的句子，这些句子有的是

"宾语+之+动词"结构，如：

[74]《论语·阳货》："古者民有三疾，今也或是之亡也。"

[87]《左传·昭公三十一年》："寡君其罪之恐，敢与知鲁国之难?"

[97] 韩愈《许国公神道碑》："天子曰：'大臣不可以暑行，其秋之待！'"

[99] 韩愈《五箴》："余乎，君子之弃而小人之归乎！"

有的是"宾语+之+介词+动词"的形式，如：

[106]《国语·越语》："昔吾先君，固周室之不成子也，故滨于东海之陂，鼋龟鱼鳖之与处，而蛙黾之与同渚。"

[107] 韩愈《上宰相书》："今所以恶衣食，穷体肤，麋鹿之与处，猿狖之与居，固自以其身不能与时从顺俯仰，故甘心自绝而不悔焉。"

通过以上例句可见，宾语前置句式下前置的宾语大多是名词、代词，也有少部分的动词、形容词，带宾语的词则以动词为主。它们的共同特点是通过改变语序，将句中宾语提前，来强调宾语。

四、"之"字其他用法

"助字、叹字"一章中，有"惟动字合状字为顿，如'居顷''为闲'之类不概见。静字合状字，如'良久'等亦罕见。习见者，状字合于'之'字与'者'字也。"《马氏文通》"状字"一章末尾，也提到了"单字状字+之"的结构，这里所谓"单字状字"多由时间词、方位词充当，【6.4.9】一节中列有七条例句：

[412]《史记·张释之列传》："久之，文帝称善。"

[413]《史记·张释之列传》："顷之，太子与梁王共车入朝。"

[414]《史记·曹相国世家》："间之，欲有所言。"

[415]《汉书·司马迁传》："所以自惟，上之不能纳忠效信，有奇策材力之誉，自结明主；次之又不能拾遗补阙，招贤进能，显岩穴之士；外之不能备行伍，攻城野战，有斩将搴旗之功；下之不能累日积劳，取尊官厚禄，以为宗族交游光宠。四者无一逐，苟合取容，无所短长之效，可见于此矣。"

［416］韩愈《进撰平淮西碑文表》："今词学之英，所在麻列，儒宗文师，磊落相望。外之则宰相公卿郎官博士，内之则翰林禁密游谈侍从之臣，不可一二遽数，召而使之，无有不可。"

［417］《战国策·齐策》云："无齐，虽隆薛之城到于天，犹之无益也。"

［418］《论语·尧曰》："犹之与人也。"

以上例句中，前三例"久之"、"顷之"、"间之"均为"时间词+之"的结构，在句首作状语表示时间长短，即马氏所谓"记时者"，这种结构在句中构成了较大停顿。第［415］中"上之"、"外之"、"下之"与［416］例中"外之"、"内之"是"方位词+之"的形式，处于句首表示动作发生的方向。马氏认为这类短语的作用为"历数地位"，就是将句中名物的种类或动作的作用范围依次遍举。［415］句中的"次之"是"数词+之"的结构，位于分句句首，作用为排序计数。最后两例句中的"犹之"是"程度副词+之"的结构，亦位于句首，表示程度。

从例句中可以看出，这种"单字状字+之"的结构均位于句子或分句的句首，且在诵读时，会产生或长或短的停顿。其表示的意义为结构中"单字状字"的意义，"之"字则只起到表示停顿的"结煞"作用。

关于这种结构中的"之"，马氏的论述很少，但这种用法显然与马氏"连实字相关之义"的"介字"定义相悖，此类例句中，"之"字无实义，通常与时间词、方位词组成词组处于句首。其作用主要是补足音节，以达到结煞的目的。这种语法作用比较符合马氏"助字"的定义："凡虚字用以结煞实字与句读者，曰助字。"【9.0】因此，这种用法应被归为"助字"。

结语：从"之"的归类看马氏语法观念

《马氏文通》作为承上启下的一部语法学著作，集前人文法著作之大成。杨树达曾在《词诠》序例中评价："文法之学，筚路蓝缕于刘淇，王氏继之，大备于丹徒马氏。"① 马建忠对于"文法之学"的继承与发展主要体现在以下几个方面：

---

① 杨树达：《词诠》，第5页，中华书局，1978年第2版。

(一) 实字虚字体系

"虚字"的概念在许多训诂学著作中都提到过,元代卢以纬所著《助语辞》是我国目前所能见到的最早论述文言虚词的专著,它"开创了汇解虚词的先例"[①]。其后又有袁仁林《虚字说》、刘淇《助字辨略》、王引之《经传释词》等解释古书中虚字的著作。

对于"虚字"的概念,诸家解释都比较模糊,且界定范围也并不完全一致,有些学者甚至将词汇意义较为抽象的动词都划作虚字的范畴。袁仁林在《虚字说》中道:"虚字者,语言衬贴,所谓语辞也。在六书分虚实,又分虚实之半,皆从事物有无动静处辨之。若其仅属口吻,了无意义可说,此乃虚之虚者,故俗以虚字目之。盖说时为口吻,成文为语辞,论字为虚字:一也。"[②] 可见,袁仁林所谓"六书分虚实,又分虚实之半"中的"虚"可能便包括了一些词汇意义较为抽象的词,而后一句中"仅属口吻"、"了无意义"的"虚之虚者",大致与当今所说助词、叹词相当。清代刘淇的《助字辨略》中对虚字的定义更为模糊:"构文之道,不过实字虚字两端。实字其体骨,而虚字其性情也。"[③] 大致就是指"虚字"有系连实字起承转合、表现句子语气的作用。观其分类:"题曰助字辨略,其类凡三十:曰重言,曰省文,曰助语,曰断辞,曰疑辞,曰咏叹辞,曰急辞,曰缓辞,曰发语辞,曰语已辞,曰设辞,曰别异之辞,曰继事之辞,曰或然之辞,曰原起之辞,曰终竟之辞,曰顿挫之辞,曰承上,曰转下,曰语辞,曰通用,曰专辞,曰仅辞,曰叹辞,曰几辞,曰极辞,曰总括之辞,曰方言,曰倒文,曰实字虚用。"可以看出其所囊括范围之广,远远超出了当今语法学中定义的虚字范畴。相较之下,王引之在《经传释词》中的定义则要精确得多:"经典之文,字各有义,而字之为语词者,则无义之可言,但以足句耳。"[④] 即将"虚字"定义为"发句""助句"之词。

马氏立足汉语本身的特点,在《马氏文通》中沿用了这种虚字与实字对举的分类方法。但他也看到了"实字"、"虚字"定义模糊的状况,"正名"

---

① 卢以纬、王克仲:《助语辞集注》,第2页,中华书局,1988。
② 袁仁林:《虚字说》,第11页,中华书局,1989。
③ 刘淇:《助字辨略》,第1页,商务印书馆,1937年初版。
④ 王引之:《经传释词》,第247页,岳麓书社,1985。

章中道:"先儒书内,更有以动字名为虚字,以与实字对待者……读王怀祖、段茂堂诸书,虚、实诸字,先后错用,自无定例,读者无所适从。"有鉴于此,马氏将"实字"与"虚字"定义作:"凡字有事理可解者,曰实字。无解而惟以助实字之情态者,曰虚字。"这样就对实字、虚字两个术语给予了明确的语法界定。

按照马氏的分类,上述"之"的类别中,"之"作"动字"时释为"往",作"代字"时代指"前词"或释为"这",具有实在的词汇意义,故而马氏将"动字"、"代字"归为"实字";"之"字作"介字"时"不为义",是"言之间也",只起联结的语法作用,因此马氏把"介字"归为"虚字"一类。

马氏对虚字、实字的进一步分析是他的一大创举。杨树达对此评价道:"马氏分别虚、实字,自较前人精密。"① 首先,马氏给予了"实字"与"虚字"一个明确的定义;其次,他还为"实词"与"虚词"做了下位分类。马氏道:"今以诸有解中实字,无解者为虚字,是为字法之大宗。其别,则实字有五,虚字有四,外此无字。故虚实两宗可包括一切字。"马氏将"名字"、"动字"、"静字"、"状字"、"代字"归为"实字",将"介字"、"连字"、"助字"、"叹字"归为"虚字"一类。这一开创性的说法不仅为后世所沿袭,还被西方学者认同,并引入其他语言的语法分析当中。

(二) 词类划分标准

《马氏文通》借鉴西方语法处较多,其体系与现今汉语语法体系有所区别,许多定义与当今学者定义的层次、立足点或有不同。当今的词类划分标准主要有三种:一是根据意义划分词类;二是根据形态划分词类;三是根据语法功能划分词类。

马氏划分词类主要依据的是词的意义。马氏道:"义不同而其类亦别焉。故字类者,亦类其义焉耳。"【界说十】即是说字类就是依照其词义进行归类。例如"名字"的定义是:"凡实字以名一切事物者,曰名字。"【界说二】在现代汉语研究早期有不少学者亦将"意义"作为词类最重要的划分标准,吕叔湘认为:"中国话里的词没有词形变化;划分词类主要地凭词的意义和词与

---

① 杨树达:《马氏文通刊误》,第1页,中华书局,1983。

词之间的关系。"① 王力在早期著作中也道:"词的分类,差不多完全只能凭着意义来分。"②

马氏还提出了"字无定类"的观点:"字无定义,故无定类。而欲知其类,当先知上下文义何如尔。"【界说十】即只有在语境中才能确定字的类别。后世黎锦熙认为,"国语的词类,在汉字的形体上无从区别,在词义的性质和复合的形态上虽然有主要的区别,还须看它在句中的位次,职务,才容易确认这一词属于何种词类。"③ 并提出"依句辨品,离句无品"的观点,与马氏"字无定类"之说有异曲同工之妙。

事实上,在具体操作过程中,马氏并没有完全按照"词义"来确定词类归属,例如,马氏在【7.0】节中道:"《文心雕龙章句》有云:'「之」「而」「于」「以」者,札句之旧体。''札句'也者,盖以为实字之介绍耳。"此处说"之"作"介字"是"实字之介绍",并未涉及"之"字的词汇意义,而是从它的语法功能方面因其"介绍实字"而被归于"介字"。这种语法功能的判断标准现今被认为是最主要的词类划分依据。朱德熙先生曾说:"通常说名词表示事物的名称,动词表示动作或行为,形容词表示事物的性质或状态。这样看起来,好像词类是根据词的意义划分出来的。实际上根据词的意义来划分词类是行不通的。"朱德熙认为,要划分词类"只能根据词的语法功能"④。

《马氏文通》大体奠定了现代汉语语法体系的结构,对后世语法学界产生了深远的影响。后人在进行语法分析时,也大多会借鉴西方的语法理论。很多学者虽对其词类划分等问题有争议,但所有的讨论仍是在马氏体系的基础上的增减删改。韩陈其在《语言研究集刊第七辑》中将《马氏文通》、《中等国文典》、《国文法草创》等十二部著作的词类制成表格加以对照⑤:

---

① 吕叔湘:《语法学习》,第 4 页,中国青年出版社,1953。
② 王力:《汉语语法纲要》,第 42 页,上海教育出版社,1982 年新 1 版。
③ 黎锦熙:《新著国语文法》,第 6 页,上海商务印书馆,1957 年初版。
④ 朱德熙:《语法讲义》,第 37 页,上海商务印书馆,1982。
⑤ 转引自刘永华:《〈马氏文通〉研究》,第 311 页,巴蜀书社,2008。

	作者	著作	年份	1	2	3	4	5	6	7	8	9	10	11	12
1	马建忠	马氏文通	1898	名字	代字	动字	静字	状字	介字	连字	助字	叹字			
2	章士钊	中等国文典	1907	名词	代名词	动词	形容词	副词	介词	连续词	助词	感叹词			
3	陈承泽	国文法草创	1922	名字	代名字	动字	象字	副字	介字	连字	助字	感字			
4	黎锦熙	国语文法	1924	名词	代名词	动词	形容词	副词	介词	连词	助词	叹词			
5	杨树达	高等国文法	1930	名词	代名词	动词	形容词	副词	介词	连词	助词	叹词			
6	王力	中国现代语法	1943	名词	代词	动词	单位名词	副词	助动词	联词	系词	语气词	数词		
7	张志公	汉语语法常识	1956	名词	指代词	动词	形容词	副词	介词	连词	助词	叹词	数量词	系词	助动词
8	丁声树	现代汉语法研究	1961	名词	代词	动词	形容词	副词	指示词	连词	语助词	象声词	数词	量词	
9	张志公	语法学习讲话	1980	名词	代词	动词	形容词	副词	介词	连词	助词	叹词	数量词		
10	张世禄	古代汉语	1978	名词	代词	动词	形容词	副词	数词	关系词	语气词				
11	吕叔湘	语法修辞讲话	1952	名词	代词	动词	形容词	副词	连接词	语气词	象声词	副名	副动	数词	
12	张志公等	中学课本《汉语》	1955	名词	代词	动词	形容词	副词	介词	连词	助词	叹词	数词	量词	

词类分类和术语比较表

通过表格可以看出，《马氏文通》以后的著作对词类的划分及命名基本依照马氏的词类体系而定。

（三）语用节律标准

"辞气"在传统语文学中就有提到，林松华认为："所谓辞气，应是文章的内容与作者的情感相统一，通过语言形式表现出来的一种抑扬顿挫、疾徐有致的气度和气韵。汉语的结构之法本质上是一种声气之法，即结构之繁简、语句之组织以声气的缓急为依托。"[①] 在《马氏文通》中，"辞气"的概念反复出现。例如"凡读于起词、坐动之间，间以'之'字，一若缓其辞气者使然。"【7.1.4.2】"又以意之轻重为'之'字之取舍者，《宣公三年·谷梁传》云：'春王正月，郊，牛之口伤。''之口'缓辞也，伤自牛作也。是则'之'字加否，即为辞缓急之别。"【7.1.1】可以看出马氏十分关注"虚字"对"辞气"的影响。

传统训诂学注重从语义、修辞角度对语法现象进行阐述，像袁仁林的《虚字说》就是一部十分讲求"虚字"修辞作用的著作，如其分析"之"字在《诗经·女曰鸡鸣》一篇中的用法时，写道："此等处犹如开口便用'其'

---

① 林松华：《〈马氏文通〉对中国语文研究传统的继承和发展》，《喀什师范学院学报》，2004(2)。

字文法一般，各人只道其意中情事，直起直落，全无芥蒂。"① 马氏继承了这种分析方法，在对"虚字"的语法结构进行辨析时，充分考虑了意义的不同所造成的影响。如【3.2.2】节中对例句"［95］《汉书·陆贾传》：'为社稷计，在两军掌握耳。'"的解释："至如'报天子军曲折''论述六艺传'等句，不间'之'字，语方遒劲。"马氏考虑到了语境的影响，认为"为社稷计"不间"之"字是语气遒劲的需要，这体现了马氏认识到由于语用差别可能会造成语法结构的差异。

此外，这里还提到"不曰'社稷之计''两军之掌握'者，大率偏、正次合并，上下文字已偶矣，如加'之'字，又复数奇。如'为社稷计''发人世庐''为饮食费''得秦图书''推春秋义'等语，皆四字矣，词意颇足，故不加'之'字。"即在这个例句中，因"为社稷计"等已经是四字，不需要再加"之"字凑足四字音节。这说明马氏还注重字数奇偶等音律方面的因素与"之"字参否的关联。这一点集中体现在讨论"偏次+之+正次"的结构时，马氏屡次提到"参'之'字以四之"的概念，即用加"之"字的办法来使短语凑足四个音节或凑足偶数音节。马氏在【3.2.2】节中道："偏正两次之间，'之'字参否无常。惟语欲其偶，便于口诵，故偏正两奇，合之为偶者，则不参'之'字。凡正次欲求醒目者，概参'之'字。"

冯胜利认为，汉语的单音质性是汉语出现骈偶的基础。他道："韵律词是由音步决定的。小于一个音步的单位不足以构成韵律词，要成为韵律词，就得再加上一个音节，否则在使用中就要受到这样或者那样的限制，亦即不自由。这就是古人所谓'偶语易安，奇字难适'的原因。"② 马氏提出"四之"等使音节偶化的节律标准，正是顺应了汉语的这一韵律特点。

（指导教师：韩　琳教授）

附：写作感言

毕业论文从选题、撰写开题报告到论文正式写成前后经历了一年多的时间，查阅了很多资料，也克服了许多困难，收获良多。

---

① 袁仁林：《虚字说》，第44页，中华书局，1989。
② 冯胜利：《汉语的韵律、词法与句法》，第134页，北京大学出版社，1997。

《马氏文通》在中国语法学史上的地位举足轻重。因其所处时代的局限性，自从成书之后其中许多观点就颇受争议，前人相关论述有很多。论文的前期准备主要是对《马氏文通》前后出现的一些语法著作以及有关《马氏文通》的各类评议文章进行大致梳理，做了一个还算详细的综述，开题报告也是多次修改。在反复修改推敲报告的同时，查阅了大量的资料，对这方面的知识也有了更深入的了解和更深刻的认识。在加深理解的过程中，我对即将要动笔的论文也就有了一些模糊的方向和想法。开题时与同学、老师进行了交流，几位老师都提出了十分中肯的意见，这些意见极具操作性。这为论文方向的把握、提纲的细化以及资料的丰富提供了很大的帮助。

　　论文选择以"之"字作切入点，先是搜集了《文通》中所列举的所有"之"字例句，然后对其进行归纳整理，以期能够对马氏语法观念窥探一二。在论文写作过程中韩老师反复向我灌输"以例句材料为本"的思想使我受益颇深。但是在整理马氏用例时还是感觉有些棘手：一是因为例句数量很多又比较分散，尤其有些例句出现不止一次，解释不止一种时，就需要更加细心加以辨别；二是因为不能很好地把握自己的立场，很多时候会站在现代汉语语法的角度分析例句，这种分析就会因立场的不一致而变得有些不伦不类。好在韩老师给予了我很大的帮助，一遍一遍不辞辛苦地帮我纠正修改那些不恰当的分析，与我进行深入交流，这才使我在后期的论文修改时稍稍有了些自觉。在论文修改完善过程中，同寝室的同学、同选这方面题目的同学也会一起探讨，他们的思路和建议也给了我很多启发。

　　由于成书的年代以及马建忠本人的原因，《文通》还借鉴了不少西方语法理论。因为自身能力所限，不能对此进行辨析，使得最后的总结缺失了很大一块，不免觉得有些遗憾。

　　完成这样一篇论文，成就感还是有的，毕竟这是四年学习成果的一个见证。当然论文本身并没有什么深远的意义，但是通过这次写作，掌握了搜集整理资料的方法，也学会了如何寻找合适的角度思考问题。最重要的是，在老师的谆谆教导和影响下形成了立足材料、脚踏实地的作风，严谨端正的求学态度，这将会伴随我以后的工作和生活。

现代汉语双宾兼语句研究

蓝淑华[①]

前 言

在现代汉语的语言实践中，兼语句有时表现得很复杂，有的甚至复杂得让我们对其句子结构的层次分析无从下手，给句子的结构分析带来新的问题。既然存在这些兼语式的复杂类型，那么就有必要对它们加以深入研究和探讨。

双宾兼语句是现代汉语兼语式复杂类型中的一种，指的是"给予类动词+双宾语+谓词或谓词性短语"这样一类独特的句式。目前，学术界对于这一句式的研究较少，且各家意见不一，在这一领域还有很大的探索空间。

本文试图在前人研究的基础上，对兼语式复杂类型中的双宾兼语句进行全面而深入的研究，探讨其性质、类型，并着重考察这种句子的语法、语义和语用特征，尝试建立一个比较全面的双宾兼语句描写和解释系统。

一、研究现状

（一）兼语式复杂类型研究现状

当前语言学界对于兼语式复杂类型的研究较少，通行的现代汉语教材、现代汉语语法研究著作大多没有提及这类复杂化的兼语类型，少数提及的教材或著作中也没有详细的研究，至今尚未形成一个完善的兼语式复杂类型系统的归纳。

北京大学中文系现代汉语教研室编著的《现代汉语》谈论复谓结构时论

---

① 作者为中央民族大学文学与新闻传播学院汉语言文学专业2012届毕业生，现为中央民族大学2012级汉语文字学专业硕士生。

及复杂复谓结构的两种情形,其中包括递系(兼语)结构里套递系结构、连谓结构与递系结构交错套叠两类兼语式的复杂类型,但书中没有对其进行详细深入的解释。

丁声树等人的《现代汉语语法讲话》提到两层兼语式套叠和兼语式与连动式套用的情况,但同样没有详细分析。

邢福义的《汉语语法三百问》第216问论及兼语式的复杂化情况,认为兼语式的复杂化主要有兼语多次连用和兼语连动交错两种情况,但只是用很短的篇幅举例说明这些复杂化情况的类型,在第217问中还简单论述了"兼语连动两解式"① 的形成情况。

黄伯荣、廖序东主编的旧版《现代汉语》简单提到"兼语句和连谓句有密切的关系,两种句式往往套用在一起。形成更加复杂的句式"②,但新增订版(2003)中却删去了此段内容,避而不谈。

当然,也有一些学者就兼语式复杂类型中的某一典型句式著文进行详尽的分析。经过归纳整理,学者们关注的兼语式复杂类型主要有以下几种:

1. $S + V_1 + N_1 + V_2 + N_2 + V_3$,③ N_1 与 N_2 都为兼语,如"我请求老师安排我坐第一排。"

邢福义《汉语语法三百问》认为这是兼语的多次连用,是"动宾—主谓"多次延伸的结果,句式中包含两个或几个兼语。④ 王聿恩《叠合型兼语句》认为这是"兼语句中叠合兼语句",是7类叠合型兼语句中的一种。

2. $S + V_1 + N + V_2$,N 为兼语,V_1 具有"带领"之意,S 既是 V_1 的施事,也是 V_2 的施事,如"她带着小朋友们回来了。"

学者们对这一典型复杂类型的研究较多,但对其归属问题,现在很多语法著作采取了回避的态度,有的虽有提及,说法也不尽相同:或归为"兼语结构",或称之为"兼语连动双解式"、"兼连式"、"连谓兼语重合式"、"连谓兼语融合句"、"连动兼语句",观点不一。

---

① 兼语连动两解式:句式里混合了两种语义关系,既可以解释为兼语也可以解释为连动的双解式句子,一般形成的条件是第一个动词具有"引陪"意义。
② 黄伯荣、廖序东:《现代汉语》,第145页,高等教育出版社,1991。
③ 为了方便表述,本文采取如下语法符号:S 为主语,V_1 为谓词性成分,N_1 和 N_2 是体词性成分,V_2/V_2P、V_3 是谓词或谓词性短语。
④ 邢福义:《汉语语法三百问》,第185页,商务印书馆,2002。

邢福义认为当兼语前头用"引陪"意义的动词的时候，有可能形成兼语连动双解式，即句式里混合了两种语义关系，既可以解释为兼语，也可以解释为连动。

韩仪峰根据该结构形式是"兼语"与"连动"两相套在一起的特点和第二动词的语意偏重"兼语"的实际，将其称为"兼连式"。

程希岚认为这个句子既是兼语式，又是连谓式，这就好像一个连谓式句一个兼语式句重合在一起，所以我们把它称为"连谓兼语重合式"，并从充当V_1的词语着眼对这一类型句式进行了详细的分析。

张勇将这种在一定联络意义的基础上既符合连谓短语的特点，又同时符合兼语短语的特点，连谓兼语融合短语充当谓语的单句叫做"连谓兼语融合句"，还总结了连谓兼语融合句的特点，并从意义上对其进行了分类。

黄公台认为这种既具有连动句式的特点，又具有兼语句式的特点的独特语法结构，实际上是连动句和兼语句的合用，并将其称为"连动兼语句"。

3. $S+V_1+N+V_2+V_3$，N是兼语，V_2 V_3为连谓，如"老师让我留下来写作业。"

邢福义在分析兼语的复杂化情况时，将这类先兼语后连动的句子分析为兼语连动交错中的一种情况。

程希岚在探讨兼语结构、连谓结构的复杂性时，认为这种兼语与连谓混合套用的句式是连谓式兼语式的混合体，将其称为"连谓兼语混合式"，并对其进行了详细的分析。但从这些分析中可以看出，其中一些类别最终分析出来的是兼语式，属于兼语式的复杂类型，但有一些却是连谓式。比如"快去请他们都进来"应该是连谓式。

王聿恩将这类兼语式与连谓式混合套用的情况归为"兼语句中叠合连动句"一类，不过值得注意的是，王聿恩将"她带着小朋友们回来了"这一类程希岚称为"连谓兼语重合式"的句式看成是"兼语句中叠合连动句"的特殊情况。

4. $S+V_1+N+V_2+V_3$，N为兼语，V_2 V_3为连谓，S既是V_1的施事，也是V_2 V_3的施事，如"老师带领我们登上山顶看日出。"

注意到这种复杂句式的学者很少，程希岚认为这是连谓兼语重合式套用在连谓兼语混合式里，是"连谓兼语混合式"与"连谓兼语重合式"的套用，并对这一复杂的句式进行了详细的分类分析。

5. $S+V_1+N_1+N_2+V_2/V_2P$，前四者为双宾语结构，V_2/V_2P的施事是N_2，而不是S，如"我给你一支笔用"。

（二）"$S+V_1+N_1+N_2+V_2/V_2P$"句式研究现状

双语兼语句即上文提及的"$S+V_1+N_1+N_2+V_2/V_2P$"这一双宾语结构加谓词或谓词性短语句式，是兼语式复杂类型中的一种，目前学术界对于双宾兼语句的研究还很薄弱，意见分歧很大，尚未达成共识。

赵元任《汉语口语语法》、周国光《谈现代汉语里的双兼语句》、邢福义《汉语语法三百问》、张健军《对一类特殊的双兼语句式的多角度分析》和周殿龙《几种特殊的兼语式》等将此类句式认定为"双兼语句"，认为句中的双宾语N_1和N_2都是兼语，即句子中有两个兼语。

龚千炎《由"V给"引起的兼语句及其变化》把这种句子叫兼语句，认为句中只有一个兼语。

司玉英《给予类动词带双宾语加谓词句式的句型归属和命名》认为，"双兼语句"混淆了句法结构中的显性语法关系和隐性语法关系，"兼语句"没有显示出这种句式与一般兼语句的区别，朱大南《一种特殊的句式——双宾兼语句》认为这类句子是双宾语句和兼语句的套合式，故这两位学者都将其定名为"双宾兼语句"，即双宾语句中带有一个兼语的句子。

而朱德熙《与动词"给"相关的句法问题》、任志萍《"把+N_1+V_1+给+N_2+V_2"句式语义句法分析》和叶南《Ns+［给+N_1+N_2+VP］句式浅析》则以动词"给"为中心对包含这一类句式的"给字句"进行详细分析，尚未涉及兼语式的提法。

可见，对于兼语式复杂类型之一的双宾兼语句，目前学术界的研究还不多，甚至对它的句型归属和命名还没有形成统一的认识，这一领域还有很大的探索空间。

二、双宾兼语句的界定

双宾兼语句是双宾语句后加谓词或谓词性短语的一种结构特殊的句子，它的基本结构是"$S+V_1+N_1+N_2+V_2/V_2P$"，S为主语，V_1是带双宾语的及物动词，N_1为间接宾语（近宾语），N_2为直接宾语（远宾语），它们都可能充当句子中的兼语成分，但在实际的语言运用中，N_1和N_2只有一个是兼语，V_2/V_2P是陈述兼语的谓词或谓词性短语。简言之，双宾兼语句就是双宾语句后接谓词或谓词性短语并且产生兼语成分的句子，是现代汉语中独具特色的一种句式。

（一）通过分析双宾语的述语V_1界定双宾兼语句

为了更准确地界定双宾兼语句，有必要对双宾语的述语V_1进行分析。现代汉语带双宾语的动词主要有三类："给予"类、"获取"类和"告示"类。

1."给予"类动词

"给予"类动词具有动作外向的特点，包括"给、送、赠"等表示"给予"意义的单纯词和"派给、发给、带给"等一个动词性语素与"给"构成的表示"给予"意义的合成词。

述语为"给予"类动词的双宾语句在现代汉语的语言运用中可以后接一个谓词或谓词性短语形成双宾兼语句，例如：

我给你一支笔用。

"我给你一支笔"是述语为"给予"类动词的双宾语句，后接一个谓词"用"形成双宾兼语句式"$S + V_1 + N_1 + N_2 + V_2/V_2P$"，其中S是主语"我"，$V_1$是"给予"类动词"给"，$N_1$"你"和$N_2$"一支笔"是"给"所带的双宾语，"用"即谓词$V_2$。这个句子是典型的双宾兼语句，兼语成分是"你"，兼作"给"的宾语和"用"的主语。

再如：

老师发给每人一个体温计测体温。

皇上赏给他一座宅子住。

以上都是"给予"类动词带双宾语后再接一个谓词或谓词性短语形成的双宾兼语句式，可见，述语为"给予"类动词的双宾语句基本都能通过这种方式形成双宾兼语句。

2."获取"类动词

"获取"类动词具有动作内向的特点，包括"买、收、拿"等。一般情况下，这类动词充当双宾语句的述语时需要加上补语"了"，且双宾语句的双宾语在语义上具有领属关系，如：

> 我拿了他一个李子。(李子是他的)
> 海军缴获了非法作业渔民一切工具。(工具是渔民的)

在现代汉语的语言实践中，由于语言交流遵循简练清晰的原则，这些句子很少会后接其他成分，而且即使后面加了谓词或谓词性短语，如："我拿了他一个李子吃。"也不是双宾兼语句，因为虽然在句式结构上这个句子与双宾兼语句相同，但由于"拿"这个动作的内倾性，谓词"吃"的主语是"我"，这个句子并不存在兼语，"吃"只是一个补语，故这个句子并非双宾兼语句。所以述语为"获取"类动词的双宾语句不能通过后接一个谓词或谓词性短语来构成双宾兼语句，也说明双宾兼语句中的 V_1 不能是动作内向的动词。

3. "告示"类动词

在现代汉语里，"告示"类动词主要有"教、告诉、吩咐、报告"等，这些动词都能后接两个宾语形成双宾语句式，例如：

> 王校长教我们语文。
> 老徐告诉我一个噩耗。
> 我报告老师三个问题。
> 妈妈吩咐我几件事。

以上都是很典型的双宾语句，但这些双宾语句不能通过后接谓词或谓词性短语的方式形成双宾兼语句。

可见，双宾语句的述语可以为"给予"类、"获取"类和"告示"类动词，而只有述语为"给予"类动词时双宾语才能后接一个谓词或谓词性短语形成双宾兼语句结构，所以双宾兼语句是一个"给予"类动词带双宾语后再接一个谓词或谓词性短语产生兼语成分的特殊句式。

(二) 从相似句式对比分析中界定双宾兼语句

双宾兼语句是现代汉语中独具特色的一类句式，这一特色还可以在跟其他形式相似的句式的对比分析中得到体现。

1. 对比分析

> 我给你一杯水喝。
> 我给你倒杯水喝。

这两句话非常相像，也都是我们生活中常说常听的。然而，这两句话有明显的区别:"我给你一杯水喝。"是一个双宾语句后加谓词组成的双宾兼语句,其结构是"给+双宾语+谓词",其中"给"是"给予"类的动词;"我给你倒杯水喝"中的"给"为介词,可以替换为"为""替",并不是双宾兼语句。由此可见,双宾兼语句的一个重要特点是 V_1 是具有"给予"含义的动词。

2. 对比分析

我送给你一本书看。

我送一本书给你看。

这两句话只是词语顺序发生了变化,所表达的意思也是一样的,都表示"我要送给你一本书,让你看这本书"的意思,但在语法上分析却能发现差别。前者"我送给你一本书看"符合双宾兼语句的结构要求,S 为"我",V_1 为给予类动词"送给","你"和"一本书"为间接宾语和直接宾语,"看"是陈述兼语"你"的谓词,所以这是一个典型的双宾兼语句;后者"我送一本书给你看"中"我"是"送一本书"和"给你看"两个动作共同的主语,属于连谓句。

这两种句式只是词语顺序不一致,所表达的意思是一样的,所以两者之间有变换关系。在这两种句式的变换关系中,朱德熙先生认为这种变换是不可逆的,他在《与动词"给"相关的句法问题》及其续篇《包含动词"给"的复杂句式》中,将"我送给你一本书"这一类句子概括为 S_1 句,将"我送一本书给你"这一类概括为 S_2 句,"我送给你一本书看"和"我送一本书给你看"分别是从 S_1 和 S_2 句式延伸出来的,分别概括为 S_1' 和 S_2'。S_1 和 S_2 之间有变换关系,但这种变换关系由于第一个动词的范畴大小不一样,所以这种变换关系是不可逆的,只能 $S_1 \rightarrow S_2$,而不能 $S_2 \rightarrow S_1$,如:"我抢一份报纸给他。"如果变换为:"我抢给他一份报纸。"就显得十分别扭。同样的,S_1' 和 S_2' 的变换关系也是不可逆的。"因为能够在 S_1 里出现的动词仅限于 Va,能够在 S_2 里出现的动词范围宽得多,可以是 Va,也可以是 Vb 和 Vc,所以变换 $S_1 \rightarrow S_2$ 是不可逆的,同样,变换 $S_1' \rightarrow S_2'$ 也是不可逆的。"[①]

[①] 朱德熙:《包含动词"给"的复杂句式》,《中国语文》,1983(3)。

3. 对比分析

　　我给你一本书看。
　　我给一本书你看。

　　前者与上文中的"我送给你一本书看"句式相同，同为双宾兼语句；后者"我给一本书你看"是一个复句，这句话在"我给一本书"和"你看"之间有一个语流停顿，可以理解为"我给一本书"是条件，而"你看"是结果，有祈使语气。

　　通过对双宾兼语句的定义以及与相似句式的对比分析，可以看出，双宾兼语句在汉语运用中很常见，是现代汉语独具特色的一种句式，它是一个双宾语句加上谓词或谓词性短语组成的一个含有兼语成分的特殊句式。

三、双宾兼语句的类型

首先对比以下两组句子：
A组：

　　我送给你一本书看。
　　他递给我一个馒头吃。
　　我给每人一片树叶玩。
　　他租给我一间房住。

B组：

　　我送给你一本书当课本。
　　他递给我一个馒头填肚子。
　　我给每人一片树叶当车票。
　　他租给我一间房作杂物间。

　　前文提到，在双宾兼语句"$S + V_1 + N_1 + N_2 + V_2/V_2P$"结构中，$N_1$为间接宾语（近宾语），$N_2$为直接宾语（远宾语），它们都可能充当句子中的兼语成分，但在实际的语言运用中，N_1和N_2只有一个是兼语，不能同时充当兼语，所以根据N_1和N_2作兼语的情况，双宾兼语句可以划分为两种类型：一种是N_1作兼语的双宾兼语句，一种是N_2作兼语的双宾兼语句。

上述两组句子都是双宾兼语句，A组充当兼语的成分是N_1，因为句中的N_1既充当V_1的宾语，又充当V_2/V_2P的主语，符合兼语的性质，所以A组是N_1作兼语的双宾兼语句；而B组是N_2作兼语的双宾兼语句，因为N_2既是V_1的宾语，又是V_2/V_2P的主语。

当然，两个类型中各成分之间的隐性语法关系又不完全相同，根据N_2与V_2/V_2P之间的隐性语法关系，可以将这两种类型的双宾兼语句细分出不同的类别。

（一）N_1作兼语的双宾兼语句

N_1作兼语的双宾兼语句，N_2与V_2/V_2P的关系比较复杂，仔细分析主要有以下两类关系：

1. 受事与动作关系，N_2对V_2来说处于受事格，例如：

不低头吧，日本人也许会给他点颜色看看。（看看颜色，"颜色"是"看看"的受事）

小崔给了他个难题作。（作难题，"难题"是"作"的受事）

亲友们要是来拜寿，别的没有，给他们馒头吃！（吃馒头，"馒头"是"吃"的受事）

继而一想，这么一说是分明给她个小钉子碰，房子还能租到手吗？（碰小钉子，"小钉子"是"碰"的受事）

日本人就不会无缘无故的给大家苦头吃。（吃苦头，"苦头"是"吃"的受事）

2. 动作发生所凭借的对象和动作的关系，N_2对于V_2来说处于工具格，例如：

孟先生呢，为了给她个台阶下，也决定改天再来。（凭借台阶下）

爸爸给我五千块钱交学费。（凭借五千块钱交学费）

我送给你一本书解闷。（凭借书解闷）

N_1作兼语的双宾兼语句中第一类V_2/V_2P后面不能再带宾语，因为V_2/V_2P所指向的对象是N_2，不需要后接一个受事对象；第二类V_2/V_2P后面可带宾语，也可不带宾语。

（二）N_2作兼语的双宾兼语句

N_2作兼语的双宾兼语句，根据V_2P阐述N_2的不同侧重，可分为以下两类：

1. V_2P强调N_2所扮演的角色，例如：

　　我送给你一本书当课本。（"一本书"扮演"课本"的角色）
　　他租给我一间房作杂物间。（"一间房"扮演"杂物间"的角色）
　　他们给大家每人一个树叶当作车票。（"一个树叶"扮演"车票"的角色）

2. V_2P强调N_2的作用和功能，例如：

　　他递给我一个馒头填肚子。（"一个馒头"的作用是用来"填肚子"）

可见，由于N_2充当兼语成分，它既是V_1的宾语，又要充当后一成分的主语，根据汉语"主—谓—宾"这一基本语法结构，N_2作兼语的双宾兼语句中V_2后面都应该带宾语，形成述宾短语。

四、双宾兼语句的语法分析

范晓先生提出："任何一个句法结构我们都可以从语法、语义和语用三个方面进行研究。语法平面研究词与词之间的结构关系，如主谓结构、动宾结构、偏正结构等。语义平面研究词与客观事物之间的关系，如动作与施事、动作与受事、动作与工具、动作与处所，等等。语用平面研究词与人的关系，即人怎样运用词语组成句子进行交际，怎样表达所要传递的信息。"[①] 从语法、语义、语用三个平面对双宾兼语句进行全面而系统的分析，能让我们全面解剖这一句式的语法、语义和语用特征，建立一个比较全面的双宾兼语句描写和解释系统，对于认识和梳理现代汉语的句法结构系统也有所裨益。

从上文对"$S + V_1 + N_1 + N_2 + V_2/V_2P$"句式研究现状的分析中看到，有些学者将这类句式称为"双兼语句"，认为句中存在两个兼语，因为他们将

---

① 范晓：《三个平面的语法观》，北京语言学院出版社，1996。

N_1 和 N_2 都认定为兼语。如周国光就把这类句式称为"双兼语句",认为句中有两个兼语,N_1 和 N_2 都是兼语。他这样界定的理论基础是:"具有双重语法功能的成分绝不仅仅是身兼'宾语-主语'二职的一种,处于双重语法关系中的成分也不仅仅局限于处在'受事-被称述'的关系之中"[①]。为此,他打破兼语即具有兼作前面动词的宾语和后面动词的主语的双重语法功能的成分这一传统定义,认为"在一个结构体中,凡是具有双重语法功能,并处于双重语法关系之中的成分"[②]都是兼语成分。持这一观点的还有赵元任、邢福义和张健军等学者。

将这一类句式界定为"双兼语句"无疑混淆了句法成分形式与意义的关系。简单来说,句法成分之间都存在形式上的关系和意义上的关系,在语法研究中坚持形式与意义相结合的道路是毋庸置疑的,但是将形式和意义混为一谈却是不合理的。

句法成分之间形式上的关系指的是主谓、述宾、述补、偏正等结构关系,陆俭明称之为语法结构关系,朱德熙称为显性语法关系,是语法平面研究的内容;句法成分之间意义上的关系指的是动作和施事、动作和受事、动作和工具以及事物之间的领属关系等,陆俭明把这种关系叫做语义结构关系,朱德熙叫做隐性语法关系,是语义平面研究的内容。确认"$S + V_1 + N_1 + N_2 + V_2/V_2P$"句式中有几个兼语,实际上就是分析句中的双宾语与 V_2/V_2P 的显性语法关系,是从形式上分析这种句子的结构,这样这种句式就只能有一个兼语,这个兼语有时是 N_1,有时是 N_2,但 N_1 和 N_2 不能同时作兼语,所以周国光等学者将"$S + V_1 + N_1 + N_2 + V_2/V_2P$"句式称为"双兼语句",认为 N_1 和 N_2 在句中都是兼语,是将句法成分的语法结构关系与语义结构关系、显性语法关系和隐性语法关系混为一谈,是不科学的。

从语法层面对双宾兼语句进行分析,可将这种特殊的句式与现代汉语其他句式明显地区别开来。对一个句式进行语法平面的分析,其任务主要有两项,一是分析句子成分,二是分析句子层次。下面将对双宾兼语句进行这两个方面的分析。

---

① 周国光:《谈现代汉语里的双兼语句》,《阜阳师范学院学报》(社会科学版),1983(4)。
② 周国光:《谈现代汉语里的双兼语句》,《阜阳师范学院学报》(社会科学版),1983(4)。

(一) 双宾兼语句的句子成分分析

现代汉语的双宾兼语句，形式上是 $(S+V_1+N_1+N_2)+V_2/V_2P$，即一个双宾语句后加一个谓词或谓词性短语组成的句子，可实际上的结构是 $S+[(V_1+N_1+N_2)+V_2/V_2P]$，又由于汉语句子的核心是谓语，所以在分析双宾兼语句的句子成分时，我们通常将主语 S 忽略，重点探讨后面部分。司玉英认为："'双宾兼语句'是双宾语句中有兼语的句子。它必备的要素是给予类动词、双宾语和兼语。"[①] 给予类动词即 V_1，双宾语即 N_1 和 N_2，兼语即 $V_1+N_1+N_2$ 加 V_2/V_2P 后形成的既是 V_1 的宾语，又是 V_2/V_2P 的主语的成分，这个成分可以是 N_1，也可以是 N_2。

1. 双宾兼语句中的 V_1 成分

通过上述相关例句可以看出，在双宾兼语句中，充当 V_1 的成分都是及物动词，且必须具有以下三点特征：

第一，必须是三价动词，即要求有三个名词性成分在句中同现，与 V_1 发生语法关系和语义关系。在双宾兼语句中，这三个名词性成分就是 S、N_1 和 N_2，V_1 必须能够与 S、N_1 和 N_2 三个名词性成分都有形式和意义上的关系。

第二，必须具有"给予"的语义特性，能形成 $V_1+N_1+N_2$ 的结构。上文对双宾语述语 V_1 的分析论证了只有双宾语的述语为"给予"类动词时才能后接一个谓词或谓词性短语形成双宾兼语句结构；此外上文还对比分析了"我给你一杯水喝。"和"我给你倒杯水喝。"这两个非常相像的句子，由于前一句的"给"是"给予"类的动词，后一句的"给"是介词，可以替换为"为"、"替"，所以这两句虽然相似，却是不一样的句式，前者为双宾兼语句，后者不符合双宾兼语句的要求。可见，双宾兼语句的一个重要特点是 V_1 是具有"给予"含义的动词。

第三，必须具有动作外向的特点，这样才能在接双宾语后再接一个谓词或谓词性短语表示目的，形成 $V_1+N_1+N_2+V_2$ 的结构。而一些动作内向的动词放在这个句式里就很奇怪，我们在汉语实际运用中很少会说"我抢给他一份报纸看"、"我赚给他钱花"等，因为这样不符合汉语的表达方式，而"我

[①] 司玉英：《给予类动词带双宾语加谓词句式的句型归属和命名》，《内蒙古大学学报》（哲学社会科学版），2008（5）。

抢了他一份报纸看"等并不是双宾兼语句，因为"看"的主语仍然是"我"，故句中不存在兼语。

双宾兼语句中的V_1的形式主要有两种类型：一种是表示"给予"意义的单纯词，最典型的是"给"，除此之外还有"送、赏、赠、供、献、教、赔、奖、赐"等；另一种是一个动词性语素与"给"构成的合成词，如"送给、借给、递给、扔给、租给、拨给、派给"等。

2. 双宾兼语句中的N_1和N_2成分

N_1和N_2是双宾兼语句中的双宾语，N_1为间接宾语（近宾语），由于充当V_1的动词是具有外向性的"给予"类动词，所以N_1是S给予N_2的接受者，故充当N_1的成分都是表示人的词语或者由人构成的单位、组织，如"日本人也许会给他点颜色看看。"中的"他"和"国家拨给教育部一批经费进行课程改革。"中的"教育部"。

N_2为直接宾语（远宾语），N_2是S给予N_1的对象，充当N_2的成分是表示人或物的名词，这些名词具有以下特点：

第一，通常情况下是具体的，如上述例句中的"一杯水、一本书、一个馒头、一把刀、一间房、一个小钉子"等，但也有抽象的，如"（一）点颜色、苦头"等。

第二，由于给予的人或物必须是限定的、特指的，所以，在实际语言运用中，N_2通常以一个名词性的偏正短语出现，即在中心语的前面总是会出现一个限定成分，这个限定成分通常是数量短语，例如"一杯水、一本书"等，都是一个数量结构加上中心语组成的名词性成分。

3. 双宾兼语句中的V_2/V_2P成分

双宾兼语句中，V_2/V_2P是陈述兼语的谓词或谓词性短语，是兼语N_1或N_2的谓语，也正是因为V_2/V_2P的存在，才能使得句中出现兼语成分。充当V_2/V_2P的成分主要有两类：

第一类是V_2，即单个动词。这类动词出现在N_1是兼语、N_2对V_2来说处于受事格的句子和部分N_2对于V_2来说处于工具格的句子中，可参见上文对双宾兼语句类型分析一节，谓语为单个动词时不再出现其他成分，如"我送给你一本书看。""他租给我一间房住。""我借给你一把刀用。"

第二类是V_2P，即谓词性短语。由于现代汉语"主—谓—宾"结构，故V_2P通常是述宾短语，这类情况出现在N_1是兼语、N_2对于V_2来说处于工具格的句子中，如"爸爸给我五千块钱交学费。""我送给你一本书解闷。"此外更多的是出现在当 N_2 是兼语，V_2 阐述 N_2 的句子中，如"他们给大家每人一个树叶当作车票。""他租给我一间房作杂物间。""他递给我一个馒头填肚子。"

（二）双宾兼语句的句子层次分析

对句子进行层次分析的目的是确定句子成分的层次关系，找出各层次上的直接成分，发现成分之间的组合关系。句子层次分析一般采用直接成分分析法，这种方法来自美国的结构主义语言学，它的基本原则就是二分，即把一个句法结构不断地一分为二，直到切分为词，因此也叫二分法。

这种方法非常适合缺少形态变化、语序特别重要的汉语。① 但是，用直接成分分析法对双宾语句和兼语句进行层次分析在语言学界一直存着很大的分歧，语言学家们想方设法利用直接成分分析法对双宾语句和兼语句进行层次分析，如朱德熙、陈健民、邢福义等对双宾语句采用三分法，黄伯荣、廖序东和彭泽润、李珂采用与经典的二分法不同的二分法分别对兼语句进行层次分析。分析双宾语句和兼语句已属不易，对于既有双宾语又有兼语的双宾兼语句的层次分析，用直接成分分析法就更显得捉襟见肘了，所以目前在语言学界，对双宾兼语句的层次分析是一个非常棘手的问题。本文尝试在借鉴前人经验教训的基础上对这一复杂句式进行分析。

双宾兼语句最基本的结构式是 $S+V_1+N_1+N_2+V_2/V_2P$，即双宾句 $S+V_1+N_1+N_2$ 后接谓词或谓词性短语 V_2/V_2P 形成一个兼语成分，而这个兼语成分是 N_1 还是 N_2，则由 V_2/V_2P 与前面部分的语义关系所决定的。所以分析双宾兼语句的层次结构，可以从三个角度切入：

1. S 与 $V_1+N_1+N_2+V_2/V_2P$ 的层次关系

形式上是 $(S+V_1+N_1+N_2)+V_2/V_2P$ 的双宾兼语句，其实际结构是 $S+[(V_1+N_1+N_2)+V_2/V_2P]$，因为汉语句子的核心是谓语，所以我们分析句子成分时主要研究句中的谓语成分，而将句子的主语成分撇开，使分析尽可能简洁。为了使后面的层次分析更加简洁，这里先弄清楚 S 与其他成分的层次关系，然后置于一处，重点分析后面的成分关系。

---

① 司玉英：《双宾兼语句的语法、语义和语用特征》，《内蒙古大学学报》（哲学社会科学版），2010（1）。

从双宾兼语句形式上的结构式（S + V$_1$ + N$_1$ + N$_2$） + V$_2$/V$_2$P 可以看出，S 与 V$_1$ + N$_1$ + N$_2$ 处于同一层次，两者是直接成分，S 是这个双语句里面的主语；S 与 V$_2$/V$_2$P 不是直接成分，两者既无语法结构关系也无语义关系，即 S 不是 V$_2$/V$_2$P 的主语。如："我给每人一片树叶玩。"和"我给每人一片树叶当车票。"两个不同类型的双宾兼语句中，"我"是"给每人一片树叶"的主语，与"给"、"每人"、"一片树叶"都有关系，而"我"与"玩"和"当车票"并没有结构或语义上的联系，因为"玩"和"当车票"的主语不是"我"，而是"每人"和"一片树叶"。

2. V$_1$、N$_1$ 与 N$_2$ 三者的层次关系（述语、近宾语、远宾语关系）

V$_1$ + N$_1$ + N$_2$ 构成了最基础的双宾语结构，在这个双宾语结构中，V$_1$ 是述语，N$_1$ 是近宾语，N$_2$ 是远宾语，对双宾语的层次分析不能用传统的二分法进行，故一些学者采取了三分法，如朱德熙《语法讲义》指出："双宾语构造是一个动词带两个宾语。这两个宾语各自跟述语发生关系，它们相互之间没有结构关系。按照这种看法，双宾语格式只能三分（述语、近宾语、远宾语），不能二分。"① 对双宾语结构的采用三分法分析的还有邢福义的《汉语语法学》、陈健民的《现代汉语句型论》。

三分法的层次分析让我们更加清楚地看到，在双宾语结构中，V$_1$ 与 N$_1$、N$_2$ 都有关系，是处于同一层次的，如在"给你一本书"中，"给"和"你"、"一本书"都有关系，可以拆分为"给你"和"给一本书"；而 N$_1$ 和 N$_2$ 之间没有语法结构关系，"你"和"一本书"之间并不存在结构关系。

3. 兼语与 V$_1$、V$_2$/V$_2$P 的层次关系

在 V$_1$ + N$_1$ + N$_2$ + V$_2$/V$_2$P 结构中，存在一个兼语成分，这个兼语成分既是 V$_1$ 的宾语，又是 V$_2$/V$_2$P 的主语，故兼语与 V$_1$、V$_2$/V$_2$P 处于同一层次。又由于兼语可是 N$_1$ 或 N$_2$，兼语不同，就形成双宾兼语句的两个不同的结构类型。类型不同，N$_1$、N$_2$ 与 V$_2$/V$_2$P 的结构关系就不一样。

（1）N$_1$ 充当兼语成分的双宾兼语句

兼语成分为 N$_1$ 时，N$_1$ 与 V$_1$、V$_2$/V$_2$P 都发生结构和语义关系，所以，N$_1$ 与 V$_1$ 处于同一层次，与 V$_2$ 也处于同一层次。N$_2$ 只作为 V$_1$ 的远宾语与 V$_1$ 有结构关系，与 V$_2$/V$_2$P 的无结构关系，不处于同一层次，例如：

---

① 朱德熙：《语法讲义》，第 121 页，商务印书馆，1982。

我给每人一片树叶玩。

N₁ "每人"是V₁ "给"的宾语，V₂ "玩"的主语，它与两者是直接成分，同时处于同一层面。而N₂ "一片树叶"与V₂ "玩"没有结构关系，两者不是直接成分。

（2）N₂充当兼语成分的双宾兼语句

兼语成分为N₂时，N₂与V₁、V₂/V₂P都发生结构和语义关系，所以，N₂与V₁处于同一层次，与V₂也处于同一层次。N₁只作为V₁的近宾语与V₁有结构关系，与V₂/V₂P无结构关系，不处于同一层次，例如：

我给每人一片树叶当作车票。

N₂ "一片树叶"是V₁ "给"的宾语，V₂P "当做车票"的主语，它与两者是直接成分，同时处于同一层面。而N₁ "每人"与V₂P "当做车票"没有结构关系，两者不是直接成分。N₂是兼语的时候，可以这样对双宾兼语句进行层次分析：

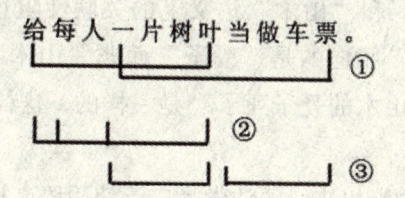

给 每人 一片树叶 当做 车票。
　　　　　　　　　　　　　　①
　　　　　　　　　　　　　　②
　　　　　　　　　　　　　　③

第一步显示出兼语成分，如右图中"一片树叶"是兼语；第二步分析前面的双宾语句，双宾语句的述语、近宾语和远宾语处于同一层次；第三步分析后面兼语与V₂/V₂P的关系，两者是主谓结构关系。

五、双宾兼语句的语义分析

（一）句法意义与搭配意义

上文探讨双宾兼语句的语法特征时提到了隐性语法关系和显性语法关系这两个概念。其实，一个句法结构里总是并存着两种语法关系：显性语法关系和隐性语法关系。这是20世纪80年代以来语法学界的共识。不过，无论是显性语法关系还是隐性语法关系，它们的基础都是语义，因为"成分与成分要构成一个结构，必需的条件是语义上的双向选择性"[①]。虽然如此，显性语法关系和隐性语法关系反映出来的语义关系是不一样的，显性语法关系反映出来的语义关系叫做句法意义，隐性语法关系反映出来的语义关系叫做搭配意义。例如：

山木死了爱子。

这个句子从显性语法关系来看，属于"主—谓—宾"结构，与"山木打了爱子"的结构一样，在句法关系上，"山木"与"死"是显性的主谓关系，"死"与"爱子"是显性的述宾关系，"山木"与"爱子"是隐性的领属关系，这些显性的语法关系所反映出来的即句法意义；另一方面，这个句子从隐性语法关系来看，则与"山木打了爱子"这一类"主—谓—宾"结构完全不同，"死"在句中有两个语义配向"山木"和"爱子"，但受"死"的语义特征的限制，"死"只能选择其中之一进行语义上的组配，由于"爱子"在语义上是"山木"的指向成分，即"爱子"和"山木"构成领属关涉型语义指向结构体，"爱子"和"山木"语义上的关联性阻止了"山木"和"死"的搭配关系，故"死"指向的是"爱子"而非"山木"，所以从隐性语法关系来看，这句话与"山木的爱子死了"是一样的，这样反映出来的便是搭配关系。

20世纪80年代中期以来，语法学界广泛使用语义指向分析来对各种句式进行语义分析，语义指向分析是对以搭配意义为基础的潜在的语义结构的动态分析。

（二）双宾兼语句的语义指向分析

与双宾兼语句的语法分析一样，首先需要弄清楚主语 S 与 $V_1 + N_1 + N_2 + V_2/V_2P$ 的语义关系。很多学者认为 S 是全句的主语。其实不然，因为 S 与 V_2/V_2P 既无语法结构关系也无语义关系，它只是其中的双宾语句的主语，所以在双宾兼语句"$S + V_1 + N_1 + N_2 + V_2/V_2P$"中，S 与 V_1 有语义关系，与 V_2/V_2P 没有语义关系，且 S 与 V_1 的语义关系永远是施事与动作的关系。

其次，分析 V_1 与 N_1 和 N_2 的语义关系，在 V_1 与 N_1 和 N_2 的关系中，V_1 总是

[①] 邵敬敏：《论汉语语法的语义双向选择性原则》，《中国语言学报》，1997（8）。

"给予"类动词,而 N_1 总是动作"给予"的对象,回答"给谁"的问题,N_2 总是动作"给予"的内容,回答"给什么"的问题,所以 V_1 与 N_1 和 N_2 的语义关系总是动作与受事的关系。

最后,由于双宾兼语句语义复杂主要是因 N_1、N_2 与 V_2/V_2P 的语义关系所决定的,N_1 与 N_2 二者之间并没有结构关系和语义关系,而 V_2/V_2P 与 N_1、V_2/V_2P 与 N_2 的关系则错综复杂,下面着重对双宾语中的 N_1、N_2 与 V_2/V_2P 的语义关系进行分析。

1. N_1 与 V_2/V_2P 的语义关系

N_1 与 V_2/V_2P 的语义关系比较单纯,主要有以下两种情况:

(1)当 N_1 充当兼语成分时,N_1 与 V_2/V_2P 的语义关系是施事与动作的关系。例如:

> 我送给你一本书看。
> 他递给我一个馒头吃。
> 我给每人一片树叶玩。

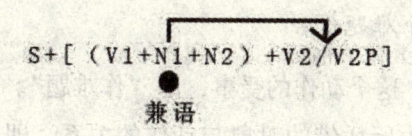

$$S+[(V1+N1+N2)+V2/V2P]$$
兼语

在上述几个例句中,N_1"你"、"我"、"每人"、分别是动作"看"、"吃"、"玩"的施事。

(2)当 N_2 充当兼语成分时,N_1 与 V_2/V_2P 无直接语义关系。例如:"他租给我一间房作杂物间。"N_1"我"与 V_2/V_2P"作杂物间"没有任何语义关系。不过,再仔细分析以下例句:

> 他递给我一个馒头填肚子。
> 姐姐给她一盒面霜抹脸。

可以发现,在上述两个 N_2 充当兼语成分的双宾兼语句中,虽然"我"与"填肚子"、"她"与"抹脸"没有语义关系,即 N_1 与 V_2/V_2P 无语义关系,但"我"与"肚子"、"她"与"脸"在语义上有领属关系。即在 N_2 为兼语时,V_2/V_2P 往往为述宾短语,如"填肚子"、"抹脸",N_1 虽然与 V_2/V_2P 无语法关系,但与充当 V_2/V_2P 的述宾短语中的宾语有领属关系。

2. N_2 与 V_2/V_2P 的语义关系

本文第三部分对双宾兼语句进行分类时，我们在依据兼语成分不同划分出两大类型双宾兼语句之后，又根据 N_2 与 V_2/V_2P 之间的隐性语法关系，将这两种类型的双宾兼语句细分为不同的类别，可见在双宾兼语句中 N_2 与 V_2/V_2P 的语义关系非常复杂，主要有以下几种情况：

（1）当 N_1 充当兼语成分时，N_2 与 V_2/V_2P 的语义关系有两种：

第一种是受事与动作关系，即 N_2 对 V_2 来说处于受事格，N_2 是动作 V_2 的受事。例如：

给他们馒头吃！

$$S+[(V_1+N_1+N_2)+V_2/V_2P]$$
兼语

"馒头"是"吃"这个动作的受事，即"吃馒头"。

小崔给了他个难题作。

"难题"是"作"这个动作的受事，即"作难题"。

第二种是动作发生所凭借的对象与动作的关系，即 N_2 对于 V_2/V_2P 来说处于工具格。例如：

（虎妞）又仿佛给祥子个机会思索思索。

"思索思索"的主语是祥子，但祥子"思索思索"是凭借虎妞给的"机会"，故 N_2 "机会"是动作"思索思索"发生所凭借的对象，是动作发生的工具。

爸爸给我五千块钱交学费。

"五千块钱"是"交学费"这一动作所凭借的工具，"凭借五千块钱交学费"。

（2）当 N_2 充当兼语成分时，N_2 与 V_2P 是施事与动作的关系。例如：

我送给你一本书当课本。

他租给我一间房作杂物间。

他们给大家每人一个树叶当作车票。

他递给我一个馒头填肚子。

$$S+[(V_1+N_1+N_2)+V_2/V_2P]$$
$$\bullet$$
$$兼语$$

在上述几个例句中，N_2 "一本书"、"一间房"、"一个树叶"、"一个馒头"分别是 V_2P "当课本"、"作杂物间"、"当作车票"、"填肚子"的施事。

六、双宾兼语句的语用分析

语用分析是研究词与人的关系，即人怎样运用词语组成句子进行交际，怎样表达所要传递的信息，人用这样的句子表达意思进行交际有什么特点和效果等。双宾兼语句是现代汉语中常见而非常具有特色的句式。双宾兼语句能高效简洁地传达信息，主要是由于以下语用层面的特点：

（一）V_2/V_2P 的语用价值

双宾兼语句由双宾语句 $S+V_1+N_1+N_2$ 加谓词或谓词性短语 V_2/V_2P 构成，其中 $S+V_1+N_1+N_2$ 部分本身可以是一个完整自足的句子。例如：

我送给你一本书看。

他递给我一个馒头填肚子。

爸爸给我五千块钱交学费。

他们给大家每人一个树叶当作车票。

以上四例是不同类别的双宾兼语句，其结构都可以写成"$S+V_1+N_1+N_2+V_2/V_2P$"，其中 $S+V_1+N_1+N_2$ 是完全可以内部自足的，如"我送给你一本书"、"他递给我一个馒头"、"爸爸给我五千块钱"、"他们给大家每人一个树叶"，都可以独立成句，可以不受 V_2/V_2P 的限制，但 V_2/V_2P 的存在却具有很大的语用价值。双宾语句加上 V_2/V_2P 构成双宾兼语句式后"结构变得复杂了，语义关系也复杂了，而语用关系却简单了"。①

语用关系简单是因为焦点信息发生了转移，双宾兼语句的焦点信息直接变成了后加的 V_2/V_2P。张豫峰在《汉语的焦点和"得"字句》中认为："语用分析离不开两个重要的概念：主题和焦点。主题是交谈双方共同的话题，是句子叙述的起点，常代表旧的已知的信息，它是与传递新信息的评论相对而言的。焦点是评论中的重点，即新信息中着重强调的内容。"② 在双宾语句中，主题和主语都是 S，评论和谓语都是 $V_1 + N_1 + N_2$，焦点信息是 N_2，双宾语句回答的是"谁给谁什么东西"这一问题，而"什么东西"便是这一句式的焦点信息，如"我送给你一本书"、"他递给我一个馒头"等，"一本书"和"一个馒头"是这两句话中的焦点信息，人们在交流中也会把倾听精力放在"什么东西"上。

而当双宾语句加上 V_2/V_2P 形成双宾兼语句后，整个句子的焦点信息就发生了改变，双宾兼语句回答的是"谁给谁什么东西干什么"这一问题，前面的双宾语句"谁给谁什么东西"的信息变成了主题，成了已知信息，而后加的 V_2/V_2P 成了焦点信息，即人们在语言交流时会将倾听精力放在"干什么"上。例如："爸爸给我五千块钱交学费"和"他们给大家每人一个树叶当作车票"这两个双宾兼语句中，关注的焦点应该是爸爸给我五千块钱干什么、他们给大家每人一个树叶干什么的问题，前面的双宾语句只是叙述的起点，后面才是真正要传递的信息这可以从句子的转换分析和对句子的提问方式来理解，例如："爸爸给我五千块钱交学费。"可以转换分析为："爸爸给我五千块钱，是想让我拿这五千块钱去交学费。"只是用双宾兼语句来表达显得更顺畅、更简洁，体现了 V_2/V_2P 的语用价值。

(二) 双宾兼语句的句式特点

双宾兼语句是现代汉语很有特色的一种句式类型，这种特色表现在语用层面主要有以下几方面：

首先，正如前面所言，当双宾语句后加上 V_2/V_2P 成为双宾兼语句后，V_2/V_2P 成为焦点信息，而此时由于 V_2/V_2P 非同寻常的语用价值，整个句子

---

① 张健军：《对一类特殊的双兼语句式的多角度分析》，《吉林省教育学院学报》，2011 (6)。
② 张豫峰：《汉语的焦点和"得"字句》，《汉语学习》，2002 (3)。

表达起来比普通复句表达方式要更加简洁而明快、顺畅而紧凑，体现了语言运用的经济性原则。同时，双宾兼语句的这一句式特点还要求 V_2/V_2P 与前面双宾语部分的衔接应干净利落，排除任何累赘的修饰语，如"我给你一本书看"是双宾兼语句，而"我给你一本书要看"、"我给你一本书都看"、"我给你一本书看了"等都不符合双宾兼语句的句式要求。

其次，远宾语 N_2 必须是具体而明确的，因为当兼语成分是 N_1 时，N_2 与 V_2/V_2P 是受事与动作或者动作所凭借的对象与动作的关系；当兼语成分是 N_2 时，N_2 与 V_2P 是施事与动作的关系，这两种情况都不允许 N_2 为任指型名词，如："小崔给了他任何难题作。""（虎妞）又仿佛给祥子任何机会思索思索。""我送给你任何书解闷。"等，虽然就语法分析而言还属于双宾兼语句结构，但在语用层面分析便不符合双宾兼语句的语用特点，属于有问题的句式。

最后，双宾兼语句在实际运用中存在一些格式变体。比如会将"给我一碗饭吃"、"给我一点钱花"等简省为"给碗饭吃"、"给点钱花"等，这样就会出现因指人的施事兼语隐匿而受事兼语凸显的现象，这反映了语言运用的经济性原则。

结　语

双宾兼语句是现代汉语语言运用中非常具有特色的一种句式，其结构为"S + V1 + N1 + N2 + V2/V2P"，即一个双宾语句后加一个谓词或谓词性短语并且产生兼语成分的句子，其中 V_1 必须是"给予"类动词。双宾兼语句根据 N1 和 N2 作兼语的情况可以分为两大类型，再根据 N2 与 V_2/V_2P 之间的隐性语法关系可以将这两种类型的双宾兼语句细分出不同的类别。双宾兼语句的语法结构关系和语义关系很复杂，在语用上也与其他句式有所不同，充分地展现了现代汉语双宾兼语句的独特性和复杂性。语法平面研究词与词之间的结构关系，如主谓结构、动宾结构、偏正结构等。语义平面研究词与客观事物之间的关系，如动作与施事、动作与受事、动作与工具、动作与处所等。下面用一个表格简单地总结一下双宾兼语句各成分之间的结构关系与语义关系：

		N1		N2	
		结构关系	语义关系	结构关系	语义关系
V1		动宾	受事	动宾	受事
V2/V2P	N1 为兼语	主谓	施事	受事主语+谓语	受事
					工具
	N2 为兼语	无结构关系	N1 与动宾短语中的宾语有领属关系	主谓	施事

目前语言学界对于双宾兼语句的研究还很薄弱，对双宾兼语句的认识较为浅显，甚至对其归属和命名还没有形成统一的认识，这一领域还有很大的探索空间。希望本文能够引起更多的研究者关注这一独特的句式，不断将双宾兼语句甚至其他兼语式的复杂类型的研究推向完善和深入。

（指导教师：卢小群教授）

附：写作感言

对我而言，本科的毕业论文是学术研究的第一次热身运动。在这一次学术热身运动中，我深刻地体会到基础、视野和思维对于从事学术研究的重要性。怎样选题？怎样做研究综述？定题和列提纲应注意什么？论文写作过程怎样将方法论和研究对象有机联系起来？这些问题都是我在准备这篇论文时考虑的事项。

首先，关于选题。我觉得最重要的就是要对整个学科的研究现状和动向有一个大致的了解，此外还要和老师多交流。记得当初面临毕业论文开题时，我最初想写社会语言学方向的社会称谓语，觉得社会语言学跟现实生活联系比较紧密，可能会比较好入手，可当我多方查阅资料后却陷入了困境，最后作罢；后来又跟卢小群老师说想写客家方言的某一个点，可卢老师说我们本科还没学方言调查方法，还没方言调查基础，于是又只得作罢；后来卢老师说，现代汉语的复杂句式现在研究还比较薄弱，如果你以后想学方言语法方向，可以先打好语法基础，最后我选取了一个在现在汉语中比较常见、如今研究分歧很大、很具有研究价值的兼语式复杂类型作为大致的研究对象。

其次，关于研究综述的撰写。在选好了大致的研究对象后，查找、整理和归纳资料，撰写这一领域学术界的研究成果综述。研究综述特别重要，可以让我们知道学者们对于兼语式复杂类型的研究状况。我的研究综述是在寒假前完成的，研究综述的撰写锻炼了我查阅整理资料和归纳总结各家观点的能力。

再次，关于定题和列提纲。我的研究综述是关于兼语式复杂类型的，在后来确定毕业论文题目时，我发现这一个点太大，以自己当时的水平可能无法掌控，于是我把论文题目从《现代汉语兼语式复杂类型研究》缩小为《现代汉语双宾兼语句研究》，对现代汉语双宾兼语句进行全面而深入的研究，以期建立一个比较全面的双宾兼语句描写和解释系统，完善现代汉语句式研究系统。定题后，开始构拟全文的框架，梳理行文脉络，完善提纲。

最后，关于论文写作的过程。在撰写论文时，我碰到了一个棘手的问题，由于理论基础不扎实，面对一个复杂的句子不知道该用什么方法论来分析，简言之，就是不知道该怎样将方法论和研究对象有机联系起来。对此我曾很苦恼，后来在与卢老师的交流中，我明白不应该拘泥于方法论的运用，因为方法论是为对象服务的，不能让对象迁就方法论，这对我的影响很大。

本科毕业论文的锻炼，让我加深了对现代汉语语法的认识，懂得了写作学术论文的步骤和注意事项，也认识到从事学术研究应具备怎样的素质和能力，可谓一举多得，受益匪浅！

编 后 记

　　最后编完这部稿子，恰是癸巳年春分时节，又逢京城大雪，晨光初照，千树万树梨花开的景象令人思绪联翩。回首2007年文学与新闻传播学院第一次动议并着手编辑教学研究论集《思索与创新》，后来又定期出版《知行录》，恍惚之间，不觉已时隔六载。含本辑《知行录》在内，六年来共刊发106篇教师教学研究论文、24篇由"立雪论坛"遴选所得研究生优秀论文以及32篇能够代表本科生学术训练成效的作品，从三个相关的角度，具体而微地反映了学院在教学建设、学科拓展和人才培养等方面所付出的努力。在历次主持编辑这些论集的过程中，每每为作者的敬业之心、勤勉之功所感动。犹记得年年开春之后，便是忙于稿件汇总、编辑之时，劳力耗神自不必说，但能有机缘一一品读，也算是料峭春寒中一种无上福分了，宛如围炉品茶、临窗赏雪。在此，向多年来热心支持、帮助这项工作的人们，谨致诚挚谢意！

陈允锋

2013年3月20日